내일은

Jade Jeong 지음

빅데이터 분석기사 필기

BIG DATA

김앤북
KIM & BOOK

초판1쇄 인쇄 2023년 8월 21일
초판1쇄 발행 2023년 8월 29일
지은이 Jade Jeong
기획 김응태, 정다운
디자인 서제호, 서진희, 조아현
판매영업 조재훈, 김승규, 문지영

발행처 ㈜아이비김영
펴낸이 김석철
등록번호 제22-3190호
주소 (06728) 서울 서초구 서운로 32, 우진빌딩 5층
전화 (대표전화) 1661-7022
팩스 02)3456-8073

ⓒ ㈜아이비김영
이 책은 저작권법에 따라 보호받는 저작물이므로 무단복제를 금지하며,
책 내용의 전부 또는 일부를 이용하려면 반드시 저작권자의 서면동의를 받아야 합니다.

ISBN 978-89-6512-621-8 13000
정가 30,000원

잘못된 책은 바꿔드립니다.

'데이터 시대'라고 불리는 현재, 도메인 지식 기반의 데이터 분석능력을 갖춘 빅데이터 전문인력의 수요는 끊임없이 증가하고 있습니다. 데이터 분석은 어떠한 업종 및 직종에서나 활용되는 분야이고, 기술이 발전함에 따라 그 중요성은 날로 커져 갑니다. 자격증 취득이 해당 업무에 필수 요소는 아니나, '자격'은 새로운 시작에 있어서 자신의 관심사 및 실력의 증명이 될 수 있습니다.

또한 데이터 분석은 분석가의 역량에 좌우되는 요소가 많습니다. 해당 자격증은 데이터 분석 프로세스를 올바르게 구성하는 기본 개념을 갖추는 데에 많은 도움이 될 것입니다.

빅데이터분석기사는 국가 자격시험으로 목적에 따라 분석기술과 방법론을 기반으로 데이터를 구축, 탐색, 분석하고 시각화를 수행하는 일련의 과정을 평가하는 역할을 수행합니다. 통계학을 기반으로 한 데이터 분석 이론은 비전공자에게는 다소 어렵게 느껴질 수 있습니다.

이 책은 각 데이터 분석 단계를 깊이 있게 이해시키고자 하는 개념서이자 수험서로, 빅데이터 분야를 처음 접하는 분들에게 도움을 드리려 합니다. 수험생의 입장에서 쉽고, 친절한 설명이 될 수 있도록 노력했습니다. 어려운 수식을 최대한 배제하고 꼭 필요한 부분만 기술하여 데이터분석가로서의 첫 시작이 어렵게 느껴지지 않게 하였습니다.

'내일은 빅데이터분석기사'라는 목표를 이루는 데에 이 책으로 도움이 되길 바랍니다.

저자 Jade Jeong

시험 안내

출제기준(필기)

직무분야	중직무분야	자격종목	필기검정방법	문제수	시험시간
정보통신	정보기술	빅데이터분석기사	객관식	80	120분

직무 내용 : 대용량의 데이터 집합으로부터 유용한 정보를 찾고 결과를 예측하기 위해 목적에 따라 분석기술과 방법론을 기반으로 정형/비정형 대용량 데이터를 구축, 탐색, 분석하고 시각화를 수행하는 업무를 수행한다.

과목별 주요 항목

필기과목명	문제수	주요 항목
빅데이터 분석기획	20	빅데이터의 이해
		데이터 분석 계획
		데이터 수집 및 저장 계획
빅데이터 탐색	20	데이터 전처리
		데이터 탐색
		통계기법 이해
빅데이터 모델링	20	분석모형 설계
		분석기법 적용
빅데이터 결과 해석	20	분석모형 평가 및 개선
		분석결과 해석 및 활용

응시자격

다음 중 하나에 해당하는 사람

1. 대학졸업자등 또는 졸업예정자 (전공 무관)

2. 3년제 전문대학 졸업자등으로서 졸업 후 1년 이상 직장경력이 있는 사람 (전공, 직무분야 무관)

3. 2년제 전문대학 졸업자등으로서 졸업 후 2년 이상 직장경력이 있는 사람 (전공, 직무분야 무관)

4. 기사 등급 이상의 자격을 취득한 사람 (종목 무관)

5. 기사 수준 기술훈련과정 이수자 또는 그 이수예정자 (종목 무관)

6. 산업기사 등급 이상의 자격을 취득한 후 1년 이상 직장경력이 있는 사람 (종목, 직무분야 무관)

7. 산업기사 수준 기술훈련과정 이수자로서 이수 후 2년 이상 직장경력이 있는 사람 (종목, 직무분야 무관)

8. 기능사 등급 이상의 자격을 취득한 후 3년 이상 직장경력이 있는 사람 (종목, 직무분야 무관)

9. 4년 이상 직장경력이 있는 사람 (직무분야 무관)
   ※ 졸업증명서 및 경력증명서 제출 필요

비고

1. 대학 및 대학원 수료자로서 학위를 취득하지 못한 사람은 "대학졸업자등", 전 과정의 2분의 1 이상을 마친 사람은 "2년
   제 전문대학졸업자등"에 해당

2. "졸업예정자"란 필기시험일 기준으로 최종 학년에 재학 중인 사람

3. 최종 학년이 아닌 경우, 106학점 이상 인정받은 사람은 "대학졸업예정자", 81학점 이상을 인정받은 사람은 "3년제
   대학졸업예정자", 41학점 이상을 인정받은 사람은 "2년제 대학졸업예정자"에 해당
   (이때 대학 재학으로 취득한 학점 이외의 자격증 취득, 학점은행제 등 기타의 방식으로 18학점 이상 포함 필수)

4. 전공심화과정의 학사학위를 취득한 사람은 "대학졸업자", 그 졸업예정자는 "대학졸업예정자"에 해당

5. "이수자"란 기사 수준 기술훈련과정 또는 산업기사 수준 기술훈련과정을 마친 사람

6. "이수예정자"란 국가기술자격 검정의 필기시험일 또는 최초 시험일 현재 기사 수준 기술훈련과정 또는 산업기사 수
   준 기술훈련과정에서 각 과정의 2분의 1을 초과하여 교육훈련을 받고 있는 사람

7. 산업기사 등급 이상의 자격 취득자 및 3(2)년제 전문대학 졸업자는 취득 및 졸업시점 이후 직장경력만 인정

학습 전략

비전공자 학습 전략(3주 완성)

● **1회독(7일)**

책 전체를 1회독합니다. 모르는 부분이 있어도 읽고 넘어가며, 전체적인 흐름과 용어에 익숙해지도록 합니다. 단원 내 문제를 풀고 문제유형을 파악합니다.

● **2회독(6일)**

책 전체를 읽고 중요한 부분 및 암기가 필수인 단락을 반복해서 학습합니다. 문제를 풀고 틀린 문제는 표기하여 재풀이 합니다.

● **3회독(4일)**

문제 중 주로 틀리는 구간을 주요하게 학습합니다. 책 내용 중 습득하지 못한 구간은 암기노트로 만들어 확실히 숙지합니다. 자주 틀리는 문제 유형을 참고하여 본인의 약점을 파악합니다.

● **모의고사(3일)**

시험 유형과 유사하게 출제된 모의고사를 2회독 풀이합니다. 틀린 문제는 별도 표기하여 다음 회차에 재풀이 하도록 합니다.

● **최종정리 (1일)**

시험장에 최종적으로 들고 들어갈 핸디북을 작성합니다. 반복해서 틀려 왔던 모의고사 및 단원문제의 이론 내용을 정리합니다. 취약 부분은 함께 정리하도록 합니다.

전공자 학습 전략(2주 완성)

● **1회독(6일)**

책의 이론내용을 빠르게 1회독합니다. 익숙하지 않은 부분은 표시해 두고 지나갑니다. 틀린 문제는 표기하여 재풀이 합니다.

● **2회독(4일)**

중요도가 높은 단락과 익숙하지 않은 부분을 집중적으로 읽습니다. 틀린 문제 위주로 이론을 재점검합니다.

● **모의고사(3일)**

시험 유형과 유사하게 출제된 모의고사를 2회독 풀이합니다. 틀린 문제는 별도 표기하여 다음 회차에 재풀이 하도록 합니다.

● **최종정리 (1일)**

시험장에 최종적으로 들고 들어갈 핸디북을 작성합니다. 반복해서 틀려 왔던 모의고사 및 단원문제의 이론 내용을 정리합니다. 취약 부분은 함께 정리하도록 합니다.

학습 플랜

비전공자 3주 플랜

1일차	2일차	3일차	4일차	5일차	6일차	7일차
1회독						
1과목 챕터1	1과목 챕터2	1과목 챕터3	2과목 챕터1~2	2과목 챕터3 3과목 챕터1	3과목 챕터2	4과목

8일차	9일차	10일차	11일차	12일차	13일차	14일차
2회독						3회독
1과목 챕터1	1과목 챕터2	1과목 챕터3	2과목	3과목	4과목	1과목

15일차	16일차	17일차	18일차	19일차	20일차	21일차
3회독			모의고사 1회독		모의고사 2회독	최종정리
2과목	3과목	4과목	모의고사 1~2회	모의고사 3~5회	모의고사 1~5회	

전공자 2주 플랜

1일차	2일차	3일차	4일차	5일차	6일차	7일차
1회독						2회독
1과목 챕터1	1과목 챕터2	1과목 챕터3	2과목	3과목	4과목	1과목

8일차	9일차	10일차	11일차	12일차	13일차	14일차
2회독			모의고사 1회독		모의고사 2회독	최종정리
2과목	3과목	4과목	모의고사 1~2회	모의고사 3~5회	모의고사 1~5회	

1과목 빅데이터 분석 기획

Chapter 1. 빅데이터의 이해	중요도	학습 전략
1. 빅데이터 개요 및 활용	★★	● 데이터의 형태와 유형을 구분할 줄 알아야 한다. ● 빅데이터의 특징과 위기요인에 대해서 중점적으로 학습한다.
2. 빅데이터 기술 및 제도	★★★	● 빅데이터 플랫폼과 분산컴퓨팅에 대한 이해가 필요하다. ● 하둡과 에코시스템에 대해서 암기하고, 빅데이터 저장기술과 그 내용에 대해 중점적으로 학습한다.
3. 개인정보 제도 및 활용	★	● 비식별화 조치방법과 프라이버시 보호모델에 대한 학습이 필요하다. ● 데이터 3법에 대한 내용은 빈출되므로 꼭 이해하고 넘어가도록 한다.

Chapter 2. 데이터 분석 계획	중요도	학습 전략
1. 분석방안 수립	★	● 데이터 분석기획의 분류에 대해 학습한다. ● 특히 상향식 분석방법과 하향식 분성방법의 특징과 종류가 빈출되므로 이해와 암기가 필요하다.
2. 분석과제 선정	★★★	● 분석마스터 플랜 수립 기준을 알고 우선순위 평가기준인 분석 ROI 요소를 알고 있어야 한다. ● 그에 따라 분석 과제 우선순위를 설정할 수 있어야 한다.
3. 분석작업 계획	★★	● 데이터 확보 계획을 수립하고 데이터 전처리에 관한 내용을 습득한다. ● KDD 분석방법론과 CRISP-DM 분석방법론의 차이에 대해서 빈출되므로 이를 중점적으로 학습한다.

Chapter 3. 데이터 수집 및 저장 계획	중요도	학습 전략
1. 데이터 수집 및 전환	★★★	● ETL, EAI 등 데이터 수집기술의 종류와 특징에 대해 학습한다. ● 데이터의 변환 기술 및 품질기준이 빈출되므로 중점적으로 암기한다.
2. 데이터 적재 및 저장	★★	● 데이터 적재 도구와 데이터 저장기술에 대한 전반적인 내용이 나온다. ● 데이터 웨어하우스 및 구글파일 시스템의 특징에 대해 학습한다.

2과목 빅데이터 탐색

Chapter 1. 데이터 전처리	중요도	학습 전략
1. 데이터 전처리	★★	● 결측값과 이상값의 발생원인과 처리방법을 중심으로 학습한다. ● 특히 이상값 검출방법은 다양한 유형으로 빈출되므로 그 유형과 특징에 대해 이해한다.
2. 분석 변수 처리	★★★	● 데이터 셋의 변수유형과 변수를 선택하는 방법에 대해 이해한다. ● 임베디드기법 및 필터 기법의 차이를 이해하고 차원축소와 불균형처리 기법들의 개념을 숙지한다.

Chapter 2. 데이터 탐색	중요도	학습 전략
1. 데이터 탐색의 기초	★★	● 탐색적 데이터 분석의 정의와 그 주제에 대해 이해한다. ● 기본적인 기초통계량의 내용을 습득하고 상관관계분석의 주요 내용을 이해한다.
2. 고급 데이터 탐색	★	● 다변량데이터의 정의와 탐색방법을 이해한다. ● 비정형데이터의 탐색방법은 정형데이터와는 다르므로 종류를 파악해 두어야 한다.

GUIDE

Chapter 3. 통계기법 이해	중요도	학습 전략
1. 기술통계	★★	● 모집단과 표본의 개념 및 확률과 확률변수를 이해한다. ● 표본추출방법은 빈출되는 문제이므로 각 종류에 대해 암기한다.
2. 추론통계	★★★	● 가설검정을 통해 모수를 판단하는 통계적 기법에 대한 내용이다. ● 점 추정과 구간추정의 조건과 특성에 대해 이해한다. ● 가설검정과 신뢰구간은 빈출되는 내용이므로 헷갈리지 않도록 반복해서 암기한다.

3과목 빅데이터 모델링

Chapter 1. 분석모형 설계	중요도	학습 전략
1. 분석 절차 수립	★★	● 다양한 통계분석모형의 종류와 활용하는 상황을 이해한다. ● 분석모형의 정의와 변수선택방법을 습득한다. ● 하이퍼 파라미터와 파라미터의 차이는 출제되기 좋으므로 숙지한다.
2. 분석 환경 구축	★	● 분석도구인 R과 파이썬의 차이를 습득한다. ● 데이터 분할의 용어와 다양한 방법론은 빈출되므로 암기한다.

Chapter 2. 분석기법 적용	중요도	학습 전략
1. 분석기법	★★★	● 각 분석기법의 활용 형태를 숙지하고 어떠한 목표와 상황에서 사용하는지를 이해한다. ● 많은 문제가 출제될 수 있어 꼼꼼히 학습하는 것이 중요하다.
2. 고급 분석기법	★★	● 변수의 종류에 따라 어떠한 분석기법을 적용할지 파악한다. ● 계산문제가 다수 출제되고 있다. ● 앙상블 분석의 다양한 종류가 빈출되므로 해당 분석방법의 내용을 정확히 숙지한다.

4과목 빅데이터 결과 해석

Chapter 1. 분석모형 평가 및 개선	중요도	학습 전략
1. 분석모형 평가	★★★	● 혼동행렬은 계산문제로 빈출되므로 각 공식을 숙지한다. ● 각 평가방법의 종류와 특성을 암기한다.
2. 분석모형 개선	★	● 과대 적합의 정의와 방지방법에 대해 이해한다. ● 매개변수 최적화 방법은 어렵지 않지만 헷갈릴 수 있어 그림과 함께 암기한다.

Chapter 2. 분석결과 해석 및 활용	중요도	학습 전략
1. 분석결과 해석	★	● Chapter 1의 내용과 중복되는 내용이 있는데 그만큼 중요하기 때문이다. ● 분석모형별 해석지표 이해하도록 하며 시각화 도구와 절차에 대해서 중점적으로 학습한다. ● 비즈니스 기여도는 기출되기 좋은 형태로 각 항목을 정확하게 숙지한다.
2. 분석결과 시각화	★★★	● 시각화의 종류와 해당하는 유형에 대해 암기한다. ● 시각화의 종류와 유형을 매치할 수 있어야 하며, 그림과 함께 정확한 특징을 암기한다.
3. 분석결과 활용	★	● 분석결과 활용방안과 시나리오 수립에 관한 부분은 헷갈릴 수 있으니 반복적으로 읽어 숙지한다. ● 분석모형 모니터링과 리모델링방법은 1문제씩 출제되고 있으므로 꼼꼼히 학습한다.

도서 구성

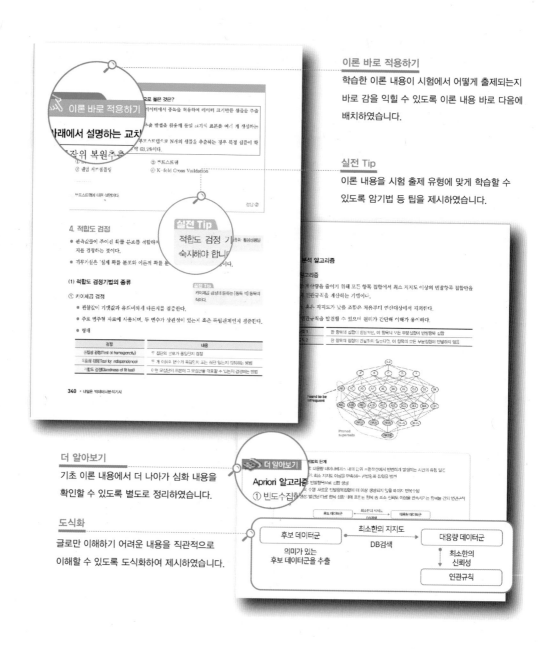

이론 바로 적용하기

학습한 이론 내용이 시험에서 어떻게 출제되는지
바로 감을 익힐 수 있도록 이론 내용 바로 다음에
배치하였습니다.

실전 Tip

이론 내용을 시험 출제 유형에 맞게 학습할 수
있도록 암기법 등 팁을 제시하였습니다.

더 알아보기

기초 이론 내용에서 더 나아가 심화 내용을
확인할 수 있도록 별도로 정리하였습니다.

도식화

글로만 이해하기 어려운 내용을 직관적으로
이해할 수 있도록 도식화하여 제시하였습니다.

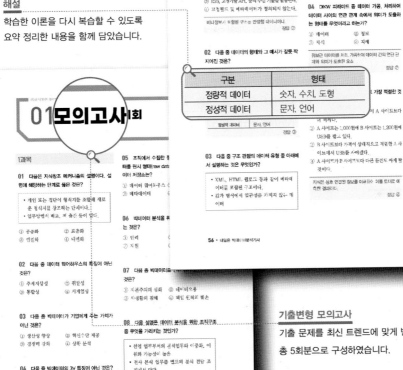

연습문제

챕터별 마지막에 실제 기출문제를
복원 및 변형한 문제를 수록하여
실전 감각을 최대로 끌어올릴 수 있도록
하였습니다.

해설

학습한 이론을 다시 복습할 수 있도록
요약 정리한 내용을 함께 담았습니다.

기출변형 모의고사

기출 문제를 최신 트렌드에 맞게 변형하여
총 5회분으로 구성하였습니다.

CONTENTS

더 멋진 내일(Tomorrow)을 위한 내일(My Career)

내 일 은 빅 데 이 터 분 석 기 사

1 과목

빅데이터 분석 기획

더 멋진 내일(Tomorrow)을 위한 내일(My Career)

내 일 은 빅 데 이 터 분 석 기 사

01

빅데이터의 이해

01 빅데이터* 개요 및 활용 ★★

학·습·포·인·트
• 데이터의 형태와 유형을 구분할 줄 알아야 한다.
• 빅데이터의 특징과 위기요인에 대해서 중점적으로 학습한다.

1. 데이터

● 추론과 추정의 근거를 이루는 사실로, 단순한 객체로서의 가치와 함께 다른 객체와의 상호관계 속에서 가치를 갖는다.

● 객관적 사실(Fact)이라는 존재적 특성과 더불어 추론, 추정, 예측, 전망을 위한 근거로 당위적 특징을 갖는다.

> **더 알아보기**
>
> 데이터는 1646년 영국 문헌에 처음으로 등장한 것으로 라틴어 dare의 과거분사형으로 '주어진 것'이라는 의미로 사용되었다.

(1) 데이터의 형태

① 정량적 데이터

> **실전 Tip**
> 숫자로 축약되면 정량적 데이터, 문자로 나타내면 정성적 데이터입니다.

● 수치, 기호, 도형으로 표현되는 데이터

● 데이터 양이 증가하여도 숫자로 축약되어 저장, 검색, 분석 등 활용이 용이하다.

② 정성적 데이터

● 언어, 문자 등으로 표현되는 데이터

● 데이터의 형식이 정해져 있지 않아 활용하는 데에 비용과 기술이 필요하다.

---

* 빅데이터: 빅데이터는 막대한 양(수십 테라바이트 이상)의 정형 및 비정형 데이터이다. 데이터로부터 가치를 추출하고 결과를 분석하는 기술의 의미로도 통용된다.

구분	형태	예
정량적 데이터	숫자, 수치, 도형	75kg, 12,000원, -15도
정성적 데이터	문자, 언어	인터뷰, 메모, 메일, 자료 영상

(2) 데이터의 유형

유형	내용
정형 데이터 (Structured Data)	• 사전에 정해진 형식과 구조에 따라 저장된 데이터이다. • 스키마구조로 DBMS에 저장이 가능하다. 예) CSV, Spreadsheet 등
반정형 데이터 (Semi-Structured Data)	• 구조에 따라 저장되지만 데이터의 형식과 구조가 변경될 수 있는 데이터이다. • 메타정보가 포함된 구조이다. 예) XML, HTML, JSON
비정형 데이터 (Unstructured Data)	• 사전에 정해진 구조가 없이 저장된 데이터이다. • 수집데이터 각각 데이터 객체로 구분된다. 예) 문자, 이메일, 영상 등

이론 바로 적용하기

다음 중 데이터의 구조가 다른 것은?

① XML   ② HTML   ③ JASON   ④ MySQL

....

① XML: 반정형데이터, ② HTML: 반정형데이터, ③ JASON: 반정형데이터, ④ MySQL: 비정형데이터

정답 ④

---

(3) 암묵지와 형식지의 상호작용: 공통화 〉 표출화 〉 연결화 〉 내면화

구분	설명
암묵지 (tacit Knowledge)	• 학습과 경험을 통하여 개인에게 체화되어 있지만 겉으로 드러나지 않는 지식이다. • 개개인만 아는 지식으로 전달과 공유가 어렵다.
형식지 (explict Knowledge)	문서나 메뉴얼로 작성된 지식으로 공유가 쉽다.

실전 Tip
지식창조 메커니즘은 [공 표 연 내] 공포였네!

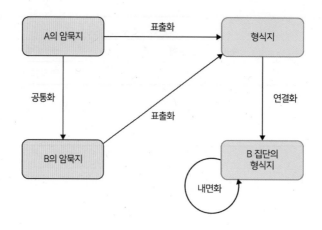

● 공통화(Socialization): 경험을 공유하는 등 타인과의 상호작용을 통해 개인이 암묵지를 습득하는 단계

● 표출화(Externalization): 개인이나 집단에게 내재된 경험, 즉 암묵지를 형식지로 표현하는 과정

● 연결화(Combination): 개인 또는 집단이 형식지를 조합해 새로운 형식지를 창조하는 것

● 내면화(Internalization): 형식지가 개인의 암묵지로 변환되어 내재되는 단계

상호작용	예
공통화	대화, OJT, 회의, 제자 양성
표출화	회의록 작성, 매뉴얼 작성
연결화	공식 업무방법서 배포, 출간
내면화	습득

🖐 이론 바로 적용하기

다음 중 지식창조 메커니즘의 상호작용과 그 예가 잘못 짝지어진 것은?
① 공통화 – 대화, OJT, 회의, 제자 양성
② 표출화 – 출간
③ 연결화 – 공식 업무방법서 배포
④ 내면화 – 습득

⋯⋯⋯⋯⋯⋯

출간은 연결화에 해당된다.

정답 ②

(4) DIKW* 피라미드(지식의 피라미드)

데이터는 개별 데이터 자체로는 의미가 중요하지 않지만, 아래와 같은 데이터, 정보, 지식 상호관계 속에서 역할을 수행하며 인간이 사회활동에서 추구하는 가치창출을 위한 일련의 프로세스로 기능한다.

실전 Tip

지식의 피라미드 순서는 [데정 지혜] 데정이가 지혜를 좋아한다.

▲ DIKW 피라미드

구분	내용
데이터(Data)	현실에서 관찰된 값으로 다른 데이터와 상관관계가 없는 가공하기 전의 순수한 수치나 기호 예) A마트는 노트가 1,000원, B슈퍼는 노트가 3,000원이다.
정보(Information)	데이터를 처리, 가공하여 데이터 간의 연관 관계와 의미가 도출된 요소 예) A마트의 노트가 B슈퍼보다 저렴하다.
지식(Knowledge)	상호 연결된 정보를 이해하여 이를 토대로 예측한 결과물 예) A마트에서 노트를 구매해야겠다.
지혜(Wisdom)	근본 원리에 대한 이해를 바탕으로 도출되는 창의적 아이디어로 상황이나 맥락에 맞게 규칙을 적용하는 요소 예) A마트의 다른 상품도 B슈퍼보다 저렴할 것이다.

이론 바로 적용하기

다음 중 지식의 피라미드의 순서로 옳은 것은?

① 데이터 〉 지식 〉 지혜 〉 정보　　　② 데이터 〉 정보 〉 지식 〉 지혜

③ 데이터 〉 정보 〉 지혜 〉 지식　　　④ 데이터 〉 지식 〉 정보 〉 지혜

⋯⋯⋯⋯⋯⋯

데이터 〉 정보 〉 지식 〉 지혜

정답 ②

---

* DIKW: Data, Information, Knowledge, Wisdom를 말한다.

2. 데이터베이스

- 1963년 6월 미국 SDC가 개최한 '컴퓨터 중심의 데이터베이스 개발과 관리' 심포지엄에서 공식적으로 사용된 단어이다.
- 체계적이거나 조직적으로 정리되고 전자식 또는 기타 수단으로 개별적으로 접근할 수 있는 독립된 저작물, 데이터 또는 기타 소재의 수집물이다.(EU '데이터베이스의 법적 보호에 관한 지침')
- 소재를 체계적으로 배열 또는 구성한 편집물로서 개별적으로 그 소재에 접근하거나 그 소재를 검색할 수 있도록 한 것이다.(국내 저작권 법)
- 동시에 복수의 적용 업무를 지원할 수 있도록 복수 이용자의 요구에 대응해서 데이터를 받아들이고 조장, 공급하기 위해 일정한 구조에 따라서 편성한 데이터의 집합이다.(정보통신용어사전)

(1) 데이터베이스의 특징

- 공용 데이터(Shared data): 여러 사용자가 서로 다른 목적으로 데이터베이스의 데이터를 공동으로 이용한다.

- 통합된 데이터(Intergrated data): 동일한 데이터가 중복되어 저장되지 않는다.
- 저장된 데이터(Stored data): 컴퓨터가 접근할 수 있는 저장매체에 저장한다.
- 변화되는 데이터(Changed data): 데이터는 현시점의 정확한 데이터를 유지하면서 지속적으로 갱신한다.

(2) 데이터 베이스의 특성

파트	특성
정보의 축적 및 전달	기계 가독성, 검색 가능성, 원격 조작 가능성
정보 이용	이용자의 요구에 따라 다양한 정보를 신속히 획득
정보 관리	방대한 양의 정보를 체계적으로 축적, 추가 및 갱신이 용이
정보기술	정보처리, 소프트웨어, 하드웨어, 네트워크 기술 등의 발전 견인
경제 및 산업	인프라로서의 특성으로 경제, 산업활동의 효율성 증대

(3) 데이터베이스 관리 시스템(DBMS)

● 데이터베이스를 관리하며 응용프로그램들이 데이터베이스를 공유하며 사용할 수 있는 환경을 제공하는 소프트웨어이다.

● DBMS는 데이터베이스 언어(SQL문)를 가지고 있으며, 이를 통해 데이터의 삽입/삭제/수정을 할 수 있다.

구분	내용
관계형 DBMS (RDBMS, Relational DBMS)	열과 행의 테이블로 표현되는 모델 예) Excel
객체지향 DBMS (OODBMS, Object–Oriented DBMS)	정보를 객체와 클래스 형태로 표현하는 모델(복잡한 관계의 데이터를 나타냄) 예) Caché, Versant Object Database
네트워크 DBMS (NDBMS, Network DBMS)	다대다의 그래프 구조를 기반으로 하는 모델 예) 대규모 데이터베이스
계층형 DBMS (HDBMS, Hierarchical DBMS)	트리 구조를 기반으로 하는 모델 예) 대분류 – 중분류 – 소분류

더 알아보기

데이터베이스 활용

활용	부문	현황
기업	제조	ERP*, SCM, 인하우스 DB 구축
	금융	EAI, ERP, e–crm, EDW 확장
	유통	CRM**, SCM, KMS
사회	물류	종합물류정보망(CVO, EDI), 기업물류 VAN 활성화
	지리	NGIS, LBS, SIM, 공간 DBMS
	교통	ITS(지능형 교통 시스템), 국가교통 데이터베이스 구축사업 시행
	의료	의료 EDI 시행, 의료정보 시스템, u헬스 시장 확대
	교육	학생 중심 CRM, NEIS

---

* ERP(Enterprise Resource Planning, 전사적자원관리): 기업 내 생산, 물류, 재무, 회계, 영업과 구매, 재고 등 경영 활동 프로세스들을 통합적으로 연계해 관리해 주며, 기업에서 발생하는 정보들을 서로 공유하고 새로운 정보의 생성과 빠른 의사결정을 도와주는 전사적 자원관리시스템 또는 전사적 통합시스템을 말한다.(노규성·조남재, 2010; Laudon & Laudon, 2006).

** CRM(Customer Relationship Management): 기업이 고객과 관련된 내외부 자료를 분석·통합해 고객 중심 자원을 극대화하고 이를 토대로 고객특성에 맞게 마케팅 활동을 계획·지원·평가하는 과정이다.

이론 바로 적용하기

다음 중 데이터베이스 관리시스템이 아닌 것은?

① 객체지향 DBMS   ② 관계형 DBMS

③ 공용형 DBMS   ④ 계층형 DBMS

....

데이터베이스 관리 시스템의 종류는 객체지향 DBMS, 관계형 DBMS, 네트워크 DBMS, 계층형 DBMS이다.

정답 ③

(4) 데이터베이스의 시스템

① OLTP(on-line transaction processing)

- 호스트 컴퓨터와 온라인으로 접속된 여러 단말 간 처리 형태의 하나로, 데이터베이스의 데이터를 수시로 갱신하는 프로세싱이다.

- 현재 시점의 데이터 만을 데이터베이스가 관리한다.

- 데이터를 직접 비즈니스에 활용, 단순히 트랜잭션의 결과물이다.

> **실전 Tip**
>
> OLTP가 데이터 갱신 위주라면, OLAP는 데이터 조회 위주라고 할 수 있습니다. 예를 들어, 통화내역이 저장되어 있는 데이터베이스는 OLTP이며, 이 통화내역을 가공해서 시간대별 통화량으로 가공해서 다시 저장하면 OLAP입니다.

② OLAP(Online Analytical Processing)

- 정보 위주의 분석처리로 다양한 비즈니스 관점에서 쉽고 빠르게 다차원적인 데이터에 접근하여 정보를 얻을 수 있게 하는 기술이다

- OLTP에서 처리된 트랜잭션 데이터를 분석해 제품의 판매 추이, 구매 성향 파악, 재무 회계 분석 등을 프로세싱하는 것을 의미한다.

- 기업이나 데이터 자체에 대해 측정, 평가, 분석 등을 목적으로 이용한다.

구분	OLTP	OLAP
구조	복잡	단순
갱신	동적으로 순간적	정적으로 주기적
응답시간	수 초 이내	수초에서 몇 분 사이
데이터 범위	수십 일 전후	오랜 기간
성격	정규적 핵심 데이터	비정규적 읽기전용 데이터
크기	수 기가 바이트	수 테라 바이트
내용	현재 데이터	요약된 데이터
특성	트랜잭션 중심	주제 중심
액세스 빈도	높음	보통
자료 예측	주기적, 예측 가능	예측 어려움

(5) 데이터 웨어하우스 (Data Warehouse)

실전 Tip
데이터 웨어하우스의 특징에 대해서 알아 두어야 합니다.

- 데이터베이스의 일종이나, 일반적인 데이터베이스 소프트웨어로 저장, 관리, 분석할 수 있는 범위를 초과하는 규모의 데이터이다.

- 다양한 종류의 대규모 데이터로부터 저렴한 비용으로 가치를 추출하고 데이터를 초고속 수집, 발굴, 분석하도록 고안된 차세대 기술 및 아키텍처이다.

- 대용량 데이터를 활용해 새로운 통찰이나 가치를 추출하여 이를 통해 많은 분야에 변화를 가져오는 것을 말한다.

3. 데이터 산업

데이터 산업은 처리 – 통합 – 분석 – 연결 – 권리 시대로
구분할 수 있다.

실전 Tip

데이터 산업의 각 시대별 주요한 특징을
키워드로 파악합니다.
처리시대 – 데이터는 업무처리 대상
통합시대 – 데이터 웨어하우스
분석시대 – 빅데이터 등장
연결시대 – 오픈API
권리시대 – 마이데이터, 경제적 자원

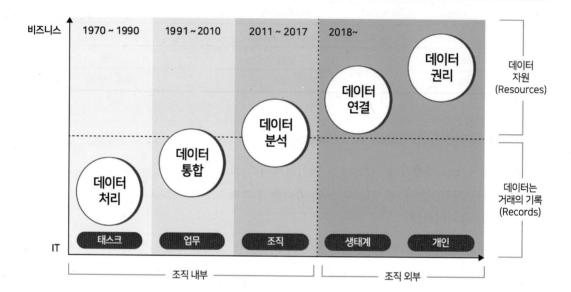

(1) 데이터 처리시대

● 데이터는 업무처리의 대상이다.

● 결과는 파일 형태로 저장되며, 대규모 데이터를 빠르고 정확하게 처리할 수 있게 되었다.

● 기업들은 EDPS(Electronic Data Processing System)*를 도입하여 업무에 적용하였다.

(2) 데이터 통합시대

● 데이터 모델링과 데이터베이스 관리 시스템이 등장하고 전파되었다.

● 데이터 웨어하우스가 도입되어 데이터 조회 및 보고서 산출 등에 사용되었다.

---

* EDPS: 전자적 데이터 처리 시스템으로 자료처리체계. 사무, 관리, 경영, 과학, 기술 등에 관련된 모든 자료와 정보를
컴퓨터를 이용하여 처리하는 시스템 체계이다.

(3) 데이터 분석시대

● 데이터의 폭발적 증가로 하둡 등의 빅데이터 기술 등장하였다.

● 데이터 소비자의 역할과 활용 역량을 높이기 위한 데이터 리터러시 프로그램의 중요성이 커졌다.

● 인공지능기술의 상용화되었다.

(4) 데이터 연결시대

● 사회의 기업, 기관, 사람 사물 등이 동시에 둘 이상의 방식으로 연결되어 데이터를 생성, 전송한다.

● 오픈API 경제 시대라고도 하며 데이터 간의 연결이 강조되고 있다.

(5) 데이터 권리 시대

● 데이터 권리를 원래 주인인 개인에게 돌려주어야 한다는 의미에서의 마이데이터가 등장하였다.

● 데이터의 경제적 자원화 가능성이 대두되어 공정한 사용 보장이 필요해지고 있다.

이론 바로 적용하기

다음 중 데이터 산업의 시점에 대한 설명이 잘못 짝지어진 것은?
① 데이터 처리시대 – 결과는 파일 형태로 저장
② 데이터 통합시대 – 데이터의 경제적 자원화
③ 데이터 분석시대 – 데이터의 폭발적 증가로 빅데이터 기술 등장
④ 데이터 권리시대 – 마이데이터 등장

....

데이터의 경제적 자원화는 데이터 권리시대에 해당하는 내용이다.

정답 ②

4. 빅데이터

● 데이터는 일반적인 데이터베이스 소프트웨어로 저장, 관리, 분석할 수 있는 범위를 초과하는 규모의 데이터이다.(Mokinsey, 2011)

● 빅데이터는 다양한 종류의 대규모 데이터로부터 저렴한 비용으로 가치를 추출하고 데이터의 초고속 수집, 발굴, 분석을 지원하도록 고안된 차세대 기술 및 아키텍처이다.(IDC, 2011)

● 빅데이터란 대용량 데이터를 활용해 작은 용량에서는 얻을 수 없었던 새로운 통찰이나 가치를 추출하는 일이다. 나아가 이를 활용해 시장, 기업 및 시민과 정부의 관계 등 많은 분야에 변화를 가져오는 일이다.(Mayer-Schonberger&Cukier, 2013)

(1) 등장과 변화

① 등장

● 기업: 고객 데이터의 축적으로 데이터에 숨은 가치를 발굴해 새로운 성장 동력으로 삼는다.

● 학계: 거대 데이터를 다루는 학문 분야 확산으로 분석 기법 등을 발견한다.
  - 기존의 방식으로는 얻을 수 없었던 통찰 및 가치 창출
  - 시장, 사업방식, 사회, 정부 등에서 변화와 혁신 주도

변화	과거	현재
데이터 처리 시점	사전처리	사후처리
조사	표본조사	전수조사
가치판단의 기준	질	양
분석방향	이론적 인과관계	단순 상관관계

② 변화

구분	내용
사전처리에서 사후처리	효율성을 위해 불필요한 정보를 제거하였던 시대에서, 가능한 한 많은 데이터를 모으고 그 데이터를 다양한 방식으로 조합해 필요한 정보를 찾아냄
표본조사에서 전수조사	• 과거에는 데이터 수집 비용, 대용량 데이터 처리 도구, 비용 등으로 표본조사를 실시함 • 현재 컴퓨팅 기술의 발전에 따라 복잡하고 거대한 데이터를 다룰 수 있는 통계 도구로 전수조사가 가능
질보다 양	• 데이터 수의 증가로 소수의 오류 데이터가 결과에 영향을 미치지 못함 • 데이터의 정확성 및 신뢰성 등의 질보다 양을 중시하여 모든 데이터를 활용할 때 더 많은 가치를 추출할 수 있음
인과관계에서 상관관계	• 기존의 변인 간의 인과관계를 찾으려 하여 미래 예측보단 대응에 활용됨 • 실시간 상관관계 분석이 가능하게 되어 데이터 기반의 상관관계 분석으로 변화함

빅데이터의 가치 산정이 어려운 이유로 틀린 것은?

① 데이터가 다양한 곳에서 다양한 방식으로 사용된다.
② 기존의 가치를 극대화한다.
③ 분석 기술의 발전으로 현재 데이터의 미래에 대한 가치 판단이 어렵다.
④ 자료수집 원가를 측정하기 어렵다.

....

빅데이터는 가치 창출의 방식이 다양해져 기존에 존재하지 않던 새로운 가치를 창출한다.

정답 ②

더 알아보기

빅데이터와 전통적 데이터 비교

구분	빅데이터	전통적 데이터
데이터의 규모	테라 바이트 이상	기가 바이트 이하
데이터의 유형	정형, 반정형, 비정형	정형 데이터
데이터의 처리 단위	실시간	시간 또는 일자 단위
데이터의 처리 방식	분산 처리	중앙집중식 처리

(2) 빅데이터의 특징

구분	특징	설명
3V	규모 (Volume)	과거 텍스트 데이터부터 사진, 동영상 등 계속해서 생성되는 다양한 데이터의 인식으로 방대한 규모를 가진다.
	다양성 (Variety)	정형, 비정형, 반정형 데이터 등 형태의 다양성이 있다.
	속도 (Velocity)	• 실시간 정보 생성 및 전달의 속도가 증가하여 실시간 처리 등의 요구가 확대되었다. • 가치 있는 정보를 위해 데이터 처리 및 분석 속도가 중요하다.
4V	가치 (Value)	• 각 데이터에 내재되어 있는 가치를 인식해야 한다. • 빅데이터의 가치는 데이터의 정확성 및 시간성과 관련된다.
7V	정확성 (Veracity)	• 질 높은 데이터를 활용한 정확한 분석 수행이 없다면 의미가 없다. • 데이터가 타당한지 정확한지에 대한 여부는 의사결정의 중요한 요소이다.
	휘발성 (Volatility)	데이터가 의미 있는 기간으로 장기적인 관점에서 유용할 필요가 있다.
	신뢰성 (Veracity)	데이터 기반 분석에서 잘못된 결론 도출을 방지하기 위하여 데이터의 품질에 대한 신뢰성과 정확성이 필요하다.

(3) 빅데이터 활용을 위한 3요소

① 자원

- 정형, 반정형, 비정형 데이터를 실시간으로 수집한다.
- 수집된 데이터를 전처리 과정을 통해 품질을 향상시킨다.

② 기술

- 분산파일시스템을 통해 대용량 데이터를 분산 처리한다.
- 데이터 마이닝 등을 통해 데이터를 분석 및 시각화한다.
- 데이터를 스스로 학습, 처리할 수 있는 AI기술을 활용한다.

③ 인력

- 통계학, 수학, 컴퓨터공학, 경영학 분야 전문지식을 갖춘다.
- 도메인 지식을 습득하여 데이터 분석 및 결과를 해석한다.

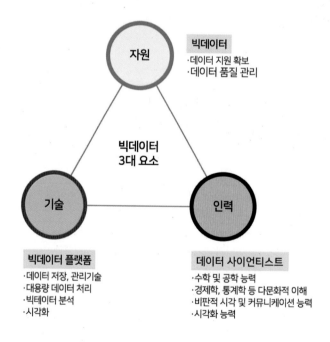

빅데이터 활용을 위한 3대 요소

(4) 빅데이터의 가치

● 비즈니스의 새로운 원자재

● 차별화된 경쟁력과 높은 성과

● 미래 경쟁 우위를 결정

● 빅데이터는 혁신, 경쟁력, 생산성의 핵심요소

실전 Tip
빅데이터의 가치와 그 산정의 어려움에 대한 문제가 나옵니다.

① 빅데이터의 기능

구분	내용
산업혁명의 석탄·철	서비스 분야의 생산성을 획기적으로 끌어올려 사회, 경제, 문화, 생활 전반에 혁명적 변화를 가져올 것으로 기대된다.
21세기 원유	각종 비즈니스, 공공기관 대국민 서비스 등 필요한 정보를 제공하여 산업 전반의 생산성을 향상시키고 새로운 산업을 만들어낼 것으로 기대된다.
렌즈	렌즈를 통해 현미경이 생물학 발전에 끼쳤던 영향만큼, 빅데이터도 렌즈처럼 산업 발전에 큰 영향을 줄 것으로 기대된다.
플랫폼*	플랫폼으로서 다양한 서드파티 비즈니스에 활용될 것으로 기대된다.

② 빅데이터 가치 산정의 어려움

● 데이터의 용도가 다양해져 데이터가 발생했을 때에는 그 데이터가 어디에 활용될지 확정하기 어렵다.

● 데이터가 기존에 없던 가치를 창출함에 따라 그 가치를 측정하기 어렵다.

● 분석 기술 발전으로 지금은 가치 없는 데이터도 새로운 데이터 분석 기법의 등장으로 거대한 가치를 만들어내는 재료가 될 가능성이 높다.

● 잠재적 경쟁자에 진입장벽 역할을 해 기존 사업자에게 경쟁 우위를 제공한다.

③ 빅데이터의 영향

구분	내용
기업	경쟁력 강화, 생산성 향상의 근간
정부	환경 탐색, 상황분석, 미래대응 수단을 제공
개인	활용 목적에 따른 영향

* 플랫폼: 공동 활용의 목적으로 구축된 유무형의 구조물

- 투명성 제고로 연구개발 및 관리 효율성 제고
- 시뮬레이션을 통한 수요 포착 및 주요 변수 탐색으로 경쟁력 강화
- 고객 세분화 및 맞춤 서비스 제공
- 알고리즘을 활용한 의사결정 보조 혹은 대체
- 비즈니스 모델과 제품, 서비스의 혁신

이론 바로 적용하기

빅데이터의 가치 산정이 어려운 이유로 틀린 것은?
① 데이터가 다양한 곳에서 다양한 방식으로 사용된다.
② 기존의 가치를 극대화시킨다.
③ 분석기술의 발전으로 현재 데이터의 미래에 대한 가치 판단이 어렵다.
④ 데이터 수집 원가를 측정하기 어렵다.

....

빅데이터는 가치 창출의 방식이 다양해져 기존에 존재하지 않던 새로운 가치를 창출한다.

정답 ②

실전 Tip

사생활 – 책임
책임 – 결과
데이터 – 알고리즘

(5) 빅데이터의 위기 요인과 통제 방안

위기 요인	통제 방안
① 사생활침해 • 개인정보가 포함된 데이터가 목적 외로 사용될 경우 사생활 침해를 넘어 사회·경제적 위협이 확대될 수 있음 • 익명화 기술이 발전되고 있으나, 정보가 오용될 때 위협의 크기는 막대함 예) 조지 오웰의 ≪1984≫ '빅브라더'	① 동의에서 책임으로 • 개인정보 제공자의 '동의'를 통해 해결하기보다 개인정보 사용자의 '책임'으로 해결 • 사용자에게 개인정보의 유출 및 동의 없는 사용으로 발생하는 피해에 대한 책임을 지게 함으로써 사용 주체가 적극적인 보호 장치를 마련할 수 있도록 함
② 책임원칙 훼손 • 빅데이터 기반 분석과 예측 기술이 발전하면서 정확도가 증가하여 분석 대상이 되는 사람들이 예측 알고리즘의 희생양이 될 가능성 발생 • 빅데이터 시스템에 의해 부당하게 피해 보는 상황을 최소화할 장치 마련 필요	② 결과 기반 책임원칙 고수 • 특정인의 '성향'에 따라 처벌하는 것이 아닌 '행동 결과'를 보고 처벌

③ 데이터 오용
- 데이터의 오해석 및 과신으로 인한 잘못된 인사이트를 얻어 비즈니스에 적용할 경우 직접 손실 발생
- 데이터 분석은 실제 일어난 일에 대한 데이터에 의존하기 때문에 이를 바탕으로 미래 예측 시 필연적으로 오류가 발생할 수 있음

③ 알고리즘 접근 허용
- 알고리즘 접근권 보장
- 알고리즘미스트의 등장
- 알고리즘에 의해 불이익을 당한 사람을 대변해 피해자를 구제할 능력을 갖춘 전문가로서, 컴퓨터와 수학, 통계학이나 비즈니스에 두루 깊은 지식을 갖춘 전문가가 필요

이론 바로 적용하기

다음 중 빅데이터 위기 요인과 그 통제 방안 연결이 옳지 않은 것은?
① 사생활 침해 – 책임의 강조
② 책임 원칙 훼손 – 잠재적 위협에 대한 대응
③ 책임 원칙 훼손 – 예측 기반이 아닌 명확한 결과에 대한 책임부여
④ 데이터오용 – 알고리즘에 대한 접근권 제공

책임원칙 훼손의 위기 요인은 잠재적 위협이 아닌 명확한 결과에 대한 책임을 물어야 한다.

정답 ②

5. 빅데이터 조직 및 인력

빅데이터를 활용하여 비즈니스 인사이트 습득 및 최적화를 위해 빅데이터 조직 및 인력 구성방안을 수립해야 한다.

(1) 필요성

- 빅데이터서비스 도입 및 운영 조직을 구성하기 위해서는 빅데이터 업무 프로세스를 이해하고, 조직의 특성을 고려하여야 한다.
- 데이터분석의 컨트롤 타워에 대한 필요성이 제기되었다.
- 데이터분석 조직체계나 데이터분석전문가의 확보가 어렵다.

(2) 조직설계

조직 구조를 설계할 때는 공식화, 분업화, 직무 전문성, 통제 범위, 의사소통 및 조정 등의 특성을 고려한다.

실전 Tip
조직구조에 따른 특징을 이해해야 한다.

① 프로세스

빅데이터 도입 단계	빅데이터 구축단계	빅데이터 운영단계
빅데이터 서비스 제공에 앞서 빅데이터 시스템 구축을 위한 빅데이터의 도입 단계부터 도입 기획 기술 검토, 도입 조직 구성, 예산확보 등을 수행	빅데이터 플랫폼을 구축하기 위해 요구사항 분석, 설계, 구현, 테스트 단계를 수행	• 빅데이터 시스템의 도입 및 구축이 끝나면, 이를 인수하여 운영 계획을 수립 • 빅데이터 플랫폼 운영, 데이터 및 빅데이터 분석 모델 운영, 빅데이터 운영 조직, 빅데이터 운영 예산 고려

② 조직구조

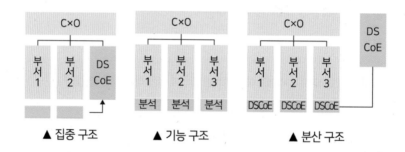

▲ 집중 구조   ▲ 기능 구조   ▲ 분산 구조

구분	내용
기능구조	• 일반적인 형태로 별도 분석조직이 없고 해당 부서에서 분석 수행 • 전사적 핵심 분석이 어려우며 과거에 국한된 분석수행
집중구조	• 전사의 분석 업무를 별도의 분석 전담 조직에서 담당함 • 전략적 중요도에 따라 분석조직이 우선순위를 정해서 진행 가능 • 현업 업무부서의 분석 업무와 중복 및 이원화 가능성
분산구조	• 분석조직 인력들을 현업 부서로 직접 배치해 분석 업무를 수행 • 전사 차원의 우선순위 수행 • 분석 결과에 따른 신속한 피드백이 나오고 베스트 프랙티스 공유가 가능 • 업무 과다와 이원화 가능성이 존재할 수 있어 부서 분석 업무와 역할 분담이 명확해야 함 • 다수의 데이터분석 엔지니어가 필요

이론 바로 적용하기

아래에서 설명하는 데이터 분석 조직으로 옳은 것은?

- 전사 차원의 우선순위 수행
- 분석 결과에 따른 신속한 피드백이 나오고 베스트 프랙티스 공유가 가능
- 업무 과다와 이원화 가능성이 존재할 수 있어 부서 분석 업무와 역할 분담이 명확해야 함

① 기능구조　　　② 집중구조　　　③ 분산구조　　　④ 운영구조

....

분산구조에 대한 설명이다.

정답 ③

(3) 데이터 분야 직무별 업무

① 데이터 엔지니어

- 비즈니스를 이해하고 대량의 데이터 세트 가공
- 사내 데이터 분석가와 데이터 사이언티스트가 제품을 최적화하기 위한 분석 도구개발
- 하둡, 스파크 등을 이용해서 대용량 데이터 분산 처리 시스템 개발
- 시스템 개발에 필요한 프로그래밍 언어 사용 스킬

② 데이터 분석가

- 최적의 의사결정을 내리는 데 도움을 주는 비즈니스 인사이트 제공
- 데이터의 경향, 패턴 이상치 등을 인식하기 위한 시각화 진행, 보고서 작성
- 비즈니스 팀과 연계해 각 팀의 전략을 수립하거나 업무 효율화에 필요한 데이터 수집 및 분석

③ 데이터 사이언티스트

- 빅데이터의 데이터에 대한 이론지식과 함께 분석기술을 바탕으로 통찰력, 전달력 및 협업능력을 갖춘 데이터 전문가

> **실전 Tip**
> 데이터사이언티스트와 알고리즈미스트를 구분할 줄 알아야 합니다.

- 머신러닝 모델을 사용해 정형, 비정형 데이터에서 인사이트를 창출

- 사내 데이터를 이용해서 고객 행동 패턴 모델링 진행 패턴을 찾아내거나 이상치를 탐지

- 예측 모델링, 추천 시스템 등을 개발해 비즈니스 의사결정에 필요한 인사이트 제공

- 필요한 기술

Hard Skill
① 빅데이터에 대한 이론적 지시
　: 관련 기법에 대한 이해와 방법론 습득
② 분석 기술에 대한 숙련
　: 최적의 분석 설계 및 노하우 축적

Soft Skill
③ 통찰력 있는 분석 : 창의석 사고, 호기심, 논리적 비판
④ 설득력 있는 전달 : 스토리텔링, 시각화
⑤ 다분야 간 협력 : 커뮤니케이션

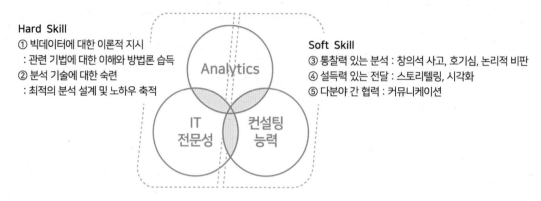

④ 알고리즈미스트

- 알고리즘으로 인해 부당하게 피해를 입은 사람이 발생하는 것을 방지하기 위한 직업

- 컴퓨터, 수학, 통계뿐 아니라 비즈니스 전반에 대한 이해가 필요

- 해당 알고리즘을 해석하여 이에 피해를 입은 사람을 구제

이론 바로 적용하기

다음 중 데이터 사이언티스트에 대한 요구역량 중 Soft Skill이 아닌 것은?

① 통찰력 있는 분석　　　　　② 빅데이터에 대한 이론적 지식
③ 다분야 간 협력　　　　　　④ 설득력 있는 전달

HARD SKILL
• 빅데이터에 대한 이론적 지식　• 분석 기술에 대한 숙련

SOFT SKILL
• 통찰력 있는 분석　　　• 설득력 있는 전달　　　• 다분야 간 협력

정답 ②

02 빅데이터 기술 및 제도 ★★★

- 빅데이터 플랫폼과 분산컴퓨팅에 대한 이해가 필요하다.
- 하둡과 에코시스템에 대해서 암기하고, 빅데이터 저장기술과 그 내용에 대해 중점적으로 학습한다.

1. 빅데이터 플랫폼

- 빅데이터에서 가치를 추출하기 위해 일련의 과정(수집 − 저장 − 분석 − 활용)을 규격화한 기술이다.

- 특화된 분석(의료, 환경, 범죄 등)을 지원하는 빅데이터 플랫폼이 발전하는 추세이다.

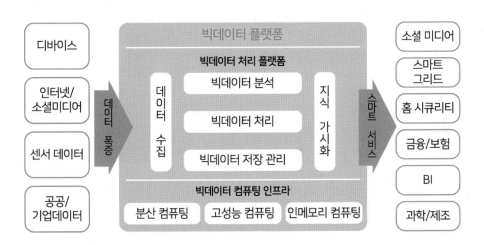

▲ 빅데이터 플랫폼 개념도

(1) 주요 기술

단계	주요 기술
수집	• ETL • EAI • 크롤링
저장	• 분산파일시스템 • RDBMS • Nosql
처리, 분석	• SQL • 머신러닝 • 통계분석
분석	• R • Python • BI • Open API

실전 Tip

빅데이터 플랫폼의 각 단계와 맞는 기술을 숙지해야 한다.

(2) 형식

① HTML(Hypertext Makup Language

- 웹 페이지 및 웹 응용 프로그램의 구조를 만들기 위한 표준 마크업 언어

- 텍스트, 태그, 스크립트로 구성

② XML(Extensible Makup Language)

- 사람과 기계가 읽을 수 있는 형식으로 문서를 인코딩하기 위한 규칙 집합을 정의하는 마크업 언어

- SGML 문서 형식이며, 다른 특수한 목적을 갖는 마크업 언어를 만드는 데 사용하는 다목적 마크업 언어

- 플랫폼 독립적인 마크업 언어

③ CSV

쉼표로 구분한 텍스트 데이터 및 파일

④ JSON

〈키-값〉으로 이루어진 데이터 오브젝트를 전달하기 위해 텍스트를 사용하는 개방형 표준 포맷

(3) 구축 소프트웨어

소프트웨어	내용
R	• 빅데이터분석 • S언어 기반으로 만든 오픈소스 프로그래밍 언어 • 강력한 시각화 기능 제공
우지 (Oozie)	• 워크플로우 관리 • 하둡작업 관리 • 맵리듀스, 피그와 같은 특화된 액션으로 구성된 워크플로우 제어
플럼 (Flume)	• 데이터 수집 • 이벤트와 에이전트를 활용해 많은 양의 로그 데이터를 효율적으로 수집, 집계, 이동
HBASE	• 분산 데이터 베이스 • 컬럼 기반 저장소로, HDFS와 인터페이스 제공
스쿱 (Sqoop)	• 정형 데이터 수집 • 관계형 데이터 베이스로부터 데이터를 하둡으로 전송
SQL on Hadoop	커넥터를 사용해 관계형 데이터베이스 시스템에서 하둡파일시스템으로 데이터를 수집하거나 그 역할을 하는 기능 수행

(4) 하둡(High Availability Distributed Object Oriented Platform)

분산 환경에서 빅데이터를 저장하고 처리할 수 있는 자바 기반의 오픈 소스 프레임 워크이다.

① 맵리듀스(Map-Reduce)

● 대용량의 데이터 처리를 위한 분산 프로그래밍 모델, 소프트웨어 프레임워크

● 맵과 리듀스라는 두 개의 메소드로 구성

구분	내용
맵(Map)	흩어져 있는 데이터를 연관성 있는 데이터들로 분류하는 작업(key, value의 형태)
리듀스(Reduce)	Map에서 출력된 데이터를 중복 데이터를 제거하고 원하는 데이터를 추출하는 작업

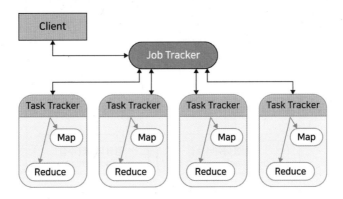

② 하둡 분산파일시스템(HDFS)

- 하둡 네트워크에 연결된 기기에 데이터를 저장하는 분산형 파일시스템

- 일을 적당한 블록크키(64MB)로 나눠서 각 노드 클러스터, 즉 각각의 개별 컴퓨터에 저장

- 다수의 노드에 복제 데이터도 함께 저장해서 데이터 유실을 방지

구분	내용
네임노드	파일시스템의 네임스페이스를 관리하며, 파일에 속한 모든 블록이 어느 데이터노드에 있는지 파악
데이터 노드	클라이언트나 네임노드의 요청이 있을 때 블록을 저장하고 탐색하며, 저장하고 있는 블록의 목록을 주기적으로 네임노드에 보고

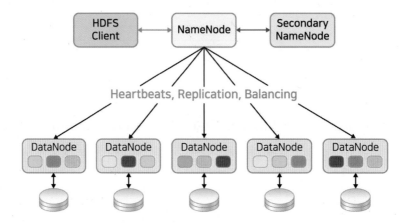

(5) 하둡에코시스템(Hadoop Ecosystem)

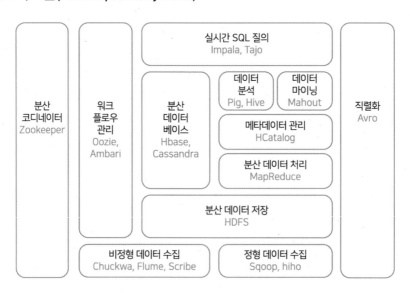

● 하둡 에코시스템은 하둡 프레임워크를 이루고 있는 다양한 서브 프로젝트들의 모임이다.

● 하둡 에코시스템은 수집, 저장 ,처리기술과 분석, 실시간 SQL 질의기술로 구분할 수 있다.

기능	기술	설명
정형 데이터수집	스쿱(Sqoop)	관계형 데이터스토어 간 대량 데이터를 효과적으로 전송하는 도구
	히호(Hiho)	대용량 데이터 전송 솔루션으로, 하둡에서 데이터를 가져오기 위한 SQL을 지정할 수 있으며, JDBC 인터페이스를 지원
비정형 데이터수집	척와(Chukwa)	분산환경에서 생성되는 데이터를 HDFS에 안정적으로 저장하는 플랫폼
	플럼 (Flume)	• 대용량의 로그 데이터를 효과적으로 수집, 집계, 이동시키는 분산 서비스 제공 솔루션 • 분산된 서버에 에이전트가 설치되고, 에이전트로부터 데이터를 전달받는 콜랙터로 구성
	스크라이브 (Scribe)	• 페이스북에서 개발한 데이터 수집 플랫폼 • 데이터를 중앙 집중 서버로 전송하는 방식
분산데이터 저장	HDFS	• 수십 테라바이트 또는 페타바이트 이상의 대용량 파일을 분산된 서버에 저장하고, 그 저장된 데이터를 빠르게 처리할 수 있게 하는 파일시스템 • 네임노드와 데이터노드로 구현
분산 데이터 베이스	HBASE	• HDFS의 칼럼 기반 데이터베이스 • 실시간 랜덤 조회 및 업데이트가 가능하며, 각각의 프로세스들은 개인의 데이터를 비동기적으로 업데이트 가능
분산 데이터 처리	맵리듀스 (Map-reduce)	• 구글에서 제작한 소프트웨어 프레임워크 • 분산 병렬컴퓨팅에서 대용량 데이터 처리
리소스 관리	얀 (Yarn)	• 리소스 관리와 컴포넌트 처리를 분리한 자원관리 플랫폼 • 대규모 데이터 처리 어플리케이션들을 실행하는 운영체제 역할을 수행
데이터 마이닝	머하웃(Mahout)	하둡 기반 데이터 마이닝 알고리즘을 구현한 오픈소스
데이터 가공	피그 (Pig)	• 데이터처리를 위한 병렬처리 언어이며 아파치 하둡의 서브프로젝트 • Pig Latin이라는 자체 언어를 제공 • Map과 Reduce 두 단계로 이루어진 단순한 병렬모델 • 코드 길이가 짧고 개발 시간도 단순해짐
	하이브 (Hive)	• 페이스북에서 개발한 데이터 웨어하우징 인프라 • SQL 기반의 쿼리언어와 JDBC를 지원
실시간SQL질의	임팔라 (Impala)	• 클라우드데라에서 개발한 하둡 기반의 실시간 SQL 질의 시스템 • 맵리듀스를 사용하지 않고, 자체 개발한 엔진으로 분석과 트랜잭션 처리를 모두 지원
	타조 (Tajo)	하둡 기반의 대용량 데이터를 SQL 형태의 명령을 통해 분산 분석 작업을 지원하는 대용량 데이터 웨어하우스
워크 플로우 관리	우지(Ooozie)	하둡의 작업을 관리하는 워크플로우 및 코디네이터 시스템
분산 코디네이션	주키퍼 (Zookeeper)	• 분산 환경에서 서버들간에 상호 조정이 필요한 다양한 서비스를 제공하는 시스템 • 하나의 서버에만 서비스가 집중되지 않도록 서비스를 알맞게 분산하여 동시에 처리하게 해 줌

다음 중 구축 소프트웨어에 해당하지 않는 것은?

① 맵리듀스   ② 우지   ③ 플럼   ④ 스쿱

....

맵리듀스는 분산데이터 처리 시스템에 속한다.

정답 ①

2. 빅데이터 처리기술

(1) 빅데이터 처리과정

(2) 빅데이터 수집

- 크롤링(Crawling): 정보 자원을 자동화된 방법으로 수집, 분류, 저장하는 것

- 로그 수집기(Log collector]: 조직 내에 있는 웹서버의 로그, 시스템로그 , 트랜잭션 로그, 클릭 로그, 데이터베이스 로그 데이터 등을 수집

- 센서 네트워크: 서로 센싱(감지) 가능한 정보를 수집하고, 수집된 정보를 그대로 혹은 가공하여 이를 무선 송수신 장치를 이용하여 외부로 전달하는시스템

- RSS(Rich Site Summary): 업데이트된 정보를 자동적으로 쉽게 사용자들에게 제공하기 위한 서비스

- SS 주소를 소정의 RSS Reader 프로그램에 등록하기만 하면, 업데이트된 정보를 찾기 위해 매번 로그인하거나 방문할 필요 없이 자동적으로 이들을 확인하고 이용할 수 있는 편의성이 있음

● ETL 프로세스: 데이터 이동과 변환 절차에 관련된 업계 표준용어

ETL	내용
추출(Extracion)	데이터 원천으로부터 데이터를 획득한다.
변환(Transformation)	조회 또는 분석을 목표로 하여 적절한 구조 및 형식으로 데이터를 변환한다.
적재(Loading)	추출 및 변환된 데이터를 대상 시스템에 저장한다.

● Open API: 인터넷 이용자가 일방적으로 웹 검색 결과 및 사용자인터페이스(UI) 등을 제공받는 데 그치지 않고 직접 응용 프로그램과 서비스를 개발할 수 있도록 공개된 API

(3) 빅데이터 저장

① NoSQL(Not only SQL)

● NoSQL은 관계형 모델을 사용하지 않는 데이터 저장소 또는 인터페이스이며, 대규모 데이터를 처리하기 위한 기술로 확장성, 기용성, 높은 성능을 제공한다.

● 대부분 오픈 소스이며 구글 BigTable, 아파치 HBase, 아마존 SimpleDB 등이 있다.

② 병렬 데이터베이스 관리 시스템(parallel database Management System)

● 데이터를 효과적으로 이용할 수 있도록 정리·보관하기 위한 기본 소프트웨어이다.

● DBMS는 계층형과 네트워크형, 관계형으로 구분된다.

③ 분산 파일 시스템(Distributed File System)

네트워크를 통해 물리적으로 다른 위치에 있는 여러 컴퓨터에 자료를 분산 저장하여 마치 로컬 시스템(local system)에서 사용하는 것처럼 동작하게 하는 시스템이다.

④ 네트워크 파일시스템(Network File System)

근거리 통신망(LAN) 등 정보 통신 네트워크에 접속되어 있는 다른 컴퓨터에 있는 파일이나 파일 시스템을 공용하기 위한 분산 파일 공유 시스템이다.

(4) 빅데이터 처리

① 하둡(Hadoop)

- 분산처리 환경에서 대용량데이터 처리 및 분석을 지원하는 오픈소스 프레임워크이다.
- 여러 개의 저렴한 컴퓨터를 마치 하나인 것처럼 묶어 대용량 데이터를 처리하는 기술이다.
- 하둡분산파일시스템(HDFS)*와 맵리듀스로 구성되어 있다.

② 아파치 스파크(Apache Spark)

- 오픈 소스 클러스터 컴퓨팅 프레임워크이다.
- 인메모리상에서 동작하여 반복작업 시 하둡보다 빠른 속도를 낸다.
- 데이터 실시간 스트리밍 처리가 가능하다.

③ 맵리듀스(MapReduce)

- HDFS 상에서 동작하는 데이터 분석 프레임워크로 효과적인 병렬 및 분산처리를 지원한다.
- 함수의 입력과 출력이 모두 키(key)와 값(value)의 쌍으로 구성되어 있다.

구성	내용
Map	key, value의 형태로 데이터를 담아 두는 자료구조 중의 하나
Reduce	Map 결과데이터를 사용하여 필요한 연산을 수행하여 데이터를 합치는 방법

이론 바로 적용하기

다음 중 빅데이터 수집 기술에 해당하지 않는 것은?

① 크롤링   ② 스쿱
③ 센서 네트워크   ④ ETL

....

스쿱은 관계형 데이터스토어 간 대량 데이터를 효과적으로 전송하는 전송기술이다.

정답 ②

---

* 하둡분산파일시스템: 하둡 네트워크에 연결된 기기의 데이터를 저장하는 분산형 파일 시스템이다.

3. 빅데이터와 인공지능

(1) 인공지능 AI(Artificial Intelligence)

● 인공지능은 인간의 지적능력을 인공적으로 구현하여 컴퓨터가 인간의 지능적인 행동과 사고를 모방할 수 있도록 하는 소프트웨어이다.

● 인공지능은 기계를 지능화하는 노력이며, 지능화란 객체가 환경에서 적절히, 그리고 예지력을 갖고 작동하도록 하는 것이다.(Artificial Intelligence and life in 2030, 스탠퍼드대학교 AI100)

● 인공지능은 합리적 행동 수행자(Rational Agent)이며, 어떤 행동이 최적의 결과를 낳을 수 있도록 하는 의사결정 능력을 갖춘 에이전트를 구축하는 것이다.(Artificial Intelligence - a modern approach, 러셀과 노빅)

(2) 기계학습(Machine Learning)

컴퓨터에 명시적인 프로그램 없이 배울 수 있는 능력을 부여하는 연구 분야이다.(1959, 아서사무엘)

구분	내용
지도학습 (supervised learning)	지도학습이란 데이터에 대한 레이블, 즉 정답이 주어진 상태에서 학습하는 것이다. 예) 분류모형, 회귀모형
비지도학습 (Unsupervised Learning)	지도학습이란 데이터에 대한 레이블, 즉 정답이 없는 상태에서 학습하는 것이다. 예) 군집분석, 오토인코더, 생성적 적대신경망
준지도학습 (Semi-Supervised Learning)	지도 학습과 비지도학습 중간의 학습 방법으로, 레이블이 존재하는 데이터와 존재하지 않는 데이터 모두를 훈련에 사용한다. 예) 심층 신뢰 신경망, 제한된 볼츠만 머신
강화학습 (Reinforcement Learning)	• 인공지능 에이전트가 학습을 수행하면서 가장 큰 보상을 얻기 위해 최상의 전략을 학습한다. • 강화학습의 초점은 학습과정에서의 성능이다. 예) 알파고(AlphaGo), 자율주행 자동차

(3) 인공지능 기술동향

① 생성적 적대 신경망 GAN(Generative Adversarial Network)

● 생성자와 식별자가 서로 경쟁(Adversarial)하며 데이터를 생성(Generative)하는 모델(Network)이다.

● 두 개의 인공 신경망으로 구성된 딥러닝 이미지 생성 알고리즘이다.

● 생성자가 가짜 사례를 생성하면 감별자가 진위를 판별하도록 구성한 적대적 관계이다.

② 오토인코더(Auto encoder)

라벨이 설정되지 않은 데이터로부터 효율적인 코드로 표현하도록 학습하는 신경망이다.

③ 기계학습 프레임 워크 보급 확대(Machine Learning Framework)

● 수많은 라이브러리와 사전 학습까지 완료된 다양한 딥러닝 알고리즘을 제공하여 알고리즘 개발을 용이하게 하는 기술이다.

● 구글 브레인에서 개발한 텐서플로(TensorFlow)는 러닝 모델을 직접 만들거나 프로세스 단순화를 제공한다.

● 케라스(Keras)는 효율적인 신경망 구축을 단순화된 인터페이스로 제공한다.

④ 설명 가능한 인공지능(XAI)

결론 도출 과정에 대한 근거를 인공지능이 차트나 수치, 자연어 형태로 설명한다.

⑤ 기계학습 자동화(AutoML)

● 기계학습의 전체과정을 자동화하는 기술로 데이터 전처리, 변수 생성, 변수 선택, 알고리즘 선택, 하이퍼 파라미터 최적화 등의 기능을 수행한다.

● 실무자 등 데이터분석 비전문가들의 데이터분석을 가능하게 한다.

03 개인정보 제도 및 활용★

1. 개인정보 *

개인정보란 생존하는 개인에 관한 정보로서 성명·주민등록번호 등에 의해 당해 개인을 알아볼 수 있는 부호·문자·음성·음향 및 영상 등의 정보이다.

(1) 개인정보의 보호

개인정보는 정보사회의 핵심 인프라로 유출 시 피해가 심각하여 개인정보보호의 필요성이 존재한다.

(2) 개인정보보호 가이드라인**

① 개인정보 비식별화

- 개인정보가 포함된 공개된 정보 및 이용내역정보는 비식별화 조치를 취한 후 수집·저장·조합·분석 등을 처리하여야 한다.

- 비식별화 조치된 공개된 정보 및 이용내역정보를 조합, 분석 등 처리하는 과정에서 개인정보가 생성되지 않도록 하여야 한다.

- 수집 시부터 개인 식별 정보***에 대한 철저한 비식별화 조치, 개인정보가 재식별될 경우 즉시 파기하거나 추가적인 비식별화 조치를 시행한다.

---

* 개인정보: 해당 정보만으로는 특정 개인을 알아볼 수 없어도 다른 정보와 쉽게 결합해 알아볼 수 있는 경우에는 그 정보를 포함한다.
** 개인정보보호 가이드라인: 한국 방송통신위원회, 한국 인터넷진흥원에서 제정한 〈빅데이터개인정보보호가이드라인〉의 주요 내용이다.
*** 개인식별정보: 생존하는 개인의 성명, 주소 및 주민등록번호, 여권번호, 운전면허정보, 외국인등록번호, 국내 거소 신고번호 및 성별, 국적 등 개인을 식별할 수 있는 정보를 말한다.

② 정보의 수집과 이용

● 정보의 수집 출처, 수집·저장·조합·분석 등 처리하는 사실 및 그 목적을 이용자 등이 언제든지 쉽게 확인할 수 있도록 개인정보 취급방침을 통해 공개해야 한다.

● 비식별화 조치하여 공개된 정보를 조합해 새로운 정보를 수집하였을 때, 정보 개인정보가 포함되어 있을 경우, 즉시 파기하거나 비식별화 조치를 취하여야 한다.

 이론 바로 적용하기

다음 중 개인정보보호 가이드라인에 맞지 않는 것은?

① 정보의 수집 출처, 수집·저장·조합·분석 등 처리하는 사실 및 그 목적을 이용자 등이 언제든지 쉽게 확인할 수 있도록 개인정보 취급방침을 통해 공개해야 한다.

② 식별화 조치된 공개된 정보 및 이용내역정보를 조합, 분석 등 처리하는 과정에서 개인정보를 확보한다.

③ 수집 시부터 개인 식별 정보에 대한 철저한 비식별화 조치, 개인정보가 재식별될 경우 즉시 파기하거나 추가적인 비식별화 조치를 시행한다.

④ 개인정보가 포함된 공개된 정보 및 이용내역정보는 비식별화 조치를 취한 후 수집, 저장, 조합, 분석 등 처리하여야 한다.

....

비식별화 조치된 공개된 정보 및 이용내역정보를 조합, 분석 등 처리하는 과정에서 개인정보가 생성되지 않도록 하여야 한다.

정답 ②

(3) 개인정보 비식별화 조치*단계 가이드라인

① 사전검토

개인정보 해당 여부를 검토한 후 개인정보가 아닌 경우에는 별도 조치 없이 활용이 가능하다.

② 비식별조치

가명처리, 총계처리, 데이터 삭제, 범주화, 데이터 마스킹 등 다양한 비식별 기술을 단독, 복합적으로 활용하여 개인 식별요소를 제거한다.

* 비식별화 조치: 데이터 값 삭제, 가명처리, 총계처리, 범주화, 데이터 마스킹 등을 통해 개인정보의 일부 또는 전부를 삭제하거나 대체하여 특정 개인을 식별할 수 없도록 하는 조치이다.

③ 적정성평가

비식별 조치가 적정하게 이루어졌는지를 외부 평가단을 통해 객관적으로 평가한다.

④ 사후관리

식별 정보의 안전한 활용과 오남용 예방을 위한 필수적 보호조치이다.

● 관리적보호조치: 관리담당자 지정, 정보공유 금지, 목적 달성 시 파기

● 기술적 보호조치: 비식별 정보파일에 대한 접근통제, 접속기록 관리, 보안 프로그램 설치 및 운영 등의 조치 필요 재식별 시 처리 중단 및 파기 등

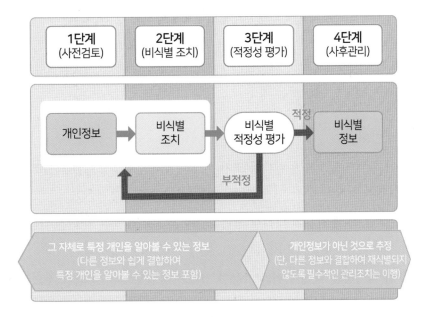

이론 바로 적용하기

다음 중 개인정보 비식별화 절차로 옳은 것은?
① 사전검토 〉 비식별 적정성 평가 〉 비식별 조치 〉 사후관리
② 비식별 적정성 평가 〉 비식별 조치 〉 사전관리 〉 사후검토
③ 비식별 조치 〉 사전검토 〉 비식별 적정성 평가 〉 사후관리
④ 사전검토 〉 비식별 조치 비식별 〉 적정성 평가 〉 사후관리

⋯⋯⋯⋯⋯⋯⋯

사전검토 〉 비식별 조치 비식별 〉 적정성 평가 〉 사후관리

정답 ④

(4) 재식별 가능성 모니터링 점검항목

모니터링 결과 점검항목 중 어느 하나에 해당하는 경우에는 추가적인 비식별조치가 필요하다.

① 내부요인의 변화

- 비식별 조치된 정보와 연계하여 재식별 우려가 있는 추가적인 정보를 수집하였거나 제공받은 경우

- 데이터 이용과정에서 생성되는 정보가 비식별 정보와 결합해서 새로운 정보가 생성되는 경우

- 이용 부서에서 비식별 정보에 대한 비식별 수준을 당초보다 낮추어 달라고 하는 요구가 있는 경우

- 신규 또는 추가로 구축되는 시스템이 비식별 정보에 대한 접근을 관리·통제하는 보안체계에 중대한 변화를 초래하는 경우

② 외부 환경의 변화

- 이용 중인 데이터에 적용된 비식별 조치 기법과 유사한 방법으로 비식별조치한 사례가 재식별되었다고 알려진 경우

- 이용 중인 데이터에 적용된 비식별 기법과 기술을 무력화 하는 새로운 기술이 등장하거나 공개된 경우

- 이용 중인 데이터와 새롭게 연계 가능한 정보가 출현하거나, 공개된 것으로 알려진 경우

(5) 프라이버시 보호모델

모델	기능	설명
k-익명성 (k-anonymity)	특정인임을 추론할 수 있는지 검토한다.	동일한 값을 가진 레코드들이 최소 k개 이상 존재하도록 하여, 개인을 식별할 확률이 1/k이다.
l-다양성 (l-divrsity)	특정인임을 추론이 불가하지만, 민감정보의 다양성을 높혀 추론 가능성을 낮춘다.	각 레코드들은 최소 l개 이상의 다양성을 가져 동질성에 의한 추론을 방지한다.
t-근접성 (t-closeness)	민감정보의 분포를 낮춰 추론가능성을 낮춘다.	특정 정보의 분포와 전체 데이터의 정보분포 차이를 t 이하로 하여 추론을 방지한다.

K-익명성의 취약성

- 동질성 공격(Homogeneity attack): k-익명성에 의해 레코드들이 범주화 되었더라도 일부 정보들이 모두 같은 값을 가질 수 있기 때문에 데이터 집합에서 동일한 정보를 이용하여 공격 대상의 정보를 알아내는 공격(예, 연령으로 범주화 되었더라도 질병이 동일하게 정렬되어 공격대상의 정보 식별 가능)

지역코드	연령	질병
520***	30대	위암
530***	20대	위암
485***	50대	위암
157***	20대	대장암
587***	30대	대장암
424***	40대	대장암

- 배경지식에 의한 공격(Background knowledge attack): 주어진 데이터 이외의 공격자의 배경지식을 통해 공격대상의 민감한 정보를 알아내는 공격

(6) 마이 데이터(My Data)

- 마이 데이터는 개인이 자신의 정보를 관리, 통제할 뿐만 아니라 이러한 정보를 신용이나 자산 관리 등에 능동적으로 활용하는 일련의 과정이다.
- 마이 데이터에서 개인은 데이터 주권인 자기 정보결정권으로 개인 데이터의 활용과 관리에 대한 통제권을 개인이 가진다는 것이 핵심 원리이다.
- 마이 데이터를 통해서 개인의 동의하에 타기업에 저장된 개인정보를 받아서 필요한 곳에 활용할 수 있게 된다.

기능	내용
데이터 권한	개인이 개인 데이터의 접근, 이동, 활용 등에 대하 통제권 및 결정권을 가져야 한다.
데이터 제공	개인 데이터를 보유한 기관은 개인이 요구 시, 개인 데이터를 안전한 환경에서 쉽게 접근하여 이용할 수 있는 형식으로 제공해야 한다.
데이터 활용	개인의 요청 및 승인에 의한 데이터의 자유로운 이동과 제3자 접근이 가능해야 하며, 그 결과를 개인이 투명하게 알 수 있어야 한다.

2. 개인정보 법과 제도

(1) 데이터 3법

① 개념

실전 Tip
개인정보에 대한 내용은 난이도는 낮지만 매년 1~2문제가 나오므로 꼼꼼히 확인해야 합니다.

데이터 3법은 데이터 이용을 활성화하는 「개인정보보호법」, 「정보통신망이용촉진 및 정보보호 등에 관한 법률(정보통신망법)」, 「신용정보의이용 및 보호에 관한 법률(신용정보법)」 등 3가지 법률을 통칭한다.

② 데이터 3법 주요 개정 내용

● 가명 정보 도입: 데이터 이용 활성화를 위한 가명정보 도입

● 거버넌스 체계 효율화: 관련 법률의 중복되거나 유사한 규정을 정비하고 추진체계 일원화

● 책임 강화: 데이터 활용에 따른 개인정보처리자의 책임 강화

● 기준 명확화: 개인정보 판단 기준의 명확화

실전 Tip
데이터 3법은 [정신개]이다.

데이터 3법	주요 내용
정보통신망법	온라인 상 개인정보보호 감독주체를 개인정보보호위원회로 변경
신용정보법	• 가명정보 도입으로 빅데이터 분석 및 이용의 법적 근거 마련 • 가명정보는 통계작성, 연구, 공익적 기록 보존 등을 위해 신용정보 주체의 동의 없이 이용 및 제공 가능 • 마이 데이터 산업 도입으로 개인정보 보호 강화
개인정보 보호법	• 개인정보의 범위 명확화 • 가명정보 활용범위 명확화와 이에 따른 안정장치 마련 • 동의 없이 처리할 수 있는 개인정보의 인정 • 개인정보 보호체계 일원화

이론 바로 적용하기

다음 중 데이터 3법의 주요 개정 내용이 아닌 것은?
① 개인정보의 판단기준을 명확하게 하였다.
② 가명정보 활용범위 명확화와 이에 따른 안정장치를 마련하였다.
③ 마이 데이터 산업 도입으로 개인정보 보호를 강화하였다.
④ 가명정보는 신용정보 주체의 동의 없이는 이용하지 못한다.

....

가명정보는 통계작성, 연구, 공익적 기록 보존 등을 위해 신용정보 주체의 동의 없이 이용 및 제공이 가능하다.

정답 ④

(2) 개인정보보호법

● 당사자의 동의 없는 개인정보 수집 및 활용, 제3자에게 제공하는 것을 금지하는 등의 개인정보보호를 강화한 내용을 담아 제정한 법률이다.

● 상대방의 동의 없이 개인정보를 제3자에게 제공하면 5년 이하의 징역이나 5,000만 원 이하의 벌금에 처할 수 있다.

① 개인정보의 범위(제2조 제1호)

● 어떤 정보가 개인정보에 해당하는지는 그 정보가 특정 개인을 알아볼 수 있게 하는 다른 정보와 쉽게 결합할 수 있는가에 따라 결정된다.

● 법원은 그 정보 자체로는 누구의 정보인지를 알 수 없더라고 다른 정보와 결합가능성을 비교적 넓게 인정해 개인정보에 해당한다고 판단하고 있다.

② 개인정보의 처리 및 위탁

● 일정한 내용을 기재한 문서에 의해 업무 위탁이 이루어져야 한다.

● 위탁하는 업무의 내용과 수탁자를 정부주체에 알려야 하는바, 개인정보보호방침에 해당 내용을 추가하여 공개하거나, 사업장 등의 보기 쉬운 장소에 게시하는 방법 등을 시행해야 한다.

● 수탁자에 대한 교육 및 감독 의무를 부담하게 된다.

● 수탁자가 위탁받은 업무와 관련하여 개인정보를 처리하는 과정에서 개인정보보호법을 위반하여 발생한 손해배상책임에 대해서는 수탁자를 개인정보처리자의 소속직원으로 본다.

③ 개인정보의 제3자 제공

● 정부주체로부터 개인정보 제3자 제공 동의를 받아야 한다.

(3) 정보통신망법

① 개념

● 정보통신망의 개발과 보급 등 이용 촉진과 함께 통신망을 통해 활용되고 있는 정보보호에 관해 규정한 법률이다.

- 이용자의 동의를 받지않고 개인정보를 수집하거나 제3자에게 개인정보를 제공한 경우, 법정대리인의 동의 없이 만 14세 미만의 아동의 개인정보를 수집한 경우, 악성프로그램을 전달 또는 유포한 경우 등은 5년 이하의 징역 또는 5,000만 원 이하의 벌금에 처해진다.

② 개인정보의 처리 및 위탁

- 원칙적으로는 개인정보 처리 위탁을 받는 자, 개인정보 처리 위탁하는 업무의 내용을 이용자에게 알리고 동의를 받아야 한다.

- 단, 정보 통신 서비스 제공자 등은 정보 통신서비스의 제공에 관한 계약을 이행하고 이용자의 편의 증진 등을 위하여 필요한 경우에는 고지 절차와 동의 절차를 거치지 않고, 이용자에게 이에 관해 알리거나 개인정보 처리 방침 등에 이를 공개할 수 있다.

- 만일 제3자에게 데이터 분석을 위탁할 경우, 해당 서비스가 정보 통신 서비스 제공에 관한 계약을 이행하고 이용자의 편의 증진을 위한 것인지 검토해야 한다.

(4) 신용정보법

- 개인신용정보를 신용정보회사 등에 제공하고자 할 경우 해당 개인으로부터 서면 또는 공인전자서명이 있는 전자문서에 의한 동의 등을 얻어야 한다.

- 신용정보 주체는 신용정보회사 등이 본인에 관한 신용정보를 제공하는 때에는 제공받은 자, 그 이용목적, 제공한 본인 정보의 주요 내용 등을 통보하도록 요구하거나 인터넷을 통하여 조회할 수 있도록 요구할 수 있다.

- 신용정보회사 등이 보유하고 있는 본인정보의 제공 또는 열람을 청구할 수 있고, 사실과 다른 경우에는 정정을 청구할 수 있다.

① 개인정보의 범위

"신용정보"란 금융거래 등 상거래에 있어서 거래 상대방의 신용을 판단할 때 필요한 정보로서 다음 각 목의 정보를 말한다.

가. 특정 신용정보 주체를 식별할 수 있는 정보
나. 신용정보 주체의 거래내용을 판단할 수 있는 정보
다. 신용정보 주체의 신용도를 판단할 수 있는 정보
라. 신용정보 주체의 신용거래 능력을 판단할 수 있는 정보
마. 그 밖에 가목부터 라목까지와 유사한 정보

② 개인신용정보

- "개인신용정보"란 신용정보 중 개인의 신용도와 신용거래 능력 등을 판단할 때에 필요한 정보를 말한다.

- "개인신용정보"는 기업 및 법인에 관한 정보를 제외한 살아 있는 개인에 관한 정보로서 성명 및 주민등록번호 등을 통하여 개인을 알아볼 수 있는 정보이며, 신용정보주체의 거래내용, 신용도, 신용거래능력 등과 결합되는 경우에만 개인신용정보에 해당한다.

③ 개인 신용정보의 처리 위탁

- 신용정보회사 등은 그 업무 범위에서 의뢰인의 동의를 받아 다른 신용정보회사에 신용정보의 수집 및 조사를 위탁할 수 있다.

- 신용정보회사, 신용정보집중기관, 은행, 금융지주회사, 금융투자업자, 보험회사 등은 신용정보 처리 위탁 시 금융위원회에 보고해야 하며, 이에 관한 구체적 사항은 금융회사의 정보처리 업무 위탁에 관한 규정에 따른다.

- 특정 신용정보 주체를 식별할 수 있는 정보는 암호화하거나 봉함 등의 보호조치를 하여야 하며, 신용정보가 분실, 도난, 유출, 변조 또는 훼손당하지 않도록 수탁자를 연 1회 이상 교육하여야 한다.

- 위탁계약의 이행에 필요한 경우로서 수집된 신용정보의 처리를 위탁하기 위하여 제공하는 경우 정보 주체의 동의를 받지 않아도 된다.

④ 개인신용정보의 제삼자 제공

- 개인신용정보를 타인에게 제공하려는 경우 정보 주체에 서비스 제공을 위하여 필수적 동의 사항과 그 밖의 선택적 동의 사항을 구분하여 설명한 후 각각 동의받도록 하고 있다.

- 기타 개인정보 제공 시 개인정보 보호법이 적용된다.

 연·습·문·제

01 비정형 데이터에 대한 설명으로 가장 먼 것은?

① 수집된 데이터 각각 데이터 객체로 구분된다.
② 데이터 구조에 대한 메타 정보가 포함된 구조이다.
③ RSS, 고정기술 API, 등의 수집 기술을 활용한다.
④ 고정필드 및 메타데이터가 정의되지 않는다.

메타정보가 포함된 구조는 반정형 데이터이다.
정답 ②

02 다음 중 데이터의 형태와 그 예시가 잘못 짝지어진 것은?

① 정량적 데이터 – 숫자
② 정성적 데이터 – 문자
③ 정성적 데이터 – 단위
④ 정량적 데이터 – 수치

구분	형태
정량적 데이터	숫자, 수치, 도형
정성적 데이터	문자, 언어

정답 ③

03 다음 중 구조 관점의 데이터 유형 중 아래에서 설명하는 것은 무엇인가?

- XML, HTML 웹로그 등과 같이 메타데이터를 포함된 구조이다.
- 값과 형식에서 일관성을 가지지 않는 데이터

① 정량적 데이터   ② 비정형 데이터
③ 반정형 데이터   ④ 정성적 데이터

반정형데이터에 대한 설명이다.
정답 ③

04 DIKW 피라미드 중 데이터 가공, 처리하여 데이터 사이의 연관 관계 속에서 의미가 도출하는 형태를 무엇이라고 하는가?

① 데이터   ② 정보
③ 지식   ④ 지혜

정보란 데이터를 처리, 가공하여 데이터 간의 연관 관계와 의미가 도출된 요소
정답 ②

05 다음 중 지식에 대한 예시로 가장 적절한 것은?

① B 사이트의 USB 판매 가격이 A 사이트보다 더 비싸다.
② A 사이트는 1,000원에 B 사이트는 1,200원에 USB를 팔고 있다.
③ B 사이트보다 가격이 상대적으로 저렴한 A 사이트에서 USB를 사야겠다.
④ A 사이트가 B 사이트보다 다른 물건도 싸게 팔 것이다.

지식은 상호 연결된 정보를 이해하여 이를 토대로 예측한 결과이다.
정답 ④

06 데이터 베이스의 특징이 아닌 것은?

① 저장된 데이터   ② 공용 데이터
③ 고정된 데이터   ④ 통합된 데이터

데이터 베이스의 특징은 저장된 데이터, 공용데이터, 통합된 데이터 3가지이다.

정답 ③

07 조직을 평가하기 위한 성숙도 단계로 적절하지 않은 것은?

① 도입 단계   ② 최적화 단계
③ 활용 단계   ④ 인프라 단계

조직 분석 성숙도 단계는 도입 단계 – 활용 단계 – 확산 단계 – 최적화 단계이다.

도입 단계	활용 단계
데이터 분석을 시작하여 환경 및 시스템 구축하는 단계	분석 결과를 실제 업무에 적용하는 단계

확산 단계	최적화 단계
전사 차원에서 분석 관리 및 공유단계	분석을 진화시켜 혁신 및 성과 향상에 기여하는 단계

정답 ④

08 빅데이터 산업에 대한 설명으로 옳지 않은 것은?

① 4차산업혁명의 핵심기술 요인이다.
② 우리나라는 데이터 생산량이 많은 산업이 발달해 잠재력이 크다.
③ 국내 및 글로벌 빅데이터 시장은 IoT, 인공지능과 맞물려 급성장할 전망이다.
④ 우리나라는 불확실성에 따른 투자 리스크 등이 있지만 '활용'이 빈번하다.

불확실성에 따른 투자 리스크 등으로 '활용'이 저조하다.

정답 ④

09 데이터 사이언티스트(Data Scientist)의 요구 역량으로 가장 부적절한 것은 무엇인가?

① 통찰력 있는 분석 능력
② 설득력 있는 전달 능력
③ 인공지능 분야 최적화 능력
④ 협업능력

데이터 사이언티스트 역량

〈HARD SKILL〉
• 빅데이터에 대한 이론적 지식
• 분석 기술에 대한 숙련

〈SOFT SKILL〉
• 통찰력 있는 분석
• 설득력 있는 전달
• 다분야 간 협력

정답 ③

10 다음 중 대표적인 데이터 저장 방식과 거리가 먼 것은?

① 객체지향 데이터 베이스
② 관계형 데이터 베이스
③ 분산처리 데이터 베이스
④ 네트워크 데이터 베이스

• 관계형 DBMS: 열과 행의 테이블로 표현되는 모델
• 객체지향 DBMS: 정보를 객체와 클래스 형태로 표현하는 모델(복잡한 관계의 데이터를 나타냄)
• 네트워크 DBMS: 다대다의 그래프 구조를 기반으로 하는 모델
• 계층형 DBMS: 트리 구조를 기반으로 하는 모델

정답 ③

11 다음 중 하둡 에코시스템의 주요 기술이 잘못 이어진 것은?

① 워크플로우 관리: oozie
② 실시간 SQL 관리: Impala
③ 데이터 마이닝: Pig, Hive
④ 분산 코디네이션: Zookeeper

Pig, Hive는 데이터 가공 기술이다.

정답 ③

12 다음 중 수집 대상 데이터를 추출, 가공하여 데이터 웨어하우스 및 데이터 마트에 저장하는 기술은 무엇인가?

① ETL
② EAl
③ CEP
④ ODS

수집대상 데이터를 추출, 가공하여 데이터 웨어하우스(DW) 및 데이터 마트(DM)에 저장하는 기술은 ETL이다.

정답 ①

13 대규모 데이터를 저장할 수 있고, HBase, Cassandra 등의 제품이 있는 저장 기술은 무엇인가?

① Sqoop
② HDFS
③ NoSQL
④ Scribe

NoSQL에 대한 설명이다.

정답 ③

14 아래 (A)와 (B)에 순서대로 들어갈 내용으로 가장 알맞은 것은?

> 해결해야 할 문제를 알고 무엇인지를 알고, 이미 분석의 방법도 인지하는 경우에는 (A) 방식을 활용하여 문제의 도출 및 해결에 기여하고, 분석의 대상과 방법을 모르는 경우 (B) 접근법으로 분석 대상 자체를 새롭게 도출할 수 있다.

① 발견 - 솔루션
② 통찰 - 발견
③ 솔루션 - 통찰
④ 최적화 - 발견

최적화(Optimization)
• 해결해야 할 문제를 알고 무엇인지를 알고, 이미 분석의 방법도 인지하는 경우
• 최적화 작업을 통해 분석을 수행

솔루션(Solution)
• 분석의 대상이 무엇인지 알지만, 분석의 방법을 모르는 경우 사용
• 해당 분석 주제에 대한 솔루션을 찾아냄

통찰(Insight)
• 분석의 대상을 모르지만, 분석의 방법은 알고 있는 경우
• 기존 분석 방식을 활용해 새로운 지식인 통찰을 도출하여 문제 도출 및 해결에 기여

발견(Discovery)
• 분석의 대상과 방법을 모르는 경우 사용
• 분석의 대상 자체를 새롭게 도출함

정답 ④

15 개인정보 주체자가 개인에게 알리지 않아도 되는 항목이 아닌 것은?

① 개인정보 파기 사유
② 개인정보 수집 항목
③ 동의를 거부할 수 있는 권리
④ 개인정보의 수집 보유 및 이용 기간

개인정보의 수집·이용을 위해 정보 주체의 동의를 받을 때 고지사항(15조 2항)
• 개인정보의 수집·이용 목적
• 수집하려는 개인정보의 항목
• 개인정보의 보유 및 이용 기간
• 동의를 거부할 권리가 있다는 사실 및 동의 거부에 따른 불이익이 있는 경우에는 그 불이익의 내용

정답 ①

16 익명화 기법이 아닌 것은?

① 가명(Pseudonym)
② 특이화(Specialization)
③ 치환(Permutation)
④ 섭동(Perturbation)

• 가명(Pseudonym): 개인 식별이 가능한 데이터에 대하여 직접 식별할 수 없는 다른 값으로 대체하는 기법
• 일반화(Generalization): 더 일반화된 값으로 대체하는 것으로 숫자 데이터의 경우 구간으로 정의하고, 범주화된 속성은 트리의 계층적 구조에 의해 대체하는 기법
• 섭동(Perturbation): 동일한 확률적 정보를 가지는 변형된 값에 대하여 원래 데이터를 대체하는 기법
• 치환(Permutation): 속성값을 수정하지 않고 레코드 간에 속성값의 위치를 바꾸는 기법

정답 ②

17 다음 비식별화 조치에 대한 설명으로 옳지 않은 것은?

① k−익명성은 주어진 데이터 집합에서 식별자 속성들이 동일한 레코드가 적어도 k개 이상 존재야 한다.
② l−다양성은 각 레코드들은 최소 1개 이상의 다양성을 가져 동질성에 의한 추론을 방지한다.
③ t−근접성은 특정인임을 추론이 불가하지만, 민감정보의 다양성을 높여 추론 가능성을 낮춘다.
④ k−익명성은 동일한 값을 가진 레코드들이 최소 k개 이상 존재하도록 하여, 개인을 식별할 확률이 1/k이다.

특정인임을 추론이 불가하지만, 민감정보의 다양성을 높여 추론 가능성을 낮추는 것은 l−다양성이다.

정답 ③

더 멋진 내일(Tomorrow)을 위한 내일(My Career)

내 일 은 빅 데 이 터 분 석 기 사

02

데이터 분석 계획

01 분석방안 수립 ★

- 데이터 분석기획의 분류에 대해 학습한다.
- 특히 상향식 분석방법과 하향식 분성방법의 특징과 종류가 빈출되므로 이해와 암기가 필요하다.

1. 데이터 분석

데이터 분석이란 대용량의 데이터 집합으로부터 유용한 정보를 찾고 결과를 예측하기 위해 목적에 따라 분석기술과 방법론을 기반으로 정형 및 비정형 대용량 데이터를 구축, 탐색, 분석하고 시각화를 수행하는 업무이다.(국가직무 능력표준, NCS)

(1) 데이터 분석의 원칙

① 전략적 통찰이 없는 분석 배제
- 데이터 분석의 전략적 계획 및 목표가 필요하다.
- 데이터 분석의 목표를 세우지 않고, 단순히 많은 데이터를 자주 분석하는 것은 무의미한 결과를 도출한다.

② 일차원적인 데이터 분석 지양

팀 및 부서 단위의 데이터 분석의 경우 거시적인 계획 수립에서 핵심적인 역할을 기대하기 어렵다.

산업군	데이터 분석
금융	신용점수 산정, 사기방지, 프로그램 트레이딩, 고객 수익성 분석
소매	판매관리, 프로모션, 재고관리
제조	공급 사실 최저고하, 수용예측, 재고관리, 상품개발
운송	일정관리, 노선 배정, 수익관리
병원	약품 거래, 질병 관리
에너지	트레이딩, 공급, 수요예측

온라인	고객추천, 사이트 설계
정부	사기방지, 범죄방지
기타	성과관리

③ 전략 도출을 위한 가치기반 데이터 분석 지향

전략적 인사이트를 발굴하기 위한 가치기반 분석을 수행해야 한다.

2. 데이터 분석기획

- 데이터 분석기획이란 실제 분석을 수행하기 전 분석을 수행할 과제의 정의 및 의도한 결과를 도출할 수 있도록, 이를 적절히 관리하는 방안을 사전에 계획하는 것이다.
- 어떠한 목표를 달성하기 위해 어떠한 데이터를 가지고 어떤 방식으로 수행할 것인가에 대한 일련의 계획을 수립하는 작업이다.

(1) 분석기획의 특징

문제 영역에 대한 전문성과 수학, 통계학적 지식을 활용한 분석역량과 데이터 및 프로그래밍 기술 역량에 따른 균형 잡힌 시각이 필요하다.

(2) 분석기획 분류

① 주제에 따른 분류

분석의 대상(What)

	Known	Un-Known
분석의 방법 (How) Known	Optimization	Insight
Un-Known	Solution	Discovery

실전 Tip
데이터 분석기획방법의 주제에 따른 분류를 상황과 함께 습득해야 합니다.

- 최적화(Optimization)
  - 해결해야 할 문제가 무엇인지를 알고, 이미 분석의 방법도 인지하는 경우
  - 최적화 작업을 통해 분석을 수행
- 솔루션(Solution)
  - 분석의 대상이 무엇인지 알지만, 분석의 방법을 모르는 경우 사용
  - 해당 분석 주제에 대한 솔루션을 찾아냄
- 통찰(Insight)
  - 분석의 대상을 모르지만, 분석의 방법은 알고 있는 경우
  - 기존 분석 방식을 활용해 새로운 지식인 통찰을 도출하여 문제도출 및 해결에 기여
- 발견(Discovery)
  - 분석의 대상과 방법을 모르는 경우 사용
  - 분석의 대상 자체를 새롭게 도출함

 이론 바로 적용하기

다음 중 분석 기획 시 분석주제에 따른 분류유형으로 옳지 않은 것은?

① 최적화는 해결해야 할 문제가 무엇인지를 알고, 이미 분석의 방법도 인지하는 경우 사용 가능하다.
② 발견은 분석의 대상과 방법을 모르는 경우 사용 가능하다.
③ 통찰은 분석의 대상이 무엇인지 알지만, 분석의 방법을 모르는 경우 사용한다.
④ 솔루션은 분석대상을 알고 해당 분석주제에 대한 해결방법을 찾아낸다.

....

통찰(Insight)
• 분석의 대상을 모르지만, 분석의 방법은 알고 있는 경우
• 기존 분석 방식을 활용해 새로운 지식인 통찰을 도출하여 문제도출 및 해결에 기여

정답 ③

② 목표 시점에 따른 분류

- 과제중심적 접근방식

실전 Tip
목표 시점에 따른 접근방식 3가지의 특징을 습득해야 합니다.

  - 개별과제의 과제의 경우 바람직한 방식이다.

  - 문제에 대한 명확한 해결을 위해 quick-win* 방식으로 분석한다.

- 장기적인 마스터플랜방식

  - 지속적인 분석 문화를 내재화하기 위한 마스터 플랜 접근방식이다.

  - 마스터 플랜을 수립하고 장기적 관점에서 접근하는 것이 바람직한 방법이다.

- 혼합방식

  - 중장기적 접근방식은 투자비용이 많이 들기에 이해관계자들의 동의를 얻기 위해 과제를 빠르게 해결해 가치를 조기에 체험시킨다.

  - 문제 해결을 위한 단기적인 방법과 분석과제 정의를 위한 중장기적인 마스터플랜 접근방식을 혼합하여 사용하는 것이 권장된다.

구분	과제중심적 방식	장기적인 마스터플랜방식
1차 목표	Speed&Test	Accuracy&Deply
과제 유형	Quick-Win	Longterm View
접근방식	Problem Solving	Problem Definition

(3) 분석 기획 시 고려사항

① 사용 가능한 데이터

데이터의 확보 가능 여부, 데이터의 유형 및 정확성 등을 확인해야 한다(정형, 비정형, 반정형 등 데이터의 유형에 따라 분석방법론과 적용 가능한 솔루션이 달라진다).

② 적합한 사례 탐색

잘 구현된 유즈케이스나 솔루션이 있다면 이를 최대한 활용하는 것이 유리하다.

실전 Tip
유즈케이스 활용과 관련한 문제가 빈출되고 있습니다.

* Quick Win: 단기간 안에 눈에 보이는 성과를 도출할 수 있는 적합한 과제를 찾아 실행하는 것을 말한다.

③ 분석 수행 시 발생 가능한 요소 고려

- 분석 수행 시 발생하는 방해요소에 대한 사전계획을 수립한다.

- 분석결과의 정확도를 위하여 투입 자원의 증가가 불가피하며, 이로 인한 비용 상승을 충분히 고려해야 한다.

- 일회성 분석이 아닌 조직의 역량으로 내재화하기 위해서 계속적인 교육방안 등의 변화관리가 고려되어야 한다.

3. 분석과제 도출 방법

하향식 접근방식과 상향식 접근방식으로 둘을 반복적으로 수행하며 상호보완할 경우 가치가 극대화된다.

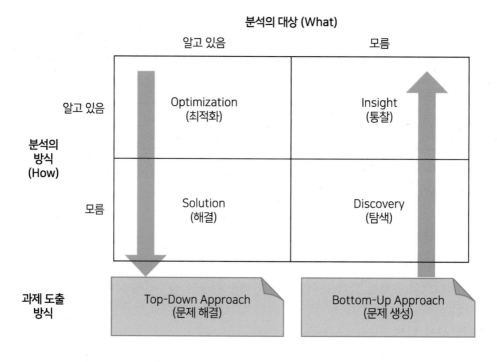

분석과제 도출 방법	내용
하향식 접근방식	문제가 주어진 상태에서 답을 구하는 방식
상향식 접근방식	주어진 데이터를 기반으로 문제를 재정의하고 해결방안을 탐색하는 방식

(1) 하향식 접근방법: Top Down Approach

① 개념

주어진 문제점 또는 전략으로부터 문제를 탐색하고, 탐색한 문제를 데이터 문제로 정의하기 위해 각 과정이 체계적으로 단계화되어 수행하는 방식이다.

실전 Tip
문제 탐색 〉 문제 정의 〉 해결방안 탐색 〉 타당성 검토 〉 분석방법 선택

② 문제 탐색(Problem Discovery) 단계

- 전체적인 관점의 기준 모델을 활용해 빠짐없이 문제를 도출하고 식별한다.
- 비즈니스 모델 기반 문제 탐색, 외부 참조 모델 기반 문제 탐색, 분석 유즈 케이스 정의

(2) 비즈니스 모델기반 문제탐색

과제발굴을 위한 기본 틀로, 비즈니스 모델이라는 틀을 활용해 가치가 창출될 문제를 누락없이 도출할 수 있다.

영역	내용
업무 (Operation)	• 제품 및 서비스를 생산하기 위해 운영하는 내부 프로세스 및 주요자원 관련 주제 도출 • 생산공정 최적화, 재고량 최소화 등
제품 (Product)	• 생산 및 제공하는 제품 및 서비스를 개선하기 위한 관련 주제 도출 • 제품의 주요 기능 개선, 서비스 모니터링 지표 도출
고객 (Customer)	• 제품 및 서비스를 제공받는 사용자 및 고객, 이를 제공하는 채널의 관점에서 관련 주제 도출 • 고객 대기시간 최소화, 영업점 위치 최적화 등
규제와 감사 영역 (Regulation &Audit)	• 제품 생산 및 전달 과정 프로세스 중에서 발생하는 규제 및 보안의 관점에서 주제 도출 • 제공 서비스 품질의 이상 징후 관리, 새로운 환경 규제 시 예상되는 제품 추출 등
지원 인프라 영역 (IT & Human Resource)	• 분석을 수행하는 시스템 영역 및 이를 운영 및 관리하는 인력의 관점에서 주제 도출 • EDW 최저고하, 적정 운영 인력 도출 등

(3) 분석기회 추가 도출기반 문제탐색

새로운 문제의 발굴이나 장기적 접근을 위해서 혁신 관점에서 분석기회를 추가로 도출하는 관점이다.

관점	영역	내용
거시적 관점	사회영역(Social)	비즈니스 모델의 고객(Customer)영역에 존재하는 현재 고객을 확장하여 전체 시장을 대상으로 사회적, 문화적, 구조적 트렌드 변화에 기반한 분석 기회 도출 예) 노령화, 밀레니얼 세대의 등장, 저출산에 따른 해당 사업 모델의 변화 등
	기술영역 (Technological)	최신 기술의 등장 및 변화에 따른 역량 내재화와 제품·서비스 개발에 대한 분석 기회 도출 예) 나노 기술, IT융합 기술, 로봇 기술의 고도화에 따른 기존 제품의 Smart화 등
	경제영역 (Economic)	시장의 흐름을 파악하고 이에 대한 분석 기회 도출 예) 원자재 가격, 환율, 금리 변동에 따른 구매 전략의 변화 등
	환경영역 (Environmental)	환경과 관련된 관심과 규제 동향을 파악하고 이에 대한 분석 기회 도출 예) 탄소 배출 규제 및 거래 시장 등장에 따른 원가 절감 및 정보 가시화 등
	정치영역 (Political)	주요 정책방향, 정세, 지정학적 동향 등의 거시적인 흐름을 토대로 한 분석 기회 도출 예) 대북 관계 동향에 따른 원자재 구매 거래선의 다변화 등
경쟁자 확대 관점	대체재 영역 (Substitute)	현재 생산을 수행하고 있는 제품·서비스의 대체재를 파악하고 이를 고려한 분석 기회 도출
	경쟁자 영역 (Competitor)	현재의 제품·서비스의 주요 경쟁자에 대한 동향을 파악하여 이를 고려한 분석 기회 도출 예) 식별된 주요 경쟁사의 제품·서비스 카탈로그 및 전략을 분석하고 이에 대한 잠재적 위협 파악
	신규 진입자 영역 (New entrant)	현재 직접적인 경쟁자는 아니지만, 향후 시장에 대해서 파괴적인 역할을 수행할 수 있는 신규 진입자에 대한 동향을 파악하여 이를 고려한 분석 기회 도출 예) 새로운 제품에 대한 크라우드 소싱(Crowd Sourcing) 서비스인 Kickstarter의 유사 제품을 분석하고 자사의 제품에 대한 잠재적 위협 파악
시장의 니즈 탐색 관점	고객영역 (Customer)	고객의 구매 동향 등을 더욱 깊게 이해하여 제품·서비스의 개선 필요에 필요한 분석 기회 도출 예) 철강 기업의 경우 조선산업과 자동차 산업의 동향 및 주요 거래선의 경영 현황 등을 파악하고 분석 기회 도출 등
	채널영역 (Channel)	자체적으로 운영하는 채널뿐만 아니라 최종 고객에게 제품·서비스를 전달 가능한 경로를 파악하여 해당 경로에 존재하는 채널별로 분석 기회를 확대하여 탐색 예) 은행의 경우 인터넷 전문은행 등 온라인 채널의 등장에 따른 변화에 대한 전략 분석 기회 도출 등
	영향자들 영역 (Influencer)	기업 의사결정에 영향을 미치는 이해관계자의 주요 관심 사항에 대해서 파악하고 분석 기회 탐색 예) M&A 시장 확대에 따른 유사 업종의 신규 기업 인수 기회 탐색 등
역량의 재해석 관점	내부 역량 영역 (Competency)	지적 재산권, 기술력 등 기본적인 것뿐 아니라 인프라적인 유형 자산에 대해서 폭넓게 재해석하고 해당 영역에서 분석 기회를 탐색한다. 예) 자사 소유 부동산을 활용한 부가가치 창출 기회 발굴 등
	파트너와 네트워크 영역 (Partners & Network)	밀접한 관계를 유지하고 있는 관계사와 공급사 등의 역량을 활용해 수행할 수 있는 기능을 파악 및 분석 기회를 추가적으로 도출 예) 수출입·통관 노하우를 활용한 추가 사업기회 탐색 등

① 문제 정의(Problem Definition) 단계

- 사용자 관점에서 비즈니스 문제를 데이터의 문제로 변환해 정의하는 단계

- 필요한 데이터 및 기법 정의하기 위한 데이터분석 문제로의 변화 수행

- 최종사용자의 관점에서 데이터 분석 문제와 요구사항을 정의해야 함

  예) 고객 이탈의 증대 → 고객의 이탈에 영향을 미치는 요인 식별 및 가능성 예측

② 해결방안 탐색(Solution Search) 단계

- 정의된 데이터 분석 문제를 해결하기 위해 분석기법 및 역량에 따라 다양한 방안으로 탐색

- 데이터, 시스템, 인력 등에 따라 소요되는 예산 및 활용 가능한 도구를 다양하게 고려

분석역량(WHO)

분석기법 및 시스템 (HOW)		확보	미확보
	기존 시스템	기존 시스템 개선 활용	교육 및 채용을 통한 역량 확보
	신규 도입	시스템 고도화	전문 업체 Sourcing

③ 타당성 검토

- 경제적 타당성 관점(비용 대비 편익 관점의 접근 필요)

구분	내용
비용	데이터, 시스템, 인력 등 분석비용
편익	실질적 비용 절감, 추가적 매출과 수익

- 데이터 및 기술적 타당성

  - 기술적 타당성 분석 시 역량확보방안을 사전에 수립

  - 도출된 여러 대안 중 가장 우월한 대안 선택

  - 도출한 데이터 분석문제와 선정된 솔루션 방안을 포함해 이를 분석 과제 정의서 형태로 명시

실전 Tip

분석 과제 정의서 형태로 명시하는 것은 프로젝트 계획의 입력물로 활용된다.

다음 중 하향식 탐색방법의 순서가 아닌 것은?
① 문제 탐색   ② 문제 정의
③ 해결방안 탐색   ④ 분석방법 선택

....

하향식 탐색방법은 문제 탐색 〉 문제 정의 〉 해결방안 탐색 〉 타당성 검토의 4단계로 이루어진다.

정답 ④

(4) 상향식 접근방법(디자인 사고 접근법)

문제 정의 자체가 어려운 경우 데이터를 기반으로 문제를 지속적으로 개선하는 방식이다.

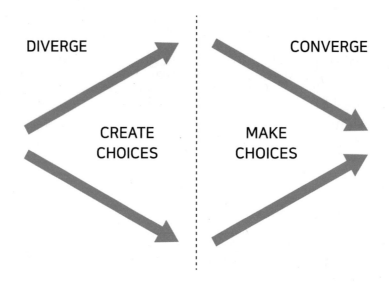

① 특징
- 기존 하향식 접근법의 한계인 새로운 문제 탐색의 어려움을 극복하기 위한 분석방법론이다.
- 디자인 사고 접근법*을 시용하여 객관적인 데이터 그 자체를 관찰하고 실제적으로 행동에 옮겨 대상을 이해하는 방식을 적용한다.
- 비지도 학습방법에 의해 수행되며, 데이터의 결합 및 연관성과 유사성 등을 중심으로 데

---

* 디자인 사고 접근법: 명확하게 정리되지 않은 사용자의 니즈(needs)를 이해하고, 이를 해결할 수 있는 기회를 찾아내기 위해 공감적 태도(mindset)를 활용하는 일종의 복잡한 문제 해결에 대한 논리 추론적 접근법이다.

이터 상태 표현 목푯값을 사전에 학습하거나 정의하지 않고 데이터 자체만을 가지고 결과를 도출한다.

예) 장바구니분석, 군집분석, 기술 통계 등

② 필요성

- 문제 정의가 불분명하거나 새로운 문제인 경우
- 필요 데이터 존재 여부 불확실성
- 데이터 사용 목적의 가변성

③ 절차

- 프로세스 분류: 전사 업무 프로세스를 가치사슬, 메가프로세스, 메이저 프로세스, 프로세스 단계로 구조화해 업무 프로세스 정의
- 프로세스 흐름 분석: 프로세스 맵을 통해 프로세스별로 업무 흐름을 상세히 표현
- 분석요건 식별: 각 프로세스 맵상의 주요 의사결정 포인트 식별
- 분석요건 정의: 각 의사결정 시점에 무엇을 알아야만 의사결정을 할 수 있는지 정의

④ 프로토 타이핑 접근법

- 사용자가 요구사항이나 데이터를 정확히 규정하기 어렵고, 데이터 소스를 파악하기 어려운 상황에서 일단 분석을 시도하고 반복적으로 개선하는 접근법이다.
- 정의된 문제를 분석을 먼저 시도해보고 그 결과를 확인하고 반복해서 시행착오를 거쳐 개선한다.
- 신속하게 해결책 또는 모형을 제시하며, 이를 바탕으로 문제를 명확하게 인식하고 데이터를 구체화할 수 있다.
- 필요성
  - 문제인식의 수준: 문제 정의가 불명확하거나 새로운 문제인 경우 프로토 타입을 이용해 문제를 이용하고 구체화한다.
  - 필요 데이터 존재 여부의 불확실성: 문제 해결에 필요한 모든 데이터가 존재하지 않을 경우, 이에 대한 수집방안이나 대체방안을 수립해야 한다. 대체 불가능한 데이터가 존재하는지 사전에 확인해 프로젝트가 중도에 중단되는 위험을 방지할 수 있다.

– 데이터 목적의 가변성: 데이터의 가치는 지속적으로 변화하기에, 기존에 보유 중인 데이터의 정의를 재검토하여 데이터 사용 목적과 범위를 확대할 수 있다.

● 절차

가설의 생성(Hypotheses), 디자인에 대한 실험(Design Experiments), 실제 환경에서의 테스트(Test), 테스트 결과에서의 통찰(Insight) 도출 및 가설 확인의 프로세스로 실행

4. 분석 과제 정의서

● 다양한 방식을 이용해 도출한 분석 과제를 분석 과제 정의서* 형태로 정의한다.

● 분석 과제는 해결해야 하는 다양한 문제를 데이터 분석문제로 변환해 프로젝트로 수행할 수 있는 과제 정의서 형태로 도출한다.

● 분석 과제 정의서는 다양한 방식으로 도출한 분석 과제를 명확하게 정의하여 상세하게 작성한다.

– 필요 데이터, 수집 및 분석 난이도, 분석방법과 수행주기, 상세분석과정, 분석결과에 대한 검증 책임자 등을 포함한다.

– 분석 데이터는 조직 내부 및 외부 데이터를 포함하며, 데이터 유형이나 종류를 가리지 않고 범위를 확장해 고려한다.

---

* 분석 과제 정의서: 향후 프로젝트 수행 계획의 입력물이다. 수행하는 이해관계자가 프로젝트의 방향을 설정하고, 성공 여부를 판별할 수 있는 중요한 자료로서 명확하게 작성해야 한다.

● 분석 과제 정의서는 분석 프로젝트를 수행하는 이해관계자가 프로젝트의 방향을 설정하고 성공 여부를 판단할 수 있는 자료로 사용된다.

- 타당성을 경제적 및 기술적 부분에서 검토한다.

- 분석 과제 정의서는 향후 프로젝트 수행계획의 일부로 사용된다.

02 | 분석과제 선정 ★★★

- 분석마스터 플랜 수립 기준을 알고 우선순위 평가기준인 분석 ROI 요소를 알고 있어야 한다.
- 그에 따라 분석 과제 우선순위를 설정할 수 있어야 한다.

1. 분석마스터 플랜과 로드맵 설정

(1) 분석마스터 플랜

분석 과제를 수행함에 있어 그 과제의 목적이나 목표에 따라 전체적인 방향성을 제시하는 기본 계획이다.

① 분석마스터 플랜 수립절차

- 과제 도출 방법을 활용해 데이터 분석 과제들을 빠짐없이 정의한다.
- 분석 과제의 중요도와 난이도 등을 고려해 우선순위를 결정한다.
- 단기와 중장기로 나누어 분석 로드맵을 수립한다.

② 정보전략계획(ISP)

- 정보시스템 또는 정보기술을 전략적으로 활용하기 위한 중장기 마스터플랜 수립절차이다.
- 기업 및 공공기관에서는 중장기 로드맵을 정의하기 위해 정보전략계획을 수행한다.
- 조직 내 외부의 환경을 분석하여 새로운 기회나 문제점을 도출한다.
- 사용자의 요구사항을 분석하여 시스템 구축 우선순위 등을 결정한다.

③ 분석마스터 플랜 수립 기준

실전 Tip

우선순위 설정 기준과 로드맵 기준으로 구분해서 마스터 플랜 수립 기준을 확인해야 합니다.

구분	기준	설명
우선순위 설정	전략적 중요도	전략적 필요성과 시급성 고려 • 비즈니스 전략적 목표에 직접적인 연관 관계 여부 • 사용자 요구사항 또는 업무능률 향상에 얼마나 시급히 수행되어야 하는지를 확인
	비즈니스 성과	비즈니스 성과에 따른 투자 여부 판단
	실행 용이성	투자 용이성 및 기술 용이성을 통해 실제로 프로젝트 추진이 가능한지 여부를 분석 • 기간 및 인력, 비용 투입 용이성 • 기술의 안정성, 개발의 성숙도
로드맵 수립	업무 내재화 적용 수준	업무에 내재화하거나 별도의 분석화면으로 적용할 것인지 결정
	분석 데이터 적용 수준	내부 데이터 및 외부 데이터 범위 결정
	기술 적용 수준	분석 기술의 범위 및 방식을 고려

(2) 분석 과제 우선순위 평가 기준

실전 Tip

3V: 크고 빠르고 다양하다!

① 분석 ROI 요소 4V

구분	ROI요소	특징	내용
3V	투자비용 요소	데이터 크기(Volume)	양과 규모
		데이터 형태(Variety)	종류와 유형
		데이터 속도(Velocity)	생성속도 및 처리속도
4V	비즈니스 효과	새로운 가치(Value)	분석 결과가 창출하는 가치

● 분석준비도와 성숙도 진단 결과를 통해 분석수준을 파악한다.

● 이를 토대로 적용 범위와 난이도를 조정한다.

② 분석 ROI 요소를 고려한 과제 우선순위 평가 기준

평가관점	평가요소	내용	ROI 요소
시급성	• 전략적 중요도 • 목표가치	• 전략적 중요도에 따른 시급성 판단 • 중장기적 관점에서 전략적인 가치를 둘 것인지 판단	비즈니스 효과
난이도	• 데이터 획득, 가공, 저장 비용 • 분석 적용 비용 • 분석수준	• 비용과 범위 측면의 난이도를 파악 • 데이터 분석의 적합성 여부를 확인	투자비용 요소

(3) 분석 과제 우선순위 선정 및 조정

① 포트폴리오 사분면 기법 적용

난이도와 시급성을 기준으로 분석 과제 유형을 분류해 4분면에 배치한다.

구분	내용
시급성	• 목표 가치와 전략적 중요도에 부합 여부에 따른 시급성 • 전략적 중요도, 즉 필요성
난이도	• 현재 기업분석 수준과 데이터를 수집, 저장, 가공 및 분석하는 비용을 고려한 난이도 파악 • 범위 측면과 적용 비용 측면에서의 난이도를 판단 기준으로 삼음

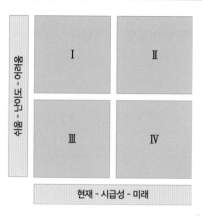

② 우선순위

- 3사분면이 가장 우선적으로 분석 과제 적용이 필요하다.
- 2사분면이 가자 우선순위가 낮다. 전략적 중요도가 상대적으로 낮고, 분석 과제를 바로 적용하기 어렵기 때문이다.

③ 적용 우선순위

- 데이터의 양, 특성, 분석 범위 등에 따라 난이도를 조율하여 변동이 가능하다.
- 우선순위가 시급성인 경우: 3 - 4 - 2 - 1
- 우선순위가 난이도인 경우: 3 - 1 - 2 - 4

(4) 분석 로드맵* 설정

분석로드맵이란 마스터 플랜에서 정의한 목표를 기반으로 분석 과제를 수행하기 위해 필요한 기준 등을 담아 만든 종합적인 계획이다.

---

* 로드맵: 목표 또는 바라는 결과를 이루기 위한 대략을 보여 주는 전략 계획이다.

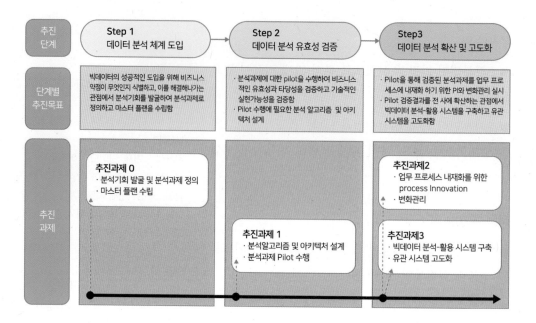

① 분석 로드맵 수립절차

● 최종적인 실행 우선순위를 토대로 단계적 구현 로드맵을 수립한다.

● 추진하고자 하는 목표를 명확하게 정의하고 추진 과제별 선후행 관계를 고려하여 단계별 추진 내용을 정렬한다.

② 세부적인 일정계획 수립

● 반복적인 정제를 통해 프로젝트의 완성도를 높인다.

● 데이터 수집 및 확보와 분석 데이터 준비 단계는 차례로 진행하고 모델링 단계는 반복적으로 수행한다.

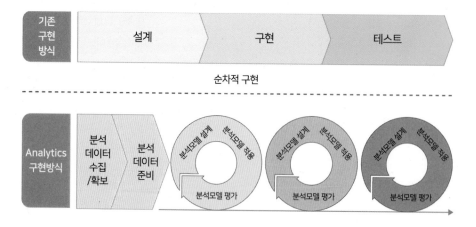

Refine Analytics Model

03 분석작업 계획 ★★

- 데이터 확보 계획을 수립하고 데이터 전처리에 관한 내용을 습득한다.
- KDD 분석방법론과 CRISP-DM 분석방법론의 차이에 대해서 빈출되므로 이를 중점적으로 학습한다.

1. 데이터 확보 계획

(1) 데이터 확보 계획 수립절차

순서	단계	업무	내용
1	목표 정의	• 성과 목표 정의 • 성과 지표 설정	• 비즈니스 도메인 특성 적용 • 구체적인 성과목표 정의 • 성과측정을 위한 지표 도출
2	요구사항 도출	데이터 및 기술 지원 등과 관련된 요구사항 도출	• 필요 데이터 확보 및 관리 계획 • 데이터 정제 수준, 데이터 저장 형태 • 기존 시스템 및 도구 활용 여부 • 플랫폼 구축 여부
3	예산안 수립	자원 및 예산 수립	데이터 확보, 구축, 정비, 관리 예산
4	계획 수립	• 인력 투입 방안 • 일정 관리 • 위험 및 품질관리	• 프로젝트 관리 계획 수립 • 범위, 일정, 인력, 의사소통 방안 수립

(2) 데이터 확보를 위한 사전 검토사항

내외부의 다양한 시스템으로부터 다양한 구조의 데이터를 수집하기 위한 구체적인 방안을 수립한다.

실전 Tip
사전검토사항은 헷갈릴 수 있으니 정확하게 내용을 숙지해야 합니다.

데이터의 종류	고려사항
내부 데이터 획득	부서 간 업무협조와 개인정보보호 및 정보보안 관련된 문제점을 사전에 점검
외부 데이터 획득	시스템 간 다양한 인터페이스 및 법적인 문제점을 고려

① 필요 데이터의 정의

- 분석 목적에 맞는 데이터를 정의하고, 필요 데이터를 확보할 수 있는지 확인하여야 하며, 확보할 수 없다면 대안을 함께 고려해야 한다.

- 기업 내부 및 외부 공공기관이나 협력관계의 타 기업담당자, 전문가들과 확보 가능한 데이터 목록과 기대효과 등을 작성한다.

② 보유 데이터 현황 파악

사전에 정의한 데이터의 존재 여부와 분석 품질을 보장할 만큼 데이터 품질이 우수한지, 충분한 양이 존재하는지 확인한다.

③ 분석 데이터 유형

- 분석 데이터 확보를 위해 수집 대상 데이터의 유형을 고려해야 한다.

- 어떤 데이터를 어떤 기법을 이용해 분석할 것인지 수립된 계획에 따라 데이터의 유형을 선택하고 변수를 정의해야 한다.

④ 편향되지 않고 충분한 양의 데이터 규모

데이터 분석 기법에 따라 훈련 데이터셋, 검증데이터셋, 테스트 데이터셋이 필요할 수 있다.

⑤ 내부 데이터의 사용

- 필요 데이터에 대한 데이터 목록을 작성한다.

- 필요 데이터에 대한 관련 법률이나 보안적인 요소를 확인한다.

- 개인 정보일 경우 비식별 조치방안을 함께 고려한다.

⑥ 외부 데이터의 수집

- 필요 데이터에 대한 데이터 목록을 보유한 기관의 이름과 데이터 제공방법까지 고려해 작성한다.

- 필요 데이터의 수집이 관련 법률이나 제도상 제약이 없는지 검토한다.

다음 중 데이터 확보를 위한 사전검토사항이 아닌 것은?

① 분석 목적에 맞는 데이터를 정의하고, 필요 데이터를 확보할 수 있는지 확인하여야 하며, 확보할 수 없다면 대안을 함께 고려해야 한다.

② 필요 데이터에 대한 관련 법률이나 보안적인 요소를 확인하고, 개인 정보일 경우 비식별 조치방안을 함께 고려한다.

③ 편향되지 않고 적은 양의 데이터 규모가 필요하다.

④ 내부 데이터 획득에는 부서 간 업무협조와 개인정보보호 및 정보보안 관련된 문제점을 사전에 점검이 필요하다.

편향되지 않고 충분한 양의 데이터 규모가 필요하다. 데이터 분석 기법에 따라 훈련 데이터셋, 검증데이터셋, 테스트 데이터셋이 필요할 수 있기 때문이다.

정답 ③

(3) 분석에 필요한 변수 정의

① 데이터 수집 기획

- 데이터 수집 기법을 활용해 필요 데이터를 수집한다.

  - 데이터 수집 타깃 시스템이나 사이트를 선별한다.

  - 수집대상 화면, 텍스트를 위해 인덱스를 기획한다.

- 대상 시스템별 데이터 수집을 위한 크롤러를 준비하고 저장소를 기획한다.

  - 크롤링 주기, 대상 범위를 확정하고 데이터 수집을 기획한다.

- 데이터 거래소의 데이터 및 공공데이터를 분류하고 선별한다.

  - 검색한 공공데이터 중 분석대상이 되는 도메인의 우선순위를 정의한다.

② 분석 변수 정의

- 데이터의 특징을 파악하여 분석 변수생성을 기획한다.

  - 상관관계 분석을 위한 데이터 연속성 범주를 고려해 분석 변수를 정의한다.

  - 대상 시스템별 데이터 수집을 위한 크롤러를 준비하고 저장소를 기획한다.

- 분석 변수 유형과 알고리즘을 이용해 분석유형을 도출한다.

  - 변수의 분포를 구별하는 정도에 따라 순수도 또는 불순도에 의해서 측정 구간별 순수도를 가장 높이는 분석 변수를 도출한다.

(4) 분석 변수생성 프로세스 정의

① 객관적 사실 기반의 문제접근

명확한 문제 인식을 위해 가정에 의한 접근방법과 함께 무엇이 문제인지를 파악해 객관적 관찰 데이터 유형을 식별한다.

② 데이터의 상관분석

빅데이터 분석대상의 연관성 분석을 통해 데이터 집합 간 통계적 관련성을 분석할 수 있는 변수를 생성하고 변수의 척도를 분류한다.

③ 프로토 타입을 통한 분석 변수 접근

- 의미 있는 분석 변수를 생성하기 위해 프로토 타이핑 접근법*을 통해 결과를 확인한다.

- 반복적으로 개선하여 필요한 데이터를 식별하고 구체화하여 비정형 데이터의 문제를 해소한다.

(5) 생성된 분석 변수의 정제를 위한 점검 항목 정의

① 분석 변수 점검의 필요성

- 데이터의 가용성과 적정성이 부족할 경우 가치 있는 결과를 도출하기 어렵다.

- 실행 전 분석 변수를 논리적 지표에 따라 점검한다.

---

* 프로토 타이핑 접근법: 사용자가 요구사항이나 데이터를 정확히 규정하기 어렵고, 데이터 소스도 명확히 파악이 어려운 상황에서 분석을 시도해보고 이를 반복적으로 개선해나가는 방법이다.

② 분석 변수 점검 항목 정의

분류	점검 항목	내용
데이터 수집	데이터 적정성	문제 해결의 적합 여부
	데이터 가용성	수집 가능 여부
	대체 분석 데이터 유무	타 데이터로 대체 가능 여부
데이터 적합성	데이터 중복	데이터의 중복 여부
	분석 변수별 범위	변수의 범위 타당성 여부
	분석 변수별 연관성	수집된 데이터 간의 연관성
	데이터 내구성	데이터 노이즈, 왜곡 발생 시 예측 성능 보정 가능성
특징 변수	특징 변수 사용	분석 변수 중 바로 특지 변수로 사용할 수 있는 가능성
	변수 간 결합 가능 여부	교차검증 가능 여부
타당성	편익/비용 검증	분석 비용 및 결과가 유의미한 영향을 미치는가
	기술적 타당성	다양한 분석 툴을 활용할 수 있는 분석 변수를 도출하였는가

(6) 생성된 분석 변수의 전처리 방법 수립

① 데이터 전처리 수행*

- 다양한 비즈니스 도메인에서 추출한 정형, 반정형, 비정형 데이터를 분석 및 처리에 적합한 데이터 형태로 조작한다.

- 데이터 정제, 통합, 축소, 변환을 반복적으로 수행해 분석 변수로 활용하는 방안을 수립할 수 있다.

실전 Tip
데이터 축소전략에는 차원적 축소, 수치적 축소, 모수적 모형, 비모수적 모형 등이 있다.

기법	내용
데이터 정제(Cleaning)	결측값, 이상값 데이터들을 제거 또는 보완하는 과정
데이터 변환(Integration)	데이터 세트를 분석하고 후속 분석 처리에 적합하도록 만들기 위해 변환
데이터 통합(Reduction)	데이터 여러 개를 하나로 합치는 작업
데이터 축소(Transformation)	원데이터의 완결성 유지를 목표로 데이터의 양을 줄임

② 빅데이터 분석 프로세스 수행

- 다양한 업무와 도메인이 포함되어 있어 완전히 자동화하여 처리하기 어렵다.

- 데이터 전처리 과정은 정제와 통합을 통해 약 60~80% 처리된다.

---

* 데이터 전처리: 데이터를 분석 및 처리에 적합한 형태로 만드는 과정을 총칭하는 것이다.

다음 중 데이터 전처리 방법이 아닌 것은?

① 데이터 정제   ② 데이터 통합

③ 데이터 축소   ④ 데이터 추출

·······················

데이터 전처리 방법에는 정제, 변환, 통합, 축소가 있다.

정답 ④

(7) 생성 변수의 검증방안 수립

① 분석 변수의 데이터 검증방안 수립

- 빅데이터 전체의 개념 및 특성 측면에서 관리되어야 하는 항목과 수준에 대해 검증방안을 수립한다.

- 데이터의 정확성보다는 데이터 양의 충분 여부의 충분성 개념하에서 조직의 비즈니스 영역 및 목적에 따라 검증한다.

구분	품질검증전략
정확성	정확성의 기준은 데이터 사용 목적에 따라 다르게 적용한다.
완전성	해당 데이터가 필요한 데이터인지 식별한다.
적시성	지속적으로 생성 및 소멸하는 데이터에 대한 품질기준을 판단한다.
일관성	사용 목적에 따라 동일 데이터라도 의미가 달라지기 때문에 분석요건에 따른 검증기준을 수립한다.

② 데이터 검증 체계 수립

- 수집된 데이터들의 출처를 검증하고, 해당 데이터 활용에 컴플라이언스 이슈가 없는지 데이터 관리 대상 선별을 검증한다.

- 중복 데이터 여부 및 다양성 확보 등을 검증한다.

- 주요 품질 지표의 조건을 만족하는지, 분석, 검증, 테스트 데이터가 분리되었는지 검증한다.

2. 분석절차와 작업 계획

(1) 분석절차

문제 인식을 시작으로 데이터를 확보하고 분석해 결과를 도출 및 제시하는 단계까지의 과정을 정형화한 프로세스이다.

① 특징

- 데이터 분석을 수행하기 위한 일반적인 과정이다.
- 분석방법론을 구성하는 최소 요건이다.
- 상황에 따라 단계를 추가 및 생략 가능한 융통성이 있다.

② 절차

절차	설명
문제 인식	• 비즈니스 문제와 기회를 인식하고 분석 목적을 정의 • 분석 주제 정의, 문제는 가설의 형태로 정의
연구 조사	• 목적 달성을 위한 각종 문헌 조사 • 조사 내용을 해결방안에 적용
모형화	• 분석 문제를 단순화하여 수치와 변수 사이의 관계로 정의함 • 많은 변수가 포함된 현실 문제를 특징적 변수로 정의
자료 수집	• 데이터 수집, 변수 측정 • 기존 데이터 수집 가능성 확인 및 대체 데이터 확인
자료 분석	• 수집된 자료 내에서 의미 및 변수들 간 관계 분석 • 기초 통계부터 데이터 마이닝 기법 활용
분석결과 공유	• 변수 간의 관련성을 포함한 분석결과 제시 • 의사결정자와 결과 공유 • 표, 그림, 차트를 활용하여 가시화

실전 Tip

문제 인식 〉 연구조사 〉 모형화 〉 데이터 수집 〉 데이터 분석 〉 분석 결과 제시

③ 고려사항

문제에 대한 구체적 정의가 없다면 데이터를 일단 분석하여 인사이트를 발굴하거나 데이터 분석 시도 후 결과를 확인해 가면서 반복적으로 개선 결과를 도출할 수 있다.

(2) 작업 계획

① 분석작업계획

분석작업계획은 분석절차에 따라 데이터 분석을 위한 전반적인 작업 내용들을 세부적으로
정의하는 과정이다.

② 작업분할구조(WBS*: Work Breakdown Structure)

단계	내용
데이터 분석 과제 정의	• 분석목표 정의서를 기준으로 프로젝트 전체 일정에 맞게 사전준비를 하는 단계 • 단계별 필요 산출물, 주요 보고 시기 등으로 구분하여 세부 단위별 일정과 전체 일정이 예측될 수 있도록 일정 수립
데이터 준비 및 탐색	• 데이터 처리 엔지니어와 분석가의 역할을 구분해 세부일정 수립 • 분석목표 정의서에 기재된 내용을 중심으로 데이터 처리 엔지니어가 필요 데이터를 수집하고 정리 • 데이터 분석가가 분석에 필요한 데이터들로부터 변수 후보를 탐색하고 최종적으로 도출하는 일정 수립
데이터 분석 모델링 및 검증	• 데이터 준비 및 탐색이 완료된 이후 데이터 분석 가설이 증명된 내용을 중심으로 데이터 분석 모델링을 진행 • 데이터 분석 모델링 과정에 대해서는 실험방법 및 절차 구분 • 기획 및 검증하는 내용에 대해 자세한 일정 수립
산출물 정리	데이터 분석 단계별 산출물을 정리하고, 분석 모델링 과정에서 개발된 분석 스크립트 등을 정리하여 최종 산출물로 정리하는 단계

이론 바로 적용하기

다음 중 작업분할구조 WBS에 대한 설명으로 옳지 않은 것은?
① 데이터 처리 엔지니어와 분석가의 역할을 구분해 세부일정을 수립해야 한다.
② 데이터 분석 모델링 과정에 대해서는 실험방법 및 절차를 통합한다.
③ 기획 및 검증하는 내용에 대해 자세한 일정 수립
④ 단계별 필요 산출물, 주요 보고 시기 등으로 구분하여 세부 단위별 일정과 전체 일정이 예측될 수 있도록 일정 수립

....

데이터 분석 모델링 과정에 대해서는 실험방법 및 절차 구분

정답 ②

---

* WBS: 프로젝트의 범위와 최종 산출물을 세부요소로 분할한 계층적 구조도이다.

(3) 분석목표 정의서

데이터에 대한 분석 타당성 검토 및 성과측정방법 등을 정리한 정의서이다.

① 분석목표 정의서 구성요소

- 분석 방안 및 적용 가능성 판단

  - 개선 목표와 현시점의 분석 목표 간의 차이를 분석하여 목표를 조정 또는 우선순위를 조정한다.

  - 분석목표에 부합한 데이터 분석이 있어도 현재 환경이 적합하지 않다면 분석목표를 조정한다.

- 성과평가 기준

구분	내용
정성적 평가	• 분석 기법이나 기술의 활용 가능성 평가 • 신규데이터 및 외부 데이터의 활용 가능성 평가 • 세분화 또는 군집화를 통해 집단을 선정해 평가
정량적 평가	• 기존방법 대비 효과의 증감을 평가 • 유효한 가설의 수나 목표 대비 증감 비율을 평가 • 데이터 모형의 정확도를 측정하여 평가 • 기타 분석 특성에 따른 자체 KPI에 의한 성과를 측정

② 분석목표 정의서 작성 방법

- 분석 목적을 설정하고 이를 달성하기 위한 세부 목표를 수립한다.

- 필요 데이터를 정의하고, 분석방법과 데이터 수집 및 분석 난이도, 수행주기, 분석결과에 대한 검증기준을 설계한다.

- 도메인 이슈 도출을 통한 개선 방향을 토대로 목표 수준을 정리한다.

3. 분석방법론

빅데이터 분석방법론은 빅데이터를 분석하기 위해 문제를 정의하고 그에 대한 해답을 도출해내기 위해 체계적으로 마련한 절차 및 처리방법이다.

(1) 구성요건

- 상세한 절차(Procedures)
- 방법(Methods)
- 도구와 기법(Tools & Techniques)
- 템플릿 & 산출물(Templates & Outputs)
- 어느 정도의 지식만 있으면 활용 가능한 수준의 난이도

(2) 분석방법론의 계층

- 단계(Phase)

실전 Tip
분석방법론의 계층은 [단 태스] 계단을 오르는 태스형이다.

    - 프로세스 그룹을 통해 단계별 산출물을 생성한다.
    - 각 단계는 기준선으로 설정 및 관리되며 버전관리 등을 통하여 통제한다.
- 태스크(Task)
    - 단계를 구성하는 단위 활동이다.
    - 물리적 또는 논리적 단위로 품질 검토의 항목이 된다.
- 스텝(Step)
    - 입력자료, 처리 및 도구, 출력자료로 구성된 단위 프로세스

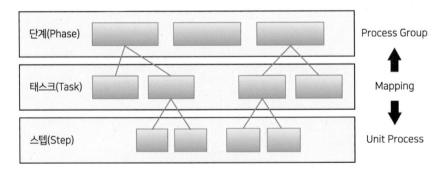

▲ 빅데이터 분석 방법론 계층

(3) 분석방법론의 생성과정

● 형식화

  - 개인의 암묵지가 조직 내의 형식지로 발전한다.

  - 분석가의 경험을 바탕으로 정리해 문서화한다.

● 체계화

  - 문서화된 형식지로 방법론이 생성된다.

● 내재화

  - 방법론이 개인에게 전파되고 활용되어 암묵지로 발전한다.

  - 전파된 방법론을 학습하여 내재화한다.

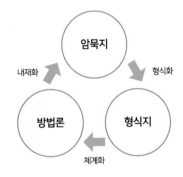

4. 데이터 분석방법론의 분석계획

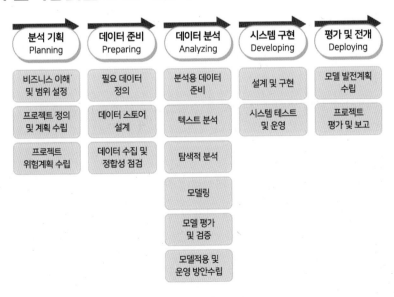

(1) 분석기획(Planning)

① 비즈니스 이해 및 범위설정

- 프로젝트 진행을 위해 비즈니스에 대한 충분한 이해와 도메인 문제점 파악
- 업무 매뉴얼 및 업무 전문가 도움 필요
- 프로젝트 범위 명확화를 위해 구조화된 명세서 SOW* 작성

② 프로젝트 정의 및 계획 수립

- 모델 운영 이미지를 설계하고 모델 평가 기준을 설정하여 프로젝트의 정의를 명확하게 함
- WBS를 만들고 데이터 확보 계획, 빅데이터 분석방법 일정계획 예산계획, 품질계획, 인력구성계획 의사소통계획 등을 포함하는 프로젝트 수행계획을 작성

③ 프로젝트 위험 계획 수립

- 발생 가능한 모든 위험(Risk)을 발굴하여 사전에 대응방안을 수립함으로써 프로젝트 진행의 완전성을 높임
- 예상되는 위험의 대응법으로 회피(Avoid), 전이(Transfer), 완화(Mitigate), 수용(Accept)을 구분하여 관리 계획서 작성

(2) 데이터 준비

① 필요 데이터 정의

- 정형, 비정형, 반정형 등의 모든 내외부 데이터와 데이터 속성. 오너, 담당자 등을 포함하는 데이터 정의서 작성
- 구체적인 데이터 획득 방안을 상세하게 수립하여 프로젝트 지연 방지

② 데이터 스토어 설계

- 획득 방안이 수립되면 전사 차원의 데이터 스토어(Data Store) 설계
- 정형, 비정형, 반정형 데이터를 모두 저장될 수 있도록 설계

---

* SOW: Statement Of Work의 약어로 프로젝트 범위 정의서를 뜻한다.

③ 데이터 수집 및 정합성 검증

- 데이터 스토어에 크롤링, 실시간 처리, 배치 처리 등으로 데이터 수집
- 데이터베이스 간 연동, API를 이용한 개발 ETL 도구의 활용 등 수집 프로세스 진행
- 저장된 데이터는 정합성 검증을 실시

(3) 데이터 분석(Analyzing)

① 분석용 데이터 준비

- 비즈니스 룰 확인: 비즈니스 이해, 도메인 문제점 인식, 프로젝트 정의 등을 통해 프로젝트 목표 정확히 인식
- 분석용 데이터셋 준비: 데이터 스토어로부터 분석에 필요한 정형, 비정형 데이터 추가

② 텍스트 분석

오피니언 마이닝(Opinion Mining), 사회 연결망 분석(SNA: Social Network Analysis), 텍스트 마이닝(Text Mining), 웹 마이닝(Web Mining) 등 실시

③ 탐색적 분석

- 기초 통계량 산출 및 데이터 분포와 변수 간의 관계 파악, 데이터 시각화
- 데이터 시각화를 활용

④ 모델링

- 훈련용 데이터 세트와 테스트용 데이터 세트로 분리
- 데이터 모델링 후 운영 시스템에 적용
- 모델에 대한 상세한 알고리즘 설명서 작성 모델 적용 및 운영 방안

⑤ 모델 평가 및 검증

- 분석기획 단계에서 작성된 프로젝트 정의서의 평가 기준에 따라 모델의 완성도 평가
- 테스트 데이터 세트를 이용하여 모델 검증 작업 실시 및 모델평가보고서 작성

(4) 시스템 구현(Developing)

① 설계 및 구현

- 모델링 태스크에서 작성된 알고리즘 설명서와 데이터 시각화 보고서를 이용하여 시스템 및 데이터 아키텍처 설계, 사용자 인터페이스 설계 진행
- 시스템 설계서를 바탕으로 BI 패키지를 활용하거나 새로운 프로그램을 구축

② 시스템 테스트 및 운영

단위 테스트, 통합 테스트, 시스템 테스트 실시 및 운영

(5) 평가 및 전개(Deploying)

① 모델 발전계획 수립

- 모델의 생명주기를 설정하고 주기적으로 평가하여 유지 보수하거나 재구축 방안을 마련
- 모델의 특성을 고려해 모델 업데이트를 자동화하는 방안을 수립하고 적용

② 프로젝트 평가 보고

- 기획단계에서 설정된 기준에 따라 프로젝트의 성과를 정량적, 정성적으로 평가
- 프로젝트 진행 과정에서 지식, 프로세스, 출력자료를 지식 자산화하고 프로젝트 최종 보고서를 작성한 후 의사소통계획에 따라 프로젝트를 종료

5. 분석방법론의 유형

(1) KDD(Knowledge Discovery in Database) 분석방법론

- 1996년 fayyad가 통계적 지식 또는 패턴을 탐색하는 데 활용할 수 있도록 프로파일링 기술을 기반으로 체계적으로 정리한 방법론이다.

> **실전 Tip**
> KDD와 CRISP–DM 비교문제가 빈출되고 있습니다.

- 데이터마이닝, 기계학습, 인공지능, 패턴인식, 데이터 시각화에서 응용될 수 있는 구조를 갖고 있다.

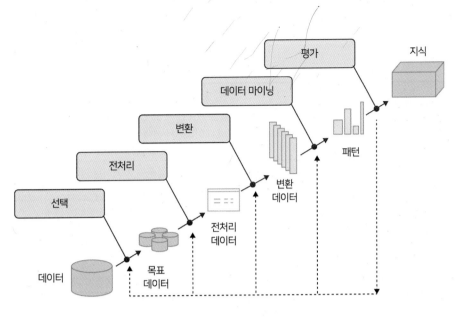

▲ KDD 분석 방법론의 분석 절차도

① 9가지 프로세스

● 분석대상 비즈니스 도메인 이해

● 분석대상 데이터셋 선택/생성

● 전처리

● 데이터 변경

● 데이터마이닝 기법 선택

● 데이터 마이닝 알고리즘 선택

● 데이터 마이닝 실행

● 결과 해석

● 지식 활용

② 분석절차

구분	내용
데이터 세트 선택 (Selection)	• 분석대상의 비즈니스 도메인에 대한 이해와 프로젝트의 목표를 설정하는 단계 • 데이터베이스 또는 원시 데이터에서 선택 혹은 추가적으로 생성 • 데이터 마이닝에 필요한 목표 데이터(Target Data) 구성
데이터 전처리 (Preprocessing)	• 데이터에 대한 노이즈, 이상값, 결측값 등을 제거하는 단계 • 추가로 요구되는 데이터 세트가 있을 경우 데이터 세트 선택, 프로세스 재실행
데이터 변환 (Transformation)	• 데이터의 변수를 찾고, 데이터에 대한 차원축소를 수행하는 단계 • 데이터 마이닝이 효율적으로 적용될 수 있도록 데이터 세트로 변경
데이터 마이닝 (Data Mining)	• 분석 목적에 맞는 데이터 마이닝 기법, 알고리즘 선택, 패턴 찾기, 데이터 분류 예측작업을 수행하는 단계 • 필요에 따라 데이터 전처리 및 변환 프로세스와 병행이 가능
데이터 마이닝 결과 평가 (Evaluation)	• 분석 결과에 대한 해석 평가, 발견된 지식을 활용하는 단계 • 필요시 선택부터 마이닝까지 프로세스의 반복을 수행

 이론 바로 적용하기

다음 중 KDD 분석방법론 절차로 옳은 것은?
① 데이터 세트 선택 〉 데이터 전처리 〉 데이터변환 〉 데이터 마이닝 〉 결과 평가
② 데이터 마이닝 〉 데이터 세트 선택 〉 데이터 전처리 〉 데이터변환 〉 결과 평가
③ 데이터 마이닝 〉 데이터 전처리 〉 데이터 세트 선택 〉 데이터변환 〉 결과 평가
④ 데이터 세트 선택 〉 데이터변환 〉 데이터 전처리 〉 데이터 마이닝 〉 결과 평가

데이터 세트 선택 〉 데이터 전처리 〉 데이터변환 〉 데이터 마이닝 〉 결과 평가

정답 ①

(2) CRISP-DM 분석 방법론

● 1996년 유럽연합 ESPRIT 프로젝트에서 시작한 방법론으로 단계 간 피드백(Feedback)을 통하여 단계별 완성도를 높인다.

실전 Tip
분석절차에 대해 중점적으로 확인해야 합니다.

● CRISP-DM의 절차는 6단계로 구성되어 있는데 각 단계들은 순차적으로 진행되는 것이 아니라, 필요에 따라 단계 간의 반복 수행을 통해 분석의 품질을 향상시킨다.

● 계층적 프로세스 모델로 4계층으로 구성되어 있다.

① CRISP-DM 분석방법론 구성 4계층

구분	내용
단계(Phases)	최상위 레벨로 여러 개의 단계로 구성된다.
일반화 태스크(Generic Tasks)	데이터 마이닝의 단일 프로세스를 완전하게 수행하는 단위이다.
세분화 태스크(Specialized Tasks)	일반화 태스크를 구체적으로 수행한다.
프로세스 시행(Process Instances)	데이터마이닝을 구체적으로 시행한다.

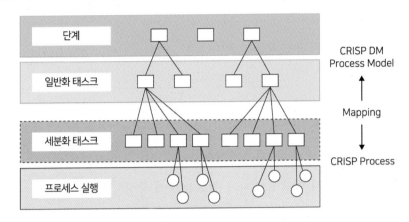

▲ CRISP-DM 구성

② 분석절차

구분	내용
업무이해 (Business Understanding)	• 비즈니스를 이해하는 단계로 프로젝트의 목적과 요구사항을 파악한다. • 업무 목적 파악, 상황 파악, 데이터 마이닝 목표설정, 프로젝트 계획 수립
데이터이해 (Data Understanding)	• 분석을 위한 데이터를 수집 및 속성을 이해하고, 문제점을 식별한다. • 숨겨져 있는 인사이트를 발견하는 단계이다. • 초기 데이터 수집, 데이터 기술 분석, 데이터 탐색, 데이터 품질 확인
데이터 준비 (Data Preparation)	• 수집된 데이터 등을 정제, 통합 등을 통해 분석 가능한 상태로 만든다. • 데이터 준비에 많은 시간이 소요된다. • 분석용 데이터 셋 선택, 데이터 정제, 데이터 통합, 학습/검증 데이터 분리 등 수행
모델링 (Modeling)	• 다양한 모델링 기법과 알고리즘을 선택하고 매개변수 이원화를 최적화하는 단계이다. • 모델링 결과를 평가하여 모형 과적합 또는 과소 적합 등의 문제를 확인한다. • 모델링 기법 선택, 모델 테스트 계획 설계, 모델 작성, 모델 평가 수행
평가 (Evaluation)	• 분석결과가 프로젝트 목적에 부합하는지 평가하고 결과의 수용 여부를 판단한다. • 분석결과 평가, 모델링 과정 평가, 모델 적용성 평가를 수행
전개 (Deployment)	• 완성된 분석모델을 현업에 적용하기 위한 계획을 수립한다. • 장기적인 모니터링 계획 수립 및 프로젝트 종료 프로세스를 수행한다. • 전개 계획 수립, 모니터링과 유지보수 계획 수립, 프로젝트 종료보고서 작성, 프로젝트 리뷰

다음 중 CRISP-DM 분석방법론의 분석절차로 옳은 것은?
① 업무이해 〉 데이터이해 〉 데이터 준비 〉 선개 〉 모델링 〉 평가
② 데이터이해 〉 업무이해 〉 데이터 준비 〉 전개 〉 모델링 〉 평가
③ 업무이해 〉 데이터이해 〉 데이터 준비 〉 모델링 〉 평가 〉 전개
④ 데이터이해 〉 업무이해 〉 데이터 준비 〉 모델링 〉 평가 〉 전개

....

업무이해 〉 데이터이해 〉 데이터 준비 〉 모델링 〉 평가 〉 전개

정답 ③

(3) SEMMA 분석방법론

● SAS사가 주도한 통계 중심 5단계 방법론이다.

● SEMMA는 분석 솔루션 업체 SAS사가 주도한 통계 중심의 방법론이다.

● 분석 목적이 명확하지 않은 경우 사용하는 방법론이다.

● 주로 데이터 마이닝 프로젝트의 모델링 작업에 활용된다.

● 분석절차 5단계는 다음과 같다.

절차	내용
샘플링 (Sample)	• 통계적 추출, 조건 추출을 통해 분석 데이터 생성 • 비용 절감 및 모델 평가를 위한 데이터 준비
탐색 (Explore)	• 기초통계, 그래프, 클러스터링, 상관분석 등을 통한 데이터 탐색 • 데이터 오류검색 및 모델 효율 증대방안 탐색
수정 (Modify)	• 표준화, 변환, 그룹화 등을 통한 데이터 수정 단계 • 데이터 내의 정보를 극대화함
모델링 (Model)	• 의사결정 나무, 회귀분석, 신경망 모델, 통계 등을 이용한 모델 구축 • 특수모델과 알고리즘 적용 가능
검증 (Assess)	• 모델에 대한 평가 및 검증 수행 • 서로 다른 모델 동시에 비교하며 추가 분석 여부 판단

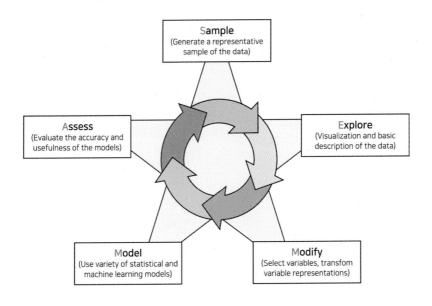

6. 데이터 거버넌스(Data Governance)

기업에서 사용하는 데이터의 가용성, 유용성, 통합성, 보안성을 관리하기 위한 정책과 프로세스를 다루며 사람이 취해야 하는 조치, 따라야 하는 프로세스, 데이터의 전체 수명 주기 동안 이를 지원하는 기술이 포함된다.

(1) 특징

● 데이터의 유용성, 가용성, 통합성, 보안성, 안정성을 확보할 수 있다.

● 전사 차원의 IT거버넌스이다.

(2) 데이터 거버넌스의 구성요소

① 원칙

● 데이터를 유지 및 관리하기 위한 가이드

● 보안, 변경관리, 품질기준 등의 지침

② 조직

● 데이터를 관리하는 조직의 역할과 책임

● 데이터 베이스 관리자, 데이터 아키텍처 등

③ 프로세스

- 데이터 관리를 위한 체계

- 작업절차, 측정 활동, 모니터링 등

(3) 데이터 거버넌스 체계

① 데이터 표준화

- 데이터 표준 용어 설명, 명명 규칙, 메타 데이터 구축, 데이터 사전 구축

- 데이터 표준 준수 진단, 논리 및 물리 모델 표준에 맞는지 검증

② 데이터 관리체계

- 메타 데이터와 데이터 사전의 관리 기준 수립 및 이에 따른 상세 프로세스를 수립한다.

- 데이터 관리 및 원활한 운영을 위해 조직 및 담당자별 책임과 역할을 구체적으로 구분한다.

- 데이터 생명주기 관리방안을 수립한다.

③ 데이터 저장소 관리

- 메타 데이터 및 표준데이터 관리를 위한 전 사원의 저장소를 구축한다.

- 저장소는 데이터 관리 체계 지원을 위해 Work flow 및 관리용 Application을 지원해야 한다.

- 인터페이스를 통한 관리대상 시스템의 통제가 가능해야 한다.

- 데이터 구조 변경에 따른 사전 영향 평가 등을 수행해야 한다.

④ 표준화 활동

- 데이터 거버넌스 체계 구축 후 이의 표준 준수 여부를 주기적으로 점검한다.

- 데이터 거버넌스의 조직 내 장기적인 정착을 위해 변화관리 및 계속적인 교육이 진행되어야 한다.

- 지속적인 데이터 표준화 활동을 통해 데이터 거버넌스의 실용성을 증가시킬 수 있다.

7. 데이터 분석 준비도(Readiness)

● 기업의 데이터 분석 도입 수준을 파악하기 위한 진단방법이다.

● 조직의 현재 데이터 분석수준을 정확히 파악하고 해당 결과를 바탕으로 미래 목표를 정의할 때에 사용한다.

(1) 분석준비도 프레임 워크

● 총 6가지 영역으로 현재 수준을 파악하며, 각 진단 영역별로 세부 항목에 대한 수준까지 파악한다.

● 해당 영역을 일정 수준 이상 충족 시 데이터 분석 업무 도입을 권고하나 충족되지 못한다면 데이터 분석환경을 먼저 조성한다.

영역	상세 영역
분석 업무 파악	• 발생한 사실 분석 • 예측, 시뮬레이션, 최적화 분석 업무 • 분석 업무 정기적 개선
인력 및 조직	• 분석 전문가 교육 훈련 프로그램 • 관리자들의 기본적 분석 능력 • 전사분석 업무총괄조직 존재 • 경영진 분석 업무이해 능력
분석 기법	• 업무별 적합한 분석 기법 사용 • 분석 업무 도입 방법론 • 분석 기법 라이브러리 • 분석 기법 효과성 평가 및 정기적 개선
분석 데이터	• 분석 업무를 위한 데이터 충분성/적시성/신뢰성 • 비구조적 데이터 관리 • 외부 데이터 활용체계 • 기준 데이터 관리(MDM)
분석 문화	• 사실에 근거한 의사결정 • 회의 등에서 데이터 활용 • 경영진의 직관보다 데이터 활용 • 데이터 공유 및 협업 문화
IT 인프라	• 운영 시스템 데이터 통합 • EAI, ETL 등 데이터 유통체계 • 분석전용 서버 및 스토리지 • 빅데이터 분석 환경 • 통계 분석 환경 • 비주얼 분석 환경

(2) 조직 분석 성숙도 단계

● 데이터 분석 능력 및 데이터 분석결과 활용에 대한 조직의 성숙도 수준을 평가하여 단계적으로 나타낸다.

실전 Tip
각 단계의 부문별 특징을 키워드로 파악해야 합니다.

● 조직·역량 부문, 비즈니스 부문, IT 부문을 대상으로 성숙도 수준을 평가한다.

단계	도입단계	활용단계	확산단계	최적화단계
설명	데이터 분석을 시작하여 환경 및 시스템 구축하는 단계	분석결과를 실제 업무에 적용하는 단계	전사 차원에서 분석 관리 및 공유단계	분석을 진화시켜 혁신 및 성과 향상에 기여하는 단계
조직 역량 부문	• 일부 부서에서 수행 • 담당자 역량에 의존	• 담당 부서에서 수행 • 분석 기법 도입	• 전사 모든 부서 시행 • 분석 전문가 조직 운영 • 데이터 사이언티스트 확보	• 데이터 사이언스 그룹 • 경영진 분석 활용 및 전략연계
비즈니스 부문	• 실적분석 및 통계 • 정기보고	• 미래결과예측 • 시뮬레이션	• 전사성과 실시간 분석 제공 • 분석규칙 및 이벤트 관리	• 외부 환경분석 활용 • 최적화 업무 적용
IT 부문	• Data Warehouse • Data Mart • ETL/EAI • OLAP	• 실시간 대시보드 • 통계분석환경	• 빅데이터 관리환경 • 시뮬레이션 최적화 • 비주얼 분석 • 분석전용 서버	• 분석 협업환경 • 분석 Sandbox

---

👆 이론 바로 적용하기

분석 성숙도 모델 중 빅데이터 관리를 위한 환경이 갖추어지고, 전사 차원에서 분석을 관리하고 공유하며 이를 위해 분석 전문 조직을 운영하는 수준의 성숙단계는?

① 최적화 단계　　　　　　　② 활용 단계
③ 확산 단계　　　　　　　　④ 도입 단계

....

확산단계에서는 전사 차원에서 분석 관리 및 공유가 이루어진다.

정답 ③

(3) 분석 수준 진단 결과

● 성숙도와 준비도에 따라 4가지 유형으로 분석 수준 진단 결과를 구분한다.

● 현재 데이터 분석 수준에 대한 목표나 방향을 정의할 수 있으며, 유형별 특성에 따라 개선방안을 수립할 수 있다.

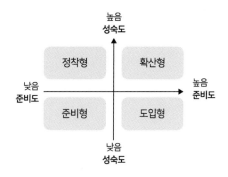

▲ 사분면 분석(Analytics Quadrant)

① 준비형

● 낮은 준비도와 낮은 성숙도 수준에 있는 기업

● 데이터, 인력, 조직, 분석 업무 등이 적용되어 있지 않아 사전준비가 필요한 기업

② 정착형

준비도는 낮으나 조직, 인력, 분석 업무, 분석 기법 등을 기업 내부에서 일부 사용하고 있어 일차적으로 정착이 필요한 기업

③ 도입형

● 기업에서 활용하는 분석 업무, 기법 등은 부족하지만 적용조직 등 준비도가 높은 기업

● 바로 도입 가능

④ 확산형

● 기업의 데이터 분석에 필요한 9가지 분석 구성요소를 갖춘 기업

● 지속적인 확산이 필요한 기업

다음 중 조직의 분석수준 진단과 그 설명이 옳게 연결된 것은?

① 준비형 - 준비도는 낮으나 조작 인력, 분석 업무, 분서 기법 등을 기업 내부에서 일부 사용하고 있음
② 정착형 - 준비도는 낮으나 성숙도가 높은 조직
③ 도입형 - 지속적인 확산이 필요한 기업
④ 확산형 - 기업에서 활용하는 분석 업무, 기법 등은 부족하지만 적용조직 등 준비도가 높은 기업

----

① 정착형 - 준비도는 낮으나 조작 인력, 분석 업무, 분석 기법 등을 기업 내부에서 일부 사용하고 있음
③ 확산형 - 지속적인 확산이 필요한 기업
④ 도입형 - 기업에서 활용하는 분석 업무, 기법 등은 부족하지만 적용조직 등 준비도가 높은 기업

정답 ②

8. 분석 프로젝트 관리

(1) 분석 프로젝트

분석 프로젝트는 과제 형태로 도출되어진 분석 기회를 프로젝트화하여 그 분석 가치를 증명하기 위한 도구이다.

① 분석 프로젝트의 특징

- 데이터 영영 및 비즈니스 영역에 대한 이해와 함께 지속적으로 반복해야 하는 분석 프로세스의 특성을 이해하여 프로젝트를 수립해야 한다.
- 프로젝트 기한 내에 최선의 결과를 도출할 수 있도록 하며 지속적으로 개선 및 변경을 고려해야 한다.

② 분석 프로젝트의 속성

- 데이터 크기: 데이터가 지속적으로 생성되어 증가한다는 점을 고려한다.
- 데이터 복잡도: 다양한 구조의 데이터를 고려하며 해당 데이터에 적용이 용이한 분석모형을 선정해야 한다.

- 속도

  - 분석결과를 활용하는 시나리오 측면의 속도를 고려해야 한다.

  - 분석모형의 성능과 속도를 고려한 개발과 테스트 수행을 해야 한다.

- 분석 모형의 복잡도

  - 분석모형의 정확도와 복잡도는 Trade off 관계에 있다.

  - 분석모형이 정확할수록 모형이 복잡해져 해석이 어려우므로 이를 고려하여 최적 모형을 탐색해야 한다.

- 정확도와 정밀도: Trade off 관계

  - 정확도는 분석결과를 활용하는 측면에서 중요하다.

  - 정밀도는 분석모형의 안정성 측면에서 중요하다.

정확도와 정밀도에 대한 문제가 빈출되고 있습니다.

더 알아보기

정확도(Accuracy)
계통적 오차의 작은 정도, 즉 참값에 대한 한쪽으로의 치우침이 작은 정도를 정확도

정밀도(Precision)
우연오차, 즉 측정값의 흩어짐의 작은 정도

---

(2) 분석 프로젝트 관리

- 분석가가 분석 프로젝트에서 프로젝트 관리자의 역할을 수행하는 경우가 대부분이다.

- 프로젝트 관리 영역에 대한 주요한 사항들을 체크포인트 형태로 관리해 발생할 수 있는 이슈와 리스크를 숙지하고 미연에 방지해야 한다.

● 분석 프로젝트영역별 주요 관리 항목(SA ISO 21500)은 다음과 같다.

주제그룹	개념 및 관련 프로세스

범위
(Scope)
	• 분석기획 단계의 프로젝트 범위가 분석을 진행하면서 데이터의 형태와 양 또는 적용되는 모델의 알고리즘에 따라 범위가 빈번하게 변경됨
	   – 적용되는 알고리즘에 따라 범위가 변할 수 있으므로 범위 관리가 중요
	   – 일정계획 수립 시 데이터 수집을 철저히 통제 및 관리할 필요가 없음
	• 분석의 최종 결과물이 분석보고서 형태인지 시스템인지에 따라 투입되는 자원 및 범위 또한 크기가 변경되므로 사전에 충분한 고려가 필요함

통합 (Integration)	프로젝트 관리 프로세스들이 통합적으로 운영될 수 있도록 관리해야 함
시간 (Time)	• 데이터 분석 프로젝트는 초기 의도했던 결과가 쉽게 나오지 않고 분석 범위도 빈번하게 변경하게 되므로 프로젝트 과정이 지속적으로 반복돼 많은 시간이 소요됨 • 분석결과에 대한 품질이 보장된다는 전제로 Time Boxing 기법으로 일정관리 진행이 필요함 – 분석 전문가의 상상력이 요구되므로 일정을 제한하는 일정계획은 적절하지 못함
원가 (Cost)	• 외부 데이터를 활용한 데이터 분석인 경우, 고가의 비용이 소요될 수 있으므로 충분한 사전조사 필요 • 오픈 소스 도구(Tool) 외에 프로젝트 수행 시 의도한 결과 달성을 위해 상용버전 도구가 필요할 수 있음
품질 (Quality)	• 분석 프로젝트를 수행한 결과에 대한 품질 목표를 사전에 수립해 확정해야 함 • 프로젝트 품질을 품질통제(Quality Control)와 품질보증(Quality Assurance)으로 나눠 수행 • 데이터 분석모델 품질 평가를 위해 SPICE 사용
조달 (Quality)	• 다양한 데이터를 확보를 위해 조달관리가 중요 • 목적성에 맞는 외부 소싱을 적절히 운영할 필요가 있음 • PoC(Proof of Concept) 형태의 프로젝트는 인프라 구매가 아닌 클라우드 등의 다양한 방안을 검토할 필요가 있음
자원 (Resource)	• 고급 분석 및 빅데이터 아키텍처링을 수행할 인력공급 부족 – 프로젝트 수행 전 전문가 확보 검토 필요
리스크 (Risk)	• 분석에 필요한 데이터 미확보로 분석 프로젝트 진행이 어려울 수 있으므로 관련 위험 식별 및 대응방안 사전수립에 필요 • 데이터 및 분석 알고리즘 한계로 품질 목표 달성이 어려울 수 있어 그에 따른 대응방안을 수립할 필요가 있음
의사소통 (Communication)	• 전문성이 요구되는 데이터 분석결과를 모든 프로젝트 이해관계자가 공유할 수 있도록 해야 함 • 프로젝트의 원활한 진행을 위해 다양한 의사소통체계 마련이 필요
이해관계자 (Stakeholder)	데이터 분석프로그램은 다양한 전문가가 참여하므로 이해관계자의 식별과 관리가 필요 예) 다양한 사람들의 니즈 고려

01 다음 중 분석의 대상이 무엇인지를 인지하고 있고 이미 분석의 방법도 알고 있는 경우 사용하는 분석 기획 유형은?

① 발견(Discovery)
② 최적화(Optimization)
③ 솔루션(Solution)
④ 통찰(Insight)

최적화(Optimization)
• 해결해야 할 문제가 무엇인지를 알고, 이미 분석의 방법도 인지하는 경우
• 최적화 작업을 통해 분석을 수행

솔루션(Solution)
• 분석의 대상이 무엇인지 알지만, 분석의 방법을 모르는 경우 사용
• 해당 분석 주제에 대한 솔루션을 찾아냄

통찰 (Insight)
• 분석의 대상을 모르지만, 분석의 방법은 알고 있는 경우
• 기존 분석 방식을 활용해 새로운 지식인 통찰을 도출하여 문제도출 및 해결에 기여

발견 (Discovery)
• 분석의 대상과 방법을 모르는 경우 사용
• 분석의 대상 자체를 새롭게 도출함

정답 ②

02 다음 중 분석과제정의 대한 설명으로 틀린 것은?

① 분석과제는 해결해야 하는 다양한 문제를 데이터 분석 문제로 변환해 프로젝트로 수행할 수 있는 과제정의서 형태로 도출한다.
② 분석 과제 정의서는 분석 프로젝트를 수행하는 이해관계자가 프로젝트의 방향을 설정하고 성공 여부를 판단할 수 있는 자료로 사용된다.
③ 분석 데이터는 조직 내부데이터에 한해 데이터 유형이나 종류를 가리지 않고 범위를 확장해 고려한다.
④ 분석과제정의서는 필요 데이터, 수집 및 분석 난이도, 분석 방법과 수행주기, 상세 분석 과정, 분석 결과에 대한 검증 책임자 등을 포함한다.

분석 데이터는 조직 내부 및 외부 데이터를 포함하며, 데이터 유형이나 종류를 가리지 않고 범위를 확장해 고려한다.

정답 ③

03 빅데이터 분석 절차 중 데이터 준비 단계에서 수행해야 하는 작업으로 올바른 것은?

① 프로젝트 진행을 위해 비즈니스에 대한 충분한 이해와 도메인 이슈를 도출한다.
② 테스트 데이터 세트를 이용하여 모델 검증 작업을 시행하고 보고서를 작성한다.
③ 비즈니스 룰을 확인하여 분석용 데이터 셋을 준비한다.
④ 데이터 스토어에 크롤링, 실시간 처리. 배치 처리 등으로 데이터를 수집한다.

① 분석기획 단계

② 데이터 분석 단계

③ 데이터 분석 단계

정답 ④

04 하향식 접근방식을 이용한 과제발굴 절차로 옳은 것은?

① 문제정의 – 문제 탐색 – 타당성 검토 – 해결방안 탐색 – 선택

② 문제정의 – 문제 탐색 – 해결방안 탐색 – 타당성 검토 – 선택

③ 문제 탐색 – 문제 정의 – 타당성 검토 – 해결방안 탐색 – 선택

④ 문제 탐색 – 문제 정의 – 해결방안 탐색 – 타당성 검토 – 선택

하향식 접근 방식을 이용한 과제 발굴 절차는 문제 탐색 – 문제 정의 – 해결방안 탐색 – 타당성 검토 – 선택이다.

정답 ④

05 데이터 분석방법론의 구성요건이 아닌 것은?

① 도구와 기법   ② 투입 비용

③ 상세한 절차   ④ 템플릿 & 산출물

데이터 분석방법론의 구성요건
- 상세한 절차
- 방법
- 도구와 기법
- 템플릿 & 산출물
- 어느 정도의 지식만 있으면 활용 가능한 수준의 난이도

정답 ②

06 인간에 대한 관찰과 공감을 바탕으로 다양한 대안을 찾는 확산적 사고와 주어진 상황에 대한 최선의 방법을 찾는 수렴적 사고의 반복을 통해 과제를 발굴하는 상향식 접근 방법은 무엇인가?

① 전략적 사고

② 탐색적 접근

③ 비지니스모델 캔버스

④ 디자인 사고

디자인 사고(Design Thinking)는 확산적 사고와 수렴적 사고의 반복을 통해 과제를 발굴하는 상향식 접근 방법이다.

정답 ④

07 상향식 접근방법의 절차로 올바른 것은 무엇인가?

① 프로세스 분류 – 프로세스 흐름 분석 – 분석 요건 식별 – 분석 요건 정의

② 프로세스 분류 – 프로세스 흐름 분석 – 분석 요건 정의 – 분석 요건 식별

③ 프로세스 흐름 분석 – 프로세스 분류 – 분석 요건 정의 – 분석 요건 식별

④ 프로세스 흐름 분석 – 프로세스 분류 – 분석 요건 식별 – 분석 요건 정의

상향식 접근 방법의 절차는 프로세스 분류 – 프로세스 흐름 분석 – 분석 요건 식별 – 분석 요건 정의이다.

정답 ①

08 분석 목표 정의서의 구성요소로 적절하지 않은 것은?

① 원천 데이터 조사

② 성과평가의 기준

③ 분석 방안 및 적용 가능성 판단

④ 데이터 분석과제 정의

분석목표 정의서는 원천데이터 조사, 분석방안 및 적용 가능성 판단, 성과평가 기준으로 이루어져 있다.

정답 ④

09 빅데이터 분석 절차에서 문제의 단순화를 통해 변수 간의 관계로 정의하는 것을 무엇이라고 하는가?

① 요건 정의   ② 모형화
③ 요인 분석   ④ 탐색적 데이터 분석

분석 문제를 단순화하여 수치나 변수 사이의 관계로 정의하는 것을 모형화라고 한다.

정답 ②

10 빅데이터 분석 절차로 가장 옳은 것은 무엇인가?

① 자료 수집 – 자료 분석 – 문제 인식 – 연구 조사 – 모형화 – 분석 결과 공유
② 자료 수집 – 문제 인식 – 연구 조사 – 모형화 – 자료 분석 – 분석 결과 공유
③ 문제 인식 – 연구 조사 – 모형화 – 자료수집 – 자료 분석 – 분석 결과 공유
④ 연구 조사 – 문제 인식 – 모형화 – 자료 수집 – 자료 분석 – 분석 결과 공유

절차	설명
문제 인식	• 비즈니스 문제와 기회를 인식하고 분석 목적을 정의 • 분석 주제 정의, 문제는 가설의 형태로 정의
연구 조사	• 목적 달성을 위한 각종 문헌 조사 • 조사 내용을 해결방안에 적용
모형화	• 분석 문제를 단순화하여 수치와 변수 사이의 관계로 정의함 • 많은 변수가 포함된 현실 문제를 특징적 변수로 정의
자료 수집	• 데이터 수집, 변수 측정 • 기존 데이터 수집 가능성 확인 및 대체 데이터 확인
자료 분석	• 수집된 자료 내에서 의미 및 변수들 간 관계 분석 • 기초 통계부터 데이터 마이닝 기법 활용
분석 결과 공유	• 변수 간의 관련성을 포함한 분석 결과 제시 • 의사결정자와 결과 공유 • 표, 그림, 차트를 활용하여 가시화

정답 ③

11 분석 과제에 대한 난이도와 시급성을 고려했을 때 가장 우선적으로 추진해야 하는 것은?

① 난이도: 어려움(Difficult), 시급성: 현재
② 난이도: 어려움(Difficult), 시급성: 미래
③ 난이도: 쉬움(Easy), 시급성: 현재
④ 난이도: 쉬움(Easy), 시급성: 미래

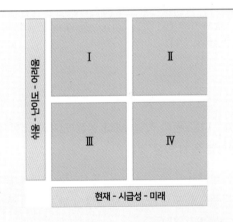

사분면 영역에서 난이도와 시급성을 모두 고려할 때 가장 우선적인 분석 과제 적용이 필요한 영역은 난이도: 쉬움, 시급성: 현재를 나타내는 3사분면이다.

정답 ③

12 난이도와 시급성을 고려한 포트폴리오 사분면 분석 기법에 대한 설명으로 옳지 않은 것은?

① 우선순위가 낮은 영역은 2사분면이다.
② 우선순위 기준을 난이도에 둘 경우 순서는 3-1-4-2 순서이다.
③ 우선순위 기준을 시급성에 둘 경우 순서는 3-4-2-1 순서이다.
④ 가장 우선으로 분석과제 적용이 필요한 영역은 3사분면이다.

우선순위 기준을 시급성에 둘 경우 순서는 3-4-1-2 순서이다.

정답 ③

13 계층적 프로세스 모델의 구성요소로 적절하지 않은 것은?

① 단계
② 태스크
③ 스텝
④ 프로세스

계층적 프로세스 모델은 단계, 태스크, 스텝 3단계로 구성되어 있다.

정답 ④

14 다음 분석 작업 WBS 설정 단계에 대한 설명으로 옳지 않은 것은?

① 데이터 분석 과제 정의: 분석목표 정의서를 기준으로 프로젝트 전체 일정에 맞게 사전 준비를 하는 단계
② 산출물 정리: 데이터 분석단계별 산출물을 정리하고, 분석 모델링 과정에서 개발된 분석 스크립트 등을 정리하여 최종 산출물로 정리하는 단계
③ 데이터 분석 모델링 및 검증: 데이터 분석가가 분석에 필요한 데이터들로부터 변수 후보를 탐색하고 최종적으로 도출하는 일정 수립

④ 데이터 준비 및 탐색: 데이터 처리 엔지니어와 데이터 분석가의 역할을 구분하여 세부 일정이 만들어지는 단계

데이터 분석 모델링 및 검증단계에서는 데이터 준비 및 탐색이 완료된 이후 데이터 분석 가설이 증명된 내용을 중심으로 데이터 분석 모델링을 진행하는 단계이다.

정답 ③

15 SEMMA 분석 방법론의 분석 절차로 옳은 것은?

① 샘플링 – 탐색 – 수정 – 모델링 – 검증
② 샘플링 – 탐색 – 모델링 – 수정 – 검증
③ 샘플링 – 모델링 – 수정 – 탐색 – 검증
④ 샘플링 – 수정 – 모델링 – 탐색 – 검증

SEMMA 분석 방법론의 분석 절차는 샘플링 – 탐색 – 수정 – 모델링 – 검증이다.

정답 ①

16 아래의 설명에서 설명하는 분석 방법론은 무엇인가?

- 1996년 Fayyad가 프로파일링 기술을 기반으로 통계적 패턴이나 지식을 찾기 위해 체계적으로 정리한 방법론이다.
- 분석 절차는 데이터 세트 선택, 데이터 전처리, 데이터 변환, 데이터 마이닝, 데이터 마이닝 결과 평가의 5단계이다.

① KDD
② SEMMA
③ 탐색적 분석 방법론
④ CRISP-DM

1996년 Fayyad가 프로파일링 기술을 기반으로 통계적 패턴이나 지식을 찾기 위해 체계적으로 정리한 방법은 KDD에 대한 설명이다.

정답 ①

17 CRISP-DM 분석 방법론의 분석 절차로 옳은 것은?

① 업무 이해 – 데이터 이해 – 데이터 준비 – 평가 – 모델링 – 전개
② 업무 이해 – 데이터 이해 – 데이터 준비 – 모델링 – 평가 – 전개
③ 업무 이해 – 데이터 준비 – 데이터 이해 – 모델링 – 평가 – 전개
④ 업무 이해 – 데이터 준비 – 데이터 이해 – 평가 – 모델링 – 전개

CRISP-DM 분석 방법론의 분석 절차는 업무 이해 – 데이터 준비 – 데이터 이해 – 모델링 – 평가 – 전개 이다.

정답 ③

18 데이터 거버넌스의 구성요소가 아닌 것은?

① 원칙　　　　② 프로세스
③ 조직　　　　④ 인력

① 원칙
　• 데이터를 유지 및 관리하기 위한 가이드
　• 보안, 변경관리, 품질기준 등의 지침
② 조직
　• 데이터를 관리하는 조직의 역할과 책임
　• 데이터 베이스 관리자, 데이터 아키텍처 등
③ 프로세스
　• 데이터 관리를 위한 체계
　• 작업절차, 측정활동, 모니터링 등

정답 ④

19 다음 중 조직의 분석수준 진단과 그 설명이 옳게 연결된 것은?

① 준비형 – 준비도는 낮으나 조작 인력, 분석 업무, 분석 기법 등을 기업 내부에서 일부 사용하고 있음
② 정착형 – 바로 도입이 가능함
③ 도입형 – 기업에서 활용하는 분석 업무, 기법 등은 부족하지만 적용조직 등 준비도가 높은 기업
④ 확산형 – 기업에서 활용하는 분석 업무, 기법 등은 부족하지만 적용조직 등 준비도가 높은 기업

준비형
• 낮은 준비도와 낮은 성숙도 수준에 있는 기업
• 데이터, 인력, 조직, 분석 업무 등이 적용되어 있지 않아 사전 준비가 필요한 기업

정착형
• 준비도는 낮으나 조작 인력, 분석 업무, 분석 기법 등을 기업 내부에서 일부 사용하고 있어 일차적으로 정착이 필요한 기업

도입형
• 기업에서 활용하는 분석 업무, 기법 등은 부족하지만 적용조직 등 준비도가 높은 기업
• 바로 도입이 가능함

확산형
• 기업의 데이터분석에 필요한 9가지 분석 구성요소를 갖춘 기업
• 지속적인 확산이 필요한 기업

정답 ③

20 다음 중 분석 프로젝트의 속성으로 옳지 않은 것은?

① 데이터가 지속적으로 생성되어 증가한다는 점을 고려한다.
② 분석결과를 활용하는 시나리오 측면의 속도를 고려해야 한다.
③ 분석 모형이 정확할수록 모형이 복잡해져 해석이 어려우므로 간단한 프로젝트를 최우선으로 고려해야 한다.
④ 정밀도는 분석모형의 안정성 측면에서 중요하다.

분석모형이 정확할수록 모형이 복잡해져 해석이 어려우므로 이를 고려하여 최적모형을 탐색해야 한다. 간단한 모형만을 추구하면 정확도가 떨어진다.

정답 ③

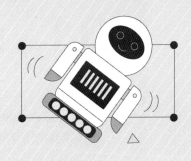

CHAPTER

03

데이터 수집 및
저장계획

01 데이터 수집 및 전환 ★★★

- ETL, EAI 등 데이터 수집기술의 종류와 특징에 대해 학습한다.
- 데이터의 변환 기술 및 품질기준이 빈출되므로 중점적으로 암기한다.

1. 데이터 수집

데이터 처리 시스템에 들어갈 데이터를 모으는 것으로 여러 위치에 산재한 데이터를 한 지점으로 모은다.

(1) 원천 데이터 정보 수집

데이터 분석에 필요한 원천 데이터의 수집 가능성, 데이터의 보안, 정확성을 고려하고, 데이터 수집의 난이도, 수집 비용 등 기초 자료를 수집한다.

- 데이터의 수집 가능성: 원천 데이터의 수집 가능 여부와 데이터 발생 빈도를 확인하고, 가용 비용 내에서 수집이 가능한지 판별한다.
- 데이터의 보안: 데이터의 지적 재산권, 개인정보 포함 여부 등을 판단하여 발생할 수 있는 문제를 조기에 확인한다.
- 데이터 정확성: 데이터를 분석하는 목적에 맞는 데이터 항목이 존재하고, 만족할 만한 데이터 품질을 확보할 수 있는지 확인한다.
- 수집 난이도: 데이터의 유형, 용량, 정제의 복잡성 등의 난이도를 파악한다.
- 수집 비용: 데이터를 수집하기 위한 데이터 획득 비용을 산정한다.

(2) 내 외부 데이터 수집

실전 Tip

내부 및 외부데이터의 원천시스템의 종류를 정확히 파악해야 합니다.

① 내부데이터

- 조직 내부에 데이터가 존재하여 서비스의 수명주기 관리가 용이하다.
- 수집 및 가공이 편리한 정형데이터가 대부분이다.

② 외부데이터

● 조직 외부에 데이터가 존재하여, 담당자 협의 또는 데이터 전문업체를 통해 수집해야 한다.

● 주로 수집이 어려운 비정형 데이터 형태이다.

구분	원천시스템	종류
내부 데이터	서비스 시스템	ERP, CRM, 정보계, 포털, 원장정보시스템, 인증/과금시스템, 거래시스템 등
	네트워크 데이터	방화벽, 백본, 스위치, IPS
	마케팅 데이터	고객 방문 로그, VOC 데이터 등
외부 데이터	소셜 데이터	리뷰, 메신저, 인스타그램 등
	네트워크 데이터	장비 발생 로그, 센서 데이터 등
	공공데이터	정부 공개 데이터, 의료, 지역 정보, 공공정책, 지리, 환경, 통계 등

(3) 데이터 수집 기술

● 수집 대상 데이터는 구조적 관점에 따라 정형 데이터, 반정형 데이터, 반정형 데이터로 나뉜다.

● 각 데이터 유형에 따라 최적화된 수집 방식과 기술을 적용해야 한다.

① 데이터 유형별 수집 기술

데이터 유형	데이터 수집 기술	설명
정형 데이터	ETL (extract, transform, load)	수집대상 데이터를 추출, 가공하여 데이터 웨어하우스(DW) 및 데이터 마트(DM)에 저장하는 기술
	FTP (file transfer protocol)	TCP/IP 기반으로 파일을 송·수신하는 응용계층 통신 프로그램
	API (application programming interface)	시스템 간 연동을 통해 실시간으로 데이터를 송·수신하는 인터페이스 기술
	DB TO DB	데이터베이스 시스템 간 데이터를 동기화하거나 전송하는 기능을 제공하는 기술
	스쿱 (Scoop)	• 대용량 데이터 전송 솔루션 • 다양한 저장소에 대용량 데이터를 전송 가능
비정형 데이터	크롤링 (crawling)	외부데이터의 HTTP 수집방법으로 SNS, 뉴스 등의 정보 수집 시 사용
	RSS	XML 기반 콘텐츠 배급 프로토콜을 이용한 콘텐츠 수집
	Open API	웹 운영 주체가 정보 및 데이터를 제공하기 위해 개발자와 사용자에게 공개하는 수집기술
	척와 (Chukwa)	분석 환경에서 생성된 데이터를 HDFS에 안정적으로 저장하는 플랫폼
	카프카(Kafka)	대용량 실시간 로그처리를 위한 분산 스트리밍 플랫폼

반정형 데이터	플럼(Flume)	대용량 로그 데이터를 효율적으로 수집 가능한 솔루션
	스크라이브(Scribe)	페이스북이 개발한 실시간 스트리밍 로그 수집을 위한 솔루션
	센싱(Sensing)	데이터를 센서로부터 수집 및 생성된 데이터를 수집하는 기술
	스트리밍(Streaming)	센서 데이터, 미디어 데이터를 실시간으로 수집하는 기술

이론 바로 적용하기

다음 중 반정형 데이터 수집 기술이 아닌 것은?

① 플럼   ② 센싱   ③ 블루투스, RFID   ④ DB TO DB

....

DB TO DB는 정형데이터 수집기술로 데이터베이스 시스템 간 데이터를 동기화하거나 전송하는 기능을 제공하는 기술이다.

정답 ④

② ETL

- 다양한 소스 시스템으로부터 필요한 원본 데이터를 추출(Extract)하고 변환(Transform)하여 적재(Load)하는 기술이다.

- 분석을 위한 데이터를 데이터 저장소인 DW(Data Warehouse) 및 DM(Data Mart)으로 이동시키기 위한 기술이다.

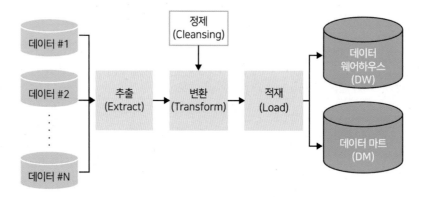

- 추출: 데이터 원천으로부터 데이터를 획득한다.

- 변환: 조회 또는 분석을 목표로 하여 적절한 구조 및 형식으로 데이터를 변환한다.

- 적재: 추출 및 변환된 데이터를 대상 시스템에 저장한다.

실전 Tip

ETL의 기능은 [추 변 재] 추가금을 변제(재)했다.

③ EAI(Enterprise Application Integration)

- EAI는 기업에서 운영되는 서로 다른 기종의 시스템들 간의 정보전달 및 연동을 가능하게 해 주는 전사적 어플리케이션 통합환경이다.

- 비즈니스 프로세스가 자동화되어 효율성과 유연성을 향상시킨다.

방식	내용
Point to Point	• 미들웨어 없이 각 시스템 간에 직접 연결하는 방식이다. • 변경 또는 재사용이 어렵다.
Hub & Spoke	• 중앙집중형 방식으로 단일 접점인 허브 시스템을 이용해 데이터를 전송한다. • 확장 및 유지보수가 용이하며, 모든 유형의 데이터의 전송을 지원한다. • 허브에 장애 발생 시 전체 시스템에 영향을 준다.

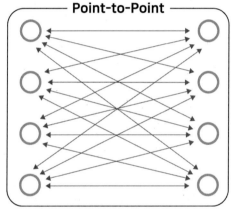
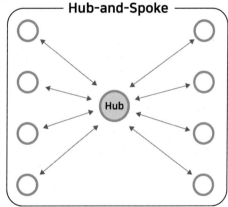

④ FTP

- 인터넷을 통한 대용량의 파일 송수신을 위해 고안된 프로토콜이다.

- 동작 방식이 단순하고 대용량의 파일을 빠른 속도로 전송할 수 있다.

- 명령어 기반의 통신 서비스로 별도의 클라이언트 프로그램을 사용해야 한다.

FTP 동작 원리

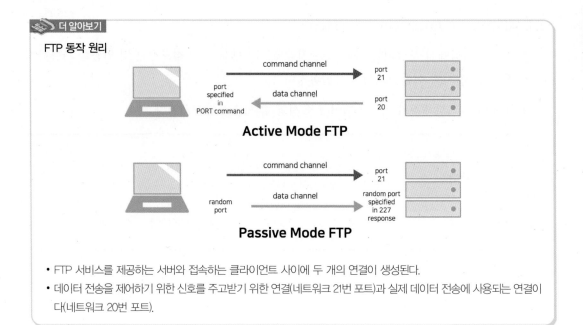

Active Mode FTP

Passive Mode FTP

- FTP 서비스를 제공하는 서버와 접속하는 클라이언트 사이에 두 개의 연결이 생성된다.
- 데이터 전송을 제어하기 위한 신호를 주고받기 위한 연결(네트워크 21번 포트)과 실제 데이터 전송에 사용되는 연결이다(네트워크 20번 포트).

⑤ 아파치 스쿱(Sqoop)

● 대용량 데이터 전송 툴로, 다양한 유형의 저장소(HDFS, RDBMS, NoSQL)에 대용량 데이터를 전송할 수 있다.

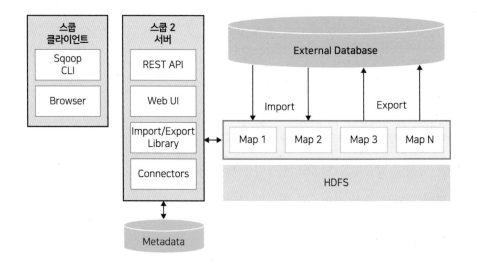

● 관계형 데이터와 분산 환경 시스템 간에 전송되는 정형데이터 수집 시 사용된다.

● 맵리듀스를 통해 처리하여 병렬처리에 강하고, 장애의 처리가 원활하다.

● 특징

  − 모든 적재과정이 자동화되어 있다.

  − 병렬처리 방식이다.

  − Hbase와 HIve에 직접적 import를 제공한다.

  − 자바 클래스 생성을 통한 데이터 상호작용이다.

더 알아보기

스쿱 구성요소
- Sqoop Client: 하둡의 분산 환경에서 HDFS와 RDBMS 간의 데이터 임포트 및 익스포트 기능을 수행하기 위한 라이브러리 구성
- Sqoop Server: 스쿱2의 아키텍처에서 제공되며, 스쿱1의 분산된 클라이언트 기능을 통합해 REST API로 제공
- Import / Export: 임포트 기능은 RDBMS의 데이터를 HDFS로 가져올 때 사용하며, 반대로 익스포트 기능은 HDFS의 데이터를 RDBMS로 내보낼 때 사용
- Connectors: 임포트 및 익스포트에서 사용될 다양한 DBMS의 접속 어댑터와 라이브러리 제공
- Metadata: 스쿱 서버에 서비스하는 데 필요한 각종 메타 정보를 저장

---

⑥ Flume 기술

● 대규모의 데이터 처리를 위한 분산 시스템으로 여러 서버에 산재되어 있는 로그들을 하나의 서버로 모으는 역할을 한다.

● 데이터 수집, 집계 및 이동을 위한 플랫폼이다.

● 클라우데라에서 개발되어 아파치 소프트웨어 프로젝트의 최상위 프로젝트이다.

● 특징

  − 장애 발생 시 로그의 유실 없이 전송할 수 있다.

  − 간결한 구조로 관리가 용이하다.

  − 스트리밍 데이터 풀 기반으로 구성되어 데이터의 이동 및 변환 등의 처리가 유연하다.

  − 파일 기반 저장방식으로 데이터를 디스크에 순차적으로 저장한다.

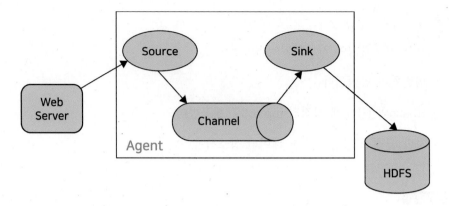

● 구성요소

세부항목	설명
소스	에이전트 간 데이터 이동이 가능하며, 1개의 에이전트가 다수의 에이전트와 연결이 가능
채널	• 이벤트를 소스와 싱크로 전달하는 통로 • 채널에 이벤트 정보를 저장
싱크	• 채널로부터 받은 이벤트를 저장 및 전달 • 지정된 프로토콜의 type에 따른 처리를 진행

이론 바로 적용하기

다음 중 Flume 기술의 구성요소가 아닌 것은?

① 소스　　　　　② 클라이언트　　　　　③ 채널　　　　　④ 싱크

Flume 기술은 소스, 채널, 싱크로 구성되어 있다.

정답 ②

⑦ Scrapy 기술

● 웹사이트를 크롤링하여 조화된 데이터를 수집하는 애플리케이션 프레임 워크이다.

● 파이썬 기반의 프레임 워크로 빠르고 높은 수준의 크롤링 및 스크래핑을 제공한다.

● 데이터 수집 및 모니터링, 자동화 테스트 등으로 사용된다.

● 다양한 부가요소를 제공하여 쉬운 수집 및 로깅을 제공한다.

● 주요 기능

세부항목	설명
items	추출한 데이터를 구조화된 데이터로 변환
setting	spider와 pipeline을 동작시키기 위한 세부 설정
selector	데이터 추출방식을 제공하며 웹페이지의 특정 HTML 요소를 선택하는 기능
pipelines	스크래핑 결과물을 아이템 형태로 구성 시 유효성 체크 및 파일형태로 저장 제공 가능
spider	크롤링 대상의 어떤 부분을 스크래핑 할 것인지를 명시하는 기능

⑧ 스크라이브(Scribe)

● Facebook이 개발하여 오픈소스화한 로그수집 서버. 대량의 서버로부터 실시간으로 스트리밍 로그수집을 위한 솔루션이다.

● 단일 중앙 스크라이브 서버와 다수의 로컬 스크라이브 서버로 구성되어 안정성과 확장성을 제공한다.

● 특징

구분	설명
확장	아파치 기반 스크라이브 API를 활용하여 확장 가능
수집의 다양성	클라이언트 서버 타입에 상관없이 로그수집 가능
고가용성	• 단일 중앙 스크라이브 서버와 다중 로컬 스크라이브 서버로 구성 • 중앙 스크라이브 서버 장애 시, 로컬 스크라이브 서버에 데이터를 저장한 후, 중앙 스크라이브 서버 복구 시 메시지 전송

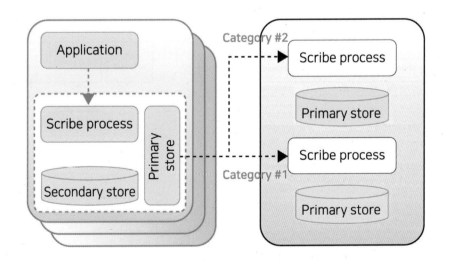

⑨ 아파치 카프카

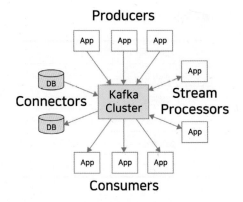

- 분산형 데이터 스트리밍 플랫폼으로 실시간으로 기록된 스트림을 게시, 구독, 저장 및 처리할 수 있다.

- 대규모 시스템에서 안정적인 데이터 전송 및 처리를 지원한다.

- 특징

구분	설명
다중 작업	디스크에 메시지를 저장해 프로듀서*와 컨슈머** 모두 하나 이상의 메시지를 주고받는다.
영속성	컨슈머가 메시지를 소비해도 디스크에 메시지를 보관하기에 손실이 없다.
고가용성	단일 시스템 대비 성능이 우수하며 시스템 확장이 용이하다.
페이지 캐시	페이지 캐시를 통한 Read and Write를 진행하여 속도가 빠르다.
배치 전송처리	메시지를 작은 단위로 묶어서 배치처리하여 속도 향상에 기여한다.

⑩ 척와(Chukwa)

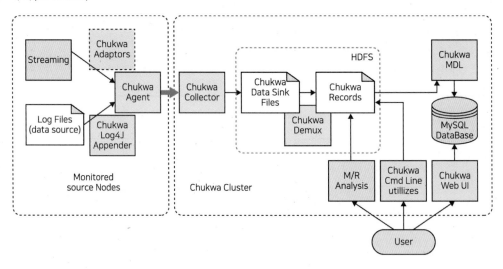

---

* 프로듀서: 주어진 메시지가 게시되어야 하는 토픽이다.
** 컨슈머: 메시지를 처리하는 엔티티

- 오픈소스데이터 수집시스템으로 대규모 분산 시스템을 모니터링한다.

- 분산된 각 서버에서 에이전트를 실행하고, 컬랙터가 에이전트로부터 데이터를 수집하여 하둡 파일시스템에 저장, 실시간 분석 기능을 제공하는 기술이다.

- 실시간 분석을 제공하며 수집된 로그 파일을 HDFS에 저장하는 기능을 지원한다.

- 데이터를 청크 단위로 전송한다.

- 구성

구분	내용
컬렉터 (collector)	• 에이전트로부터 수집된 데이터를 수신하고 HDFS에 저장 • 여러 에이전트로부터 수신된 데이터를 단일 싱크 파일에 저장
에이전트 (agent)	• 어댑터를 포함한 에이전트를 통해 데이터 수집 • 컬렉터 페일오버 기능과 체크포인트를 통해 데이터 유실방지 기능 제공

2. 데이터 유형 및 속성 파악

(1) 데이터 수집 세부 계획 작성

유형, 위치, 크기, 보관방식, 수집주기 및 일정, 비용, 데이터 이관 절차 등 다양한 요소를 고려하여 세부계획서를 작성한다.

(2) 데이터의 비용

비용요소	설명
데이터의 종류	정형 데이터 혹은 비정형 데이터인지에 따라 데이터 수집 및 가공 비용이 달라진다.
데이터의 크기 및 보관주기	수집한 데이터의 크기, 저장 주기에 따라 보관비용이 달라진다.
데이터의 수집주기	데이터를 얼마나 자주 최신화해 주어야 하는지 그 주기에 따라 수집 비용이 달라진다.
데이터의 수집방식	자동 수집인지 또는 수동 수집인지에 따라 수집 비용이 달라진다.
데이터의 수집기술	어떤 기술을 활용하는지에 따라 수집 비용이 달라진다. 예) 크롤러, ETL, FTP 등
데이터의 가치	확보를 위해 지불해야 하는 가치에 따라 수집 비용이 달라진다.

(3) 수집되는 데이터 형태

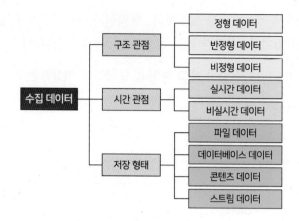

▲ 데이터 유형

① 구조

수집대상이 되는 데이터를 구조적인 관점에서 분류할 수 있다.

구조	내용	예시
정형 데이터	• 고정된 데이터 스키마 또는 구조를 갖고 있는, 값과 형식에서 일관성을 가지는 데이터 • 칼럼과 로우형식을 가지며 보통 표 형태로 표현됨	• 관계형 데이터베이스 • 스프레드시트
반정형 데이터	• 고정된 데이터 스키마 또는 구조는 없지만, 일부 구조적 요소를 포함하는 데이터 • 메타데이터를 포함하며, 값과 형식에 대해 일관성을 가지지 않는 데이터 • XML, HTML과 같은 웹데이터가 Node 형태의 구조를 가짐	• XML • HTML • JSON • 태그 • 시스템 로그 • 키-값
비정형 데이터	고정된 구조가 없는 데이터로 분석하기 어려움	• 이메일 • SNS • 텍스트 • 이미지

다음은 수집대상이 되는 데이터를 구조적 관점에서 설명한 것이다. 해당하는 구조로 옳은 것은?

- 메타데이터를 포함하며, 값과 형식에 대해 일관성을 가지지 않는 데이터
- XML, HTML과 같은 웹데이터

① 비정형 데이터   ② 정형데이터
③ 반정형데이터   ④ 메타데이터

....

반정형 데이터에 대한 설명이다.

정답 ③

② 시간

수집대상이 되는 데이터를 시간 관점(활용주기)에서 분류할 수 있다.

유형	설명	종류
실시간 데이터	수집되자마자 바로 사용이 가능한 데이터로 생성된 이후 수초 ~ 수분 이내에 처리되어야 의미 있는 데이터	• GPS 센서 • 시스템 로그 • 보안 및 네트워크 장비 로그
비실시간 데이터	생성된 데이터가 수시간 또는 수개월 이후에 처리되어도 의미 있는 과거 데이터	• 통계 • 구매정보 등

③ 데이터 속성

수집 대상 데이터를 데이터의 속성 측면에서 분류할 수 있다.

속성	형태	설명
범주형	명목형 데이터	순서가 없으며 각 결과가 항목의 형태로 분류되는 것이다. 예) 지역, 성별
	순서형 데이터	분류 사이의 차이가 의미가 있는 데이터이다. 예) 음식점의 별점 1점부터 5점
수치형	이산형 데이터	정수와 같이 분리된 값으로 측정되는 데이터 예) 판매 개수
	연속형 데이터	측정 단위 내의 모든 값이 가능한 데이터 예) 키, 몸무게, 매출금액

(4) 데이터 저장방식

① 파일 시스템

- 파일저장을 단순하게 만들어주는 계층적 구조의 시스템이다.

- 데이터는 파일에 저장되고, 파일은 폴더에 속하며, 폴더는 디렉토리와 하위 티렉토리의 계층 구조로 구성된다.

- 로컬 파일 공유, 중앙 집중식 파일 공유, 원격 액세스, 백업, 아카이브 등 다양한 데이터 요구 사항에 활용된다.

② 데이터베이스

- 데이터를 정형화하여 저장하는 방식으로 관계형 데이터베이스 NoSQL 데이터베이스 등 다양한 유형이 있다.

- 표준화된 방식으로 저장되고, 각 열은 해당 유형의 데이터를 보유하며 데이터가 중복되지 않도록 한다.

(5) 데이터 적절성 검증

- 데이터 누락 점검: 수집데이터 세트의 누락 및 결측 유무를 확인한다.

- 소스 데이터와 비교: 수집데이터와 소스 데이터의 사이즈를 비교 및 검증한다.

- 데이터의 정확성 점검: 유효하지 않거나 저품질의 데이터 존재 여부를 점검한다.

- 보안 사항 점검: 개인정보 등의 고유식별정보 및 보안사항의 유무를 점검한다.

- 저작권 점검: 데이터의 저작권 및 법률적 제한사항을 검토한다.

- 대량 트래픽 발생 여부: 시스템에 부하를 발생시키는 데이터 여부를 검증한다.

3. 데이터 변환

- 데이터를 정해진 규칙에 따라 형식을 변경하는 것으로 서로 다른 시스템 간에 데이터를 이동할 때 필수적이다.

- 데이터의 유형과 활용 목적에 따라 데이터 변환 여부와 변환기술을 결정한다.

  예) 음성데이터를 텍스트 파일로 변환(STT)

● 데이터 변환의 종류

변환기술	설명
평활화 (smoothing)	• 데이터의 노이즈를 제거하기 위한 기술 • 구간화 및 군집화 등 기법 사용
일반화 (generalization)	• 데이터들의 복잡성을 줄이는 기술로 특정 구간에 분포하도록 값의 범위를 변화 • 범용적인 데이터에 적합한 모델을 만드는 것을 목표로 함 예) 나이: 10대, 20대 등
집계 (aggregation)	• 대량의 데이터를 분석 할 때 데이터를 그룹으로 나누어 다양한 차원으로 데이터 요약 • 표본 통합 및 변수 변환 활용 예) 연도별 판매량, 지역별 매출액
정규화 (normalization)	데이터의 스케일을 조정해 동일 기준으로 비교 가능하게 하는 기술 예) 최소–최대 정규화, Z–정규화 등
속성 생성 (attribute creation)	• 기존 데이터에서 새로운 속성을 생성하는 방법 • 주어진 데이터들의 분포를 대표하는 새로운 속성을 활용 예) 성별, 연령대: 성별과 연령대 속성 생성

4. 데이터 비식별화

● 개인정보가 식별이 가능한 데이터 값을 특정 개인을 식별*할 수 없게끔 개인정보의 일부 또
는 전부를 변환하는 일련의 방법이다.

● 정보 주체를 알아볼 수 없도록 비식별 조치를 적정하게 시행한 비식별 정보는 개인정보가 아
닌 것으로 추정되어 분석 등에 활용이 가능하다.

(1) 개요

● 사전 검토: 개인정보에 해당하는지를 검토하여 개인정보가 아닌 것이 명백한 경우 법적 규제
없이 활용

● 비식별 조치: 수집한 데이터 세트에서 개인을 식별할 수 있는 요소를 전부 또는 일부 삭제하
거나 대체하는 등의 방법을 활용, 개인을 알아볼 수 없도록 하는 조치

● 적정성 평가: 다른 정보와 쉽게 결합하여 개인을 식별할 수 있는지 평가

---

* 식별자: 개인 또는 개인과 관련한 사물에 고유하게 부여된 값 또는 이름을 말한다. 예를 들어, 고유식별정보(주민번호,
여권번호 등), 성명, 계좌번호, 주소, 아이디 등이 있다.

● 사후관리: 비식별 정보 안전조치, 재식별 가능성 모니터링 등 비식별 정보 활용 과정에서 재식별 방지를 위해 필요한 조치 수행

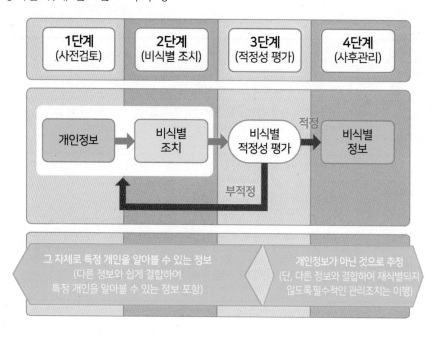

더 알아보기

식별자(Identifier)	속성자(Attribute value)
• 개인 또는 개인과 관련한 사물에 고유하게 부여된 값 또는 이름이다. • 데이터 셋에 포함된 식별자는 원칙적으로 삭제 조치하며, 데이터 이용 목적상 필요한 식별자는 비식별 조치 후 활용한다.	• 개인과 관련된 정보로서 다른 정보와 쉽게 결합되는 경우 특정 개인을 알아볼 수도 있는 정보이다. • 데이터 셋에 포함된 속성자도 데이터 이용 목적과 관련이 없는 경우에는 원칙적으로 삭제하며, 데이터 이용 목적과 관련이 있을 경우 비식별 조치한다.

더 알아보기

1. 개인정보 보호법 등 관련 법률에서 규정하고 있는 개인정보의 개념은 다음과 같으며, 이에 해당하지 않는 경우에는 개인정보가 아님
2. 개인정보는 ① 살아 있는 ② 개인에 관한 ③ 정보로서 ④ 개인을 알 수 있는 정보이며, 해당 정보만으로는 특정 개인을 알아볼 수 없더라도 ⑤ 다른 정보와 쉽게 결합하여 알아볼 수 있는 정보를 포함
   ① (살아 있는) 자에 관한 정보이어야 하므로 사망한 자, 자연인이 아닌 법인, 단체 또는 사물 등에 관한 정보는 개인정보에 해당하지 않음
   ② (개인에 관한) 정보이어야 하므로 여럿이 모여서 이룬 집단의 통곗값 등은 개인정보에 해당하지 않음
   ③ (정보)의 종류, 형태, 성격, 형식 등에 관하여는 특별한 제한이 없음
   ④ (개인을 알아볼 수 있는 정보)이므로 특정 개인을 알아보기 어려운 정보는 개인정보가 아님
      • 여기서 '알아볼 수 있는'의 주체는 해당 정보를 처리하는 자(정보의 제공 관계에 있어서는 제공받은 자를 포함) 이며, 정보를 처리하는 자의 입장에서 개인을 알아볼 수 없다면 그 정보는 개인정보에 해당하지 않음

⑤ (다른 정보와 쉽게 결합하여)란 결합 대상이 될 다른 정보의 입수 가능성이 있어야 하고, 또 다른 정보와의 결합 가능성이 높아야 함을 의미
- 즉, 합법적으로 정보를 수집할 수 없거나 결합을 위해 불합리한 정도의 시간, 비용 등이 필요한 경우라면 "쉽게 결합"할 수 있는 상태라고 볼 수 없음

(2) 비식별화 방법

● 각 기법에는 다양한 세부기술이 포함되어 있으며 데이터 이용목적 및 기법을 고려하여 적절한 기법 및 세부기술을 선택하여 활용해야 한다.

● 비식별 조치가 완료되면 다음 단계의 조치가 필요하다.

① 가명처리(Pseudonymizaion)

- 개인 식별이 가능한 데이터를 식별할 수 없는 다른 값으로 대체하는 기법

- 그 자체로 완전 비식별화가 가능하며 원본 데이터의 변형 수준이 낮음

- 세부기술: 휴리스틱 익명화/k-익명화/암호화/교환방법

- 예시: 홍길동, 25세, 서울 거주, 한국대 재학 → 백두산, 20대, 서울 거주, 국제대 재학

② 총계처리(Aggregation)

- 개인정보에 대해 통곗값을 적용해 특정 개인을 판단할 수 없도록 하는 기법

- 집계 처리된 데이터를 기준으로 정밀분석이 어려우며 집계데이터 양이 적을 경우 개인정보 예측이 가능

- 세부기술: 부분집계/라운딩/데이터 재배열

- 예시: 백두산 180cm, 지리산 160cm, 한라산 170cm → 물리학과 학생 키 합: 510cm, 평균키 170cm

③ 삭제(Data Reduction)

- 개인정보 식별이 가능한 특정 데이터값 삭제 처리

- 데이터 삭제로 인한 분석결과의 유효성 및 신뢰성 저하 가능성

- 세부기술: 속성값 삭제/속성값 부분 삭제/데이터 행 삭제/준 식별자 제거를 통한 단순 익명화

- 예시: 주민등록번호 951206-2234567 → 90년대생, 여자

④ 범주화(Data Suppression)

- 단일 식별 정보를 해당 그룹의 대푯값으로 변환하거나 구간 값으로 변환하여 고유정보 추적 및 식별방지 기법

- 범주, 범위로 표현됨에 따라 정확한 수치에 따른 분석, 특정한 분석결과 도출이 어려우며, 데이터 범위 구간이 좁혀질 경우 추적, 예측이 가능

- 세부기술: 랜덤올림방법/범위 방법/세분 정보 제한/제어 올림

- 예시: 홍길동, 25세 → 홍씨, 20대

⑤ 데이터 마스킹(Data Masking)

- 개인 식별정보에 대해 전체 또는 부분적으로 대체 값으로 변환

- 완전 비식별화가 가능하며 원본 데이터의 구조변형이 적음

- 과도한 마스킹 적용 데이터를 활용하기 어려우며, 마스킹의 수준이 낮을 경우 값의 추적 예측이 가능

- 세부기술: 임의 잡음 추가 방법/공백과 대체

- 예시: 홍길동, 35세, 서울 거주, 한국대 재학 → 홍○○, 35세, 서울 거주, ○○대학 재학

이론 바로 적용하기

다음 비식별화 방법에 대한 설명으로 옳은 것은?

> 홍길동, 35세, 서울 거주, 한국대 재학
>   → 홍○○, 35세, 서울 거주, ○○대학 재학

① 데이터 삭제   ② 데이터 범주화
③ 데이터 총계처리   ④ 데이터 마스킹

....

개인 식별정보에 대해 전체 또는 부분적으로 대체값으로 변환한 것으로 데이터 마스킹에 해당한다.

정답 ④

(3) 적정성 평가절차

● 기초 자료 작성: 개인정보처리자는 적정성 평가에 필요한 데이터 명세, 비식별 조치 현황, 이용기관의 관리 수준 등 기초 자료 작성

● 평가단 구성: 개인정보 보호책임자가 3명 이상으로 평가단을 구성(외부전문가는 과반수 이상)

● 평가 수행: 평가단은 개인정보처리자가 작성한 기초 자료와 k-익명성 모델을 활용하여 비식별 조치 수준의 적정성을 평가

● 추가 비식별 조치: 개인정보처리자는 평가결과가 '부적정'인 경우 평가단의 의견을 반영하여 추가적인 비식별 조치 수행

● 데이터 활용: 비식별 조치가 적정하다고 평가받은 경우에는 빅데이터 분석 등에 이용 또는 제공이 허용

(4) 프라이버시 보호 모델

① k-익명성

● 비식별화 조치를 위한 최소의 기준으로 사용된다.

● 주어진 데이터 내에서 같은 값이 k개 이상 포함되도록 요구한다. 즉, 적어도 k-개의 다른 값을 보장하여 값이 서로 구별되도록 하는 기술이다.

● 동일 값을 가진 레코드를 k개 이상으로 하면 특정 개인을 식별할 확률은 1/k이다.

② l-다양성

● 동질성 또는 배경지식 등에 의한 추론을 방지한다.

● 주어진 데이터 집합에서 함께 비식별 되는 레코드들은 적어도 l개의 서로 다른 정보를 가지도록 한다.

● l-다양성이 높을수록 속성분포가 보다 균등해져 개인정보 노출의 위험성이 감소한다.

③ t-근접성

● 전체 데이터 집합의 정보 분포와 특정 정보의 분포 차이를 t 이하로 하여 추론을 방지한다.

● 정보가 특정 값으로 쏠리거나 유사한 값들이 뭉치는 경우 익명성이 드러날 우려가 있다.

이론 바로 적용하기

다음은 프라이버시 보호 모델에 대한 설명이다. 알맞은 모델을 고르시오.

> • 주어진 데이터 내에서 같은 값이 k개 이상 포함되도록 요구한다. 즉, 적어도 k-개의 다른 값을 보장하여 값이 서로 구별되도록 하는 기술이다.
> • 동일 값을 가진 레코드를 k개 이상으로 하면 특정 개인을 식별할 확률은 1/k이다.

① t-근접성   ② l-다양성   ③ k-다양성   ④ k-익명성

k-익명성에 대한 설명이다.

정답 ④

5. 데이터 품질 검증

(1) 데이터 품질 관리

● 데이터 품질 관리란 분석 목표에 적합하고 가치성, 정확성, 유용성이 확보된 데이터를 수집해 신뢰성 있는 데이터를 유지하는 것이다.

● 분석결과의 신뢰성은 분석 데이터의 신뢰성과 직전 연계되므로 데이터의 품질 관리 체계를 구축하여 효과적인 분석결과를 도출하여야 한다.

(2) 데이터 품질기준

> **실전 Tip**
> 데이터 유형별로 품질기준을 정확히 인식해야 합니다.

① 정형데이터 품질기준

품질기준	설명	세부 품질기준
완전성	필수항목에 누락이 없으며, 칼럼 값이 항상 존재해야 한다.	개별완전성, 조건완전성
유일성	데이터 항목은 유일해야 하며 중복되어서는 안 된다.	단독, 조건 유일성
일관성	데이터의 할 구조, 값, 형태가 일관되게 정의되는 것으로 신뢰를 보장하는 척도이다.	기준코드 일관성, 참조 무결성, 데이터 흐름 일관성, 칼럼 일관성
정확성	• 현실에 존재하는 객체의 표현 값이 정확히 반영되어야 한다. • 사용 목적에 따라 데이터 정확성의 기준은 달라질 수 있다.	선후 관계 정확성, 계산/집계 정확성, 최신성, 업무규칙 정확성
유효성	데이터는 정해진 데이터 유효범위 및 도메인을 충족해야 한다.	범위, 날짜, 형식 유효성

② 비정형 데이터 품질기준

콘텐츠 유형에 따라 품질기준은 달라질 수 있다.

품질기준	설명	세부 품질기준
기능성	해당 데이터가 특정 조건에서 사용될 때, 명시된 요과 내재된 요구를 만족하는 기능 제공 여부	적절성, 정확성, 상호 운영성, 기능 순응성
신뢰성	데이터가 규정된 신뢰 수준을 유지하거나 사용자가 오류를 방지할 수 있도록 하는 정도	성숙성, 신뢰 순응성
사용성	데이터가 사용될 때, 사용자가 이해 가능하며 선호하는 정도	이해성, 친밀성, 사용 순응성
효율성	데이터가 사용될 때, 사용되는 자원의 양에 따라 요구된 성능을 제공하는 정도	시간 효율성, 자원 효율성, 효율 순응성
이식성	해당 콘텐츠가 다양한 환경과 상황에서 실행될 가능성	적응성, 공존성, 이식 순응성

(3) 데이터 변환 후 품질 검증 프로세스

프로세스	내용
데이터 품질진단 프로젝트 정의	데이터 품질진단 프로젝트의 목적과 배경, 목표, 추진 방향, 업무 범위 등을 정의한다.
조직 정의 및 편성	• 데이터 품질진단 프로젝트를 수행할 전담 조직을 구성한다. • 전사 데이터 관리 조직별 역할 및 책임을 명시한다.
품질진단 절차 정의	수행방법론, 절차, 기법, 도구 등을 저지하며, 진단 수행 시 품질진단 프로세스를 정의한다.
세부 시행 계획 확정	인력, 기간, 자원, 산출물 등을 정의하여 상세계획을 확정한다.
품질기준 및 진단대상 정의	품질진단을 위한 품질기준 선정, 진단대상 정의, 핵심 품질 항목 등을 선정하고, 데이터 프로파일링 및 업무규칙 준비를 수행한다.

⑷ 데이터 프로파일링을 통한 품질 검증 기법

● 정형데이터 및 비정형 콘텐츠의 메타데이터에 대한 품질진단에 활용되며, 통계적 기법을 활용해 데이터의 품질과 관련된 현상을 파악한다.

● 데이터 소스에 존재하는 데이터의 구조, 내용, 품질을 파악하기 위해 다양한 형태로 분석한다.

● 메타데이터와 대상 소스데이터에 대한 통계적 분석결과를 통해 데이터 품질문제를 도출하고 개선하는 것을 목적으로 한다.

● 데이터 프로파일링 절차

절차	내용
메타데이터 수집 및 분석	• 데이터베이스에 설계 반영된 물리 메타데이터 수집 • 사전 수집된 테이블, 컬럼 목록 대조 및 분석
대상 및 유형 선정	• 프로파일링 분석 대상 및 테이블 선정 • 분석 유형 설정
프로파일링 수행	데이터를 분석해 누락 값, 비 유효값, 무결성 위반사항 분석
프로파일링 결과리뷰	프로파일링 결과를 취합하고, 업무 담당자에게 결과 리뷰 및 확정
프로파일링 결과종합	• 확정된 프로파일링 결과물 취합 • 프로파일링 보고서 작성

02 데이터 적재 및 저장 ★★

학 · 습 · 포 · 인 · 트 --

• 데이터 적재 도구와 데이터 저장기술에 대한 전반적이 내용이 나온다.
• 데이터 웨어하우스 및 구글파일 시스템의 특징에 대해 학습한다.

1. 데이터 적재

수집한 데이터의 유형과 실시간 처리 여부에 따라 RDBMS, HDFS, NoSQL 등 다양한 저장 시스템에 데이터를 적재할 수 있다.

(1) 데이터 수집 및 적재 연계

① 빅데이터 적재 아키텍처 수립

아키텍처 정의란 요구사항을 구현하기 위한 기반 기술을 정의하는 과정이다. 요구사항을 반영해 하드웨어 및 소프트웨어 아키텍처를 정의하는데, 이는 정보시스템 개발, 테스트, 이관을 위한 기술적 기반 정의가 된다.

● 요구 정의

● 장비 요구사항

● 소프트웨어 도입 요구사항 정의

● 성능 요구사항 정의

● 인터페이스 요구사항 정의

빅데이터 적재 하드웨어 정의	데이터 적재 소프트웨어 아키텍처 정의

• 서버노드: 네임노드/데이터 노드
• 데이터 노드
• 네트워크
   – 목표 시스템 네트워크 구성 정의
   – 개별 장비 네트워크 환경 정의
	• 기반 소프트웨어 정의
	   – 하둡 도입 검토
	   – 인메모리 데이터베이스 도입 검토
	   – 데이터 분석 플랫폼 적용 검토

② 데이터 적재 완료 테스트

구분	설명
체크리스트 작성	• 정형 데이터인 경우 테이블의 개수와 속성의 개수 및 데이터 타입의 일치 여부, 레코드 수 일치 여부가 체크리스트가 될 수 있다. • 비정형 또는 반정형 데이터인 경우에 레코드 수 일치 여부 등이 체크리스트에 포함될 수 있다.
데이터 테스트 케이스 개발	• 원천 데이터 중 특정 데이터에 대해 샘플링을 진행하여 목적지 저장 시스템에서 조회하는 테스트 케이스를 개발해 적재가 정상적으로 완료되었는지 확인할 수 있다. • 적재를 시행한 데이터가 정상적으로 적재되었는지 확인할 수 있다.
체크리스트 검증 및 테스트 케이스 실행	• 체크리스트 및 테스트 케이스에 대한 검증을 실행한다. • 검증 결과를 분석해 데이터 적재 결과 보고서를 작성한다.

(2) 데이터 적재 도구

도구	기능
스크라이브 (Scribe)	• Facebook이 개발하여 오픈소스화한 로그수집 서버 • 대량의 서버로부터 실시간으로 스트리밍 로그수집을 위한 솔루션
플럼 (Flume)	• 대규모의 로그 데이터를 효율적으로 수집, 집계 및 이동하기 위한 분산 시스템 • 이벤트와 에이전트를 활용하는 분산형 로그 수집기술
플루언티드 (Fluentd)	• 트레저 데이터에서 개발한 크로스 플랫폼 오픈소스 데이터 수집 소프트웨어 • 여러 종류의 데이터 입력을 지원하며, 해당 데이터를 단일 포맷으로 변환하여 처리 • 오픈소스로 다양한 플러그인과 자료 존재
로그스태시 (Logstash)	• 다양한 소스로부터 로그 및 이벤트를 수집, 처리 및 전송하는 데이터 수집 및 처리 도구 • 플러그인 기반 엔진으로 제공되며, 다양한 아키텍처에서 데이터 수집, 처리 및 전달을 쉽게 구성할 수 있도록 다양한 플러그인을 제공

이론 바로 적용하기

다음 중 데이터 적재 도구가 아닌 것은?

① 우지   ② 플루언티드   ③ 스크라이브   ④ 로그스태시

....

우지는 워크플로우관리 기술이다.

정답 ①

2. 데이터 저장

빅데이터 저장 시스템은 대용량 데이터 집합을 저장하고 관리하는 시스템으로, 대용량의 저장 공간, 빠른 처리 성능, 확장성, 신뢰성, 가용성 등을 보장한다.

(1) 빅데이터 저장 기술

① 데이터 웨어하우스

실전 Tip
데이터 웨어하우스 특징 4가지 [주, 통, 시비] 주통에게 시비를 걸었다.

- 다양한 소스에서 데이터를 수집하여 중앙 집중식으로 저장하는 시스템으로, 데이터 분석, 데이터 마이닝, 인공 지능 및 머신러닝 등을 지원한다.
- 기간 시스템의 데이터베이스에 축적된 데이터를 공통 형식으로 변환해서 관리한다.
- 구조화된 데이터(데이터베이스 테이블, 엑셀 시트) 및 반정형 데이터(XML 파일, 웹페이지)로 스키마가 정의되어야 저장할 수 있다.
- 데이터 웨어하우스 특징

특징	내용
주제 지향적 (Subject Oriented)	기업의 기능이나 업무가 아닌 주제 중심적으로 구성되는 특징
통합성(Integrated)	여러 소스에서 데이터를 조합해 전사적 관점에서 하나로 통합되는 특징
시계열성(Time-variant)	시간 변이키가 존재해 시간에 따른 변경을 반영하고 있다는 특징
비휘발성(Non-Volatile)	정기적 데이터 변경을 제외하고 검색 작업만 수행되는 읽기 전용의 데이터를 유지함

Land data in data lake or database → Explore and prepare data → Select data to move and move it into the data warehouse → Do high performance reporting

이론 바로 적용하기

다음 중 데이터 웨어하우스의 특징이 아닌 것은?

① 통합성   ② 주제 지향성   ③ 휘발성   ④ 시계열성

데이터 웨어하우스 특징 4가지: 주제 지향성, 통합성, 시계열성, 비휘발성

정답 ③

② 데이터 마트(Data Mart)

실전 Tip

데이터 웨어하우스는 다양한 주제에 대한 전사적 데이터가 포함되어 있지만, 데이터 마트는 특정 주제와 밀접한 정보를 저장합니다.

- 데이터 마트는 조직 내의 특정 주제 또는 부서 중심으로 구축된 소규모 단위 주제에 대한 정보를 포함하는 데이터 저장 시스템이다.

- 데이터 웨어하우스(DW) 환경에서 정의된 접근계층으로, 데이터 웨어하우스에서 데이터를 꺼내 사용자에게 제공하는 역할을 한다.

③ 데이터 레이크(Data Lake)

- 조직에서 수집한 정형·반정형·비정형 데이터를 원시 형태(raw data)로 저장하는 단일한 데이터 저장소이다.

- 구조화된 데이터는 RDBMS의 테이블에 저장되고 반구조화된 CSV, XML, JSON에 저장되고, 비정형 데이터는 바이너리 데이터 형태로 저장된다.

- 저장할 때 스키마*와 상관없이 저장이 가능하며 schema-on-read로 읽을 때 스키마가 저장되어 데이터를 읽을 수 있다.

- 데이터 레이크와 데이터 웨어하우스의 차이는 다음과 같다.

특징	데이터 레이크	데이터 웨어하우스
데이터	정형, 반정형 및 비정형 등 모든 데이터	트랜잭션 시스템, 운영 데이터베이스 및 사업 부서(LOB) 애플리케이션의 관계형 데이터
스키마	분석 시에 작성됨(Schema on Read)	일부 경우 데이터 웨어하우스를 구현하기 전 설계되며 분석과 동시에 작성 가능
품질	원시 데이터	신뢰할 수 있는 중앙 버전 역할을 하는 고도로 큐레이트된 데이터
분석	기계 학습, 예비 분석, 데이터 검색, 스트리밍, 운영 분석, 빅데이터 및 프로파일링	배치 보고, BI 및 시각화

(2) 빅데이터 저장 시스템

대용량의 저장공간, 빠른 처리, 확장성, 신뢰성, 가용성을 보장하는 시스템으로, 대용량 데이터 집합을 저장하고 관리하는 시스템이다.

---

* 스키마(schema): 데이터베이스에서 자료 구조, 자료 표현방법, 자료 간 관계를 형식 언어로 정의한 구조이다.

시스템	설명	제품
분산 파일 시스템	컴퓨터 네트워크를 통해 공유하는 여러 개의 호스트 컴퓨터의 파일에 접근할 수 있게 하는 파일 시스템	• 하둡 분산 파일시스템 • 러스터
데이터 베이스 클러스터	관계형 데이터 베이스 관리 시스템으로, 하나의 데이터베이스를 여러개의 서버상에 구축	• 오라클 • IMB DB2 ICE • MSSQL, MySQL
NoSQL	테이블 스키마가 필요하지 않고 조인 연산을 사용할 수 없으며, 수평적으로 확장 가능한 DBMS	• HBASE • 구글 빅테이블 • 아마존 SimpleDB • 마이크로소프트 SSDS

(3) 분산 파일 시스템

① 구글파일시스템 (GFS; Google File System)

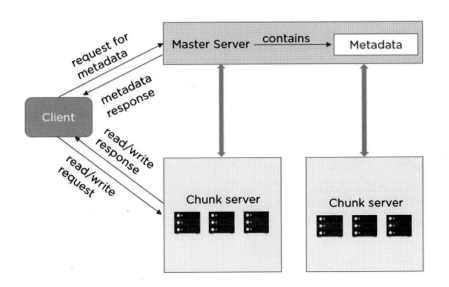

● 구글에서 개발한 전용 분산 파일 시스템으로 대규모 클러스터 하드웨어를 이용해 효율적이고 안정적인 데이터 접근을 제공한다.

● 하나의 마스터 서버와 다수의 청크 서버로 구성되어 있다.
  - Master: GFS 전체를 관리하는 중앙서버 역할
  - Chunk Server: 로컬디스크에 실제 입출력을 처리한다.
  - Client: 파일을 읽고 쓰는 동작을 요청하는 어플리케이션이다.

- 파일을 고정된 크기(64MB)의 청크들로 나누며 각 청크와 여러 개의 복제본을 청크 서버에 분산하여 저장한다.

② 하둡분산파일시스템(HDFS; Hadoop Distributed File System)
- HDFS는 대용량 파일을 분산된 서버에 저장하고 빠르게 처리할 수 있게 히는 분산파일시스템이다.
- HDFS 에 저장하는 파일은 특정 크기의 블록으로 나눠져 분산된 서버에 저장된다.

> 실전 Tip
> - 하둡 1.0에서는 64MB
> - 하둡 2.0부터는 128MB

- 하나의 네임노드와 다수의 데이터 노드로 구성된다.

HDFS Architecture

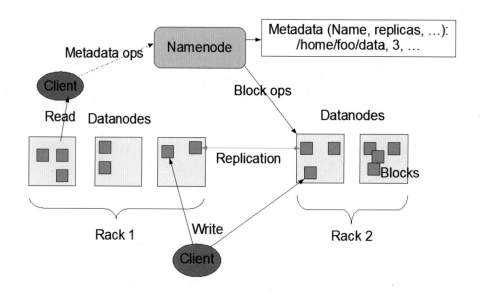

더 알아보기

NameNode
네임 노드는 파일의 메타데이터를 inode에 저장한다. inode란 unix 파일 시스템에서 사용되는 폴더 구조를 저장하는 구조체를 말한다. 또한, 네임 노드에는 파일 구성하는 블록들의 목록과 위치 정보가 저장되어 있다. 이러한 네임 노드는 HDFS에 파일을 읽거나 쓰는 작업의 시작점 역할을 수행한다.

Datanode
파일의 컨텐츠 데이터는 블록 단위로 나뉘며, 하나의 블록은 적어도 3개의 복사본을 생성한다. 데이터 노드는 그중 하나의 복사본을 저장하는 것이다.

③ 러스터(Lustre)

- Linux와 Cluster의 합성어로 객체 기반의 클러스터 파일 시스템이다.

- 파일시스템으로 주로 HPC의 대용량 파일시스템으로 사용된다.

- 러스터(Lustre) 구성요소

  - 고속 네트워크로 연결된 클라이언트 파일 시스템, 메타데이터 서버, 객체 저장 서버들로 구성된다.

  - 계층화된 모듈 구조로 TCP/IP, 인피니밴드 같은 네트워크를 지원한다.

(4) NoSQL(Not only SQL)

- NoSQL은 관계형 모델을 사용하지 않는 데이터 저장소 또는 인터페이스이며, 대규모 데이터를 처리하기 위한 기술로 확장성, 가용성, 높은 성능을 제공한다.

- 조인(Join) 연산을 사용할 수 없으며, 수평적으로 확장이 가능한 DBMS이다.

- 스키마─리스(Schema −less) 로 고정된 스키마 없이 자유롭게 데이터베이스의 레코드에 필드를 추가할 수 있다.

① 특징

- Basically Available: 가용성

- Soft−State: 특정 시점에서는 데이터 일관성이 보장 불가능

- Eventually Consistency: 일관성 지향 및 중시

② CAP 이론

- NoSQL은 분산형 구조를 띠고 있기 때문에 분산 시스템의 특징인 CAP 이론을 따른다.

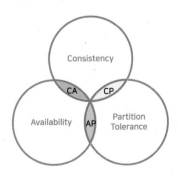

● Availability, Consistenct, Partiton Tolerance 중 2가지만 가질 수 있다는 것이다.

성질	내용
Consistenct	모든 읽기에 대해 DB 노드가 항상 동일한 데이터를 가지고 있어야 한나는 의미
Availability	• 모든 서버는 클라이언트에게 항상 정상 처리 응답을 보내 주어야 한다는 것을 의미 • 클러스터의 노드 일부에서 장애가 발생하더라도 READ와 WRITE 등의 동작은 항상 성공적으로 리턴되어야 한다는 것
Partiton Toleranc	클러스터 사이에 접속이 단절되어 서로 통신을 할 수 없는 상황에서도 시스템이 잘 동작해야 한다는 것

이론 바로 적용하기

다음 중 NoSQL의 특징이 아닌 것은?

① Generalization
② Eventually Consistency
③ Soft-State
④ Basically Available

NoSQL의 특징은 Eventually Consistency, Soft-State, Basically Available의 3가지이다.

정답 ①

③ NoSQL 데이터베이스 제품 및 특징

제품	주요 기능 및 특징
Redis	• 메모리 기반의 Key/Value 구조 • 영속성을 지원
MongoDB	• 10gen 사에서 개발되었으며, 높은 성능 및 확장성 제공 • 특정 종류 애플리케이션에 대해 빠르게 데이터 통합이 가능
Cassandra	• Facebook에 의해 아파치 오픈소스로 공개된 분산 데이터베이스 대용량의 데이터 트렌젝션에 대해서 고성능 처리가 가능 • 데이터 간의 복잡한 관계 정의가 필요 없음
HBase	• 중앙에 전체 분산 시스템을 통제하는 마스터를 두고 복제된 전체 데이터의 일관성을 관리 • Map-Reduce 사용에 최적화

01 다음 중 외부데이터가 아닌 것은?

① 리뷰
② 고객방문로그
③ 정부 공개 데이터
④ 장비 발생 로그

고객방문로그는 마케팅 데이터로 내부데이터에 해당한다.

정답 ②

02 내부데이터를 수집하고자 할 때 고려해야 할 내용으로 옳지 않은 것은?

① 필요 데이터가 내부적 사용 목적일 경우 보안 요소는 제거된다.
② 필요 데이터에 대한 데이터 목록을 작성한다.
③ 필요 데이터에 대한 법률적 요소를 확인한다.
④ 필요 데이터가 개인정보일 경우 비식별 조치 방안을 고려한다.

내부사용 목적이라고 하더라도 보안적 요소가 적용된다.

정답 ①

03 수집 대상 데이터를 추출, 가공하여 데이터 웨어하우스 및 데이터 마트에 저장하는 기술은 무엇인가?

① Sensing
② ETL
③ EAI
④ Flume

수집 대상 데이터를 추출, 가공하여 데이터 웨어하우스 및 데이터 마트에 저장하는 기술은 ETL이다.

정답 ②

04 데이터의 적절성, 정확성, 상호 운용성 등 명시된 요구와 내재된 요구를 만족하는 데이터 품질 기준은?

① 데이터 효율성
② 데이터 기능성
③ 데이터 접근성
④ 데이터 일관성

데이터의 적절성, 정확성, 상호 운용성 등 명시된 요구와 내재된 요구를 만족하는 데이터 품질 기준은 데이터 기능성이다.

정답 ②

05 다음 설명은 데이터 수집 기술 중 어느 것에 해당하는가?

웹 사이트를 크롤링하고 구조화된 데이터를 수집하는 파이썬(Python) 기반의 애플리케이션 프레임워크로서 데이터 마이닝(Data Mining), 정보 처리, 이력 기록 같은 다양한 애플리케이션에 사용되는 수집 기술

① 스크라이브
② 아파치 카프카
③ 스크래파이
④ 하둡

스크래파이에 대한 설명이다.

카프카 (Kafka)	대용량 실시간 로그처리를 위한 분산 스트리밍 플랫폼
스크라이브 (Scribe)	페이스북이 개발한 실시간 스트리밍 로그 수집을 위한 솔루션
하둡 (Hadoop)	상용 하드웨어의 클러스터에 방대한 데이터 세트를 분산할 수 있는 프레임워크

정답 ③

06 다음 중 민감정보가 아닌 것은?

① 범죄 경력

② 개인의 사상

③ 유전 정보

④ 취미 생활

민감정보는 사상·신념, 노동조합·정당의 가입·탈퇴, 정치적 견해, 건강, 성생활 등에 관한 정보, 그 밖에 정보 주체의 사생활을 현저히 침해할 우려가 있는 개인정보로서 대통령령이 정하는 정보, 유전정보, 범죄경력에 관한 정보가 포함된다.

정답 ④

07 개인정보 비식별화 기법으로 올바르지 않은 것은?

① 데이터 마스킹

② 가명처리

③ 총계처리

④ 데이터값 대체

데이터값 대체 기법은 개인정보 비식별화 기법에 포함되지 않는다.

정답 ④

10 수집된 정형 데이터 품질 보증을 위한 방법으로 올바르지 않은 것은?

① 필수항목에 누락이 없으며, 칼럼 값이 항상 존재해야 한다.

② 데이터는 정해진 데이터 유효범위 및 도메인을 충족해야 한다.

③ 사용목적에 따라 데이터 정확성의 기준은 달라질 수 있다.

④ 데이터 항목은 유일해야 할 필요는 없지만 중복되어서는 안 된다.

완전성	필수항목에 누락이 없으며, 칼럼 값이 항상 존재해야 한다.
유일성	데이터 항목은 유일해야 하며 중복되어서는 안 된다.
일관성	데이터의 할 구조, 값, 형태가 일관되게 정의되는 것으로 신뢰를 보장하는 척도이다.
정확성	• 현실에 존재하는 객체의 표현 값이 정확히 반영되어야 한다. • 사용목적에 따라 데이터 정확성의 기준은 달라질 수 있다.
유효성	데이터는 정해진 데이터 유효범위 및 도메인을 충족해야 한다.

정답 ④

11 커넥터(Connector)를 사용하여 관계형 데이터베이스(RDBE)와 하둡(Hadoop) 간 데이터 전송 기능을 제공하는 기술은 무엇인가?

① 스크라이브　　② 스쿱

③ 스크래파이　　④ HDFS

커넥터를 사용하여 관계형 데이터베이스와 하둡 간 데이터 전송 기능을 제공하는 기술은 스쿱이다.

정답 ②

12 비정형 데이터의 품질기준으로 적절하지 않은 것은?

① 기능성　　　② 사용성

③ 정확성　　　④ 효율성

기능성	해당 데이터가 특정 조건에서 사용될 때, 내재된 요구를 만족하는 기능 제공 여부
신뢰성	데이터가 규정된 신뢰 수준을 유지하거나 사용자가 오류를 방지할 수 있도록 하는 정도

사용성	데이터가 사용될 때, 사용자가 이해 가능하며 선호하는 정도
효율성	데이터가 사용될 때, 사용되는 자원의 양에 따라 요구된 성능을 제공하는 정도
이식성	해당 콘텐츠가 다양한 환경과 상황에서 실행될 가능성

정답 ③

13 HDFS의 서버 노드 아키텍처 정의에 대한 설명 중 ( )에 들어갈 구조로 옳은 것은?

> 빅데이터 서버 노드 아키텍처에서 파일 시스템의 메타 데이터를 관리하는 서버로 실제 작업 대상 데이터를 블록 단위로 나누어 분배하는 역할 수행하는 네임노드와 다수의 ( )로 구성된다.

① 보조 네임 ② 데이터 노드
③ 네임 노드 ④ 마스터

HDFS는 하나의 네임노드와 다수의 데이터 노드로 구성된다.

정답 ②

14 다음 중에서 전사적으로 구축된 데이터 속의 특정 주제, 부서 중심으로 구축된 소규모 단위 주제의 데이터 웨어 하우스는 무엇인가?

① Data Lake
② BI (Business Intelligence)
③ Operational Data Store
④ Data Mart

데이터 마트는 조직 내의 특정 주제 또는 부서 중심으로 구축된 소규모 단위 주제에 대한 정보를 포함하는 데이터 저장시스템이다.

정답 ④

15 트랜잭션을 사용하는 관계형 데이터베이스와 비교했을 때 데이터 웨어하우스(DW)에 저장되어 있는 데이터베이스의 특징으로 올바르지 않은 것은?

① 통합적(Integrated)
② 주제 지향적(Subject Oriented)
③ 소멸적(Volatile)
④ 시계열성(Time-variant)

데이터웨어하우스의 특징

- 통합적(Integrated)
- 주제 지향적(Subject Oriented)
- 비휘발성(Non-Volatile)
- 시계열성(Time-variant)

정답 ③

16 다음 중 개인정보 비식별 조치 가이드라인의 적정성 평가 프로세스로 가장 올바른 것은?

① 기초 자료 작성 – 평가단 구성 – 데이터 활용 – 추가 비식별 조치 – 평가 수행
② 평가단 구성 – 기초 자료 작성 – 평가 수행 – 추가 비식별 조치 – 데이터 활용
③ 평가단 구성 – 기초 자료 작성 – 평가 수행 – 데이터 활용 – 추가 비식별 조치
④ 기초 자료 작성 – 평가단 구성 – 평가 수행 – 추가 비식별 조치 – 데이터 활용

비식별 조치 가이드라인의 적정성 평가 프로세스는 기초 자료 작성 – 평가단 구성 – 평가 수행 – 추가 비식별 조치 – 데이터 활용이다.

정답 ④

17 데이터의 한 부분으로 특정 사용자가 관심을 갖고 있는 데이터를 담은 비교적 작은 규모의 데이터 웨어하우스는 무엇이라고 일컫는가?

① 데이터베이스(DataDase)
② 데이터 마이닝(Data Mining)
③ 데이터 레이크(Data Lake)
④ 데이터 마트(Data Mart)

데이터 마트에 대한 설명이다.

정답 ④

18 비식별화 방법 중 데이터 삭제 기법의 단점으로 적절한 것은?

① 수준이 낮을 경우 값의 추적예측이 가능하다.
② 분석 결과의 유효성과 신뢰성이 저하된다.
③ 정밀 분석이 어려워지고 추론에 의한 식별 가능성이 있다.
④ 정확한 수치에 따른 분석, 특정한 분석결과 도출이 어렵다.

---

① 수준이 낮을 경우 값의 추적 예측이 가능하다. – 데이터 마스킹
③ 정밀분석이 어려워지고 추론에 의한 식별가능성이 있다. – 데이터 범주화
④ 정확한 수치에 따른 분석, 특정한 분석결과 도출이 어렵다. – 데이터 범주화

정답 ②

19 다음 중 구글 파일 시스템(GFS: Google File System)에 대한 설명으로 옳지 않은 것은?

① 대규모 클러스터 하드웨어를 이용해 효율적이고 안정적인 데이터 접근을 제공한다.
② 하나의 마스터 서버와 다수의 청크 서버로 구성되어 있다.
③ 파일을 고정된 크기(64MB)의 청크들로 나누며 각 청크와 여러 개의 복제본을 청크 서버에 분산하여 저장한다.
④ 청크 서버는 GFS 전체를 관리하는 중앙서버 역할을 한다.

• Master: GFS 전체를 관리하는 중앙서버 역할
• Chunk Server: 로컬디스크에 실제 입출력을 처리한다.
• Client: 파일을 읽고 쓰는 동작을 요청하는 어플리케이션이다.

정답 ④

20 NoSQL 기술에 대한 설명으로 적절하지 않은 것은?

① 일관성과 가용성 모두를 보장한다.
② ACID 특성 중 일부만을 지원하는 대신 성능과 확장성을 높였다.
③ 대규모 데이터를 처리하기 위한 확장성, 가용성 및 높은 성능을 제공하며 빅데이터 처리와 저장을 위한 플랫폼으로 활용한다.
④ NoSQL 데이터베이스는 전통적인 관계형 데이터베이스보다 유연한 데이터의 저장 및 검색을 위한 메커니즘을 제공한다.

일관성 또는 가용성 중 하나를 포기하고 지속성을 보장한다.

정답 ①

2과목

빅데이터 탐색

더 멋진 내일(Tomorrow)을 위한 내일(My Career)

내일은 빅데이터분석기사

01

데이터 전처리

01 데이터 전처리 ★★

학·습·포·인·트 --
• 결측값과 이상값의 발생원인과 처리방법을 중심으로 학습한다.
• 특히 이상값 검출방법은 다양한 유형으로 빈출되므로 그 유형과 특징에 대해 이해한다.

1. 데이터 정제

● 원활한 데이터 분석 작업을 위해 원본 데이터 내 불완전하고 정확하지 않은 데이터들을 식별해 수정, 변환, 제거 등을 시행해 데이터를 분석 및 처리에 적합한 형태로 만드는 과정이다.

● 데이터 전처리는 반드시 거쳐야 하는 과정으로 전처리 결과에 직접적인 영향을 주고 있어서 반복적으로 수행해야 한다.

● 데이터 분석의 단계 중 가장 많은 시간이 소요되는 단계이다.

(1) 데이터 이해

① 정의

● 데이터란 현실 세계에서 단순히 관찰하거나 측정하여 수집한 지식이나 값 또는 자료이다.

● 객관적 사실이라는 존재적 특성을 갖는 동시에 '추론, 예측, 전망, 추정을 위한 근거'로 기능하는 당위적 특성 또한 갖고 있는 것이다.

② 데이터 정제

● 수집된 데이터를 대상으로 분석에 필요한 데이터를 추출하고 통합하는 과정이다. 원 데이터에는 필수적으로 오류가 있으므로, 빠진 데이터 또는 이상값의 데이터를 처리한다.

● 모든 데이터를 대상으로 정제 활동을 하는 것이 기본이다.

● 데이터 품질 저하의 위협이 있는 데이터에 대해서는 더 많은 정제 활동을 수행해야 한다.

실전 Tip
데이터 오류는 [이 결 노] 이 결혼 안 된다.

● 데이터 오류의 종류

종류	설명	처리 방법
이상값	데이터의 범위에서 많이 벗어난 아주 작은 값이나 아주 큰 값	하한값 또는 상한값 대체
결측값	존재하지 않거나 관측되지 않는 값	중심 경향값 넣기
노이즈	실제는 입력되지 않았지만 입력되었다고 잘못 판단된 값	평균값 또는 중간값 대체

③ 데이터 정제의 과정

단계	수행 내용
데이터 수집	• 데이터의 수집 방법 및 기준 설정 • 입수경로 구조화 • 집계 및 저장소 결정
데이터 변환	• 데이터를 분석이 가능한 형태로 변환 • ETL, 일반화, 정규화 등
데이터 교정	결측치, 이상치, 노이즈 값 처리
데이터 통합	데이터 분석이 용이하도록 기존 또는 유사 데이터와의 통합

④ 데이터 정제의 방법

방법	설명	예시
변환	다양한 형태의 값을 일관된 형태로 변환	코드변환, 형식변환
파싱	데이터를 정제 규칙을 적용하기 위해 유의미한 최소 단위로 분할하는 작업	940818-1 → 1994.08.18, 남자
보강	변환, 파싱, 수정, 표준화 등을 통한 추가 정보를 반영하는 작업	주민등록번호를 통해 성별을 추출한 후 추가 정보 반영

이론 바로 적용하기

다음 중 데이터 정제의 방법이 아닌 것은?

① 파싱　　　　② 구조화　　　　③ 보강　　　　④ 변환

데이터 정제의 방법에는 변환, 파싱, 보강이 있다.

정답 ②

(2) 데이터 정제 기술

① ETL

- 데이터 이동과 변환 절차에 관련된 업계 표준용어이다.

- 개별 원시 데이터를 분석용에 적합하도록 쉬운 형식과 구조로 만든다.

  예) 온라인 판매업체는 고객의 주문데이터를 추출하고 변형하여 예측 및 관리한다.

ETL	내용
추출	데이터 원천으로부터 데이터를 획득한다.
변환	조회 또는 분석을 목표로 하여 적절한 구조 및 형식으로 데이터를 변환한다.
적재	추출 및 변환된 데이터를 대상 시스템에 저장한다.

② 맵 리듀스(MapReduce)

대용량 데이터를 처리를 위한 분산 프로그래밍 모델

구성	내용
Map	key, value의 형태로 데이터를 담아두는 자료구조 중의 하나
Reduce	Map 결과 데이터를 사용하여 필요한 연산을 수행하여 데이터를 합치는 방법

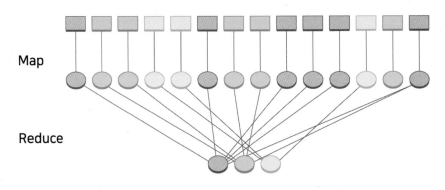

더 알아보기

맵 리듀스

- 구글에서 대용량 데이터 처리를 분산 병렬 컴퓨팅에서 처리하기 위한 목적으로 제작한 소프트웨어 프레임워크

- 단계: Input → Splitting → Mapping → Shuffling → Reducing → Final Result

장점	단점
• 비정형 데이터모델 지원 • 높은 확장성	• 복잡한 연산 지원 어려움 • 기존 DBMS가 지원하는 스키마, 인덱스 등 미지원

③ 스파크(Spark)

- 하둡 기반의 실시간 프로젝트로 스트림 지향형 프로세싱을 지원한다.

- 네트워크/분산형 파일 시스템을 이용해야 클러스터에서 실행시킬 수 있다.

- 확장성이 높으며, 탄력적인 오픈 소스 분산형 컴퓨팅 플랫폼이다.

- 분산형 스토리지로서의 역할은 수행하지 않는다.

④ 스톰

- 이벤트 스트림 프로세싱을 위한 분산형 컴퓨팅 프레임워크이다.

- 강력한 확장성을 띠고, 모든 튜플의 처리를 보증한다.

- 폴트 톨로런스(fault tolerance)*를 지원한다.

> **더 알아보기**
>
> **스톰의 특징**
> Ditributed: 수십만 대의 컴퓨터에 자료 분산 저장 및 처리
> Open source: 공개 소프트웨어
> Scalable: 용량이 증대되는 대로 컴퓨터 추가
> Fault-tolerant: 하나 이상의 컴퓨터가 고장이 나도 시스템이 정상 동작

---

* 폴트 톨로런스: 시스템 일부가 고장 나더라도 나머지는 올바로 작동하는 능력을 말한다.

⑤ 피그(Pig)

- 맵리듀스 API를 단순화시킨 프레임워크이다.

- 대용량 데이터 집합을 분석하기 위한 스크립트 언어를 지원하여 데이터 흐름표현이 가능하다.

- 피그라틴이라는 자체 언어를 제공하며 다양한 명령어를 지원한다.

- 입력 데이터의 대표 부분집합에 대해 표본 실행이 가능하다.

⑥ 플럼(Flume)

- 대규모의 로그데이터를 효율적으로 수집, 집계 및 이동하기 위한 분산시스템이다.

- 이벤트와 에이전트를 활용하는 분산형 로그 수집 기술이다.

이론 바로 적용하기

다음 ETL의 기능이 아닌 것은?

① 분산　　　　② 변환　　　　③ 추출　　　　④ 적재

ETL의 기능에는 추출 변환 적재가 있다.

정답 ①

---

2. 데이터 결측값 처리

● 결측치가 존재하는 데이터를 분석에 활용할 경우, 효율성, 자료 처리의 복잡성, 편향의 문제를 고려해야 한다.

● 결측값은 입력이 빠진 값으로 NA, 9999, Null 등으로 표현된다.

● 일반적으로 결측값은 제거하는 방식을 선택하지만, 결측값 분포가 많은 원 데이터의 경우 데이터의 유실이 심해져 유의미한 정보 획득에 실패할 수 있다.

● 대체 시 데이터의 편향이 발생해 분석 결과의 신뢰성 저하 가능성이 있다.

(1) 결측값의 종류

① 완전 무작위 결측 MCAR(Missing Completely at Random)

● 데이터가 완전히 무작위로 누락된 경우

● 어떤 변수에서 발생한 결측값이 다른 변수들과 아무런 상관이 없는 경우
예) 전산오류, 기입오류

② 무작위 결측 MAR(Missing at Random)

● 누락 데이터의 발생 원인이 수집된 변수에 따라 설명될 수 있는 경우

● 어떤 변수의 누락 데이터가 특정 변수와 관련되어 일어나지만, 그 변수의 결과는 관계가 없는 경우
예) 시험의 응시자가 줄어들었을 때(누락 데이터), 학생들의 건강 상태(특정 변수)와 관련이 있을 수 있다.

③ 비무작위 결측 NMAR(Not Missing At Random)

● 데이터가 무작위가 아닌 상황에서 누락되는 경우

● 누락 데이터는 누락된 데이터의 특성과 관련이 있음
예) 흡연자가 니코틴 반응 테스트에 참여하지 않은 경우

(2) 결측값의 처리 절차

절차	내용
결측값 식별	• 원 데이터(raw data)에는 다양한 형태의 결측 데이터가 있음 • 이러한 결측 데이터의 형태를 식별힘
결측값 부호화	• 식별된 결측값 정보를 처리 가능한 형태로 부호화 • NA(Not Available), NaN(Not a Number), inf(Infinite), NULL, 999
결측값 대체	• 자료형에 적합한 형태로 결측값을 처리함

(3) 단순대치법

● 결측값이 MACAR, MAR이라고 판단하고 처리하는 방법이다.

● 결측값을 통계적인 값으로 대체하는 통계적 기법이다.

● 자료 분석에 사용하기 쉽고, 통계적 추론에 사용된 통계량의 효율성 및 일치성 등의 문제를 부분적으로 보완해 준다.

● 데이터 분포를 왜곡할 수 있으며, 대체된 값에 대한 신뢰성 문제가 발생할 수 있다.

① 완전분석법(Complete Analysis)

● 누락된 데이터가 발생한 데이터를 제외하고 분석을 수행한다.

● 분석이 쉽지만 부분적으로 무시되는 자료로 인해 통계적 추론의 타당성 문제가 발생한다.

② 평균대치법(Mean Imputation)

● 결측값을 자료의 평균값으로 대치해서 불완전한 자료를 완전한 자료로 만드는 방법이다.

● 통계량의 표준오차가 과소 추정될 수 있다.

● 대표적 방법으로 비조건부 평균 대치법과 조건부 평균 대치법이 있다.

③ 단순확률대치법(Single Stochastic Imputation)

● 평균대치법에서 관측된 자료를 토대로 추정된 통계량으로 결측값을 대치할 때 적절한 확률값을 부여한 후 대치하는 방법이다.

● 평균대치법에서 추정량 표준오차의 과소 추정 문제를 보완하고자 고안되었다.

종류	내용
핫덱 대체	무응답을 현재 진행 중인 연구에서 비슷한 성향을 가진 응답자료로 대체하는 방법
콜드덱 대체	무응답을 외부 또는 과거 자료에서의 응답 자료로 대체하는 방법
혼합 방법	다양한 방법을 혼합하는 방법

이론 바로 적용하기

다음 중 아래에서 설명하는 대치법으로 옳은 것은?

무응답을 현재 진행 중인 연구에서 비슷한 성향을 가진 응답자료로 대체하는 방법

① 혼합 방법   ② 평균 대치법
③ 핫덱 대체   ④ 콜드덱 대체

....

콜드덱 대체에 대한 설명이다.

정답 ④

(4) 다중 대치법(Multiple Imputation)

● 단순 대치법을 한 번만 하지 않고 m번 대치를 통해 가상적 완전한 자료를 만들어서 분석하는 방법이다.

● 대치 – 분석 – 결합의 3단계로 구성되어 있다.

- 대치(Imputations step): 각 대치 표본은 결측 자료의 예측분포, 사후분포에서 추출된 값으로, 결측값을 대치하는 방법을 활용한다.

- 분석(Analysis step): 대치 단계에서 만든 m개의 완전한 가상 자료 각각을 표준적 통계분석을 통하여 관심이 있는 추정량과 분산을 계산한다.

- 결합(Combination step): 분석단계에서 생성된 m개의 추정량과 분산의 결합을 통한 통계적 추론을 진행한다.

3. 데이터 이상값 처리

- 정상 데이터의 범주에서 많이 벗어난 아주 큰 또는 작은 값이다.

- 입력 오류 및 데이터 처리 오류 등으로 특정 범위에서 벗어난 값으로 평균에 영향을 미친다.

- 이상치가 무작위성(Non-Randomly)을 갖고 분포되면 데이터의 정상성(Normality)이 감소한다.

- 이상치는 의사결정에 큰 영향을 미칠 수 있어 적절한 이상치 처리는 필수이다.

(1) 데이터 이상값 발생 원인

실전 Tip
데이터 이상값의 발생 원인을 예시와 함께 숙지해야 합니다.

- 데이터 입력 오류(Data Entry Error): 데이터를 수집하는 과정에서 발생하는 오류로 분포 확인 시 쉽게 발견 가능

  예) 데이터 입력 오류로 3.14를 31.4로 입력하는 경우

- 측정 오류(Measurement Error): 데이터를 측정하는 과정 중에서 발생하는 오류

  예) 측정기 자체의 고장

- 실험 오류(Experimental Error): 실험환경에서 발생한 모든 문제점

- 고의적인 이상값(Intentional Outlier): 자기 보고식 측정에서 발생하는 오류로 정확하게 기입하는 값이 이상값으로 보임

  예) 건강검진 시 음주량 감소하는 경향

- 자료 처리 오류(Data Processing Error): 다수의 데이터에서 필요한 데이터를 추출하거나, 조합해서 사용할 때 전처리 과정에서 발생하는 오류

- 표본추출 에러(Sampling Error): 모집단에서 표본을 추출하는 과정에서 편향이 발생하여 표본추출 자체의 오류가 있는 경우

  예) 20대의 키를 조사하는 과정에서 배구선수의 키는 이상값이 될 수 있음

- 자연적 이상치(Natural Outlier): 비자연적 이상치 이외로 발생하는 이상치

(2) 데이터 이상값 검출 방법

① 통계기법

실전 Tip

통계기법을 활용한 데이터 이상값 검출 방법의 종류를 숙지합니다.

기법	내용
ESD	평균으로부터 3 표준편차 떨어진 값을 이상값으로 판단
기하평균	기하평균으로부터 2.5 표준편차 떨어진 값을 이상값으로 판단
사분위 수	제1사분위, 제3사분위를 기준으로 사분위 간 범위의 1.5배 이상 떨어진 값을 이상값으로 판단
표준화 점수 Z score	• 서로 다른 척도 등으로 비교하기 어려운 데이터 추적에 유용 • 평균이 μ이고 표준편차가 σ인 정규분포를 따르는 관측치 간의 차이의 비율을 활용해 이상값 여부를 검정하는 방법 $$z = \frac{x - \mu}{\sigma}$$
딕슨의 Q 검정 (Dixon's Q-test)	• 오름차순으로 정렬된 데이터에서 범위에 대한 관측치 간의 차이의 비율을 활용해 이상값 여부를 검정하는 방법 • 데이터 수가 30개 미만인 경우 적절함
그럽스 T-검정 (Grubbs T-test)	정규분포를 만족하는 단변량 자료*에서 이상값을 찾는 통계적 검정
카이제곱 검정 (chi-square test)	• 카이제곱 검정은 데이터가 정규분포를 만족하나, 자료의 수가 적은 경우에 이상값을 검정하는 방법 • 두 범주형 변수 사이의 독립성을 검정하는 데 사용
마할라노비스 거리 (Mahalanobis distance)	• 다변량 이상치 검출, 불균형 데이터셋에서의 분류 등에서 유용 • 모든 변수 간에 선형관계를 만족하고, 각 변수들이 정규분포를 따르는 경우 적용할 수 있는 접근법 • 데이터의 분포를 고려하여 데이터의 형태를 잘 반영함

👆 **이론 바로 적용하기**

다음 중 아래에서 설명하는 통계기법으로 옳은 것은?

• 데이터가 정규분포를 만족하나, 자료의 수가 적은 경우에 이상값을 검정하는 방법
• 두 범주형 변수 사이의 독립성을 검정하는 데 사용

① 표준화 점수 ② 마할라노비스 거리 ③ 카이제곱 검정 ④ 그럽스 T검정

....

카이제곱 검정에 대한 설명이다.

정답 ③

---

* 단변량 자료: 종속변수가 1개인 자료이다.

② 시각화를 이용한 데이터 이상값 검출

시각화 방법	내용	예시
확률밀도함수 (Probability density function)	연속형 확률 변수에 대한 함수로, 확률 변수가 취할 수 있는 값의 모든 가능성에 대한 상대적인 가능성	
히스토그램 (Histogram)	각 bin에 얼마나 많은 값이 있는지 분포를 나타낼 수 있음	
산점도 그림 (Scatter plot)	• 좌표상의 점들을 표시함으로써 두 개 변수 간의 관계를 나타내는 그래프 방법 • 비모수적 2변량인 경우 사용 가능	
박스플랏 (Box plot)	변수가 다양할 때 사용 가능	

③ 데이터 군집 및 분류를 이용한 데이터 이상값 검출

● K-평균 군집화(K-means clustering)

  - n개의 관측치를 가까운 평균(mean)값을 가진 k개의 클러스터로 나누는 방법이다.

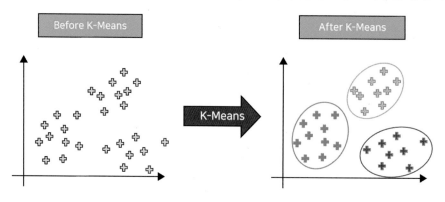

  - 각 관측치는 가장 가까운 클러스터의 평균(mean)값에 속하게 된다.

● 밀도 기반 클러스터링 DBSCAN(Density-based Spatial Clustering of Applications with Noise)

  – 가까이 있는 점들의 밀도가 높은 핵심 포인트를 찾아 이 포인트를 중심으로 클러스터를 형성한다.

  – 밀도가 서로 다른 데이터에 대해서도 잘 작동한다.

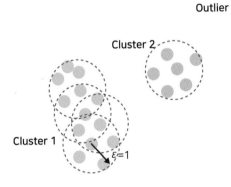

● LOF(Local Outlier Factor)

  – 주어진 데이터 점의 국소적 밀도 편차를 계산하여 그 이웃보다 유의하게 낮은 밀도를 갖는 샘플을 이상치로 간주한다.

  – LOF 값이 클수록 이상값 정도가 크다.

$$LOF = \frac{N_k(p)}{kdist(p)}$$

* $kdist(p)$: 관측치 p와 가까운 k개 거리의 평균

* $N_k(p)$: 관측치 p의 $kdist(p)$보다 가까운 이웃 개수

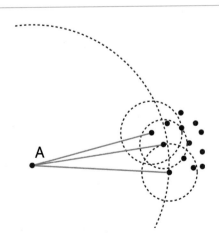

- iForest

  - 의사결정나무를 이용하여 이상값을 탐지하는 방법으로 모든 관측치를 고립시켜 나가면서 분할 횟수로 이상값을 탐색한다.

  - 평균적인 관측치와 멀리 떨어진 관측치일수록 적은 횟수의 공간분할을 통해 고립된다.

  - 적은 횟수로(Leaf) 노드에 도달히는 관측치일수록 이상값일 가능성이 크다.

  - Score는 0~1 사이에 분포되며, 1에 가까울수록 이상치일 가능성이 크고 0.5 이하이면 정상데이터이다.

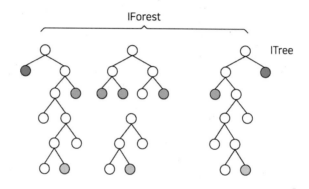

▲ 이상값 탐색을 위한 iForest 방법

(3) 데이터 이상값 처리방법

① 삭제(Deleting Observations)

실전 Tip

데이터 이상값 처리 방법은 [제 대 변] 제가 대신 변호하겠습니다.

- 이상값으로 판단되는 관측값을 제외하고 분석하는 방법으로, 이상치의 정의에 따라 데이터를 정제하고 적절한 값으로 대체하거나 해당 레코드를 삭제한다.

- 추정치의 분산은 작아지지만, 왜곡이 발생하여 편의가 발생할 수 있다.

- 이상값을 제외시키기 위해 양극단의 값을 절단(Trimming)하기도 한다.

- 이유 없이 이상치를 제거하는 경우 데이터 손실이 발생할 수 있고, 제거된 이상치로 인해 정보 왜곡이 발생할 수 있다.

② 대체법(Imputation)

- 이상값을 평균이나 중위수 등으로 대체하는 방법이다.

- 대체에 사용되는 데이터에 따라 분석의 정확도가 달라진다.

● 종류

구분	설명
K-최근접 이웃 (KNN)	• 대체 값으로 가장 가까운 이웃의 값이 사용된다. • 다른 대체 방법보다 더 정확할 수 있지만, 연산 비용이 많이 든다. • 데이터에서 이상치가 발생할 경우 정확도가 떨어질 수 있다.
다중 대체 (Multiple Imputation)	• 누락된 값을 예측 모델에서 생성된 M개의 가능한 추정치 중 하나로 대체한다. • 대체 값을 예측하는 데에 사용되는 데이터가 많을수록 정확도가 높아진다.
TOMI (Treatment of Outlier data as Missing values by applying Imputation methods)	• 결측치 대신 이상치를 처리하기 위해 적용되는 기존 방법 대신 이상치를 결측치 로 처리하는 방식이다. • 결측치 처리를 위해 대표적으로 평균, 중앙값, K-Nearest Neighbor(KNN) 및 Random 등의 방법이 적용된다.

③ 변환(Transformation)

● 데이터의 값을 다른 척도로 변환하여 이상치를 감지하기 쉽도록 하고, 정규분포에 가깝게
만든다.

● 예를 들어, 이상치가 있는 데이터에 로그 변환을 적용하면 분포가 정규분포와 유사해지므
로 이상치를 쉽게 감지할 수 있습니다.

● 상한값과 하한값을 벗어나는 값들을 하한, 상한값으로 바꾸어 활용하는 극단값조정
(Winsorizing) 방법도 활용된다.

02 | 분석 변수 처리 ★★★

학 ·습 ·포 ·인 ·트 --

- 데이터 셋의 변수유형과 변수를 선택하는 방법에 대해 이해한다.
- 임베디드기법 및 필터 기법의 차이를 이해하고 차원축소와 불균형처리 기법들의 개념을 숙지한다.

1. 변수* 선택

- 분석 변수(Analysis Variables)란 데이터 분석에서 사용되는 변수를 말한다.
- 데이터의 독립변수 중 종속변수에 가장 관련성이 높은 변수를 선정하는 방법이다.
- 관련 없는 변수를 제외하여 모델의 속도를 개선하고 과적합을 방지한다.
- 변수 선택은 사용자가 해석하기 쉽게 모델을 단순화해 준다.
- 모델의 정확도 향상 및 성능 향상을 기대할 수 있다.

(1) 변수유형

① 인과관계

인과관계에 따른 변수	설명
독립변수 (independent variable)	• 종속 변수를 검증하기 위해 변경하는 변수이다. • 연구자가 의도적으로 변화시키는 변수로 종속변화의 변화를 직접적으로 유발한다. • 기계 학습 혹은 패턴 인식에서는 변수(Feature)라고도 한다.
종속변수 (dependent variable)	• 종속변수는 독립변수 조작의 결과로 변경되는 변수이다. • 독립변수의 영향을 받아 그 값이 변할 것이라고 가정한다. • 값은 독립변수의 변화에 따라 달라진다.

* 변수(Variable): 다양한 값을 가질 수 있는 속성이나 특성이다.

② 변수 속성

속성	형태	설명
범주형	명목형 데이터	순서가 없으며 각 결과가 항목의 형태로 분류되는 데이터 예) 지역, 성별
	순서형 데이터	분류 사이의 차이가 의미가 있는 데이터 예) 음식점의 별점 1점부터 5점
수치형	이산형 데이터	정수와 같이 분리된 값으로 측정되는 데이터 예) 판매 개수
	연속형 데이터	측정 단위 내의 모든 값이 가능한 데이터 예) 키, 몸무게, 매출금액

(2) 변수 선택 기법

① 필터기법(Filter method)

- 데이터의 통계적 특성으로부터 변수를 택하는 기법이다.

- 통계적 측정 방법을 이용해 변수의 상관관계를 알아낸 뒤에 높은 상관관계를 가지는 변수만 사용한다.

- 불필요하거나 중복된 예측 변수를 모델에서 제거함으로써 모델의 예측 능력을 향상시킨다.

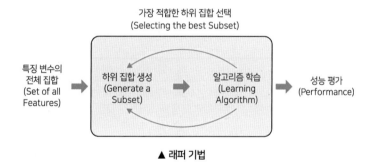

▲ 래퍼 기법

② 래퍼 기법(Wrapper)

- 예측 정확도 측면에서 가장 좋은 성능을 보이는 변수들을 선택하는 기법이다.

- 변수의 일부만 모델링에 사용하고 성능을 측정하는 작업을 n번 반복한 후 그 중 가장 좋은 성능을 보인 변수들을 채택한다.

- 필터 방법보다 예측 정확도가 높지만 반복하여 선택하는 방법으로 시간이 오래 걸리고 과적합의 위험이 발생할 수 있다.

실전 Tip
자료 선택방법에 대한 문제가 나올 수 있습니다.

선택방법	내용
전진 선택법	• 기존 모형에 가장 설명력이 좋은 변수를 하나씩 추가하는 방법이다. • 모형에서 단순 상관관계수의 절댓값이 가장 큰 변수를 분석모형에 포함시킨다. • 한번 추가된 변수는 제거하지 않는다.
후진 선택법	• 모든 변수가 포함된 모형에서 설명력이 가장 적은 변수를 제거하는 방법이나. • 단순상관관계수의 절댓값이 가장 작은 변수를 분석모형에서 제외시킨다. • 한번 제거된 변수는 추가하지 않는다.
단계적 선택법	전진선택법을 선택하여 설명력이 좋은 변수를 추가한 다음 후진선택법을 통해 유의하지 않은 변수를 제거한다.

③ 임베디드기법(Emdedded)

실전 Tip
라쏘 및 릿지기법에 대해 중점적으로 학습합니다.

- 필터기법과 래퍼기법의 장점을 결합하여 알고리즘 자체에 변수선택을 학습시킨다.

- 적은 계수를 갖는 회귀식을 찾는 방향으로 제약조건을 주어 이를 제어한다.

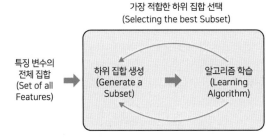

기법	설명
라쏘(L1규제) Lasso	• 중요한 몇 개의 변수를 선택하고 나머지 변수들의 영향력을 0으로 만든다. • 가중치의 절댓값의 합을 최소화하는 것을 제약조건으로 하는 방법이다. $$J(\theta) = MSE(\theta) + \alpha \sum_{i=1}^{n} |\theta_i|$$
릿지(L2규제) Ridge	• 전체 변수를 유지하면서 각 변수의 계수 크기만 조절하는 것이다. • 가중치들의 제곱합을 최소화하는 것을 추가적인 제약조건으로 하는 방법이다. $$J(\theta) = MSE(\theta) + \alpha \frac{1}{2} \sum_{i=1}^{n} \theta_i^2$$
엘라스틱 넷 Elastic Net	• 릿지와 라쏘규제를 결합하여 만든 모델이다. • 가중치의 절대값의 합과 제곱합을 동시에 추가적인 제약조건으로 하는 방법이다. $$J(\theta) = MSE(\theta) + r\alpha \sum_{i=1}^{n} |\theta_i| + \frac{1-r}{2} \alpha \sum_{i=1}^{n} \theta_i^2$$

다음 중 아래에서 설명하는 임베디드 기법의 제약조건으로 옳은 것은?

가중치의 절댓값의 합을 최소화하는 것을 제약조건으로 하는 방법이다.

$$J(\theta) = MSE(\theta) + \alpha \sum_{i=1}^{n} |\theta_i|$$

① L2규제 　　　② 릿지규제 　　　③ 엘라스틱넷 　　　④ 라쏘규제

라쏘규제에 대한 설명이다.

정답 ④

2. 차원* 축소

● 원래의 데이터를 최대한 효과적으로 축약하기 위해 설명변수만 사용하기 때문에 비지도 학습 머신러닝 기법이다.

● 가능한 한 많은 정보를 보존하면서 차원을 줄이는 것을 목표로 한다.

(1) 특징

● 축약되는 변수 세트는 원래의 데이터의 변수들의 정보를 최대한 유지하려 한다.

● 해당 결합 변수만으로도 전체 변수를 설명할 수 있어야 한다.

● 고차원 변수보다 변환된 저차원으로 학습 시 머신러닝 알고리즘이 원활히 작동한다.

● 새로운 저차원 변수 공간에서 가시적으로 시각화가 용이하다.

(2) 필요성

① 복잡도의 축소(Reduce Complexity)

동일한 품질을 나타낸다는 가정 하에 차원을 추가하면 시간 및 양이 줄어들어 효율적이다.

---

* 차원: 분석하는 데이터의 종류 수를 의미한다.

② 차원의 저주 해소(curse of dimension)

- 데이터 학습을 위한 차원이 증가하면서 학습데이터의 수보다 차원의 수가 많아져 모델의 성능이 떨어지는 현상이다.

- 이러한 현상을 방지하기 위하여 차원 축소 또는 데이터의 수를 늘려야 한다.

③ 해석력의 확보(Interpretability)

차원이 작은 간단한 분석모델일수록 내부구조 이해가 용이하고 해석이 쉬워진다.

④ 과적합(Overfitting)의 방지

차원의 증가는 복잡한 관계의 증가로 분석 결과의 과적합 발생의 가능성이 커진다.

> **더 알아보기**
>
> **차원 축소의 종류**
>
> ① 차원 선택
>
> - 하나의 기준을 정해서 특정 변수를 제거해 종속변수를 예측하는 데 설명력이 가장 큰 변수만 남기는 방법이다.
> - 선택된 변수의 해석이 쉽지만 변수들 간의 연관성이 고려되지 않는다.
> - SelectKBest, Variance Threshold, RFE 등이 있다.
>
> ② 차원 추출
>
> - 수들을 제거하는 방법이 아닌 여러 변수들이 갖는 정보를 한 변수로 압축하는 방법이다.
> - 변수들 간의 연관성이 고려되어 변수의 수를 많이 줄일 수 있지만 해석이 어렵다.
> - PCA, LSA, LDA, SVD 등이 있다.
>
>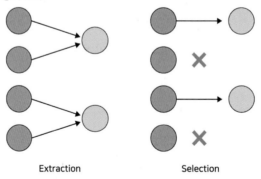
>
> Extraction　　　　　Selection

(3) 차원축소의 기법

① 요인 분석(Factor Analysis)

- 변수들 간의 상관관계를 분석하여 공통차원으로 축약하는 분석 방법이다.

실전 Tip
차원 축소의 기법과 그 내용에 대해 숙지합니다.

- 다수 변수들의 정보손실을 최소화하면서 소수의 차원으로 축약한다.

- 주로 사회과학이나 설문조사 등에서 많이 활용된다.

- 독립변수와 종속변수의 개념이 없는 기술통계 기법이다.

- 요인분석에는 주성분 분석, 공통요인 분석, 특잇값 분해, 음수 미포함 행렬 분해 등이 있다.

> **더 알아보기**
>
> 예시) 기업에서 직원의 회사생활 만족도를 조사하고자 한다. 사무실 구조, 직무상 발전 기회, 직무난이도, 집기 비품의 충분성, 급여, 복지 등으로 구성된 설문조사를 시행하여 데이터를 수집한다.
>
> 요인 분석을 통해 사무실 구조, 집기비품은 환경 만족도로, 직무상 발전 기회와 직무난이도는 직무만족도로, 급여 및 복지는 보상 만족도로 축약할 수 있다.

② 주성분 분석(PCA: Principal Component Analysis)

- 대규모의 독립변수를 잘 설명해 줄 수 있는 주된 성분을 추출하는 방법이다.

- 사용되는 변수들이 모두 양적변수여야 하며, 정규분포를 이루어야 한다.

- 변수들의 공분산 행렬이나 상관행렬을 이용한다.

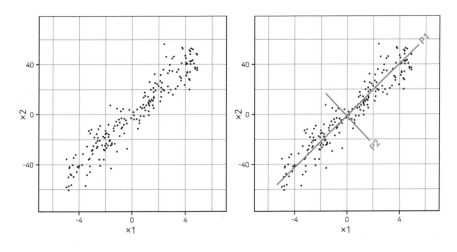

이론 바로 적용하기

다음 중 주성분 분석에 대한 설명으로 옳지 않은 것은?

① 대규모의 독립변수를 잘 설명해줄 수 있는 주된 성분을 추출하는 방법이다.

② 사용되는 변수들이 모두 질적변수여야 한다.

③ 사용되는 변수들이 정규분포를 이루어야 한다.

④ 변수들의 공분산 행렬이나 상관행렬을 이용한다.

....

사용되는 변수들이 모두 양적변수이어야 한다.

정답 ②

③ 특이값 분해(SVD)

- m × n 차원의 행렬 데이터에서 특잇값을 추출하고 이를 통해 주어진 데이터 세트를 효과적으로 축약할 수 있는 기법이다.

- 모든 m × n 행렬에 적용할 수 있다.

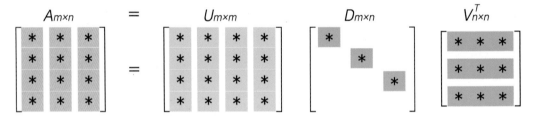

- 특잇값 분해는 어떤 행렬 A를 3단계로 나눈다고 생각하면 된다.

  - n 차원에 대해서 회전

  - n 차원에 대해서 확대, 축소를 수행 후 차원 변환

  - m 차원에 대해 회전

④ 음수 미포함 행렬분해(NMF)

- 원소가 양수인 행렬 V를 음수를 포함하지 않는 행렬 W와 H의 곱으로 분해하는 알고리즘이다.

- 어떤 성분의 가중치 합으로 각 데이터 포인트를 나타낼 수 있다.

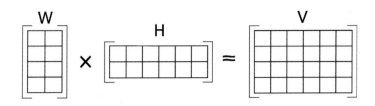

(4) 차원 축소 기법 주요 활용 분야

● 이미지 분석: 이미지 데이터는 고차원이며, 차원 축소를 통해 이미지의 특징을 추출하고 분류 및 인식을 수행할 수 있다.

● 음성 인식: 차원 축소를 통해 음성 데이터를 변환하고 처리할 수 있다.

● 자연어 처리: 자연어 처리에서는 텍스트 데이터의 차원을 줄이고, 유사성을 기반으로 단어를 그룹화하거나 분류하는 데 사용된다.

● 금융 분야: 금융 분야에서는 차원 축소를 통해 대규모의 금융 데이터를 처리하고, 모델을 개선하는 데 활용된다.

3. 파생 변수*의 생성

● 이미 존재하는 데이터를 사용하여 새로운 변수를 만드는 것을 의미한다.

● 기수집한 데이터에서 더 많은 정보를 추출하기 위해 사용된다.

● 기존 변수를 사용하거나 여러 변수의 결합을 통해 파생 변수를 생성할 수 있다.

● 변수를 생성할 때는 새로운 이름을 사용해야 하며, 논리적 타당성과 기준을 가지고 생성하도록 한다.

● 파생 변수 생성방법

방법	설명	예시
표현형식 변환	간편한 형식으로 표현 변환	섭씨 → 화씨 변환
단위 변환	단위 또는 척도 변환해 새롭게 표현	12시간 → 24시간 형식으로 변환
정보추출	변수에서 정보를 추출해 새로운 변수 생성	주민등록번호 → 성별 추출
변수 결합	수학적 결합을 통해 새로운 변수를 정의하는 방법	확률변수들을 결합하여 새로운 분포 형성
요약 통계량 변환	요약 통계량 등을 활용하여 생성하는 방법	나이별 구매량 → 연령대별 평균 구매량

* 파생 변수: 기존의 변수를 조합하여 새로운 변수를 만들어 내는 것을 의미한다.

4. 변수변환

● 데이터 전처리 과정 중 하나로, 불필요한 변수 제거, 변수 반환, 새로운 변수 생성을 통해 데이터를 분석하기 좋은 형태로 바꾸는 작업이다.

● 변수변환을 통해 해석이 쉬워지고 분석이 단순해진다.

(1) 변수변환의 방법

① 비닝(binning)

실전 Tip

변수변환의 세 가지 방법과 그 세부 내용을 숙지합니다.

● 연속형 변수를 데이터를 범주형 변수로 변환하는 기법이다.

● 데이터값을 몇 개의 Bin으로 분할하여 계산한다.

더 알아보기

예시) 나이를 연령구간으로 분할한다.(10대, 20대 등)

출입자의 연령 분석

출입자	연령
1	14세
2	17세
3	21세
4	23세
5	29세
6	27세

➡

10대	2
20대	4

---

② 정규화

● 데이터의 범위를 같은 범위로 변환하는 방법이다.

● 데이터가 가진 스케일이 차이가 많이 나는 경우 그 차이를 상대적 특성이 반영된 데이터로 변환하는 작업이다.

정규화의 종류	내용
최소–최대 정규화 (Min–Max Normalization)	• 각 변수(feature)마다 최솟값을 0, 최댓값을 1로 변환하고, 나머지 값들은 0과 1 사이의 값으로 변환하는 방법이다. • 모든 변수(Feature)의 규모가 같지만, 이상치가 많은 경우에는 적절하지 않다.

Z-스코어 (Z-Score)	• 값이 평균에서 얼마나 떨어져 있는지를 나타내는 척도이다. $$Z = \frac{x - \mu}{\sigma}$$ • 이상값(Outlier)은 잘 처리하지만, 정확히 같은 척도로 정규화된 데이터를 생성하지는 못한다. • z-점수가 0에 가까울수록 평균값에 가깝다는 것을 의미하며, z-점수가 3 이상이거나 -3 이하라면 해당 관측값은 극단적인 값으로 판단한다.

③ 단순 기능변환: 한쪽으로 치우친 변수를 변환해 분석모형을 적합하게 한다.

변환 방법	내용	공식
로그 변환	변수에 로그를 취한 값을 사용한다.	$X \sim \ln(X)$
역수 변환	변수의 역수를 사용하여 선형적인 특성을 활용한다.	$X \sim 1/X$
지수 변환	변수의 지수화를 통해 선형적인 특성을 활용한다.	$X \sim X^n$
제곱근 변환	변수의 제곱근을 취한 값을 사용한다.	$X \sim \sqrt{X}$

이론 바로 적용하기

다음 중 로그변환에 대한 설명으로 옳지 않은 것은?

① $X \sim \ln(X)$ 공식을 사용한다.
② 변수에 로그를 취한 값을 사용한다.
③ 데이터분포의 형태가 좌측으로 치우친 경우 정규분포화를 위해 사용한다.
④ 로그를 취하여 정규분포에 가까워지는 경우 이를 로그정규분포라고 한다.

....

데이터분포의 형태가 우측으로 치우친 경우 정규분포화를 위해 사용한다.

정답 ①

5. 불균형 처리 기법

실전 Tip

언더샘플링 vs 오버샘플링
언더샘플링은 다수 클래스를 작게
오버샘플링은 소수 클래스를 크게

● 데이터의 각 클래스에서 갖고 있는 데이터의 양의 차이가 큰 경우 데이터가 불균형하다고 한다.

● 탐색하는 타깃 데이터의 수가 매우 극소수인 경우 불균형 데이터 처리를 할 수 있다.

● 클래스가 불균형한 훈련 데이터를 그대로 이용할 경우 과대 적합 문제가 발생할 수 있다.

(1) 가중치 균형방법

● 각 클래스별로 특정 비율로 가중치를 주어 분석하거나 결과를 도출하는 것을 말한다.

● 고정비율방법과 최적비율방법이 있다.

(2) 언더샘플링(Undersampling)

● 다수 클래스의 데이터를 일부만 선택하여 데이터의 비율을 맞추는 방법이다.

● 데이터의 소실이 매우 크고, 때로는 중요한 정상데이터를 잃을 수 있다.

● 대표적인 기법

구분	설명
랜덤 언더 샘플링	무작위로 다수 클래스 데이터의 일부만 선택하는 방법
ENN	소수 클래스 주위에 인접한 다수 클래스 데이터를 제거하여 비율을 맞추는 방법
토멕링크방법	클래스를 구분하는 경계선 근처의 데이터인 토멕링크를 제거
CNN	다수 클래스에 밀집된 데이터가 없어질 때까지 데이터를 제거해 대표 데이터만 남도록 하는 방법
OSS	토멕링크와 CNN을 결합한 방법으로 다수 클래스의 데이터를 토멕 링크 방법으로 제거 후 CNN을 이용해 밀집된 데이터 제거

이론 바로 적용하기

다음 중 언더샘플링 기법이 아닌 것은?

① ENN   ② CNN   ③ OSS   ④ RNN

RNN은 인공신경망 유형이다.

정답 ④

(3) 오버샘플링(Oversampling)

● 소수 클래스의 데이터를 복제, 생성해 데이터의 비율을 맞추는 방법이다.

● 정보가손실되지 않는다는 장점이 있으나 과적합(Over fitting) 을 초래할 수 있다.

● 알고리즘의 성능은 높으나 검증의 성능은 나빠질 수 있다.

● 과대 표집의 대표적인 기법

구분	설명
SMOTE	소수 클래스 중심 데이터와 주변 데이터 사이에 직선 위 데이터 추가
Borderlin-SMOTE	다수 클래스와 소수 클래스 경계선에서 SMOTE를 적용
AMASYN	모든 소수 클래스에서 다수 클래스의 관측 비율을 계산하여 SMOTE 적용

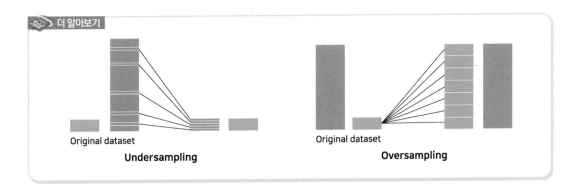

Original dataset
Undersampling

Original dataset
Oversampling

(4) 임곗값* 이동

● 임곗값을 데이터가 많은 쪽으로 이동시키는 방법이다.

● 학습 단계에서는 변화 없이 학습하고 테스트 단계에서 임곗값을 이동한다.

(5) 앙상블 기법

● 같거나 서로 다른 여러가지 모형들의 예측/분류 결과를 종합해 최종적인 의사결정에 활용하는 기법이다.

● 여러 개의 학습모델을 훈련하고 투표 및 평균을 통해 최적화된 예측을 수행하고 결정한다.

---

* 임곗값: 어떠한 물리 현상이 갈라져서 다르게 나타나기 시작하는 경계의 값이다.

01 데이터 오류 원인에 대한 설명으로 옳지 않은 것은?

① 결측값은 데이터가 입력되지 않고 누락된 값을 지칭한다.
② 결측값은 입력이 누락된 값으로 NA, 9999, Null 등으로 표현된다.
③ 이상값은 입력오류 및 데이터 처리 오류 등으로 특정 범위에서 벗어난 값으로 평균에 영향을 미친다.
④ 이상값은 일반적으로 제거하는 방식을 선택한다.

일반적으로 제거하는 방식은 결측값이다.

정답 ④

02 데이터 정제 대상 선정에 대한 설명으로 가장 옳지 않은 것은?

① 수집된 데이터를 대상으로 분석에 필요한 데이터를 추출하고 통합하는 과정이다.
② 내부 데이터보다 외부 데이터가 품질 저하 위협에 많이 노출되어 있다.
③ 모든 데이터를 대상으로 정제 활동을 하는 것이 기본이다.
④ 정형 데이터는 품질 저하 위협에 많이 노출되어 있다.

비정형과 반정형 데이터가 품질 저하 위협에 많이 노출되어 있다.

정답 ④

03 다음 중 나이대별 음주량에 대해 조사를 하고자 한다. 이때 발생 가능한 결측치에 대해 분류를 다음과 같이 구분하였을 때, 옳은 것은?

① 알콜의존자는 음주량을 줄여서 말함 – 완전무작위 결측
② 무응답 – 비무작위 결측
③ 미성년자는 음주량을 응답을 기피함 – 무작위 결측
④ 설문 오류로 음주량 항목값이 누락됨 – 비무작위 결측

① 알콜의존자는 음주량을 줄여서 말함 – 비무작위 결측
② 무응답 – 무작위 결측
④ 설문 오류로 음주량 항목값이 누락됨 – 무작위 결측

정답 ③

04 ETL에 대한 설명으로 옳지 않은 것은?

① 변환은 적절한 구조 및 형식으로 데이터를 바꾸는 것이다.
② 적재는 조회 또는 분석을 목표로 데이터 셋을 전처리하는 것이다.
③ 추출은 데이터 원천으로부터 데이터를 획득하는 과정이다.
④ 개별 원시 데이터를 분석용에 적합하도록 쉬운 형식과 구조로 만드는 것이다.

적재는 추출 및 변환된 데이터를 대상 시스템에 저장하는 것이다.

정답 ②

05 결측값을 처리하는 단순 대치법의 종류로 옳지 않은 것은?

① 완전분석법　　② 평균대치법
③ 단순확률대치법　④ ESD

ESD는 이상값을 측정하기 위한 기법이다.

정답 ④

06 데이터 이상값 발생 원인으로 옳지 않은 것은?

① 보고 오류　　② 표본 오류
③ 자연 오류　　④ 실험 오류

데이터 이상값 발생 원인에는 데이터 처리 오류, 자연 오류 표본추출 오류, 고의적인 이상 값 데이터 입력 오류, 실험 오류, 측정 오류가 있다.

정답 ①

07 다음 중 이상값 검출 방법 중 평균이 μ이고 표준편차가 σ인 정규분포를 따르는 관측치들이 자료의 중심에서 얼마나 떨어져 있는지를 나타냄으로써 이상값을 검출하는 방법은?

① 카이제곱 검정을 활용한 방법
② 표준화 점수를 활용한 방법
③ 사분위 수를 이용한 방법
④ 통계적 가설검정을 활용한 방법

표준화점수는 서로 다른 척도 등으로 비교하기 어려운 데이터 추적에 유용하다. 평균이 μ이고 표준편가가 σ인 정규분포를 따르는 관측치 간의 차이의 비율을 활용해 이상값 여부를 검정하는 방법이다.

정답 ②

08 이상값에 대한 설명으로 옳은 것은?

① 이상값은 평균에 영향을 미친다.
② 무작위성(Non-Randomly)을 갖고 분포되면 데이터의 정상성(Normality)이 감소된다.
③ 이상값으로만 구성되어 있을 수 있다.
④ 통계에 활용하기 위해서는 이상값을 반드시 제거해야 한다.

결측값은 필수적인 데이터가 입력되지 않고 누락된 값이다. 이상값을 반드시 제거해야 하는 것은 아니므로 이상값을 처리할지는 분석의 목적에 따라 적절한 판단이 필요하다. 이상값은 관측된 데이터의 범위에서 많이 벗어난 값이기 때문에 이상값끼리 구성되어 있을 수 없다.

정답 ④

09 다중대치법에 대한 설명이다. 올바르지 않은 것은?

① 대치 – 분석 – 결합의 3단계로 구성되어 있다.
② 결합 단계는 대치 단계에서 만든 m개의 완전한 가상 자료 각각을 표준적 통계분석을 통하여 관심이 있는 추정량과 분산을 계산한다.
③ 다중 대치 방법은 D개의 대치된 표본을 만들어야 하므로 항상 같은 값으로 결측 자료를 대치할 수 없다.
④ 여러 번의 대체표본으로 대체 내 분산과 대체 간 분산을 구하여 추정치의 총 분산을 추정하는 방법이다.

분석단계에 대한 설명이다.

정답 ②

10 아래에서 설명하는 데이터 결측값 처리 방법은 무엇인가?

> 무응답 데이터를 현재 진행 중인 연구에서 비슷한 성향을 가진 응답자의 자료로 대체하는 방법

① 표본조사에서 흔히 사용
② 핫덱대체
③ 콜드덱 대체
④ 혼합방법

핫덱대체에 대한 설명이다.

핫덱 대체	무응답을 현재 진행 중인 연구에서 비슷한 성향을 가진 응답자료로 대체하는 방법
콜드덱 대체	무응답을 외부 또는 과거자료에서의 응답자료로 대체하는 방법
혼합 방법	다양한 방법을 혼합하는 방법

정답 ②

11 데이터 결측값 처리 절차로 옳은 것은?

① 결측값 부호화 – 결측값 대체 – 결측값 식별
② 결측값 식별 – 결측값 부호화 – 결측값 대체
③ 결측값 식별 – 결측값 대체 – 결측값 부호화
④ 결측값 부호화 – 결측값 식별 – 결측값 대체

데이터 결측값 처리 절차는 결측값 식별 – 결측값 부호화 – 결측값 대체 순이다.

정답 ②

12 아래에서 설명하는 데이터 이상값 검출 방법은 무엇인가?

> – n개의 관측치를 가까운 평균(mean) 값을 가진 k개의 클러스터로 나누는 방법이다.
> – 각 관측치는 가장 가까운 클러스터의 평균(mean)값에 속하게 된다.

① 확률밀도함수   ② DBSCAN
③ K-평균 군집화   ④ 그럽스 T검정

K-평균 군집화에 대한 설명이다.

정답 ③

13 다음 중 이상값 처리 방법에 대한 설명으로 옳지 않은 것은?

① 삭제 – 이상값으로 판단되는 관측값을 제외하고 분석하는 방법으로, 이상치의 정의에 따라 데이터를 정제하고 적절한 값으로 대체하거나 해당 레코드를 삭제한다.
② K-최근접 이웃(KNN) – 대체 값으로 가장 가까운 이웃의 값이 사용된다.
③ TOMI – 하락된 값을 예측 모델에서 생성된 m개의 가능한 추정치 중 하나로 대체한다.
④ 변환 – 데이터의 값을 다른 척도로 변환하여 이상치를 감지하기 쉽도록 하고, 정규분포에 가깝게 만든다.

다중대체 방법에 대한 설명이다.

정답 ③

14 다음 중 변수선택에 대한 설명으로 옳은 것은?

① 전진선택법은 상관성이 가장 작은 변수부터 모형에 포함시켜 모형을 완성시키는 것이다.
② 단계적 선택법은 전진 선택법을 통해 가장 유의한 변수를 모형에 포함하고, 나머지 변수들에 대해 후진 선택법을 적용한다.
③ 후진 선택법은 상관성이 큰 변수부터 분석모형에서 제거한다.
④ 변수선택 이후 추가된 변수에 대해서는 지속적으로 제거 및 추가를 반복해야 한다.

---

① 전진선택법은 모형에서 단순 상관관계수의 절댓값이 가장 큰 변수를 분석모형에 포함시킨다.
③ 후진 선택법은 단순상관계수의 절댓값이 가장 작은 변수를 분석모형에서 제외시킨다.
④ 전진 선택법과 후진 선택법은 한번 추가된 변수는 제거하지 않고, 단계적 선택법은 전진선택법을 선택하여 설명력이 좋은 변수를 추가한 다음 후진선택법을 통해 유의하지 않은 변수를 제거한다.

정답 ②

15 모든 변수가 포함된 모형에서 시작하여 영향력이 가장 작은 변수를 하나씩 삭제하는 변수선택 기법은 다음 중 무엇인가?

① 후진 소거법   ③ 단계적 방법
② 전진 선택법   ④ 필터 기법

전진 선택법	• 기존 모형에 가장 설명력(영향력)이 좋은 변수를 하나씩 추가하는 방법이다. • 모형에서 단순 상관관계수의 절댓값이 가장 큰 변수를 분석모형에 포함시킨다. • 한번 추가된 변수는 제거하지 않는다.
후진 선택법	• 모든 변수가 포함된 모형에서 설명력이 가장 적은 변수를 제거하는 방법이다. • 단순상관계수의 절댓값이 가장 작은 변수를 분석모형에서 제외시킨다. • 한번 제거된 변수는 추가하지 않는다.

단계적 선택법	전진선택법을 선택하여 설명력이 좋은 변수를 추가한 다음 후진선택법을 통해 유의하지 않은 변수를 제거한다.

정답 ①

16 다음 중 임베디드 기법과 규제에 대한 설명으로 옳지 않은 것은?

① 라쏘(L1규제)는 가중치의 절댓값의 합을 최소화하는 것을 제약조건으로 하는 방법이다.
② 임베디드 기법은 필터기법과 래퍼기법의 장점을 결합한 것이며 변수의 일부만 모델링에 사용하고 성능을 측정하는 작업을 n번 반복한 후 그 중 가장 좋은 성능을 보인 변수들을 채택한다.
③ 엘라스틱 넷은 가중치의 절대값의 합과 제곱합을 동시에 추가적인 제약조건으로 하는 방법이다.
④ 릿지(L2규제)는 전체 변수를 유지하면서 각 변수의 계수 크기만 조절하는 것이다.

임베디드 기법은 필터기법과 래퍼기법의 장점을 결합하여 알고리즘 자체에 변수선택을 학습시킨다.

정답 ②

17 아래의 특이값 분해(SVD) 설명으로 가장 적절한 것은?

① 관찰 가능한 데이터를 이용하여 해당 요인을 도출한다.
② $m \times n$ 차원의 행렬 데이터에서 특이값을 추출하고 이를 통해 주어진 데이터 세트를 효과적으로 축약할 수 있는 기법이다.
③ 정방행렬에서만 사용한다.
④ 데이터 안에 관찰할 수 없는 잠재적인 변수가 존재한다고 가정한다.

특이값 분해(SVD)는 일반적인 m × n 차원의 행렬데이터에서 특이값을 추출하고 이를 통해 주어진 데이터 세트를 효과적으로 축약할 수 있는 기법이다.

정답 ②

18 요인분석에 대한 설명으로 틀린 것은?

① 다수의 변수들 간의 관계를 분석해 공통차원을 축약하는 것이다.
② 독립변수와 종속변수의 개념이 없는 기술통계 기법이다.
③ 다수의 변수들의 정보손실을 억제하면서 소수의 요인으로 축약하기도 하지만 변수 자체의 제거는 하지 않는다.
④ 주로 사회과학이나 설문 조사 등에서 많이 활용된다.

요인이 필요없다면 제거해야 한다.

정답 ③

19 불균형 데이터에 대한 설명으로 옳지 않은 것은?

① 클래스가 불균형한 훈련 데이터를 그대로 이용할 경우 과대 적합 문제가 발생할 수 있다.
② 타깃 데이터의 수가 매우 극소수인 경우 불균형 데이터 처리를 할 수 있다.
③ 불균형 데이터에서는 정확도(Accuracy)가 낮아지는 경향이 있다.
④ 언더샘플링 방법에는 랜덤언더샘플링, ENN 등이 있다.

불균형 데이터에서는 정확도(Accuracy)는 높지만 분포가 작은 데이터에 대하여 정밀도(Precision)와 재현율(=민감도)이 낮아지는 문제가 발생할 수 있다.

정답 ③

20 불균형 데이터 세트(Imbalanced Dataset)로 이진 분류 모형을 생성 시 불균형을 해소하기 위한 방법으로 옳지 않은 것은 무엇인가?

① 다수 클래스의 데이터를 일부만 선택하여 데이터의 비율을 맞춘다.
② 과소표집의 경우 데이터의 소실이 매우 크고, 때로는 중요한 정상데이터를 잃을 수 있다.
③ 서로 다른 여러 가지 모형들의 예측 결과를 종합한다.
④ 언더샘플링 방법을 이용하여 소수 클래스의 데이터를 복제 또는 생성하여 데이터의 비율을 맞춘다.

소수 클래스의 데이터를 복제 또는 생성하여 데이터의 비율을 맞추는 것은 오버샘플링 과정이다.

정답 ④

21 개체들 사이의 유사성, 비유사성을 측정하여 2차원 또는 3차원 공간상에 점으로 표현하여 개체들 사이의 집단화를 시각적으로 표현하는 분석 방법은?

① 다차원 척도법(MDS)
② 특이값 분해(SVD)
③ 독립성분분석(ICA)
④ 주성분 분석(PCA)

다차원 척도법(MDS: Multi-Dimensional Scaling)은 개체들 사이의 유사성, 비유사성을 측정하여 2차원 또는 3차원 공간상에 점으로 표현하여 개체들 사이의 집단화를 시각적으로 표현하는 분석 방법이다.

정답 ①

02

데이터 탐색

01 데이터 탐색의 기초 ★★

• 탐색적 데이터 분석의 정의와 그 주제에 대해 이해한다.
• 기본적인 기초통계량의 내용을 습득하고 상관관계분석의 주요 내용을 이해한다.

1. 데이터 탐색

데이터 탐색은 데이터를 관찰하고 시각화하여 특성을 파악하는 단계이다.

(1) 탐색적 데이터 분석(EDA: Exploratory Data Analysis)

● 데이터 분석의 첫 단계로 데이터의 형태, 구조 및 변수 간 관계들을 파악하고 이해하는 과정이다.

● 데이터가 말하려는 것을 수학이나 그래프를 통해 탐색하여, 데이터의 분포와 값을 파악함으로써 잠재적 문제에 대해 인식할 수 있다.

● 탐색적 분석을 기반으로, 데이터의 특성 및 변수 간의 관계를 이해하고 모델링 방향을 설정한다.

예) EDA 과정을 통해 분포의 이상치를 확인할 수 있다.

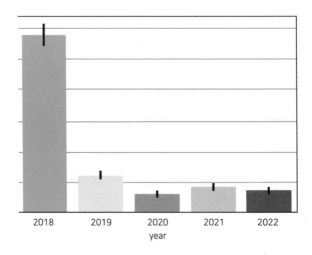

* 2018년도의 값만 타 데이터와 다른 이상값을 갖는 것을 확인할 수 있다.

(2) Four R': 탐색적 데이터 분석(EPA) 4가지 주제

① 저항성(Resistance)

- 수집된 자료 일부가 손상되었을 때도 영향을 적게 받는 성질을 의미한다.
- 저항성 있는 자료는 데이터의 부분적 변동에 민감하게 반응하지 않는다.

② 잔차해석(Residual)

- 관찰값들이 주 경향에서 얼마나 벗어났는지를 의미하는 잔차를 구한다.
- 데이터들이 주 경향에서 벗어난 값의 발생 이유에 대해 탐색하는 작업이다.

③ 자료 재표현(Re-expression)

- 데이터 분석과 해석을 단순화할 수 있도록 원래 변수를 적당한 척도 로그 변환, 제곱근 변환 역수 변환으로 바꾸는 것이다.
- 자료의 재표현을 통하여 분포의 대칭성, 분포의 선형성, 분산의 안정성 등 데이터 구조 파악과 해석에 도움을 얻는 경우가 많다.

④ 자료의 현시성(Graphical Respresentation)

- 그래프에 의한 자료의 표현이다.
- 데이터의 구조를 쉽게 이해할 수 있도록 시각적으로 표현하고 전달하는 과정이다.

(3) 탐색적 데이터 분석 과정 및 절차

① 전체적인 데이터 현황 파악

- 데이터 분석의 목적과 변수의 형태, 속성을 확인한다.
- 변수의 각 속성값이 예측한 범위와 분포인지 확인한다.
- 데이터의 오류값을 확인하여 결측치와 이상치 및 특이값 등을 파악한다.

② 데이터 내의 개별 속성값 확인

- 적절한 통계적 지표를 사용하여 개별 데이터의 추세를 관찰한다.

- 데이터 시각화를 통해 적합한 통계지표를 결정한다.

③ 속성 간의 관계 분석

- 개별데이터 간의 속성에서 보지 못했던 관계 속성을 파악한다.

- 그래프를 통해 속성 간의 관계를 확인할 수 있다.

- 상관계수를 통한 상관관계분석이 가능하다.

(4) 개별변수 탐색 방법

① 범주형 데이터

- 명목척도, 순위 척도에 대한 탐색을 진행한다.

- 시각화는 막대형 그래프(Bar Plot)를 주로 이용한다.

종류	설명	예시
명목형 데이터	변수나 변수의 크기가 순서와 상관없고, 의미가 없이 이름만 의미를 부여할 수 있는 경우	성별, 지역, 학교명
순서형 데이터	어떤 기준에 따라 변수에 순서를 부여할 수 있는 경우	키, 상태, 소득 수준

② 수치형 데이터

- 등간척도, 비율 척도에 대한 데이터 탐색을 진행한다.

- 박스플롯, 히스토그램 주로 이용한다.

종류	설명	예시
이산형 데이터	변수가 취하는 값을 셀 수 있는 경우	설문조사 참여인원, 지역 내 동의 개수
연속형 데이터	변수가 어떤 구간 내의 모든 값을 가질 수 있는 경우	키, 몸무게 등

2. 상관관계분석

실전 Tip

- 데이터 안의 두 변수가 어떠한 선형적 관계를 갖는지 분석하기 위해 상관계수를 이용하는 방법이다.

상관관계는 두 변수 간의 직선관계를 나타냅니다. 상관관계가 있다는 것은 인과관계가 있다는 것이 아닙니다.

- 상관계수란 두 변수 사이에 연관성을 수치적으로 객관화하여 두 변수 사이의 방향성과 강도를 표현한 것이다.

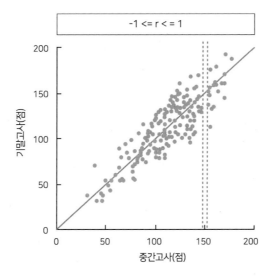

(1) 상관관계의 종류

종류	내용
양의 상관관계	두 변수 사이에서 한 변수의 값이 증가할 때 다른 변수의 값도 증가하는 경향을 보이는 상관관계
음의 상관관계	두 변수 사이에서 한 변수의 값이 증가할 때 다른 변수의 값은 감소하는 경향을 보이는 상관관계
상관관계 없음	한 변수의 값과 다른 변수의 값의 변화가 서로 상관이 없음

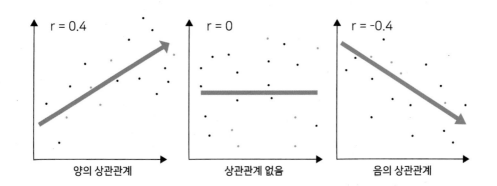

(2) 상관분석의 기본가정

① 선형성(Linearity)

실전 Tip
상관분석의 기본 가정 4가지와 그 내용을 파악해 두어야 합니다.

- 한 변수가 증가할 때 다른 한 변수가 증가 또는 감소 하는 경향을 가지는 것이다.

- 두 변수의 관계가 직선 형태를 띠어야 하며, 산점도를 통해 확인할 수 있다.

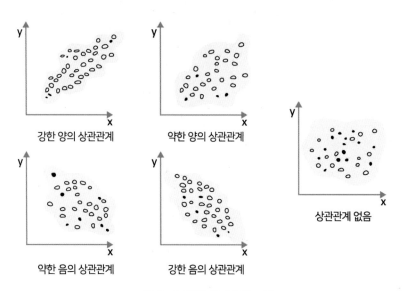

▲ 산점도를 통한 상관관계 표현

② 등분산성(Homoscedastic)

- 두 변수를 대표하는 직선을 그었을 때 독립변수의 어떤 지점에서도 종속변수의 흩어진 정 도가 거의 같다는 것을 의미한다.

- 반대로 일정하지 않으면 이분산성(heteroscedastic)*을 보인다고 한다.

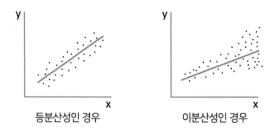

* 이분산성(heteroscedastic): 독립변수의 모든 표본에 대해 확률분포가 일정하지 않다는 것이다.

③ 두 변인의 정규분포성(Normality)

두 변인의 측정치 분포가 모집단에서 모두 정규분포를 이루는 것이다.

(3) 상관분석 방법

① 피어슨 상관분석(Pearson Correlation Coefficient ,PCC)

- 피어슨 상관계수를 활용한 분석이다.

- 두 연속형 변수 간의 선형적인 상관관계를 측정한다.

- 피어슨 상관계수는 +1 과 -1 사이의 값을 가지며, +1은 완벽한 양의 선형 상관관계, 0은 선형 상관관계 없음, -1은 완벽한 음의 선형 상관관계를 의미한다.

$$r_{XY} = \frac{\sum_{i}^{n}(X_i - \overline{X})(Y_i - \overline{Y})}{\sqrt{\sum_{i}^{n}(X_i - \overline{X})^2}\sqrt{\sum_{i}^{n}(Y_i - \overline{Y})^2}}$$

② 스피어만 상관분석(Spearman correlation coefficient)

- 스피어만 상관계수를 활용한 분석이다.

- 스피어만 상관계수가 1에 가까울수록 두 변수는 양의 상관관계를 가지는 것이고, 0에 가까우면 상관성이 없는 것으로 판단할 수 있다.

- 스피어만 상관계수는 두 변수의 순위 사이의 통계적 의존성을 측정하는 비모수적 척도이다.

- 비선형 관계의 연관성을 파악할 수 있다.

- 두 변수간의 연관관계 여부를 알려 주며, 자료의 이상값이 있거나 표본 크기가 작을 때 유용하다.

$$\rho = 1 - \frac{6 \sum d_i^2}{n(n^2 - 1)}$$

🔷 더 알아보기

Kendal's Rank Correlation Coefficient

켄달의 순위 상관계수는 다른 상관계수들과 마찬가지로 $[-1,1][-1,1]$ 범위를 가진다. $(x,y)(x,y)$ 형태의 순서쌍으로 데이터가 있다고 가정했을 때, 즉 xx가 커질 때 yy도 커지면 부합(concordant), xx가 커질 때 yy가 작아지면 비부합(discordant)이다. 이러한 부합 관측치 쌍의 수가 얼마나 많은지 알 수 있다.

3. 기초통계량의 추출 및 이해

(1) 중심화 경향 기초통계량

통계량	설명
평균값	자료를 모두 더한 후 자료의 개수로 나눈 값
기하평균	• n개의 자료에 대해 관측치를 곱한 후 n제곱근으로 표현한다. • 다기간의 수익률에 대한 평균 수익률 등을 구할 때 사용한다.
조화평균	변화율 등의 평균을 구할 때 사용한다.
중위수	모든 데이터 값을 순서대로 배열했을 때 중앙에 위치한 값
최빈수	데이터 중 가장 빈도가 높은 값
사분위수	모든 데이터 값을 순서대로 배열했을 때 4등분한 지점에 있는 값
분산	평균으로부터 얼마나 떨어져 있는지를 나타내는 값
표준편차	분산에 양의 제곱근을 취한 값

(2) 자료의 분포 형태

통계량	설명	예시
첨도 (Kurtosis)	데이터 분포의 뾰족한 정도를 설명하는 통계량	첨도 > 0 첨도 = 0 첨도 < 0

왜도
(Skew)
	• 데이터 분포의 기울어진 정도를 설명하는 통계량
	• 자료의 분포 모양이 평균을 중심으로 한쪽으로 치우쳐져 있는 경향이다.
	  – 0.5 ~ 0.5일 경우 데이터는 상당히 대칭적이다.
	  – 1 ~ -0.5 이거나 0.5 ~ 1일 경우 데이터는 적당히 치우쳐 있다.
	  – 1보다 작거나 1보다 클 경우 데이터는 상당히 치우쳐 있다.
		Mode Mean Mode
		Positive Skewness (left-model) Negative Skewness (right-model)
		Time

4. 시각적 데이터 탐색

데이터가 가지는 의미, 변수 간의 연관성 파악을 위해 다양한 그래프, 차트, 다이어그램 등을 구성한다.

(1) 시각화 도구

① 히스토그램(Histogram)

- 도수분포표의 자료를 그래프로 나타낸 것으로, 숫자 자료 분포를 동일한 폭의 직사각형 형태로 그룹화하여 나타낸다.

- 연속형 자료의 분포상태를 확인하기 용이하다.

실전 Tip
히스토그램과 막대그래프를 헷갈리지 않아야 합니다.

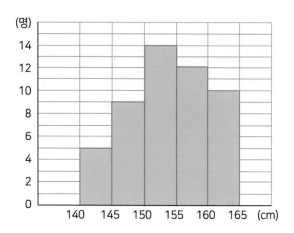

② 막대그래프(Bar graph)

- 범주가 있는 데이터 값을 직사각형 막대의 길이로 표현하는 그래프이다.

- 집단 내 표본의 크기나 분포를 나타내지 않기 때문에 집단의 평균값 등의 통계값을 비교하고자 할 때는 적합하지 않다.

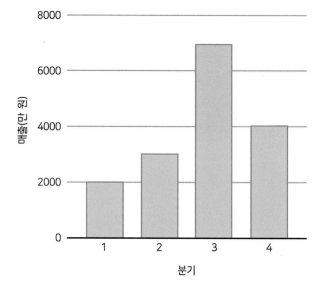

③ 산점도(Scatter plot)

- 산점도는 좌표평면 상에 두 변수가 만나는 점들을 표시하여 두 변수간의 관계를 나타내는 그래프이다.

- 두 개의 연속형 변수 간의 관계를 보기 위하여 사용된다.

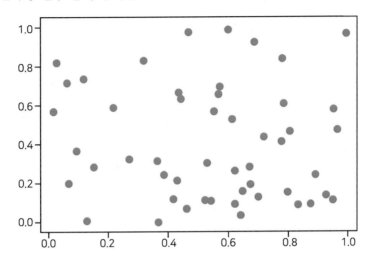

④ 줄기 잎 그림(Stem-and-leaf plot)

- 통계적 자료를 표와 그래프를 혼합한 형태로 나타낸 것이다.

- 변수의 자릿수를 기준으로 하여 앞자리를 줄기로, 뒷자리를 잎으로 하여 시각화하는 방법이다.

- 원자료의 표현 및 재검색이 용이하다.

- 적은 수의 데이터를 표현할 때 적합하다.

헌혈한 사람의 나이 (1 | 7은 17세)

줄기	잎
1	7 7 8 8 9 9 9
2	0 2 3 3 4 7 7 7 8 9 9
3	2 2 5 6 6 6
4	1 4 5 6
5	2 6

⑤ 상자 수염 그림(Box-and-whisker plot)

● 사분위수를 통해 일련의 수치 데이터를 시각화하여 표현한 것이다.

● 데이터의 대체적인 분포 형태를 쉽게 확인할 수 있다.

● 데이터의 속성을 유추 가능한 대표적인 5개의 수치를 그림으로 표현한다.

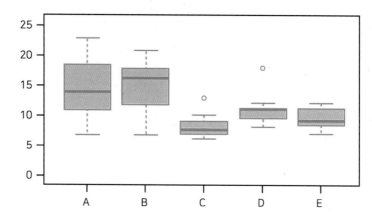

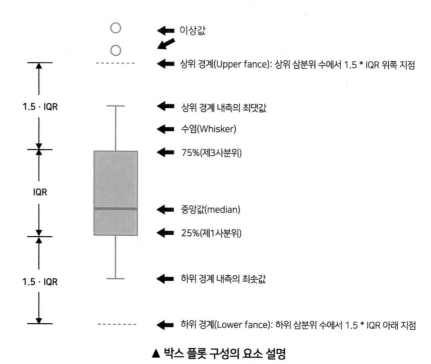

▲ 박스 플롯 구성의 요소 설명

구성요소	내용
제1사분위	자료들의 하위 25%의 위치
제2사분위	자료들의 하위 25%의 위치
제3사분위	• 자료들의 하위 50%의 위치 • 중위수 • 두꺼운 가로선으로 표현
수염	• 상자의 양 끝과 연결된 선 • 상자길이(IQR)의 1.5배만큼 떨어진 지점
최솟값	하위 경계 내 최솟값
최댓값	상위 경계 내 최댓값
하위경계	제1사분위에서 1.5 * IQR 아래 위치
상위경계	제3사분위에서 1.5 * IQR 상위 위치
이상값	• 수염 바깥 쪽 데이터 • 점으로 표현

 이론 바로 적용하기

다음 중 상자 수염 그림(box-and-whisker plot)의 구성요소로 옳지 않은 것은?

① 수염   ② 제3사분위   ③ 이상값   ④ 제4사분위

....

제4사분위는 박스플롯에 나타나지 않는다.

정답 ④

02 고급 데이터 탐색 ★

학·습·포·인·트 --
- 다변량데이터의 정의와 탐색방법을 이해한다.
- 비정형데이터의 탐색방법은 정형데이터와는 다르므로 종류를 파악해 두어야 한다.

1. 시공간 데이터 탐색

공간적 객체에 시간의 개념이 추가되어 시간에 따라 위치나 형상이 변하는 데이터이다.

(1) 시공간 데이터의 특징

① 시간 데이터

한 시점에 대한 정보로 거래 시간, 유효 시간, 일자 등 시간표현을 정의한다.

② 공간 데이터

복잡하고 다양한 값을 가져 효율적인 관리가 중점이 된다.

③ 시공간 데이터

- 시간과 공간 데이터의 결합 형태이다.
- 지리정보시스템, 위치기반 서비스, 위치추적 서비스 등에 활용된다.

더 알아보기

주소를 행정구역으로 변환
- 엑셀 또는 스프레드시트의 문자열 처리 함수를 이용해 쉽게 변환할 수 있다.
- 공백문자를 기준으로 분할할 수 있다.

주소를 좌표계로 변환
- 시공간 데이터의 주소를 이용하여 위도와 경도로 변환한다.
- 지오 코딩 서비스를 이용하여 좌표계로 변환한다.

행정구역 및 좌표계를 지도에 표시
- 공간 데이터에 따라 행정구역 데이터를 지도에 표시하거나 좌표계를 지도에 표시한다.
- 지도에는 코로플레스* 지도, 카토그램**, 버블 플롯맵*** 등이 있다.

---

2. 다변량 데이터 탐색

변수들 간의 상관관계를 이용해 변수를 축약하거나 개체들을 분류하고 관련된 분석방법 등을 동원하여 데이터 분석을 하는 것이다.

(1) 다변량 데이터

① 변량(Variate)의 개념

- 변량은 조사의 특징, 성질을 숫자 또는 문자로 나타낸 것이다.

- 변량에는 크게 일변량, 이변량, 다변량으로 구분한다.

② 유형

유형	설명	탐색 방법
일변량 데이터	단위에 대해 하나의 속성만 측정하여 얻게 되는 변수에 대한 자료	• 기술 통계량 • 그래프 통계량
이변량 데이터	각 단위에 대해 두 개의 특성을 측정해 얻어진 두 개의 변수에 대한 자료	• 조사대상의 각 개체로부터 두 개의 특성을 동시에 관측함 • 일반적으로 두 변수 사이의 관계를 밝히려는 것이 관심의 대상
다변량 데이터	하나의 단위에 대해 두 가지 이상의 특성을 측정하는 경우 얻어지는 변수에 대한 자료	데이터 분석을 시행하기 이전에 산점도 행렬, 별 그림, 등고선 그림 등을 통해 시각적으로 자료를 탐색

(2) 종속변수와 독립변수 사이의 인과 관계

① 다중회귀

- 독립변수가 2개 이상인 회귀 모형을 말하며 각 독립변수는 종속변수와 선형관계임을 가정한다.

- 기본가정

  − 회귀모형은 모수에 대해 선형이다.

  − 오차항의 평균은 0이다.

---

* 코로플레스: 어떤 데이터 수치에 따라 지정한 색상 스케일로 영역을 색칠해서 표현하는 방법이다.
** 카토그램: 특정한 데이터값의 변화에 따라 지도의 면적이 왜곡되는 지도이다.
*** 버블 플롯맵: 버블차트에 위도와 경도 정보를 적용하여 좌표를 원으로 시각화 한 지도이다.

- 오차항의 분산은 모든 관찰치에 대해 일정한 분산을 갖는다.

- 서로 다른 관찰치 간의 오차항은 상관이 없다.

- 오차항은 정규분포를 따른다.

② 로지스틱 회귀

독립변수가 이항형문제를 지칭할 때 사용한다.

③ 일원 분산분석

하나의 독립변수에 의해 종속변수에 대한 평균치 차이를 검정한다.

④ 다변량 분산분석

두 개 이상의 인자에 근거하여 여러 수준으로 나누어지는 분석이다.

(3) 변수축약

변수들 간의 상관관계를 이용하여 변수를 줄이는 방법이다.

실전 Tip
2과목 Chapter 1에서 2. 차원 축소의 내용과 이어지는 내용입니다.

- 주성분 분석(PCA: Principal Component Analysis): n개의 변수로부터 서로 독립인 주성분을 구해 원 변수의 차원을 줄이는 방법이다.

- 요인 분석(Factor Analysis): 다수 변수들의 상관관계를 분석해 공통차원으로 축약한다.

- 정준상관 분석: 두 변수 집단 간의 연관성을 각 변수들의 상관계수를 이용해 분석하는 방법이다.

(4) 개체유도

유사한 개체를 분류하는 방법이다.

- 군집분석: 관측값들의 거리를 이용해 군집으로 분류

- 다차원 척도법: 개체들을 2차원에 위치시켜 개체들 사이의 구조를 파악

- 판별분석: 나뉘어진 개체에 영향을 미칠 것 같은 특성을 측정하고 이를 이용해 새로운 개체 분류

(5) 다변량 데이터 탐색 도구

① 산점도 행렬(Scatter plot Matrix)

- 여러 변수 간의 산점도를 행렬로 나타내 변수 간의 연관성을 표현한 그래프이다.
- 산점도 행렬은 그림 행렬과 개별 대 개별 행렬로 2가지 유형이 있다.
- 그림 행렬(Plot Matrix)
  - 그림 행렬은 최대 20개의 변수를 사용할 수 있으며 가능한 모든 조합의 그래프를 만들 수 있다.
  - 변수가 여러 개 있을 경우 변수 쌍 간의 관계를 보려면 그림 행렬을 사용하는 것이 효율적이다.

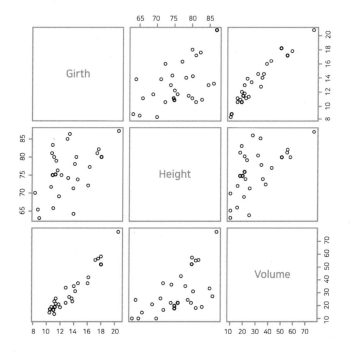

- 개별 Y 대 개별 X 산점도 행렬
  - 개별 Y 대 개별 X 산점도 행렬은 X축 및 Y축 변수를 사용하여 가능한 각 x, y 조합의 그래프를 만든다.

② 스타 차트(Star Chart)

스타 차트는 별 모양의 점을 각각의 변수에 대응되도록 한 뒤 각각의 변숫값에 비례하도록 반경을 나타내도록 하여 관찰 값을 그림으로 표시한 그래프이다.

3. 비정형 데이터 탐색

● 비정형 데이터는 이미지나 영상, 텍스트처럼 형태와 구조가 다른 구조화 되지 않은 데이터이다.

● 정해진 형식이 없어 저장 및 관리의 어려움이 있다.

● 정형데이터에 비해 차지하는 저장공간이 넓고, 분석난이도가 높다.

(1) 비정형 데이터 탐색 방법

탐색 방법	내용
텍스트 탐색 방법	스크립트 파일 형태일 경우 데이터를 파싱한 후 탐색
이미지, 동영상	데이터의 종류별로 소프트웨어를 이용해 탐색
XML, JSON, HTML	각각의 파서를 이용해 데이터 파싱 후 탐색

(2) 비정형데이터 분석

실전 Tip

비정형데이터 분석 방법의 종류와 내용을
숙지해야 합니다.

종류	내용	특징
데이터 마이닝	대규모의 데이터 안에서 체계적이고 자동으로 통계적 규칙이나 패턴을 분석해 가치 있는 정보를 추출하는 과정이다.	• 신용평점시스템, 사기탐지시스템, 장바구니 분석 등과 같이 다양한 산업 분야에서 사용된다. • 자료가 현실을 충분히 반영하지 못한 상태에서 정보를 추출한 모형을 개발할 경우 잘못된 모형을 구축하는 오류를 범할 수 있다.
텍스트 마이닝	자연어처리 방식을 이용해 대규모 문서에서 정보추출, 연계성 파악, 분류 및 군집화 등을 통해 데이터의 숨겨진 의미를 발견하는 기법이다.	정보검색, 문서 자동분류, 신문 기사 클러스터링, AI 등에 활용된다.
오피니언 마이닝	• 텍스트 마이닝의 한 분류로 특정주제에 대한 사람들의 의견을 통계화하여 객관적 정보로 바꾸는 기술이다. • 감정분석이라고도 불린다.	소비자의 반응, 시장예측 등에 활용된다.
웹마이닝	웹자원으로부터 의미 있는 패턴 및 추세 등을 도출해 내는 것이다.	• 대량의 로그기록을 기반으로 정보를 수집하여 패턴 등을 도출해 낸다. • 로그기록을 바탕으로 마케팅 기획, 결과분석 등 다양한 분야에 활용된다.

 이론 바로 적용하기

다음은 비정형데이터분석에 대한 설명이다. 해당하는 분석 방법은?

• 사람들의 의견을 통계화하여 객관적 정보로 바꾸는 기술이다.
• 소비자의 반응, 시장예측 등에 활용된다.

① 텍스트 마이닝   ② 웹마이닝
③ 오피니언 마이닝   ④ 데이터 마이닝

오피니언마이닝에 대한 설명이다.

정답 ③

01 다음 중 EDA(Exploratory Data Analysis) 4가지 주제에 대한 설명으로 올바르지 않은 것은?

① 저항성(Resistance) – 저항성 있는 자료는 데이터의 부분적 변동에 민감하게 반응한다.
② 잔차 해석(Residual) – 관찰값들이 주경향에서 얼마나 벗어났는지를 의미하는 잔차를 구하는 것이다.
③ 자료 재표현(Re-expression) – 데이터 분석과 해석을 단순화할 수 있도록 원래의 변수를 적당한 척도(로그 변환, 제곱근 변환, 역수 변환)로 바꾸는 것이다.
④ 현시성(Graphic Representation) – 그래프에 의한 사료의 표현이다.

저항성은 데이터의 부분적 변동에 민감하게 반응하지 않는다.
정답 ①

02 상관분석의 기본가정에 대한 용어와 설명을 연결한 것 중 틀린 것은?

① 동변량성 – X의 값에 관계없이 Y의 흩어진 정도가 같은 것이다.
② 선형성 – X와 Y의 관계가 직선인지를 확인하는 것으로 이 가정은 산점도를 통해 확인할 수 있다.
③ 상관분석 – 두 변수 간의 선형적 관계를 상관계수로 표현한 것이다.
④ 정규분포성 – X와 Y의 분포가 확률분포를 이룬다는 것이다.

정규분포성 – X와 Y의 분포가 정규분포를 이룬다는 것이다.
정답 ④

03 다음 중 변수의 속성에 따른 상관성 분석 방법이 가장 옳게 짝지어진 것은?

① 수치적 데이터 – 스피어만 순위상관계수
② 수치적 데이터 – 피어슨 상관계수
③ 수치적 데이터 – 카이제곱 검정
④ 순서적 데이터 – 피어슨 상관계수

변수의 속성에 따른 분류
순서적 데이터 – 스피어만 순위상관계수
명목적 데이터 – 카이제곱
수치적 데이터 – 피어슨 상관계수
정답 ②

04 다음 중 상관관계 분석에 대한 설명으로 가장 올바르지 않은 것은?

① 상관계수란 두 변수 사이에 연관성을 수치적으로 객관화하여 두 변수 사이의 방향성과 강도를 표현한 것이다.
② 상관관계가 있다는 것은 인과관계가 있다는 것은 아니다.
③ 다중상관 분석(Multiple Correlation Analysis)은 2개 이상의 변수 간 관계 강도를 측정한다.
④ 단순상관 분석(Simple Correlation Analysis)은 단순히 두 개의 변수가 어느 정도 강한 관계에 있는가를 측정한다.

다중상관 분석(Multiple Correlation Analysis)은 3개 이상의 변수 간 관계 강도를 측정한다.
정답 ③

05 다음 중 스피어만 상관계수에 대한 설명으로 옳지 않은 것은?

① 자료의 이상값이 있거나 표본 크기가 작을 때 유용하다.
② 두 변수의 순위 사이의 통계적 의존성을 측정하는 비모수적 척도이다.
③ 1에 가까울수록 두 변수는 양의 상관관계를 가지는 것이고, 0에 가까우면 상관성이 없는 것으로 판단할 수 있다.
④ 연속형 변수의 상관관계를 측정한다.

피어슨 상관분석에 대한 설명이다.

정답 ④

06 피어슨 상관계수에 대한 설명으로 옳은 것은?

① 데이터가 서열자료인 경우 데이터를 작은 것부터 순위를 매겨 서열 순서를 바꾼 후 상관계수를 구한다.
② 피어슨 상관계수는 0과 1 사이의 값을 가진다.
③ 피어슨 상관계수는 두 변수 X와 Y의 선형 상관관계를 계량화한 수치이다.
④ 두 변수 간의 연관관계가 있는지 확인 가능하며 표본크기가 작을 때 유용하다.

② 피어슨 상관계수는 +1과 -1 사이의 값을 가진다.
③, ④ 스피어만 상관계수에 대한 설명이다.

정답 ①

07 다음 중 기초통계량과 그 설명이 옳게 이어지지 않은 것은?

① 조화평균 – 변화율 등의 평균을 구할 때 사용한다.
② 표준편차 – 분산에 양의 제곱근을 취한 값
③ 평균값 – 자료를 모두 더한 후 자료의 개수로 나눈 값
④ 기하평균 – 모든 데이터 값을 순서대로 배열했을 때 4등분한 지점에 있는 값

사분위수에 대한 설명이다.
기하 평균은 n개의 자료에 대해 관측치를 곱한 후 n제곱근으로 표현한다. 다기간의 수익률에 대한 평균 수익률 등을 구할 때 사용한다.

정답 ④

08 다음 중 아래의 시각화도구로 옳은 것은?

헌혈한 사람의 나이

줄기	잎
1	7 7 8 8 9 9 9
2	0 2 3 3 4 7 7 7 8 9 9
3	2 2 5 6 6 6
4	1 4 5 6
5	2 6

① 막대 그래프
② 히스토그램
③ 줄기 잎그림
④ 산점도

줄기잎그림은 통계적 자료를 표와 그래프를 혼합한 형태로 나타낸 것이다.

정답 ③

09 수많은 표본을 추출한 후 각 표본에 대한 평균을 구하고, 각 평균에 대한 전체 평균을 다시 구한 값으로 각 평균이 전체 평균으로부터 평균적으로 얼마나 떨어져 있는지를 나타낸 값은?

① 평균의 표준오차
② 범위
③ 표본의분산
④ 최빈수

> 각 평균이 전체 평균으로부터 평균적으로 얼마나 떨어져 있는지는 평균의 표준오차에 대한 설명이다.
> 정답 ①

10 왜도에 대한 설명으로 틀린 것은?

① 분포의 비대칭 정도를 나타내는 통계적 척도이다.
② 오른쪽으로 더 길면 양의 값이 되고 왼쪽으로 더 길면 음의 값이 된다.
③ 기초 통계량 중 자료의 분산을 알아보는 통계량이다.
④ 데이터 분포의 기울어진 정도를 설명하는 통계량이다.

> 왜도는 자료의 분포를 알아보는 기초통계량이다.
> 정답 ③

11 아래 자료에 대해 사분위 간 범위를 구하시오.

7, 9, 16, 36, 39, 45, 45, 46, 48, 51

① 24.54
② 32.25
③ 30.2
④ 28.4

> Q1 = 14.25
> Q2(중위수) = 42
> Q3 = 46.50
> 사분위 간 범위 = 32.25
> 제1사분위수와 제3사분위수 간의 거리(Q3–Q1)이므로, 데이터의 중간 50%에 대한 범위
> 정답 ②

12 다음 중 시공간데이터의 특징으로 옳지 않은 것은?

① 공간 데이터는 복잡하고 다양한 값을 가져 효율적인 관리가 중점이 된다.
② 일정한 주기로 수집되는 데이터를 이용해 연속적으로 표현할 수 있다.
③ 시간데이터는 위치기반서비스, 위치추적 서비스 등에 활용된다.
④ 시간데이터에는 거래시간, 사용자 정의 시간, 스냅샷 데이터 등이 있다.

> 시공간데이터에 대한 설명이다.
> 정답 ③

13 시각적 데이터 탐색에서 자주 사용되는 박스 플롯(Box-Plot)으로 알 수 없는 통계량은 무엇인가?

① 평균값
② 최솟값
③ 이상값
④ 최댓값

> 중앙값은 알 수 있으나 평균값을 알기 어렵다.
> 정답 ①

14 다변량 데이터에 대한 설명으로 옳지 않은 것은?

① 일변량데이터는 조사대상의 각 개체로부터 두 개의 특성을 동시에 관측할 수 있다.
② 변량은 크게 일변량, 이변량, 다변량으로 구분한다.
③ 이변량 데이터는 일반적으로 두 변수 사이의 관계를 밝히려는 것이다.
④ 다변량 데이터는 하나의 단위에 대해 두 가지 이상의 특성을 측정하는 경우 얻어지는 변수에 대한 자료이다.

이변량 데이터에 대한 설명이다.

정답 ①

15 다음 중 아래에서 설명하는 비정형데이터분석의 방법으로 옳은 것은?

- 대규모의 데이터 안에서 체계적이고 자동적으로 통계적 규칙이나 패턴을 분석해 가치 있는 정보를 추출하는 과정이다.
- 자료가 현실을 충분히 반영하지 못한 상태에서 정보를 추출한 모형을 개발할 경우 잘못된 모형을 구축하는 오류를 범할 수 있다.

① 오피니언 마이닝
② 데이터 마이닝
③ 텍스트 마이닝
④ 웹마이닝

데이터 마이닝에 대한 설명이다. 신용평점시스템, 사기탐지시스템, 장바구니 분석 등과 같이 다양한 산업분야에서 사용된다.

정답 ②

더 멋진 내일(Tomorrow)을 위한 내일(My Career)

내 일 은 빅 데 이 터 분 석 기 사

03

통계기법 이해

01 기술통계 ★★

학·습·포·인·트

- 모집단과 표본의 개념 및 확률과 확률변수를 이해한다.
- 표본추출방법은 빈출되는 문제이므로 각 종류에 대해 암기한다.

1. 통계

● 다양한 자료로부터 유용한 정보를 이끌어내는 작업으로 기술통계와 추리통계로 구분된다.

● 기술통계는 측정이나 실험에서 수집한 자료의 요약, 정리, 해석 등을 통해 자료의 특성을 나타내는 것으로 데이터의 분포를 파악할 수 있다.

● 추론통계는 수집된 데이터를 바탕으로 추론 및 예측하는 기법이다.

(1) 모집단과 표본

● 모집단: 어떠한 전체의 특성에 대해 추론하고자 할 때 관심이 되는 대상 전체

● 표본: 어떠한 전체의 특성에 대해 추론하고자 할 때 조사되는 일부분

● 모수: 모집단의 특성

● 통계량: 표본의 특성

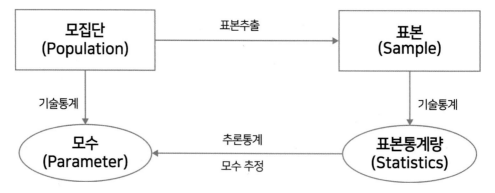

(2) 자료의 종류

측정 방법	설명
명목척도	측정 대상이 어느 집단에 속하는지 분류할 때 사용한다. 예) 출생 지역, 성별 등
순서척도	측정 대상의 특성이 가지는 서열 관계를 관측하는 척도이다. 예) 선호도, 성적 순위
구간척도	측정 대상이 갖고있는 속성의 양을 측정하는 척도이다. 절대적 원점이 없어 두 구간척도 관측값 사이의 비율은 의미가 없다. 예) 온도, 지수 등
비율척도	절대적 기준인 0 값이 존재하고, 사칙연산이 모두 가능하며 제일 많은 정보를 가진다. 예) 나이, 소득, 제품가격 등

> **더 알아보기**
> - 사칙연산이 가능한 자료는? (   )
> - 관측값 사이의 비율은 의미를 가지지 않는 것은? (   )
>
> 답: 비율척도, 구간척도

2. 표본추출

(1) 전수조사와 표본조사

● 전수조사: 관심의 대상이 되는 모집단 전체를 조사하는 것이다.

● 표본조사: 전체 중 일부를 표본으로 선정하여 조사분석을 시행하고, 이를 전체의 분석 결과로 사용한다.

(2) 확률 표본추출 기법

모집단에 속하는 모든 추출 단위에 대해 사전에 일정한 추출확률이 주어지는 표본 추출법으로 모든 표본들의 추출확률을 사전에 알 수 있다.

① 단순 무작위 추출

● m개의 원소로 구성된 모집단에서 n개의 표본을 추출할 때 각 원에 번호를 부여하고 여기서 n개의 번호를 임의로 선택해 그 번호에 해당하는 원소를 표본으로 추출한다.

● 무작위 비복원 추출로 모집단으로부터 무작위 추출하고 독립적 선택한다.

● 추출 모집단에 대해 사전지식이 적은 경우 시행하는 방법이다.

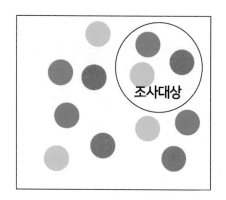

② 계통 추출

- 모집단에서 추출 간격을 설정해 일정한 간격을 두고 추출하는 방법이다.

- 모집단의 모든 원소들에게 일련번호를 부여하고 이를 순서대로 나열해 k개씩 n개의 구간으로 나눈다. 첫 구간에서 하나를 임의로 선택 후 k개씩 띄어 표본을 추출한다.

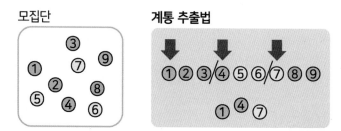

③ 층화 추출

- 이질적인 원소들로 구성된 모집단에서 서로 유사한 것끼리 몇 개의 계층으로 나눈다. 이후 각 계층을 골고루 대표하도록 표본을 추출하는 방법이다.

- 각 집단별 분석이 필요한 분석의 경우나 모집단 전체에 대한 특성치의 추정이 필요한 경우 시행한다.

- 모집단의 각 계층에 대한 정확한 정보가 필요하다.

④ 군집 추출

- 모집단을 차이가 없는 여러 군집으로 나눈 후 일부 또는 전체 군집에서 표본을 추출한다.

- 표본 크기가 같은 경우 단순 임의 추출에 비해 표본 오차가 증대할 가능성이 있다.

- 모집단이 몇 개의 군집이 결합된 형태로 구성되어 있고, 각 집단에서 원소들에게 일련번호를 부여할 수 있는 경우 사용한다.

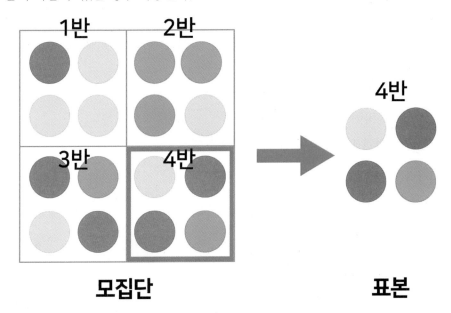

모집단   표본

이론 바로 적용하기

다음에서 설명하는 표본추출 기법으로 옳은 것은?

- 모집단을 차이가 없는 여러 군집으로 나눈 후 일부 또는 전체 군집에서 표본을 추출한다.
- 표본 크기가 같은 경우 단순 임의 추출에 비해 표본 오차가 증대할 가능성이 있다.

① 군집 추출　　　　　　　② 층화 추출
③ 단순 무작위 추출　　　　④ 계통 추출

군집 추출에 대한 설명이다.

정답 ①

(3) 비확률 표본추출 기법

- 모집단 내의 각 구성요소가 선택될 확률을 모르는 경우 사용한다.

- 모집단을 정확하게 규정하기 힘든 경우 또는 표본 오차가 큰 경우 유용하다.

① 편의표본추출법(간편 추출법, Convenience Sampling)

- 가장 간단한 방법으로 조사원 개인의 판단에 따라 간편한 방법으로 표본을 추출한다.

- 추출 표본이 모집단을 잘 대표하는지를 알 수 없고, 얻어진 통계치에 대한 통계적 정확성을 평가할 수 없다.

② 판단추출법(Purposive Sampling)

- 모집단의 의견을 반영 가능한 특정 집단을 표본으로 선택한다.

- 조사자의 주관적 판단에 의해 표본이 추출되기 때문에 추정치의 정확성에 대해 객관적으로 평가할 수 없다.

- 모집단의 성격을 대표하지 못한다.

③ 할당 추출법(Quota Sampling)

- 정해준 분류기준에 의해 전체집단을 다수의 소집단으로 분류하고, 각 집단별로 대상을 추출한다.

- 각 집단의 표본의 크기가 충분히 큰 경우 사용 가능하다.

- 가장 널리 사용되는 방법으로 모집단의 특성을 잘 반영한다.

3. 확률분포

(1) 확률

① 개념

특정 사건이 일어날 가능성의 척도로 표본이 유한 개의 원소로 구성되어 있고 사건들이 일어날 가능성이 모두 같다면 사건의 확률은 다음과 같다.

$$P(A) = \frac{n(A)}{n(S)}$$

② 확률의 성질

- 모든 사건 E의 확률값은 0과 1 사이에 있다.

- 전체집합의 확률은 1이다.

- 배반사건*들의 합집합의 확률은 각 사건들의 확률의 합이다.

③ 조건부 확률

- 사건 A가 일어났다는 가정 하에 사건 B가 일어날 확률이다.

- $P(A) > 0$을 만족할 때, 사건 A가 주어진다면 조건부 확률은 P(B|A)이다.

$$\text{"if"} \, P(A) > 0$$
$$P(B|A) = \frac{P(A \cap B)}{P(A)}$$

④ 분할

사건의 합이 전체를 포괄하지만, 전혀 중복이 안 되는 사건의 집합이다.

(2) 확률변수

① 확률변수

- 특정 사건이 일어날 확률실험에서 발생하는 결과값 또는 그 결과값에 대한 함수이다. 함수는 대문자 X로 표기한다.

- 수집된 자료가 특정한 확률분포를 따른다고 가정하며 이는 확률변수의 종류에 따라 구분하여 사용한다.

② 확률변수의 종류

종류	내용
이산확률변수	• 사건의 확률이 그 사건들이 속한 점들의 확률의 합으로 표현할 수 있는 확률변수를 말한다. • 베르누이 확률분포, 이항분포, 기하분포, 다항분포, 포아송분포 등
연속확률변수	• 사건의 확률이 그 사건에서 어떤 0보다 큰 값을 갖는 함수의 면적으로 표현될 수 있는 확률변수를 말한다. • 정규분포, 지수분포, 균일분포, t-분포 등

---

* 배반사건: 교집합이 공집합인 사건들이다.

③ 확률변수의 기댓값

- 각 값이 발생할 확률에 가중치를 곱한 값의 합이다.

- 확률 변수 X의 이론적 평균과 같으며 $E(X)$로 표기한다.

- 확률변수의 평균적인 값을 계산하는 데 사용된다.

확률변수의 종류	공식
이산확률변수	이상확률변수 X의 확률질량함수가 $P(X=x_i)=p_i\,(i=1, 2, 3,\ \cdots, n)$일 때, 기댓값(평균): $E(X)=\sum_{i=1}^{n}x_ip_i=x_1p_1+x_2p_2+x_3p_3+\cdots+x_np_n$
연속확률변수	연속확률변수 X가 취할 수 있는 값의 범위가 $\alpha \le X \le \beta$이고 확률밀도함수 $f(x)$일 때, 평균: $E(X)=m=\int_{\alpha}^{3}xf(x)dx$

더 알아보기

특성	이산형 확률변수	연속형 확률변수
확률변수 값	유한함	무한함
확률함수	P(X)	$P(a \le X \le b)$
확률	0~1 사이에 존재하며, 총합은 1	분포 상의 모든 구간에서 0~1 사이의 면적이 1
함수	확률질량함수	확률밀도함수, 누적확률밀도함수

④ 확률변수의 분산

- 분산은 각 데이터 값이 평균으로부터 얼마나 떨어져 있는지를 나타내는 측정값이다.

- 데이터가 얼마나 집중적으로 분포되어 있는지 파악하는 데 유용하다.

확률변수의 종류	공식
이산확률변수	분산: $V(X)\sum_{i=1}^{n}(x_i-m)^2p_i=E(X^2)-\{E(X)\}^2$ (단, $m=E(X)$)
연속확률변수	분산: $V(X)=E((X-m)^2)=\int_{\alpha}^{\beta}(x-m)^2f(x)dx$ 또는 $V(X)=\int_{\alpha}^{\beta}x^2f(x)dx-m^2=E(X^2)-\{E(X)\}^2$

이론 바로 적용하기

다음 중 이산확률변수의 분포가 아닌 것은?

① 이항분포   ② 기하분포   ③ 지수분포   ④ 포아송 분포

....

지수분포는 연속형 확률변수의 분포이다.

정답 ③

(3) 확률분포의 종류

실전 Tip
이산확률분포와 연속확률분포의 종류와
내용에 대해서 숙지해야 합니다.

종류	내용
이산확률변수	• 유한하거나 셀 수 있는 범위에서만 값을 가지는 확률변수를 나타낸다. • 각 값에 대한 확률이 명확하게 정의되며, 이산적인 값에 대해서만 확률이 존재한다.
연속확률변수	• 특정 범위 안에서 값이 나타날 확률이 정의된다. • 확률 밀도 함수를 통해 값을 계산하며, 연속적인 값에 대해서도 확률이 존재한다.

(4) 이산확률 분포

① 포아송분포(Poisson Distribution)

● 정해진 시간 안에 어떠한 사건이 일어날 횟수에 대한 확률을 구할 때 사용된다.

● 일어나는 사건이 독립적이고 무작위적이다.

   예) 한 공장에서 발생하는 불량품의 수

● 확률변수 X가 포아송확률변수이면 모수 λ는 평균 발생의 수

$$p(x) = \frac{e^{-\lambda}\lambda^x}{x!}$$

$$e = 2.718281 \cdots$$

Chapter 3. 통계기법 이해 • **211**

② 베르누이 분포

- 베르누이 시행*에서 특정 실험 결과가 성공 또는 실패로, 두 결과 중 하나를 얻는 확률분포를 말한다.

- 일정 단위에서 평균 성공수가 m일 때, 성공횟수를 확률변수로 하는 분포이다.

$$E(X) = 1 \cdot p + 0 \cdot (3)(1-p) = p$$

$$Var(X) = E(X-p)^2 = (0-p)^2 \cdot (1-p) + (1-p)^2 \cdot p = p(1-p)$$

③ 이항분포

- n번 시행 중 각 시행의 확률이 p일 때, k번 성공할 확률 N과 k가 1이면 베르누이를 시행한다.

- 성공확률이 0.01이고 시행 횟수가 1,000 이상이면 포아송분포로 근사가 가능하다.

- 성공확률이 p인 베르누이 시행을 n번 했을 때의 성공 횟수가 따르는 분포이다.

$$E(X) = E(\sum_{x=0}^{n} X_i) = \sum_{x=0}^{n} E(X_i) = np$$

$$Var(X) = Var(\sum_{x=0}^{n} X_i) = \sum_{x=0}^{n} Var(X_i) = np(1-p)$$

$$M_X(t) = E(e^{tX}) = \sum_{x=0}^{n} \binom{n}{x} e^{tX} p^x (1-p)^{n-x}$$

$$= \sum_{x=0}^{n} \binom{n}{x} (pe^t)^x (1-p)^{n-x}$$

$$= [1-p+pe^t]^n$$

---

* 베르누이 시행: 결과가 둘로 나뉘는 시행이다.

④ 다항분포

각 시행에서 발생 가능한 결과가 k가지로, 각 독립적인 시행에서 i번째 결과 확률은 p_i로 고정시키는 것을 말한다.

종류	내용
평균	$E[X_k] = np_k$ (예를들어, $E[X_1] = np_1$)
분산	$V[X_1] = np_k(1-p_k)$

⑤ 기하분포

● 베르누이 시행을 독립적으로 반복해서 성공을 얻을 때까지 걸리는 시행 횟수이다.

● 어떤 확률변수 X가 '성공' 확률이 p인 시행을 반복하여 처음으로 '성공'이 나타난 시도 횟수이다.

$$E(X) = \sum_{x=1}^{\infty} X(1-p)^{x-1}p = \frac{1}{p^2} \cdot p = \frac{1}{p}$$

$$Var(X) = E(X(X-1)) + E(X) - (E(X))^2$$

$$= \frac{2(1-p)}{p^2} + \frac{1}{p} - \frac{1}{p^2} = \frac{1-p}{p^2}$$

이론 바로 적용하기

다음 중 포아송분포에 대해 설명한 것이 아닌 것은?

① 이항분포에서 성공확률이 0.01이고 시행 횟수가 1000 이상이면 포아송분포로 근사가 가능하다.

② 일정 단위에서 평균 성공수가 m일 때, 성공횟수를 확률변수로 하는 분포이다.

③ 정해진 시간 안에 어떤 사건이 일어날 횟수에 대한 확률을 구할 때 사용된다.

④ 일어나는 사건이 독립적이고 무작위적이다.

....

이항분포에 대한 설명이다.

정답 ③

(5) 연속확률분포

① 정규분포(Normal Distribution, $X \sim N(\mu, \sigma^2)$)

- 도수분포곡선이 평균값을 중심으로 좌우대칭 종모양을 이루는 것이다.

- 평균에서 좌우로 멀어질수록 x축에 무한히 가까워진다.

- 분포의 평균과 표준편차가 어떤 값을 취하는지와는 관계없이 정규곡선과 X축 사이의 면적은 $1/\alpha\sqrt{2\pi}$ 이다.

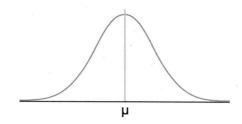

② 표준정규분포(Standard Normal Distribution, $X \sim N(0, 1)$)

- 정규분포함수에서 X 를 Z로 정규화한 것이다.

$$z = \frac{X - M}{\sigma}$$

- 정규분포에서 평균 μ =0이고, 분산 $\sigma^2 = 1$인 분포를 말한다.

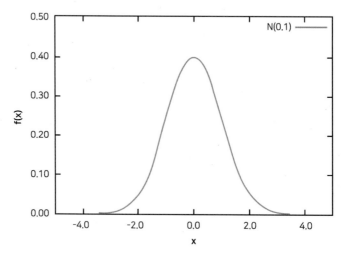

③ t-분포(Student's t-Distribution)

- 모집단이 정규분포라는 정도만 알고, 모 표준편차는 모를 때 사용한다.

- 정규분포의 평균을 측정할 때 주로 사용되며, 두 집단 간 평균의 차이 검정에도 활용된다.

- 정규분포와 유사하게 좌우대칭의 종모양을 이루지만 자유도(t)에 따라 형태가 달라진다.

- 표본 수가 적을 경우 평균을 추정할 수 있다.

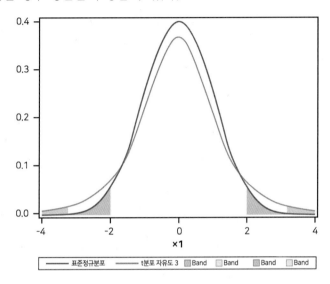

④ X^2 분포(카이제곱분포)

- 표준정규분포 제곱한 값에 대한 분포로 항상 양수이다.

- 우측 꼬리 분포로 자유도가 커질수록 정규분포에 가까워진다.

- 모집단의 분산을 추정한다.

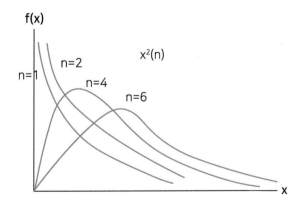

⑤ F-분포

- 두 개의 독립적인 카이제곱 분포가 있을 때 두 확률변수의 비이다.

- 두 분산 간의 동질성 여부를 검정하거나 두 개 이상의 평균치 간의 차이 유무를 검정할 때 사용한다.

- 왼쪽으로 치우친 모양으로 두 개의 자유도에 따라 모양이 달라진다.

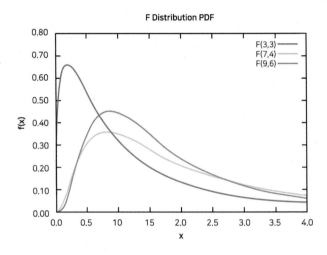

⑥ 지수분포(Exponential Distribution)

- 지정된 시점으로부터 어떤 시간이 일어날 때까지의 시간의 확률로 분포를 만든 것이다.

- 어떤 사건의 발생 횟수가 포아송 분포를 따르면, 사건 사이의 대기 시간은 지수분포를 따르게 된다.

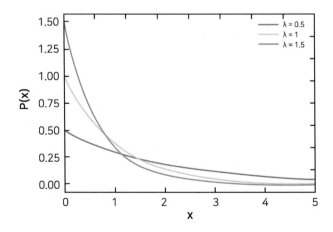

이론 바로 적용하기

다음 중 정규분포에 대한 설명이 아닌 것은?

① 분포의 평균과 표준편차가 어떤 값을 취하는지와는 관계없이 정규곡선과 X축 사이의 면적은 $1/\alpha \sqrt{2\pi}$ 이다.

② 도수분포곡선이 평균값을 중심으로 좌우대칭 종모양을 이루는 것이다.

③ 평균에서 좌우로 멀어질수록 x축에 무한히 가까워진다.

④ 지정된 시점으로부터 어떤 시간이 일어날 때까지의 시간의 확률로 분포를 만든 것이다.

....

지수분포에 대한 설명이다.

정답 ④

4. 표본분포

● 표본통계량의 확률분포이다.

● 모집단에서 임의로 추출하여 크기가 n인 확률표본 중 확률변수의 분포이다.

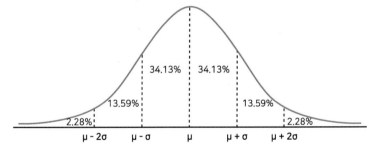

평균이 μ이고 표준편차가 σ인 정규분포

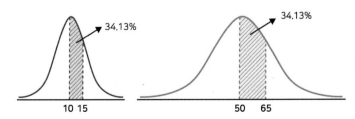

평균과 표준편차가 달라도 동일한 백분율

① 큰 수의 법칙

- 표본집단의 크기가 커질수록 그 표본평균이 모평균에 가까워진다.

- 데이터를 많이 뽑을수록 표본평균의 분산은 0에 가까워진다.

② 중심 극한 정리

표본의 수가 충분히 크다면 모집단의 분포와 상관없이 표본분포는 정규분포에 근사한다.

(1) 표본평균의 표본분포 통계량

- 평균

$$E(\overline{x}) = \mu$$

- 분산

$$V(\overline{x}) = \frac{\sigma^2}{n}$$

- 표준오차: 동일 분포로부터 선택한 표본 간에 발생할 수 있는 평균값의 차이에 대한 측도

$$\sigma[\overline{X}] = srandarderror = \frac{\sigma}{\sqrt{n}}$$

(2) 표본비율

크기가 m개인 모 집단으로부터 표본 크기가 n인 표본의 추출 시 이 표본을 구성하는 m개의 개체들을 통해 조사하고자 하는 결과가 성공 또는 실패로 구분될 때, 표본을 구성하는 n개의 개체 중 성공으로 나타나는 개체 수의 비율이다.

- 표본비율의 기대값과 분산

$$E(p) = \pi = p$$
$$Var(p) = \frac{\pi(1-\pi)}{n} = \frac{p(1-p)}{n}$$

● 표본비율의 표준편차

$$\sqrt{Var(p)} = \sqrt{\frac{\pi(1-\pi)}{n}} = \sqrt{\frac{p(1-p)}{n}}$$

(3) 표본비율의 표본분포

① Z-분포

- 표본 통계량이 표본평균일 때 이를 표준화시킨 표본분포

- 정규 분포 평균의 해석에 많이 쓰이는 분포

② t-분포

모집단이 정규분포라는 정도만 알고, 모 표준편차는 모를 때 사용하는 분포

③ 카이제곱 분포

K 개의 서로 독립적인 표준 정규 확률변수를 제곱한 다음 합해서 얻어지는 분포

④ F-분포

표본 통계량이 두 독립 표본에서 계산된 표본 분산들의 비율일 때 사용하는 표본분포

02 추론통계 ★★★

- 가설검정을 통해 모수를 판단하는 통계적 기법에 대한 내용이다.
- 점 추정과 구간추정의 조건과 특성에 대해 이해한다.
- 가설검정과 신뢰구간은 빈출되는 내용이므로 헷갈리지 않도록 반복해서 암기한다.

1. 추론통계

- 주어진 데이터를 이용하여 모집단의 특성을 추론하고 결과의 신뢰성을 검정하는 통계적 방법이다.
- 가설검정을 이용하여 모수를 판단한다.
- 표본의 개수가 많을수록 표본 오차는 감소한다.

2. 점추정

- 가장 참이라고 생각되는 하나의 모수를 선택하고, 모수가 특정 값일 것으로 추정한다.
- 점 추정 조건 통계는 표본평균, 표본분산, 위수, 최빈수가 있다.

(1) 점추정의 조건

① 불편성(unbiasedness)

> **실전 Tip**
>
> 점 추정의 조건 4가지는 [불 효 일 충]이다.

- 표본으로부터 구한 통계량의 기대치가 추정하려 하는 모수의 실제 값에 같거나 가까워지는 성질이다.
- 표본에서 얻은 추정량의 기댓값은 모집단의 모수와 차이가 없다.

② 효율성(efficiency)

추정량의 분산이 작을수록 좋다.

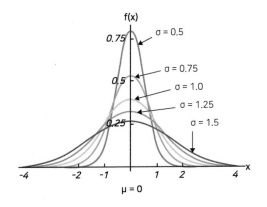

③ 일치성(consistency)

표본의 크기가 커지면, 추정량이 모수와 거의 같아진다.

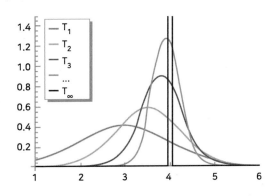

④ 충분성(sufficiency)

● 추정량이 모수에 대해서 가장 많은 정보를 제공해야 한다.

● 충분추정량을 사용해 충분성을 측정한다.

이론 바로 적용하기

다음 중 점추정의 조건이 아닌 것은?

① 등분산성　　　② 불편성　　　③ 일치성　　　④ 충분성

⋯⋯⋯⋯⋯

점추정의 조건은 불편성, 효율성, 일치성, 충분성 4가지이다.

정답 ①

(2) 점추정량(point Estimate)

● 모집단의 특성을 단일 값으로 추정하는 것이다.

● 점추정의 방법은 적률방법(Moment Method), 최대우도추정법(Maximum Likelihood)이 있다.

모수	내용	
모평균	$$E(\overline{X}) = E\left(\frac{1}{n}\sum_{i=1}^{n}X_i\right)$$ $$= \frac{1}{n}\sum_{i=1}^{n}E(X_i)$$ $$= \mu$$	$X_1, X_2, ..., X_n$: 표본 • μ : 모평균 • $\overline{X}$: 표본평균 • n : 표본의 개수
	표본평균은 모평균의 불편 추정량임	
모분산	$$E(s^2) = E\left(\frac{1}{n-1}\sum_{i=1}^{n}(X_i - \overline{X})^2\right)$$ $$= \sigma^2$$	$X_1, X_2, ..., X_n$: 표본 • s^2 : 표본분산 • σ^2 : 모분산 • n : 표본의 개수
	표본분산은 모분산의 불편 추정량임	
모비율	$$E(\hat{p}) = E\left(\frac{X}{n}\right)$$ $$= \frac{1}{n}E(X)$$ $$= p$$	• p : 모비율 • $\hat{p}$: 표본비율 • n : 표본의 개수 • X: 표본 관측치의 개수(예를 들어, 주사위를 던졌을 때 1의 발생 횟수)
	표본비율은 모비율의 불편 추정량임	

(3) 적률방법(Moment Method)

모집단의 평균이 표본평균과 일치하는 모수를 찾는 방법이다.

$$M_X(t) = E(e^{tX}),\ t \in R$$

(4) 최대우도추정

① 우도함수(가능도, Likelihood)

어떤 특정한 값을 관찰할 때, 이 관측치가 어떠한 모수를 가지는 확률분포에서 나왔는가에 관한 값이다.

$$P(x|\theta) = \prod_{k=1}^{n} P(x_k|\theta)$$

② 최대 우도 추정법(Maximum Likelihood)

x가 θ 를 파라미터로 가지는 확률분포에서 나올 가능성을 최대로 만드는 θ의 값을 추정하는 것이다.

$$L(\theta|x) = P(X=x|\theta) = \prod_{n=1}^{N} p(x_n|\theta)$$

이론 바로 적용하기

총 1,000개의 구슬이 있는 상자에서 100번의 구슬을 추출해 보니 검은 구슬 40번, 흰 구슬 60번이 추출되었다. 상자에는 몇 개의 검은 구슬이 있는지 최대우도추정을 진행하시오.

$$p = \frac{\text{검은 구슬 수}}{\text{전체 구슬 수}}$$

$$\hat{p} = \mathrm{argmax}\, C \times p^4 (1-p)^6$$

$$= \mathrm{argmax}\, \log(C) + 4\log(p) + 6\log(1-p)$$

$$= \mathrm{argmax}\, f(p)$$

$f(p)$를 최대화하는 p

$$f'(p) = \frac{40}{p} - \frac{60}{1-p} = 0,\ p = \frac{40}{100}$$

즉, p의 최대우도는 0.40이므로 박스에는 총 400개의 검은 구슬이 있다.

정답 400개

3. 구간추정(Interval Estimation)

● 일정 크기의 신뢰수준으로 모수가 특정 구간에 있을 것이라고 선언하는 것이다.

● 신뢰수준 95%의 의미는 주어진 한 개의 신뢰구간이 미지의 모수를 포함할 확률이 95%인 것
이다.

● 추정값에 대한 신뢰도를 제시하면서 범위로 모수를 추정하는 방법이다.

(1) 구간추정의 주요 용어

① 신뢰수준(Confidence Levels)

● 신뢰구간에 실제 모수가 포함될 확률이다.

● 95% 신뢰수준*에서, 표본평균에 의한 모평균의 신뢰구간 계산식은 다음과 같다.

$$P(\mu - 1.96\,\sigma/\sqrt{n} \leq \overline{X} \leq \mu + 1.96\,\sigma/\sqrt{n}) = 95\%$$
(μ: 모평균, $\sigma/\sqrt{n}$: 표본 오차, σ: 표준편차, n: 표본 크기, $\overline{X}$: 표본평균)

② 신뢰구간(Confidence Intervals)

● 모수가 실제로 포함될 것으로 예측되는 범위이다.

● 관측개수가 커질수록 신뢰구간이 좁아져 더 정확하게 모집단 평균을 추정할 수 있다.

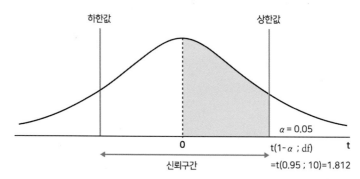

③ 유의수준

오차가 발생할 가능성을 말한다.

예) 신뢰수준이 95%인 경우 유의수준은 5%이다.

---

* 95% 신뢰수준: 샘플을 랜덤하게 추출해서 95% 신뢰구간을 구하면, 스무 번 중 한 번은 전체 평균이 벗어날 수 있다는
의미이다.

4. 가설검정

모집단에 대해 어떤 가설을 설정하고 표본 관찰을 통해 그 가설의 채택 여부를 결정하는 분석 방법이다.

(1) 가설검정의 절차

가설 설정 〉 유의수준 설정 〉 검정 방법 설정 〉 P-값 산출 〉 [P-값 〉 유의수준] 순으로 진행된다.

① 가설설정

가설	내용
귀무가설 (Null hypothesis: Ho)	기존에 알려진 사실로서, 원래의 주장 및 가설이다.
대립가설 (Alternative hypothesis: Ha)	• 연구자가 표본연구를 통해 입증하고자 하는 가설이다. • 귀무가설에 대립하는 가설이다.

② 유의수준 설정

- 제1종 오류를 범할 확률의 최대 허용한계
- 가설검정에서의 판단 기준

> **실전 Tip**
> 1종 오류와 2종 오류를 헷갈리지 않아야 합니다.

판단 기준	내용
제1종 오류	귀무가설이 참일 때, 귀무가설을 기각하도록 결정하는 오류
제2종 오류	귀무가설이 거짓일 때, 귀무가설을 채택할 오류

③ 검정 방법 설정

- 양측 검정: 가설검정에서 기각영역이 양쪽에 있는 것
- 단측 검정: 가설검정에서 기각영역이 좌우 한쪽에만 있는 것

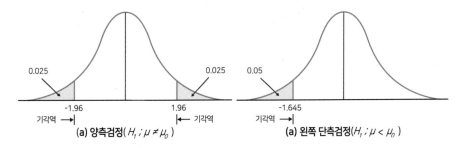

(a) 양측검정($H_1 ; \mu \neq \mu_0$)　(a) 왼쪽 단측검정($H_1 ; \mu < \mu_0$)

④ P-값 산출

- p-vlaue(유의확률)이란 관찰된 데이터의 검정통계량이 귀무가설을 지지하는 정도를 확률로 표현한 것이다.

- t-value, z-value 등의 검정통계량에 따른 p-값을 산출한다.

- p-값이 작을수록 귀무가설을 기각할 수 있다.

⑤ 결정

- p-value 〈 유의수준: 귀무가설을 기각

- p-value 〉 유의수준: 귀무가설을 채택

(2) 기각역의 설정

- 기각역: 귀무가설을 기각하게 되는 검정통계량의 범위

- 임계치: 기각역의 경계로 주어진 유의수준에서 귀무가설에 관한 결정을 할 때의 기준점이다.

이론 바로 적용하기

다음 중 가설검정의 결과로 가설채택 여부를 결정 시 옳지 않은 것은?
① 제2종 오류는 귀무가설이 거짓일 때 귀무가설을 채택하는 오류이다.
② 가설검정의 유의수준 α는 귀무가설이 참이지만 기각하는 확률이다.
③ 제1종 오류는 귀무가설이 참일 때 귀무가설을 기각하는 오류이다.
④ 귀무가설이란 연구자가 표본연구를 통해 입증하고자 하는 가설이다.

⋯⋯⋯⋯⋯

귀무가설이란 기존에 알려진 사실로서, 원래의 주장 및 가설이다.

정답 ④

01 모집단과 표본의 통계량에 대한 설명 중 틀린 것은?

① 모집단의 표준편차가 σ이면 표준편차는 $\sigma/\sqrt{n}$ 이라고 정의한다.
② 동일한 모집단의 표준편차에서 표본의 크기가 커지면 커질수록 표준오차는 늘어나는 경향이 있다.
③ 모집단의 크기가 무한대에 한해서 표본평균의 표준오차는 $\sigma/\sqrt{n}$ 로 정의한다.
④ 통계량은 표본의 특성을 나타낸다.

모집단의 크기가 커질수록 표준오차는 점점 줄어든다.

정답 ②

02 아래는 표본추출 중 하나에 대한 설명이다. 해당하는 추출방법으로 옳은 것은?

> • 모집단에서 추출간격을 설정해 일정한 간격을 두고 추출하는 방법이다.
> • 모집단의 모든 원소들에게 일련번호를 부여하고 이를 순서대로 나열해 k개씩 n개의 구간으로 나눈다. 첫 구간에서 하나를 임의로 선택 후 k개씩 띄어 표본을 추출한다.

① 계통 추출   ② 단순무작위 추출
③ 층화 추출   ④ 군집 추출

계통추출에 대한 설명이다.

정답 ①

03 다음 중에서 층화 추출법에 대한 설명으로 가장 옳지 않은 것은?

① 모집단에서 서로 유사한 것끼리 몇 개의 계층으로 나눈다.
② 각 계층으로부터 표본을 추출한다.
③ 각 계층은 외부적으로는 동질적이다.
④ 확률 표본추출 방법이다.

• 층화 추출법은 이질적인 원소들로 구성된 모집단에서 서로 유사한 것끼리 몇 개의 계층으로 나눈다. 이후각 계층을 골고루 대표하도록 표본을 추출하는 방법이다.
• 모집단의 각 계층에 대한 정확한 정보가 필요하다.
• 각 계층은 내부적으로 동질적이고, 외부적으로는 (계층 간) 이질적이다.

정답 ③

04 다음에서 설명하는 표본추출 방법은 무엇인가?

> 모집단의 각 계층에 대한 정확한 정보가 필요한 방법으로 다수의 이질적인 원소들로 구성된 모집단에서 각 계층을 골고루 대표하는 표본을 추출하는 것이다.

① 단순무작위추출법   ② 계통추출법
③ 군집추출법   ④ 층화추출법

층화추출법
• 이질적인 원소들로 구성된 모집단에서 서로 유사한 것끼리 몇 개의 계층으로 나눈다. 이후 각 계층을 골고루 대표하도록 표본을 추출하는 방법이다.
• 각 집단별 분석이 필요한 분석의 경우나 모집단 전체에 대한 특성치의 추정이 필요한 경우 시행한다.
• 모집단의 각 계층에 대한 정확한 정보가 필요하다.

정답 ④

05 각 분포 중 성질이 다른 하나는?

① t-분포   ② 카이제곱분포

③ 정규분포   ④ 포아송 분포

①, ②, ③ 연속확률분포

④ 이산확률분포

정답 ④

06 모집단이 정규 분포라는 정도만 알고, 모 표준편차는 모를 때 사용하는 연속확률분포에 대한 설명이다. 정규분포의 평균을 측정할 때 주로 사용되며, 두 집단 간 평균의 차이 검정에도 활용되는 분포로 옳은 것은?

① F-분포   ② 카이제곱 분포

③ 포아송 분포   ④ t-분포

정규분포의 평균을 측정할 때 주로 사용되고 두 집단의 평균의 차이 검정 등에 활용이 되는 분포는 t-분포이다.

정답 ④

07 표본비율의 표본분포에 대한 설명으로 가장 옳지 않은 것은 무엇인가?

① 카이제곱 분포: 정규분포 평균의 해석에 많이 쓰이는 분포이다.

② F-분포: 표본 통계량이 두 독립 표본에서 계산된 표본 분산들의 비율일 때 표본분포이다.

③ t-분포: 모집단이 정규 분포라는 정도만 알고, 모 표준편차는 모를 때 사용한다.

④ Z-분포: 표본통계량이 표본평균일 때 이를 표준화시킨 표본분포이다.

정규분포 평균의 해석에 많이 쓰이는 분포는 Z-분포이다.

정답 ①

08 연속확률분포로 가장 올바르지 않은 것은?

① 표준정규분포   ② Z-분포

③ t-분포   ④ 베르누이 분포

베르누이 분포는 이산확률분포이다.

정답 ④

09 다음 중 정규분포에 대한 설명으로 가장 올바르지 않은 것은?

① 평균에서 좌우로 멀어질수록 x축에 무한히 가까워진다.

② 도수분포곡선이 평균값을 중심으로 좌우대칭 종모양을 이루는 것이다.

③ 평균을 0, 표준편차를 1로 표준화시킨다.

④ 분포의 평균과 표준편차가 어떤 값을 취하는지와는 관계없이 정규곡선과 X축 사이의 면적은 $1/\alpha\sqrt{2\pi}$ 이다.

표준정규분포에 대한 설명이다.

정답 ③

10 다음 중 K개의 서로 독립적인 표준 정규 확률변수를 제곱한 다음 합해서 얻어지는 분포인 연속확률분포로 가장 알맞은 것은?

① 정규분포   ② t-분포

③ 베르누이 분포   ④ 카이제곱 분포

카이제곱 분포에 대한 설명이다.

정답 ④

11 다음 중 표본의 개수가 커지면 모집단의 분포와 상관없이 표본 분포는 정규 분포에 근사한다는 법칙을 말하는 것은?

① 큰수의 법칙　　② 전체 확률의 법칙
③ 중심 극한 정리　④ 오차의 법칙

중심 극한 정리에 대한 설명이다.
참고로 큰수의 법칙은 데이터를 많이 뽑을수록 표본평균의 분산은 0에 가까워진다.

정답 ③

12 A 회사의 데이터 관리부서에서 한 고객당 상품 상세페이지 접속시간은 평균θ인 지수분포를 따른다고 한다. 6명의 고객에 대해서 측정한 결과 각각 1, 3, 4, 6, 7, 10을 측정할 수 있었다. 평균 응대 소요시간의 최대우도추정치에 가장 가까운 값은 얼마인가?

① 4　　② 4.6　　③ 5.1　　④ 6

$$\hat{\theta} = \bar{x}$$
$$\theta = \frac{1 + 3 + 4 + 6 + 7 + 10}{6}$$
$$= \frac{31}{6} = 5.166...$$

정답 ③

13 다음 중 t-분포와 Z-분포에 대한 설명으로 가장 적절하지 않은 것은?

① t-분포는 정규분포의 평균을 측정할 때 주로 사용되며, 두 집단 간 평균의 차이 검정에도 활용된다.
② 표본의 크기가 큰 대표본의 경우에는 Z-분포를 사용한다.
③ Z-분포의 평균은 0이고 분산은 1이다.
④ 표본의 크기와 상관없이 t-분포는 정규분포를 따른다.

표본의 크기인 n의 크기가 클 경우에 t-분포는 정규분포를 따른다. 표본수가 적을 경우 평균을 추정할 수 있다.

정답 ④

14 대학생들 중 유학을 다녀온 학생의 비율을 추정하기 위해 무작위로 남대생 100명, 여대생 100명을 조사하였다. 이 중 남대생 30명, 여대생 50명이 유학을 다녀온 경험이 있다고 한다. 전체 대학생 중에서 유학을 다녀온 학생들에 대한 가장 적절한 추정값은 얼마인가?

① 0.3　② 0.4　　③ 0.7　　④ 0.35

모비율의 점추정량은 표본비율이다. 따라서, 안경을 착용한 학생들에 대한 표본비율을 구하면 된다.

$$\frac{30 + 50}{100 + 100} = \frac{8}{20} = 0.4$$

정답 ②

15 가설검정에 대한 설명으로 가장 옳은 것은 무엇인가?

① 귀무가설은 H_0으로 표기하고, 대립가설은 H_1으로 표기한다.
② 대립가설은 현재까지 주장되어 온 것이거나 기존과 비교하여 변화 혹은 차이가 없음을 나타내는 가설이다.
③ 귀무가설은 연구가설이라고도 한다.
④ 대립가설은 영어로 Null Hypothesis이다.

---

② 귀무가설은 현재까지 주장되어 온 것이거나 기존과 비교하여 변화 혹은 차이가 없음을 나타내는 가설이다.
③ 대립가설은 연구가설이라고도 한다.
④ 대립가설은 Alternative hypothesis이라고도 한다.

정답 ①

16 다음 중 2종 오류에 대한 설명으로 옳은 것은?

① 귀무가설이 참인데 이를 기각하게 되는 오류
② 귀무가설이 참일 때 이를 참이라고 판단하는 확률
③ 귀무가설이 참이 아닌데 이를 채택하게 되는 오류
④ 귀무가설이 참이 아닌 경우 이를 기각할 수 있는 확률

• 제1종 오류: 귀무가설이 참인데 잘못하여 이를 기각하게 되는 오류
• 제2종 오류: 귀무가설이 참이 아닌데 잘못하여 이를 채택하게 되는 오류

정답 ③

17 다음 중 추정과 가설검정에 대한 설명으로 가장 알맞지 않은 것은?

① 구간 추정이란 일정한 크기의 신뢰구간으로 모수가 특정한 구간에 있을 것이라고 추정하는 것이다.
② 점추정은 표본의 정보로부터 모집단의 모수가 특정한 값일 것이라 추정하는 것이다.
③ 신뢰수준이란 신뢰구간에 실제모수가 포함될 확률이다.
④ p-value 〈 유의수준인 경우 귀무가설을 채택한다.

---

p-value 〈 유의수준: 귀무가설을 기각한다.

정답 ④

18 한 회사에서 A라인은 부품을 50% 생산하고 불량률은 1%, B라인은 부품을 30% 생산하고 불량률은 2%, C라인은 부품을 20% 생산하고 불량률은 3%이다. 불량품이 C라인에서 생산한 부품일 확률은 얼마인가?

① 1/3 ② 1/2
③ 6/17 ④ 3/5

$P(E)$: 불량품이 발생할 확률
• $P(A)$: A 공장의 생산율=0.5, $P(E|A)$: A 공장에서 불량품이 발생할 확률=0.01
• $P(B)$: A 공장의 생산율=0.3, $P(E|B)$: B 공장에서 불량품이 발생할 확률=0.02
• $P(C)$: A 공장의 생산율=0.2, $P(E|C)$: C 공장에서 불량품이 발생할 확률=0.03일 때 $P(C|E)$를 구하는 문제이다.
• 베이즈 정리에 의해서

$$P(C|E)$$
$$= \frac{P(E|C) \times P(C)}{P(E|A) \times P(A) + P(E|B) \times P(B) + P(E|C) \times P(C)}$$
$$= \frac{(0.03 \times 0.2)}{(0.01 \times 0.5) + (0.02 \times 0.3) + (0.03 \times 0.2)} = \frac{6}{17}$$

정답 ③

19 다음에서 설명하는 용어는 무엇인가?

관찰된 데이터의 검정통계량이 귀무가설을 지지하는 정도를 확률로 표현한 것이다. 작을수록 귀무가설을 기각할 수 있다.

① 유의수준 ② 신뢰수준
③ 검정력 ④ p-값

• p-vlaue(유의확률)이란 관찰된 데이터의 검정통계량이 귀무가설을 지지하는 정도를 확률로 표현한 것이다.
• t-value, z-value 등의 검정통계량에 따른 p값을 산출한다.
• p-값이 작을수록 귀무가설을 기각할 수 있다.

정답 ④

20 크기가 1,000,000인 표본으로 95% 신뢰수준을 가지도록 모평균을 추정하였는데 신뢰구간의 길이가 1,000이었다. 동일 조건에서 크기가 62,500인 표본으로 95% 신뢰수준을 가지도록 모평균을 추정할 경우에 표본의 길이는 얼마인가?

① 1,000

② 1,500

③ 3,000

④ 4,000

신뢰구간의 길이는 표준오차에 비례하고 표본의 크기의 제곱근에 반비례한다. 표본의 크기를 1/16 감소시켰으므로 표본의 길이는 $\sqrt{16}$ 배 증가한다. 따라서 신뢰구간의 길이는 1,000 × 4 = 4,000

정답 ④

3과목

빅데이터 모델링

더 멋진 내일(Tomorrow)을 위한 내일(My Career)

내 일 은 빅 데 이 터 분 석 기 사

01

분석 모형 설계

01 분석 절차 수립 ★★

1. 분석 모형 선정

● 분석 모형이란 분석 목표에 따라 데이터 특성을 도출하고, 가설 수립에 따라 전체적인 분석 방향을 정의하는 모형이다.

● 비즈니스 문제 해결의 적합성과 데이터의 변수 형태를 고려해 적절한 분석 모형을 선정해야 한다.

모형	설명
예측 분석 모형	과거부터의 데이터와 상황에 따른 가설을 기반으로 미래에 발생할 현상을 분류하고 예측하는 모형
현황 진단 모형	과거 데이터를 바탕으로 현재 상황을 진단하는 모형
최적화 분석 모형	현재의 환경 내에서 최대의 효용가치를 생성하기 위한 분석 모델

2. 분석 모형의 종류

(1) 통계 분석 모형

통계 분석이란 특정 현상 및 집단을 수집한 데이터를 통해 이해하고 추론하여 의사결정하는 과정이다.

실전 Tip
통계 분석 모형에 대한 개념을 숙지해야 합니다.

① 기술통계(Descriptive Statistics)
- 데이터 분석의 목적으로 수집된 데이터를 확률·통계적으로 정리 요약하는 기초통계이다.
- 평균, 분산, 표준편차, 왜도와 첨도, 빈도 등 데이터에 대한 대략적인 통계적 수치를 도출한다.
- 막대그래프, 파이 그래프 등 그래프를 활용하여 데이터를 파악한다.
- 분석 초기 단계에서 데이터 분포의 특징을 파악한다.

② 상관분석(Correlation Analysis)

- 두 개 이상의 변수 간에 존재하는 상호 연관성의 정도를 측정하여 분석하는 방법이다.

- 변수의 개수 및 데이터 속성에 따라서 세부 모델들로 분류한다.

③ 회귀분석(Regression Analysis)

- 하나 이상의 독립변수들이 종속변수에 미치는 영향을 추정할 수 있는 통계 기법이다.

- 독립변수와 종속변수의 개수 및 특성에 따라 단순선형회귀, 다중선형회귀, 다항 회귀, 곡선 회귀, 로지스틱 회귀, 비선형 회귀로 분류한다.

④ 분산분석(Analysis of Variance: ANOVA)

- 두 개 이상의 집단 간 비교를 수행하고자 할 때 집단 내의 분산(총평균과 각 집단의 평균 차이에 의해 생긴 분산)의 비교로 얻은 분포를 이용하여 가설검정을 수행하는 방법이다.

- 복수의 집단을 비교할 때 분산을 계산함으로써 집단 간에 통계적인 차이를 판정하는 분석 방법이다.

- 독립변수와 종속 변수의 수에 따라서 일원 분산분석, 이원분산분석, 다변량 분산분석으로 분류한다.

⑤ 주성분 분석(Principal Componenl Analysis: PCA)

- 많은 변수의 분산 방식(분산·공분산)의 패턴을 간결하게 표현하는 주성분 변수를 원래 변수의 선형 결합으로 추출하는 통계기법이다.

- PCA는 일부 주성분에 의해 원래 변수의 변동이 충분히 설명되는지 알아보는 분석방법이다.

이론 바로 적용하기

다음 중 분산분석에 대한 설명으로 옳은 것은?
① 하나 이상의 독립변수들이 종속변수에 미치는 영향을 추정할 수 있는 통계 기법
② 변수의 개수 및 데이터 속성에 따라서 세부 모델들로 분류
③ 두 개 이상의 집단 간 비교를 수행하고자 할 때 집단 내의 분산(총평균과 각 집단의 평균 차이에 의해 생긴 분산)의 비교로 얻은 분포를 이용하여 가설검정을 수행하는 방법
④ 분석 초기 단계에서 데이터 분포의 특징 파악

....

① 회귀분석, ② 상관분석, ④ 기술통계

정답 ③

(2) 데이터 마이닝 기반 분석 모형 선정

데이터 마이닝이란 축적된 대용량 데이터에서 데이터 간의 관계, 존재하는 패턴 등을 파악하여 이를 통해 유용한 정보를 추출하는 과정이다.

① 분류 모델(Classification Model)

- 분류 모델은 범주형 변수 혹은 이산형 변수 등의 범주를 측정하여 사전에 정해진 그룹이나 범주 중의 하나로 분류하는 모델이다.
- 분류 모델로는 통계적 기법, 트리 기반 기법, 최적화 기법, 기계학습 모델이 있다.

② 예측 모델(Prediction Model)

- 예측 모델은 과거 데이터로부터 특성을 분석하여 다른 데이터의 결과 값을 예측하는 기법이다.

실전 Tip
예측모델의 기법과 내용을 숙지해야 합니다.

- 예측 모델 기법으로는 회귀분석, 의사결정나무, 인공신경망, 시계열 분석 등이 있다.

기법	설명
회귀분석	관찰된 연속형 변수들로 두 변수 사이의 모형을 구한 뒤 적합도를 측정해 내는 분석 방법
의사결정나무	의사결정 규칙을 트리구조로 도표화하여 분류와 예측을 수행하는 방법
인공신경망	인간 두뇌의 뉴런이 전기신호를 전달하는 모습을 모방한 예측 모델
시계열 분석	시계열로 관측되는 자료를 분석하여 미래를 예측하는 분석 방법

이론 바로 적용하기

다음 중 예측모델의 기법이 아닌 것은?

① 회귀분석   ② 기계학습   ③ 시계열 분석   ④ 의사결정 나무

....

기계학습은 분류 모델학습에 주로 활용된다.

정답 ②

③ 군집화 모델(Clustering Model)

- 군집화란 주어진 데이터 집합을 몇 개의 유사한 그룹으로 세분화하는 작업이다.

- 비지도학습에 속하는 알고리즘으로 분류, 차원축소, 이상치 탐지 등을 수행한다.

- 군집 방법은 계층적 방법과 비계층적 방법*으로 구분한다.

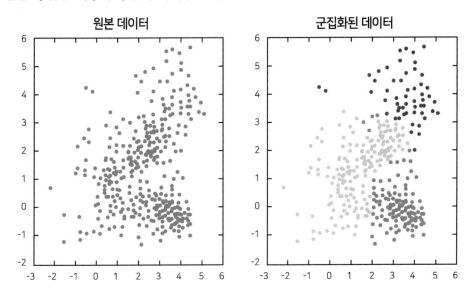

---

* 계층적 방법과 비계층적 방법: 비계층적 군집화는 사전에 군집의 수를 정해주는 방법, 계층적 군집화는 각 개체가 독립적인 각각의 군집에서 점차 거리가 가까운 대상과 군집을 이루는 방법이다. 비계층적 군집화는 중심 기반과 밀도 기반 군집화로 나뉘는데, 중심 기반 군집화의 대표적인 알고리즘은 K-means, 밀도 기반 군집화의 대표적인 알고리즘은 DBSCAN이 있다.

대표적인 군집화 모델

1. K-means Clustering

- 최적의 k값을 설정하고 k개의 군집 중심을 선택한다.
- 각 데이터와 k개의 중심과 거리를 계산하고 가상 가까운 중심을 선택한다.
- 할당된 군집이 업데이트 전후로 변경되지 않을 때까지 앞의 단계를 반복한다.

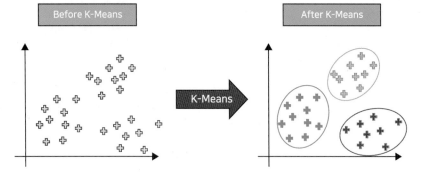

2. KNN(K-Nearest Neigbors)

- 새로운 데이터가 주어졌을 때 이를 A 또는 B로 분류한다.
- K가 4인 경우 중심에서 가까운 4개의 데이터를 기준으로, 4개의 주변 데이터가 더 많이 포함되어 있는 범주로 분류하는 것이다.

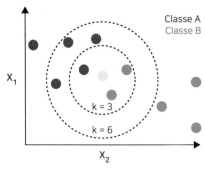

④ **연관규칙(Association Rule)**

- 연관규칙은 대용량의 데이터 변수들 간의 관계를 탐색하여 수치화하는 기법이다.

- 비지도학습의 일종으로 변수들 간의 연관규칙을 찾는다.

- 일련의 거래 또는 사건들 간의 연관성에 대한 규칙을 발견하기 위해 마케팅 분야에서 활발하게 적용되며, 장바구니분석(market basket analysis)이라고도 부른다.

(3) 머신러닝 기반 분석 모형 선정

- 머신러닝이란 데이터 내의 패턴을 파악하여 분류, 회귀 등의 작업을 수행하는 알고리즘이다.

- 목적변수의 존재 여부에 따라 지도학습, 비지도학습, 강화학습, 준지도학습으로 나뉜다.

① 지도학습(supervised learning)

- 지도학습이란 데이터에 대한 레이블, 즉 정답이 주어진 상태에서 학습하는 것이다.

- 입력값(X data)이 주어지면 입력값에 대한 Label(Y data)를 주어 학습시키며 대표적으로 분류, 회귀 문제 등에 적합하다.

기법	설명
로지스틱 회귀분석	반응변수가 범주형인 경우 적용되는 회귀분석 모형
의사결정나무	분할 기준 속성을 선정하고 이에 따라 트리 형태로 모델링하는 분류 및 예측 모델
랜덤 포레스트	배깅과 부스팅보다 더 많은 무작위성을 주어 약한 학습기들을 생성한 후 이를 선형 결합하여 최종 학습기를 만드는 방법
인공신경망 분석	인간의 뉴런 구조를 모방하여 만든 기계학습 모델
서포트벡터 머신	데이터를 분리하는 초평면 중에서 데이터들과 거리가 가장 먼 초평면을 선택해 분리하는 분류 모델

② 비지도학습(Unsupervised Learning)

- 비지도학습이란 데이터에 대한 레이블, 즉 정답이 없는 상태에서 학습하는 것이다.

- 라벨링 되어 있지 않은 데이터로부터 패턴이나 형태를 찾아야 하기 때문에 난이도가 높다.

- 대표적인 비지도 학습으로는 클러스터링(Clustering), Dimentionality Reduction, Hidden Markov Model 이 있다.

기법	설명
Clustering	주어진 관측값들 사이의 거리(distance) 또는 유사성을 이용하여 전체를 몇 개의 집단으로 그룹화하여 각 집단의 성격을 파악하고 데이터에 대한 이해를 돕고자 하는 분석 방법
K-Means	군집의 수를 사선에 정하고, 각 개체를 가까운 초깃값에 할당해 군집을 형성하고 각 군집의 평균을 재계산하여 초깃값을 갱신하는 과정을 반복하여 k개의 최종군집을 형성하는 방법
DBSCAN	밀도 기반 군집분석으로 서로 인접한 데이터들은 같은 군집 내에 있다는 것을 가정한 알고리즘

③ 준지도 학습(Semi-Supervised Learning)

- 지도학습과 비지도학습 중간의 학습 방법으로, 레이블이 존재하는 데이터와 존재하지 않는 데이터 모두를 훈련에 사용한다.

- 심층 신뢰 신경망, 제한된 볼츠만 머신 등이 대표적인 준지도학습이다.

④ 강화학습(reinforcement learning,)

- 인공지능 에이전트가 학습을 수행하면서 가장 큰 보상을 얻기 위해 최상의 전략을 학습한다.

- 에이전트라는 학습머신으로 행동을 유도하여 그 결과로 보상 또는 벌점을 받는다.

- 보상을 최대한 많이 얻도록 하는 행동을 유도하도록 학습을 진행한다.

- 지도학습이나 비지도학습과는 다른 개념이다.

이론 바로 적용하기

다음 중 지도학습에 대한 설명이 아닌 것은?
① 데이터에 대한 레이블, 즉 정답이 주어진 상태에서 학습하는 것이다.
② 입력값(X data)이 주어지면 입력값에 대한 Label(Y data)을 주어 학습시키며 대표적으로 분류, 회귀 문제 등에 적합하다.
③ 인공신경망, 랜덤포레스트 등의 방법을 활용한다.
④ 에이전트라는 학습머신으로 행동을 유도하여 그 결과로 보상 또는 벌점을 받는다.

....

강화학습에 대한 설명이다.

정답 ④

3. 분석모형 정의

● 분석 모형을 선정하고 해당 분석모형의 성능에 영향을 미치는 적절한 변수선택과 하이퍼 파라미터 튜닝 등의 과정으로 분석모형을 상세하게 정의하는 것이다.

● 선택한 모델에 가장 적합한 변수를 선택하기 위해 매개변수(Parameter)와 초매개변수 (Hyper Parameter)를 선정한다.

● 사전에 분석 모형 정의, 분석이 실제 가능한지 확인해야 한다.

● 상황에 맞는 평가기준표, 테이블을 작성해 가능성을 판별한다.

(1) 변수 선택

● 모형에 투입될 변수들을 식별하여 적절한 변수를 선택한다.

● 데이터의 형태, 불균형 구조, 이상값 등을 파악한다.

● 관련이 없는 변수 및 과대적합을 발생시키는 변수를 제거한다.

실전 Tip

2과목에서도 나왔던 내용으로 변수를 선택하는 방법에 대해 숙지해야 합니다.

● 변수선택 방법

변수 선택법	내용
전진 선택법	상관관계가 큰 변수부터 순차적으로 모형에 추가하여 변수를 추가하는 방법
후진 제거법	모든 독립변수가 추가된 전체 모형에서 상관관계가 작은 변수부터 제거해나가는 방법
단계적 선택법	전진 선택법으로 상관관계가 높은 변수를 추가하면서 중요도가 작은 변수를 후진제거법으로 제거하는 혼합방식

이론 바로 적용하기

다음에서 설명하는 변수 선택 방법으로 옳은 것은?

상관관계가 큰 변수부터 순차적으로 모형에 추가하여 변수를 추가하는 방법

① 전진 선택법   ② 후진 선택법
③ 단계적 선택법   ④ 차원 축소

....

전진 선택법에 대한 설명이다.

정답 ①

(2) 하이퍼 파라미터 튜닝

① 파라미터

- 모델 내부에서 확인이 가능한 변수로 데이터를 통해 산출이 가능한 값

실전 Tip
하이퍼 파라미터와 파라미터의 비교 문제가 나올 수 있습니다.

- 예측을 수행할 때, 모델에 의해 요구되는 값

- 파라미터가 모델의 성능을 결정

- 파라미터는 측정되거나 데이터로부터 학습

- 종종 학습된 모델의 일부로 저장

② 하이퍼 파라미터

- 사용자가 직접 설정해 주는 값

- 모델의 파라미터 값을 측정하기 위해 알고리즘 구현과정에 사용

- 경험에 의해 결정 가능한 값

- 예측 알고리즘 모형화의 성능 등의 문제를 위해 조절

이론 바로 적용하기

다음 중 하이퍼 파라미터에 대한 설명이 아닌 것은?
① 경험으로 결정할 수 있는 값이다.
② 예측 알고리즘 모형화의 성능 등의 문제를 위해 조절하는 값이다.
③ 종종 학습된 모델의 일부로 저장한다.
④ 사용자가 직접 설정하는 값이다.

┈┈┈┈┈┈┈┈

파라미터에 대한 설명이다.

정답 ③

---

4. 분석모형 구축 절차

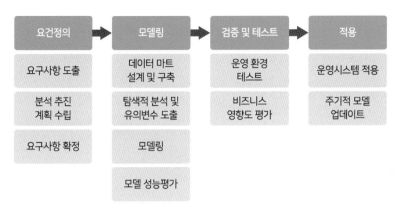

요건정의	모델링	검증 및 테스트	적용
요구사항 도출	데이터 마트 설계 및 구축	운영 환경 테스트	운영시스템 적용
분석 추진 계획 수립	탐색적 분석 및 유의변수 도출	비즈니스 영향도 평가	주기적 모델 업데이트
요구사항 확정	모델링		
	모델 성능평가		

(1) 분석 요건정의

① 요구사항 도출

- 분석 기획 단계보다 데이터 분석 대상 및 범위를 상세히 정의하며 분석문제와 목표를 파악한다.

- 자료를 분석하는 과정에서 예상되는 제약사항 및 이슈를 사전에 파악한다.

② 분석 계획 수립

- 탐색적 분석을 수행하여 분석 과정에 필요한 데이터, 분석기법 등을 정의한다.

- 최신 유즈케이스 및 솔루션을 사전에 고려한다.

- 계획의 산출물인 분석 계획서 및 WBS를 작성한다.

③ 요건 확정

도출된 분석요건과 수립된 계획으로 최종 분석요건을 확정한다.

(2) 모델링

정의된 요건에 따라 상세 분석 기법을 적용해 적합한 모델을 개발하는 과정이다.

① 데이터 마트 설계 및 구축

- 분석 대상 데이터를 획득하여 전처리를 통해 내재된 변수들을 식별한다.

- 데이터 마트를 설계 및 개발하여 분석 대상 데이터를 적재한다.

② 탐색적 분석 및 유의변수 도출

- 탐색적 분석을 통해 내재된 데이터 속에서 유의미한 변수를 도출한다.

- 사전에 수립된 모형을 기반으로 하여 분석모형의 적합성을 판단한다.

③ 모델링

- 업무 목적과 데이터 형태에 적합한 모델링 기법을 선택하여 모델을 개발한다.

- 모델평가를 위해 데이터를 분할하여 모형을 학습 및 최적화한다.

④ 모델성능평가

- 모델에 대한 판단기준을 수립하여 성능을 평가한다.

- 분할한 데이터의 테스트데이터를 분석모형에 적용하여 그 결과를 평가한다.

> ### 🔷 더 알아보기
>
> **판단기준**
> - 데이터 마이닝에서는 정확도, 정밀도, 재현율, 향상도 등의 값으로 판단한다.
> - 시뮬레이션에서는 처리량(Throughput), 평균대기시간 등의 지표를 활용한다.
> - 최적화에서는 최적화 이전의 객체 함숫값(Object Function Value)과 최적화 이후의 값의 차이를 구하여 평가한다.

(3) 분석 모델링 검증 및 테스트

① 운영환경 테스트

- 분석결과를 업무 프로세스에 가상으로 적용하기 위하여 유사 운영환경을 구축한다.

- 구축한 유사 운영환경에서 분석 모형을 반복 테스트하고 결과를 분석한다.

- 최종 테스트 결과를 분석 모형의 실제 운영환경에 적용한다.

② 비즈니스 영향도 평가

- 투자 대비 효과(ROI)*를 측정하여 평가한다.

- 모델링 성과에서의 효과에 대해 비즈니스적 영향도를 제시한다.

---

* 투자 대비 효과(ROI): 순 투자 수익을 투자 비용으로 나눈 뒤 100%를 곱한다.

(4) 분석 모델링 설계와 검정

적용 절차	설명
운영시스템 적용 및 자동화	• 개발한 모델을 실제 운영환경에 적용하는 단계 • 실시간 또는 배치 스케줄러를 실행해 주기별로 분석모델의 성과기록 • 분석 모델을 자동으로 모니터링하는 프로세스 수립 • 샤이니를 이용해 모델링 결과를 사용자 작업파일과 서버상의 파일을 이용해 배포
주기적 리모델링	모델링 결과를 정기적으로 평가하여 필요시 분석 모형을 재학습

02 분석 환경 구축 ★

• 분석도구인 R과 파이썬의 차이를 습득한다.
• 데이터 분할의 용어와 다양한 방법론은 빈출되므로 암기한다.

1. 분석도구 선정

실전 Tip

R과 파이썬에 대한 비교문제가 출제될 수 있습니다.

● 대표적인 데이터 분석도구로 R, Python, SAS 등이 있다.

● Python과 R은 모두 데이터 분석에서 매우 인기 있는 프로그래밍 언어로, 둘 다 데이터 가공, 분석, 시각화 등 다양한 작업을 수행할 수 있는 기능을 제공한다.

● Python과 R 모두 오픈소스이며 무료로 사용 가능하며, 커뮤니티가 활발해 다양한 라이브러리 및 패키지가 존재한다.

(1) R

통계 분석에 특화된 언어로 R은 다양한 통계분석 알고리즘을 제공한다.

● 객체 지향 및 인터프리터 언어

● 다양한 패키지 및 Window, Mac OS, LInux 등의 많은 OS지원

● 데이터 처리속도가 매우 빠르나 대용량 메모리 처리가 어려움

● 다양한 자료구조화 및 시각화 가능

● 별도의 모듈 연동이 필요하여 웹브라우저 사용이 불편

● 보안기능이 취약

(2) 파이썬

1991년에 프로그래머 귀도 반 로섬이 발표한 범용성이 높은 프로그래밍 언어이다.

- C 언어 기반의 오픈소스 언어
- 학습 난이도가 낮은 인터프리터 언어
- 동적인 데이터 타입 결정
- 플랫폼 독립접인 언어
- 들여쓰기의 문법을 사용
- 실행 속도가 느림

(3) SAS(Statistical Analysis System)

데이터 분석 도구로서, 데이터를 쉽게 채굴하고, 변형, 관리 및 검색하며 통계 분석을 수행할 수 있는 소프트웨어 패키지이다.

- 비기술 사용자를 위한 그래픽 포인트-앤-클릭 인터페이스
- 데이터 스텝(DATA steps)과 데이터 조작 및 분석 단계(PROC steps)로 구성
- 비즈니스 인텔리전스 예측 분석과 같은 고급 분석을 수행하는 데 사용되는 기술

2. 데이터분할

실전 Tip

용어와 정의 위주로 학습해야 합니다.

- 데이터를 훈련 데이터, 검증 데이터, 평가 데이터로 분할하는 작업이다.
- 데이터분할은 분석용 데이터로 모형을 구축하여 평가 및 검증하기 위한 작업으로 과대 적합* 문제를 예방하고 일반화 성능을 향상시킨다.
- 훈련 데이터를 한 번 더 분할하여 훈련 데이터와 검증 데이터로 나누어서 사용한다.
- 데이터가 충분하지 않을 경우 훈련 데이터와 평가 데이터로만 분할하여 사용하기도 한다.

---

* 과대 적합: 모델이 훈련 세트에서는 좋은 성능을 내지만 검증 세트에서는 낮은 성능을 내는 경우를 말한다.

(1) 용어

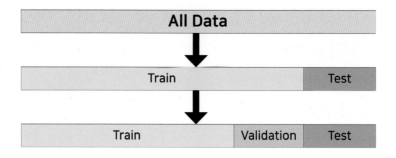

① 학습데이터(Training Set)

　데이터를 학습해 분석 모형의 알고리즘을 만드는 데 직접 사용되는 데이터이다.

② 평가 데이터(Validation Set)

　● 추정한 분석모델이 과대/과소 적합이나 모형의 성능을 평가하기 위한 데이터이다.

　● 구축된 모형의 과대 추정 또는 과소 추정을 미세 조정하는 데 활용한다.

③ 테스트데이터(Test Set)

　● 최종적으로 일반화된 분석 모형을 검증하는 테스트를 위한 데이터이다.

　● 테스트 데이터는 학습 과정에 사용되지 않고 오로지 모형의 평가를 위한 과정에만 사용된다.

(2) 확인 사항

① 과대적합(Over-fitting)

　● 모델이 훈련 세트에 과하게 적합한 상태가 되어 일반성이 떨어지는 현상이다.

　● 모델을 학습시킬 때 어느 순간 이후로 모델의 훈련 세트에 대한 손실 값은 작아지지만, 검증 세트에 대한 손실 값이 커진다면 과대 적합을 의미한다.

② 과소적합(Under-fitting)

● 모델이 입력 및 출력 변수 사이의 관계를 정확하게 포착하지 못하여 성능이 저하되는 현상이다.

● 모델이 너무 단순할 때 발생한다.

③ 일반화(Generalization)

학습 데이터로 훈련한 모델이 테스트 데이터를 통해 정확히 예측하는 것이다.

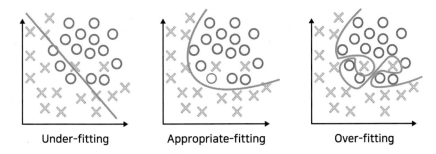

Under-fitting   Appropriate-fitting   Over-fitting

이론 바로 적용하기

다음은 데이터 훈련 시 확인 사항에 대한 설명이다. 이에 알맞은 확인 사항은?

학습데이터에 최적화된 모델이 만들어져 실제데이터에서 오차가 발생하는 현상

① 일반화   ② 과대 적합
③ 과소 적합   ④ 최적화

과대 적합에 대한 설명이다.

정답 ②

(3) 데이터분할의 방법

① 홀드 아웃(Holdout)방법

- 전체 데이터를 비복원추출 방법*으로 이용하여 랜덤하게 훈련 데이터(Training Set), 평가 데이터(Test Set)로 나눠 검증하는 기법이다.

- 계산량이 많지 않아 모형을 쉽게 평가할 수 있으나 전체 데이터에서 평가 데이터만큼은 학습에 사용할 수 없으므로 데이터 손실이 발생한다.

- 데이터를 어떻게 나누느냐에 따라 결과가 많이 달라질 수 있다.

훈련셋	검증셋	테스트셋

② k-fold 교차검증

- 데이터 집합을 무작위로 동일 크기를 갖는 K개의 부분 집합으로 나누고, 그중 1개의 집합을 평가 데이터(Test Set)로 사용하고, 나머지 K-1개 집합을 훈련 데이터(Training Set)로 선정한다.

- K번 반복을 수행하며 모든 데이터를 훈련과 평가에 사용할 수 있으나, K값이 증가하면 수행 시간과 계산량도 많아진다.

Trainng data

Iteration 1	**Test data**	Test data	Test data	Test data	Test data
Iteration 2	Test data	**Test data**	Test data	Test data	Test data
Iteration 3	Test data	Test data	**Test data**	Test data	Test data
Iteration 4	Test data	Test data	Test data	**Test data**	Test data
Iteration 5	Test data	Test data	Test data	Test data	**Test data**

---

* 비복원추출 방법: 한번 시행한 사상은 다시 모집단에 포함시키지 않고 시행하는 추출 방법이다.

③ 부트스트랩 방법

● 주어진 자료에서 단순 랜덤 복원추출* 방법을 활용하여 동일한 크기의 표본을 여러 개 생성하는 샘플링 방법이다.

● 무작위 복원추출 방법으로, 전체 데이터에서 중복을 허용하여 데이터 크기만큼 샘플을 추출하고 이를 훈련 데이터로 한다.

● 데이터의 분포가 치우쳐져 있거나 데이터 수가 적은 경우 유용하다.

● 전체 데이터 샘플이 n개이고 부트스트랩으로 n개의 샘플을 추출하는 경우 특징 샘플이 훈련 데이터에 포함될 확률은 약 63.2%이다.

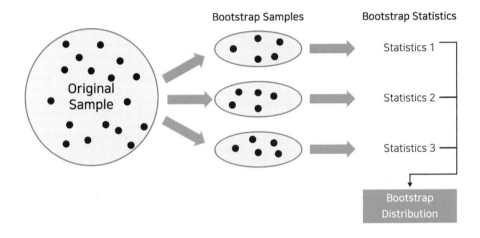

---

* 단순 랜덤 복원추출: 한 번 뽑힌 요소를 다시 모집단으로 복원하여 표본을 뽑는 복원추출법이다.

01 다음은 통계분석 모형에 대한 설명이다. 설명에 해당하는 통계분석 모형은?

> 현재의 환경 내에서 최대의 효용가치를 생성하기 위한 분석 모델

① 예측분석 모형　② 최적화분석 모형
③ 현황진단 모형　④ 지도학습 모형

최적화 분석모형

모형	설명
예측분석 모형	과거부터의 데이터와 상황에 따른 가설을 기반으로 미래에 발생할 현상을 분류하고 예측하는 모형
현황진단 모형	과거 데이터를 바탕으로 현재 상황을 진단하는 모형
최적화분석 모형	현재의 환경 내에서 최대의 효용가치를 생성하기 위한 분석모형

정답 ②

02 예측모델에 대한 설명으로 틀린 것은?

① 과거 데이터로부터 특성을 분석해 다른 데이터의 결과 값을 예측하는 것이다.
② 인간 두뇌의 뉴런이 전기신호를 전달하는 모습을 모방한 인공신경망 기법을 사용할 수 있다.
③ 시계열 분석으로도 결과값을 예측할 수 있다.
④ 의사결정나무는 분류에 특화되어 있어 예측모델로 활용하기 어렵다.

의사결정나무는 분류 및 예측모델 두 가지로 사용된다.

정답 ④

03 다음 중 지도학습에 대한 설명으로 틀린 것은?

① 대표적인 지도학습방법으로는 클러스터링이 있다.
② 데이터에 대한 정답이 주어진 상태에서 학습하는 것이다.
③ 분류 및 회귀 문제에 적합하다.
④ 서포트 벡터머신은 지도학습기법 중 분류모델이다.

클러스터링은 대표적인 비지도학습 모델이다.

정답 ①

04 다음 중 비지도 학습 알고리즘의 사례로 옳은 것은?

① 과거 데이터를 기준으로 날씨 예측
② 제품의 판매량 및 가격으로 판매량 예측
③ SNS 사진으로 사람을 분류
④ 거래량을 기준으로 지역별 집값을 예측

비지도학습이란 데이터에 대한 레이블, 즉 정답이 없는 상태에서 학습하는 것이다.

정답 ③

05 다음 중 Label을 통해서만 학습하는 기법으로 옳은 것은?

① 비지도학습　② 준지도학습
③ 지도학습　④ 강화학습

지도학습은 데이터에 대한 레이블, 즉 정답이 주어진 상태에서 학습하는 것이다.

정답 ③

06 다음 중 변수 선택에 대한 설명으로 옳지 않은 것은?

① 모형에 투입될 변수들을 식별하여 적절한 변수를 선택해야 한다.
② 관련이 없는 변수 또는 과대적합을 발생시키는 변수를 제거한다.
③ 전진 선택법이란 적합성이 가장 큰 변수부터 순차적으로 모형에 추가하여 변수를 추가하는 것이다.
④ 단계적 선택법이란 전진 선택법으로 상관관계가 높은 변수를 추가하면서 중요도가 작은 변수를 후진제거법으로 제거하는 혼합방식이다.

전진선택법이란 상관관계가 큰 변수부터 순차적으로 모형에 추가하여 변수를 추가하는 방법이다.

정답 ③

07 데이터 분석 모형을 정의할 때 데이터분석을 통해 얻어지는 값이 아니라 사용자가 직접 세팅해주는 값은?

① 하이퍼 파라미터　　② 편향
③ 결정계수　　　　　④ 기울기

하이퍼 파라미터에 대한 설명이다.

정답 ①

08 다음 중 하이퍼 파라미터 사례로 부적절한 것은?

① 서포트 벡터머신에서의 코스트 값
② 신경망 학습에서 학습률
③ KNN에서의 K 계수
④ 선형회귀나 로지스틱 회귀 분석에서의 결정계수

결정계수는 파라미터로 모델 내부에서 확인이 가능한 변수로 데이터를 통해 산출이 가능한 값이다.

정답 ④

09 데이터 분석 도구인 R의 주요 특징에 대한 설명으로 틀린 것은?

① 객체지향언어
② 다양한 OS 지원
③ 데이터 처리속도가 매우 느림
④ 웹브라우저 연동 모듈 필요

데이터 처리속도가 매우 빠르나 대용량 메모리 처리가 어렵다.

정답 ③

10 다음 중 분석 모형 구축 절차의 검증 및 테스트 단계를 설명한 것으로 가장 부적절한 것은 무엇인가?

① 분석용 데이터를 트레이닝용과 테스트용으로 분리한 다음, 분석용 데이터를 이용해 자체 검증한다.
② 테스트 데이터의 비율은 분석용 데이터 세트의 30% 정도를 이용한다.
③ 투자 대비 효과 정량화 기법으로 비즈니스 영향도를 평가한다.
④ 성능 테스트 결과는 마지막에 한 번만 공유한다.

성능 테스트 결과는 일단위로 공유해 모형의 적합성을 판단해야 한다.

정답 ④

11 다음 중 모델링 과정으로 옳지 않은 것은?

① 분석 대상 데이터를 획득하여 전처리를 통해 내재된 변수들을 식별한다.
② 사전에 수립된 모형을 기반으로 하여 분석모형의 적합성을 판단한다.
③ 모델평가를 위해 데이터를 분할하여 모형을 학습 및 최적화한다.
④ 분할한 데이터의 검증데이터를 분석모형에 적용하여 그 결과를 평가한다.

모델링과정 중 모델성능평가에 해당하는 내용으로 분할한 데이터의 테스트데이터를 분석모형에 적용하여 그 결과를 평가한다.

정답 ④

12 다음 중 데이터 분할에 대한 설명으로 가장 올바르지 않은 것은 무엇인가?

① 데이터가 충분하지 않을 경우 훈련 데이터와 평가 데이터로만 분할하여 사용하기도 한다.
② 과대 적합 문제를 예방하고 일반화 성능을 향상시킨다.
③ 훈련 데이터를 한 번 더 분할하여 훈련 데이터와 검증 데이터로 나누어서 사용한다.
④ 테스트 데이터는 학습에 사용할 수 있다.

테스트 데이터는 분석모형을 검증하기 위한 데이터 세트로 학습과정에 사용되지 않고 오로지 모형의 평가를 위한 과정에만 사용된다.

정답 ④

13 다음 중 데이터 분할 시 주의사항으로 옳지 않은 것은?

① 불균형 데이터의 경우 불균형범주의 비율을 유지하도록 분할시키기도 한다.
② 학습데이터가 부족하면 학습의 정확도가 떨어질 수 있다.
③ 학습데이터와 테스트데이터는 일부 겹칠 수 있다.
④ 각 분할된 데이터들은 전체 데이터에 대한 대표성을 가져야 한다.

학습데이터와 검증데이터는 학습과정에서 사용하며, 테스트데이터는 학습과정에 중복하여 사용하지 않는다.

정답 ③

02

분석기법 적용

01 | 분석기법 ★★★

학 · 습 · 포 · 인 · 트

- 각 분석기법의 활용 형태를 숙지하고 어떠한 목표와 상황에서 사용하는지를 이해한다.
- 많은 문제가 출제될 수 있어 꼼꼼히 학습하는 것이 중요하다.

1. 회귀분석

- 하나 이상의 독립변수들이 종속변수에 미치는 영향을 파악할 수 있는 통계 기법이다.
- 독립변수와 종속변수의 개수 및 특성에 따라 단순선형 회귀, 다중선 회귀, 다항 회귀, 곡선 회귀, 로지스틱 회귀, 비선형 회귀로 분류한다.
- 데이터 속의 변수들 사이의 인과관계를 나타내며, 종속변수를 예측 또는 추론하기 위한 분석 방법이다.
- 구성요소

용어	설명
종속변수	독립변수에 의해 영향을 받아 변화하는 변수
독립변수	어떠한 결과에 영향을 주는 변수
회귀계수	독립변수가 한 단위 변화함에 따라 종속변수에 주는 영향력의 크기
최소제곱법 (Method of Least Squares)	• 측정값을 기초로 제곱합을 만들고 그것을 최소로 하는 값 사용 • 오차제곱의 합이 가장 작은 해를 구하는 것

더 알아보기

최소제곱법

구분	내용
잔차제곱합 (SST: Total Sum of Squares)	관측된 값과 평균과의 차이
회귀 제곱합 (SSR: Regression Sum of Squares)	회귀선에 의해 설명되는 변동
오차 제곱합 (SSE: Error Sum of Squares)	회귀선에 의해서 설명되지 않는 변동

(1) 선형회귀분석

독립변수(x)와 종속변수(y) 사이의 선형관계를 파악하고 이를 예측에 활용하는 통계 기법이다.

종류	설명
단순 선형회귀분석	한 개의 독립변수 x가 한 개의 종속변수 y에 영향을 미치는 회귀분석 $y_i = \beta_0 + \beta_1 x_i + \epsilon_i$
	<table><tr><td>변수</td><td>• y_i: i번째 종속변수 • x_i: i번째 독립변수</td></tr><tr><td>회귀계수</td><td>β_0: 회귀식 절편, 상수항</td></tr><tr><td>오차항</td><td>ϵ: 오차항</td></tr></table>
다중 선형회귀분석 (Multi Linear Regression Analysis)	두 개 이상의 독립변수가 한 개의 종속변수 y에 영향을 미치는 회귀분석 $y_i = \beta_0 + \beta_1 x_i + \cdots + \epsilon_i$
	<table><tr><td>변수</td><td>• Y: 종속변수 • $X_1, X_2, \cdots$: 독립변수</td></tr><tr><td>회귀계수</td><td>β_0: 회귀식 절편, 상수항</td></tr><tr><td>오차항</td><td>ϵ: 오차항</td></tr></table>

● 선형회귀분석의 기본가정

가정	설명
선형성	독립변수와 종속변수의 관계가 선형 $E(Y_i) = E(\alpha + \beta x + \epsilon_i) = \alpha + \beta x + E(\epsilon_i)$
등분산성	독립변수와 무관하게 잔차들의 분산이 일정 $Var(\epsilon_i) = \sigma^2$
독립성	입력변수와 오차는 관련 없음 $Cov(\epsilon_i, \epsilon_j) = 0 \ (i \neq j)$
비상관성	• 오차들끼리 상관이 없음 • 오차항들은 서로 독립적이며 그들의 공분산은 0
정규성	잔차항이 정규분포를 따름 $Y \sim N(\alpha + \beta x, \sigma^2)$

선형회귀분석의 기본가정은 [선 비 등 정 독] 선비는 등을켜고 정독한다.

🖐 이론 바로 적용하기

다음 중 선형회귀분석의 기본가정이 아닌 것은?

① 선형성   ② 상관성   ③ 정상성   ④ 독립성

....

오차들끼리는 서로 상관이 없어야 한다.

정답 ②

---

(2) 회귀분석의 통계검정

① 통계모형

- 주어진 모든 변수들이 어느 정도로 종속변수의 변동을 예측하는지 확인한다.

- 결정계수의 크기에 대한 F-분포를 활용한다.

- F 통계량 값의 p-값이 0.05보다 작으면 회귀식은 유의미하다.

실전 Tip
제곱합과 그 평균은 끝 단어가 같다.
SSR − MSR
SSE − MSE
SST − MST

구분	설명
회귀계수	t-통계량으로 확인한다.
모형의 적합성	산점도를 통하여 확인한다.
R^2	회귀모형이 전체 데이터를 얼마나 잘 설명하는지를 나타내는 지표이다. $$R^2 = 1 - \frac{SSR}{SST} = \frac{SST - SSR}{SST} = \frac{SSE}{SST} = \frac{\Sigma(\hat{y}_i - \bar{y})^2}{\Sigma(y_i - \bar{y})^2}$$
수정된 결정계수 (Adjustied R^2)	• 설명력이 떨어지는 독립변수 추가 시 수정된 결정계수의 값이 감소한다. • 결정계수보다 적게 계산된다. $$\text{adjusted } R^2 = 1 - \frac{n-1}{(n-p-1)(1-R^2)}$$

(3) 로지스틱 회귀분석

● 독립변수가 수치형이고 종속변수가 범주형인 경우 적용되는 회귀 분석 모형이다.

● 새로운 설명변수의 값이 주어질 때 반응변수의 각 범주에 속할 확률이 얼마인지 추정하여 추정 확률을 기준치에 따라 분류하는 목적으로 사용된다.

● 일반 선형회귀의 문제점을 극복하기 위한 방법으로 사용된다.

● 모형의 적합을 통해 추정된 확률을 사후 확률로도 부른다.

$$Y = \frac{e^X}{1 + e^X} = \frac{1}{1 + e^{-X}} = \frac{\exp(\beta_0 + \beta_1 X_1 + \cdots + \beta_k X_k)}{1 + \exp(\beta_0 + \beta_1 X_1 + \cdots + \beta_k X_k)}$$

변수	• Y: 종속변수 ⠀ • X: 독립변수 ⠀ • $X_1, X_2, \cdots, X_k$: 독립변수
회귀계수	• β_0: 회귀식 절편(상수항) ⠀ • $\beta_1, \beta_2, \cdots, \beta_k$: 회귀식 기울기

종류	내용
단순 로지스틱 회귀분석	종속변수가 이항형문제인 회귀분석이다.
다중 로지스틱 회귀분석	종속변수가 두 개 이상의 범주를 가지는 경우의 회귀분석이다.

이론 바로 적용하기

① 오즈와 오즈비

- 오즈: 임의의 이벤트가 어떤 요인에 의해 발생하지 않을 확률 대비 발생할 확률이다.

  예) 게임에서 이길 오즈가 2:8이라면 10회의 게임 중 8번 지는 동안 2번 이긴다.

$$Odds = \frac{P}{1-P}$$

$$P = 1 \rightarrow Odds = \infty$$
$$P = 0 \rightarrow Odds = 0$$

- 오즈비: 각 모수에 대해 비선형식이며 승산으로 로짓변환을 통해 선형함수로 치환이 가능하다.

$$(Odds\ Ratio) = \frac{Odds1}{Odds2}$$

> **더 알아보기**
>
> **흡연과 질병의 오즈비**
> - 오즈비 = 1 인 경우: 흡연이 질병 발생에 유의미한 영향을 준다고 볼 수 없다.
> - 오즈비 〉1 인 경우: 흡연자가 질병이 발생할 오즈가 비흡연자보다 n배 더 높다.
> - 오즈비 〈1 인 경우: 흡연자가 질병이 발생할 오즈가 비흡연자보다 n배 더 작다.

② 로짓변환

- 오즈에 로그를 씌우는 변환이다.

- 비선형 형태인 로지스틱 함수 형태를 선형 형태로 만들어 회귀 계수의 의미를 해석하기 쉽게 할 수 있다.

● 범위가 [0,1]일 때 출력값의 범위를 $(-\infty, \infty)$로 조정한다.

$$Logit(p) = \log\frac{p}{1-p} = \log odds(p)$$

$*p$: 특정 사건(예를 들어 우승)의 발생 확률

● 오즈의 범위를 $(-\infty, \infty)$로 변환함으로써 다음과 같은 그래프 모양을 갖는다.

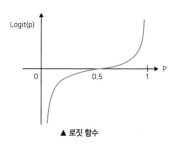

▲ 로짓 함수

더 알아보기

로지스틱 회귀함수를 로그오즈를 통해 알아보자.

1. 선형 회귀식

   $Y = ax + b$

2. 확률 형태로 변환

   $P = ax + b$

   왼쪽 식은 확률이 0~1이며, 오른쪽 식은 $-\infty \sim +\infty$ 이기 때문에 수식이 성립하지 않는다. 따라서 왼쪽 식을 변형할 필요가 있다.

3. 오즈비 활용하기

   $Odds = \dfrac{P}{1-P} = ax + b$

   왼쪽 식이 $0 \sim +\infty$ 로 변경되었다.

4. 로그를 씌워 로그오즈(Log odds) 만들기

   $\log_e(Odds) = \log_e\dfrac{P}{1-P} = ax + b$

   $$e^{\log_e\frac{P}{1-P}} = e^{ax+b}$$

   $$\frac{P}{1-P} = \frac{1}{e^{ax+b}}$$

   $$\frac{1}{P} - 1 = e^{ax+b}$$

   $$\frac{1}{P} = \frac{1+e^{ax+b}}{e^{ax+b}}$$

   $$P = \frac{e^{ax+b}}{1+e^{ax+b}}$$

(4) 분류모델 성능 평가 방법

Predicted class

		Positive	Negative
Actual class	Positive	TP	FN
	Negative	FP	TN

* TP(True Positive): 실제값과 예측치 모두 True
* TN(True Negative): 실제값과 예측치 모두 False
* FP(False Positive): 실제값은 False, 예측은 True
* FN(False Negative): 실제값은 True, 예측은 False

● 정확도(Precision) = TP / TP + FP

 : 정확도는 True로 예측한 관측치 중 실제값이 True인 정도를 나타내는 정확성 지표이다.

● 민감도(sensitivity) = TP / TP + FN

 : 민감도는 실제값이 True인 경우 예측치가 적중한 정도를 나타낸다.

● 특이도(specificity) = TN / FP + TN

 : 특이도는 실제값이 False인 관측치 중 예측치가 적중한 정도를 나타낸다.

이론 바로 적용하기

다음 중 분류모델 평가방법으로 틀린 것은?
① 정확도는 True로 예측한 관측치 중 실제값이 True인 정도를 나타내는 정확성 지표이다.
② 특이도는 실제값이 False인 관측치 중 예측치가 적중한 정도를 나타낸다.
③ 민감도(sensitivity) = TP / TP + FN
④ 정확도(Precision) = TN / FP + TN

....

정확도(Precision) = TP / TP + FP

정답 ④

2. 의사결정나무

- 의사결정나무(Decision Tree) 모형은 의사결정 규칙을 나무(Tree) 구조로 도표화하여 분류 및 예측을 수행하는 지도학습 알고리즘이다.

- 계산 결과가 의사결정나무에 직접적으로 나타나 직관적으로 이해하기 쉽다.

- 과대 적합의 발생률이 높아 적절한 기준값을 선택해야 한다.

- 분리 경계점 근처에서 오류값이 발생할 확률이 있다.

- 의사결정나무의 종류

종류	설명
분류나무	• 이산형 목표변수에 따른 빈도 기반 분리 • 분리 기준: 카이제곱 통계량의 p값, 지니지수, 엔트로피지수
회귀나무	• 연속형 목표변수에 따른 평균/표준편차 기반분리 • 분리기준: 분산분석의 F값, 분산의 감소량

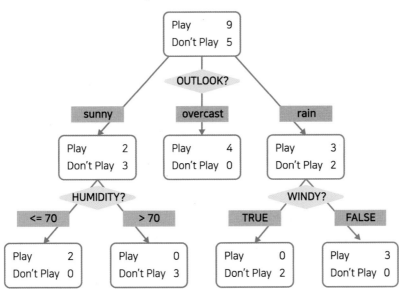

Dependent variable: PLAY

(1) 구성

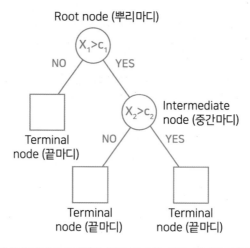

항목	설명
뿌리마디	의사결정나무가 시작되는 마디로 맨 위에 위치
중간마디	의사결정나무 중간에 위치한 가지로 뿌리마디 또는 끝마디가 아닌 모든 마디
끝마디	각 나무줄기 끝의 마디
자식마디	상위 마디로부터 분리된 2개 이상의 마디
부모마디	자식마디의 상위 마디
가지	하나의 가지부터 끝마디까지 각 노드
깊이	가지를 이루는 마디의 분리 층수

이론 바로 적용하기

다음 중 의사결정나무에 대한 설명으로 옳은 것은?
① 과소적합의 발생률이 높아 적절한 기준값을 선택해야 한다.
② 자식마디는 의사결정나무가 시작되는 마디로 맨 위에 위치한다.
③ 의사결정 규칙을 나무(Tree) 구조로 도표화하여 분류 및 예측을 수행하는 지도학습 알고리즘
   이다.
④ 깊이는 하나의 가지부터 끝마디까지 각 노드이다.

....

① 과대적합의 발생률이 높아 적절한 기준값을 선택해야 한다.
② 자식마디는 상위 마디로부터 분리된 2개 이상의 마디이다.
④ 깊이는 가지를 이루는 마디의 분리 층수이다.

정답 ③

(2) 분리 기준

● 부모 마디로부터 자식 마디들을 분리할 때, 입력변수의 선택이 이루어지는 기준이다.

● 목표변수의 분포를 구별하는 정도를 순수도, 또는 불순도(Impurity)*에 의해서 측정하는 것이다.

낮은 불순도

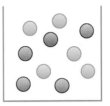
높은 불순도

● 이산형 목표변수에 사용되는 분리 기준과 연속형 목표변수에 사용되는 분리 기준을 다르게 적용한다.

① 분류나무

구분	내용
카이제곱 통계량	각 셀에 대한 ((실제도수 −기대도수)의 제곱 / 기대도수)의 합으로 구할 수 있다. * 기대도수 = 열의 합계 × 합의 합계 / 전체 합계
지니 지수	• 노드의 불순도를 나타내는 값이다. • 값이 클수록 이질적(Diversity)이며 순수도(Purity)가 낮다고 볼 수 있다.
엔트로피 지수	• 열역학에서 쓰는 개념으로 무질서 정도에 대한 측도이다. • 값이 클수록 순수도(Purity)가 낮다. • 엔트로피 지수가 가장 작은 예측 변수와 이때의 최적분리 규칙에 의해 자식마디를 형성한다.

② 회귀나무

구분	내용
분산 분석에서 F−통계량	p−값이 가장 작은 예측 변수와 그 당시의 최적 분리를 통해서 자식마디를 형성한다.
분산의 감소량	예측 오차를 최소화하는 것과 같은 기준으로 분산의 감소량을 최대화하는 기준의 최적 분리를 통해서 자식마디를 형성한다.

---

* 불순도: 다양한 범주(Factor)들의 개체들이 얼마나 포함되어 있는가를 의미한다. 반대로 순수도(purity)는 같은 클래스끼리 얼마나 많이 포함되어 있는지를 말한다.

(3) 의사결정나무의 분석 과정

① 의사결정나무 형성

- 분리 규칙을 찾아 나무를 성장시키는 과정으로 적절한 정지규칙을 만족하면 중단한다.
- 이산형과 연속형에 따라 분리기준이 다르다.

② 정지규칙

- 더 이상 분리가 일어나지 않고 현재의 마디가 끝마디가 되도록 하는 규칙이다.
- 끝마디 자료의 최소 개수를 지정한다.

③ 가지치기

- 분류오류를 크게 할 위험이 높거나 부적절한 추론규칙을 갖고 있는 가지를 제거한다.
- 일반적으로 사용되는 방법은 마디에 속하는 자료가 일정 수준 이하일 때 분할을 멈추고 비용-복잡도 가지치기(Cost Complexity Pruning)를 활용하여 가지치기한다.

④ 해석 및 예측

이익도표, 위험도표를 이용해 모형을 평가한다.

순서	단계	수행 내용	동작 방식
1	의사결정 나무 성장 (Growing)	목표변수(종속변수)와 관계가 있는 설명변수(독립변수)를 추가하고, 분석의 목적과 자료구조에 따라서 분석의 목적과 자료구조에 따라서 적절한 분리 규칙(splitting Rule)을 찾아서 나무를 성장시키는 과정으로 적절한 정지 규칙(Stopping Rule)을 만족하면 중단	
2	가지치기 (Pruning)	분류 오류(Classification Error)를 크게 할 위험(Risk)이 높거나 부적절한 추론 규칙을 가지고 있는 가지(Branch) 또는 불필요한 가지를 제거하는 단계	
3	타당성 평가	이익 도표(Gain Chert), 위험 도표(Risk Chart) 또는 평가 데이터(Test Data)를 이용하여 교차 타당성(Cross validtation) 등을 이용한 평가 수행 단계	

| 4 | 해석 및 예측 | 구축된 의사결정나무 모험을 해석하고, 분류 및 예측 모형을 설정하여 데이터의 분류 및 예측에 활용하는 단계 | 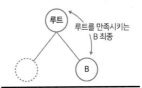 |

⑷ 의사결정나무 알고리즘

① CART

- 범주형인 경우 지니지수, 연속형인 경우 분산의 감소량을 사용해 이진 분리하는 알고리즘이다.
- 일반적으로 사용되는 의사결정나무 알고리즘으로 가장 성취도가 좋은 번수 및 수준을 찾는 것에 중점을 둔다.
- 개별 입력변수 및 독립변수들의 선형 결합 중에서 최적의 분리를 구할 수 있다.

② C4.5 와 C5.0

- 범주형 목표변수에만 사용되며, 분리 기준으로 엔트로피 지수를 사용한다.
- 각 마디에서 다지 분리(Multiple Split)가 가능하며 범주의 수만큼 분리가 일어난다.
- 가지치기를 사용할 때 학습자료를 사용하는 알고리즘이다.

③ CHAID

- 범주형 및 연속형 목표변수에만 사용되며, 분리 기준으로 카이제곱 통계량을 사용한다.
- 분리변수의 각 범주가 하나의 부 마디를 형성한다.
- AID(Automatic Inleraclion Deleclion)를 발전시킨 알고리즘으로 변수의 가장 중요한 레벨을 식별 후 변수의 중요도를 기반으로 두 가지 노드로 분할하는 과정을 반복한다.
- 가지치기하지 않고 나무를 적당한 크기에서 성장을 중지하며 자동으로 최적의 가지를 선택한다.
- 분리 변수의 각 범주가 하나의 부 마디(Sub-Node)를 형성한다.

괄호 안에 들어갈 내용으로 옳은 것은?

> 의사결정나무의 알고리즘 중 CART는 불순도 측도로 범주형인 경우 (ㄱ)을/를 연속형인 경우 (ㄴ)의 감소량을 사용해 이진 분리한다.

① ㄱ: 엔트로피 지수, ㄴ: 지니지수
② ㄱ: 지니지수, ㄴ: 분산
③ ㄱ: 지니지수, ㄴ: 카이제곱 통계량지수
④ ㄱ: 분산, ㄴ: 지니지수

....

의사결정나무의 알고리즘 중 CART는 불순도 측도로 범주형인 경우 지니지수를 연속형인 경우 분산의 감소량을 사용해 이진 분리한다.

정답 ②

④ 랜덤포레스트

실전 Tip

보팅(Voting)과 배깅(Bagging)의 공통점과 차이점을 알아 두어야 합니다.

- 부트스트랩 기반 트리 모델을 다수 형성하여 이를 학습하는 앙상블 기법*이다.

- 단일 의사결정트리보다 예측 정확도가 훨씬 뛰어나며 기본 매개 변수로도 잘 작동한다.

- 각 트리들의 예측들이 비상관화(decorrelation)되게 하여 일반화(generalization) 성능을 향상시킨다.

- 종류

- 공통점: 다수의 분류기 결과에 대해서 투표를 통해 최종 예측 결과를 결정하는 방식이다.
- 차이점: 보팅은 서로 다른 알고리즘을 가진 분류기를 결합하는 것이고, 배깅의 경우 각각의 분류기가 같은 알고리즘 기반이지만 데이터 샘플링을 다르게 가져가면서 학습해 보팅을 수행하는 것이다.

용어	설명
부트스트랩	단순 복원 임의 추출법으로 크기가 동일한 여러 개의 표본자료를 생성한다.
배깅	• 한 가지 분류 모델을 여러 개 만들어서 서로 다른 학습 데이터로 학습시킨다. • 동일한 테스트 데이터에 대한 서로 다른 예측값들을 투표를 통해 가장 높은 예측값으로 최종 결론을 내린다.
부스팅	가중치를 활용해 약한 학습능력을 가진 모델을 강하게 만드는 것이다.

* 앙상블 기법: 여러 모델을 학습시켜 결합하는 방식이다.

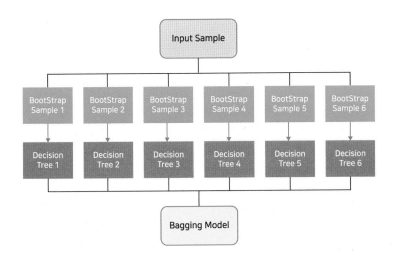

⑤ QUEST

- 예측변수가 순서형 또는 연속형인 경우 분리규칙으로 ANOVA F-통계량을 사용하고 명목형인 경우 카이제곱 통계량을 사용한다.
- CART 알고리즘의 긴 계산시간과 예측오차 확대의 가능성을 보완한 알고리즘이다.
- 변수 선택 편향(Bias)이 거의 없다.

(5) 의사결정나무의 장단점

① 장점

- 나무 형태의 구조로 다른 분석 방법보다 비교적 사용자가 이해하기 용이하다.
- 연속형 및 범주형 효과를 모두 볼 수 있다.
- 변수 비교가 가능하며 분리 규칙에 대해 이해하기 용이하다.
- 비모수적 모형으로 데이터의 규모가 작아도 분류가 가능하다.

② 단점

- 연속형 변수를 비연속형 변수로 인식하여 경계점에서의 예측력이 떨어진다.
- 적정한 가지치기가 이루어지지 않은 의사결정나무는 과적합 발생이 쉽다.
- 데이터의 분포가 편향되어 있으면 학습이 불안정하다.
- 기존 자료에 대한 분류, 기존 변수의 영향력 해석 등에는 유용하지만, 새로운 데이터의 예측은 어렵다.

3. 인공신경망

자연 뉴런(natural neurons)이 시냅스(synapse)를 통하
여 신호를 전달받는 과정에서, 신호의 강도가 기준치를 초
과할 때 뉴런은 활성화되는 구조를 모방한 분석 방법이다.

실전 Tip

'인공지능 ⊃ 머신러닝 ⊃ 인공신경망 ⊃
딥러닝'의 구조로 이루어져 있습니다.

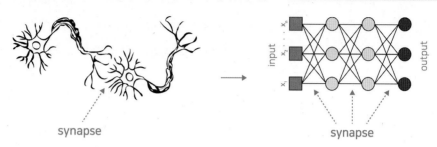

(1) 특징

● 인간의 두뇌 신경세포인 뉴런을 기본으로 한 기계학습기법이다.

● 입력된 변수는 신호의 강도에 따라 가중치 처리되고 활성화 함수를 통해 출력이 계산된다.

● 높은 복잡성으로 입력자료의 선택에 민감하다.

더 알아보기

• 자연뉴런(natural neurons)이 시냅스(synapse)를 통하여 신호를 전달받는 과정에서, 신호의 강도가 기준치를 초과할
  때 뉴런이 활성화된다.
• 인공신경망에서 입력은 시냅스에 해당하며 개별신호의 강도에 따라 가중(weight)된다.
• 활성함수는 인공신경망의 출력(outputs)을 계산한다.
• 단층신경망(single-layer neural network)은 입력층이 은닉층을 거치지 않고 직접 출력층에 연결되는 것이다.
• 다층신경망(multi-layer)은 입력층과 출력층 사이에 여러 개의 은닉층으로 이루어진 인공신경망이다.

(2) 인공신경망의 구조

● 1946년 인공신경망의 개념이 등장한 후 단층 퍼셉트론 이후 XOR 연산 문제로 인공신경망에 대한 관심도가 떨어졌으나, 1980년대 중반 이후 다층신경망이 제시되면서 XOR 연산 문제를 해결하였다.

● 다층 퍼셉트론에는 기울어지는 경사도와 과적합 문제가 발생한다.

● 퍼셉트론(Perceptron): 인간의 신경망에 있는 뉴런을 모방하여 입력층, 출력층으로 구성한 인공신경망 모델이다.

① 퍼셉트론의 구조

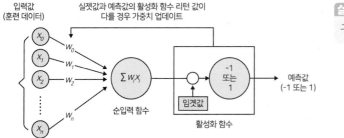

구조와 그 설명을 파악해야 합니다.

▲ 퍼셉트론 구조도

구조	설명
가중치	신경계 노드와의 연결계수 $w_0 \sim w_n$
활성함수	• 순입력함수로부터 전달받은 값을 출력값으로 변환해 주는 함수 • 입력받은 값을 얼마나 출력할지 결정하고, 출력된 신호의 활성화 여부를 결정
입력값	입력 데이터 $w_0 \sim w_n$
순입력함수	입력값에 가중치를 곱한 값을 모두 더해 하나의 값으로 만드는 함수

② 퍼셉트론의 원리

● 입력 데이터는 데이터의 특성을 나타내는 값으로 이루어져 있으며 인공신경망 모델에 데이터를 훈련시킨다.

● 입력 데이터에 가중치를 모두 곱한 값을 더해 하나의 값으로 만든다.

● 순입력함수의 결과값을 특정한 임계값과 비교하고, 순입력함수의 결과값이 해당 임계값보다 크면 1 작으면 0으로 출력하는 활성함수를 정의한다.

● 활성힘수의 예측값이 실제와 다를 경우 가중치를 업데이트한다.

● 위 과정을 반복하여 학습한다.

③ 문제점

XOR 연산*을 할 수 없다.

(3) 다층 퍼셉트론

입력층과 출력층 사이에 1개 이상의 은닉층을 두어 비선형적으로 분리되는 데이터에 대해 학습 가능한 퍼셉트론이다.

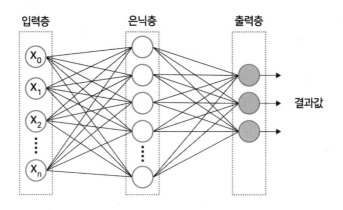

① 다층 퍼셉트론 구조

- 입력층, 은닉층, 출력층으로 구성되며, 역전파 알고리즘을 사용한다.

- 은닉층: XOR 게이트는 기존의 AND, NAND, OR 게이트를 조합하여 만들 수 있기 때문에 퍼셉트론에서 층을 계속 추가하면서 만들 수 있다. 이렇게 층을 여러겹으로 쌓아가면서 선형 분류만으로 풀기 못했던 문제를 비선형적으로 풀 수 있게 된다.

- 활성화 함수는 시그모이드 함수를 사용한다.

② 역전파 알고리즘

- 발생하는 에러(Error)**를 통해 가중치 조정 → 연결 강도 갱신 → 목적함수 최적화

- 오차를 출력층에서 입력층으로 전달하여 역전파를 통해 가중치와 편향을 계산하여 모델을 업데이트한다.

---

* XOR 연산: 배타적 논리합(exclusive OR)으로 두 개의 피연산자 중 하나만이 1일 때 1을 반환한다.
** 에러: 예측값과 실젯값의 차이를 말한다.

③ 문제점

종류	내용
과대 적합 문제	• 머신러닝에서 학습데이터를 과하게 학습하여 지나치게 최적화되는 문제이다. • 학습 데이터에서는 모델 성능이 높게 나타나지만, 새로운 데이터를 학습할 때는 수행능력이 저하된다. • 학습 데이터가 적고, 매개 변수가 많은 경우 발생한다. • 가중치 감소, 드롭아웃 등의 방법을 사용해 해결할 수 있다.
기울기 소실 문제 (Gradient Vanishing)	• 출력값과 멀어질수록 학습이 모호하게 진행되어 Sigmoid 함수에서의 1보다 작으면 0에 가까워진다는 이유로 계속 0에 가까워져 기울기 값이 작아진다. • ReLU, tanh 함수를 사용하여 해결한다.

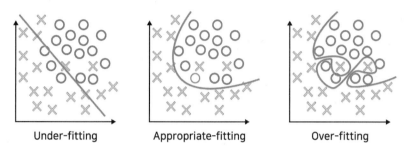

Under-fitting   Appropriate-fitting   Over-fitting

(4) 뉴런의 활성화 함수*

● 순입력함수에서 전달받은 값을 출력값으로 반환하는 함수이다.

● 입력값에 대한 출력값이 비선형(nonlinear)적으로 나와 선형분류기를 비선형분류기로 만들 수 있다.

① 계단(Step) 함수

● 임계값을 기준으로 활성화 또는 비활성화된다.

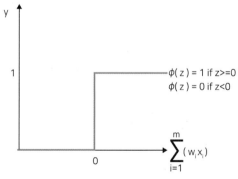

$\phi(z) = 1$ if $z \geq 0$
$\phi(z) = 0$ if $z < 0$

$$\sum_{i=1}^{m}(w_i x_i)$$

퍼셉트론의 활성화함수(임계값 = 0)

---

* 활성화 함수: 순 입력함수로부터 전달받은 값을 출력값으로 변환해 주는 함수를 말한다.

② 시그모이드(Sigmoid) 함수

- 계단함수를 곡선의 형태로 변형시킨 형태의 시그모이드(sigmoid) 함수를 적용한다.

- 로지스틱 함수이다.

- Gradigent Vanishing: 층이 많아질수록 오차역전파 수행 시 기울기가 소실되는 문제가 발생한다.

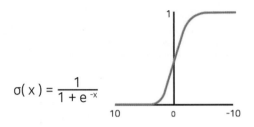

$$\sigma(x) = \frac{1}{1 + e^{-x}}$$

③ 하이퍼블릭 탄젠트(Hyperbolic Tangent) 함수

시그모이드 함수값의 중심을 0으로 맞추기 위해 개선된 함수이다.

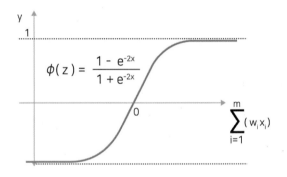

$$\phi(z) = \frac{1 - e^{-2x}}{1 + e^{-2x}}$$

④ 렐루(ReLU: Rectified Linear Unit) 함수

입력값이 양수인 경우만 뉴런을 전달하는 함수이다.

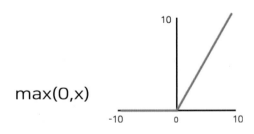

max(0,x)

이론 바로 적용하기

다음의 그래프에 알맞은 활성화 함수로 옳은 것은?

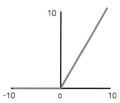

① Sigmoid   ② STEP   ③ ReLU   ④ tanh

....

렐루(ReLU) 함수는 입력값이 양수인 경우만 뉴런을 전달하는 함수이다.

정답 ③

더 알아보기

인공신경망의 역사

과정	주요 사건
인공신경망의 등장 (1943~1986)	• 퍼셉트론이라는 최초의 신경망 모델 발표 • 선형분리가 불가하여 XOR 연산에 불가능 • 순방향신경망
다층퍼셉트론의 등장 (1986~2006)	• 역전파 알고리즘 개념 등장 • 다층 신경망과 은닉층으로 XOR 문제 해결 • 과적합*과 사라지는 경사도** 문제 발생
인공신경망의 현재 (2006~)	• 딥러닝*** 기술의 활성화 • tanh, ReLU를 활성화함수로 사용하여 기울기소실문제를 해결함

(5) 딥러닝 모델의 종류

① CNN

● 인간의 시신경 구조를 모방한 구조

● 인접계층의 모든 뉴런과 완전 결합된 계층을 사용해 모든 입력 데이터들을 동등한 뉴런으로 처리한다.

---

* 과적합: 특정 학습데이터에만 학습이 잘 되어 추론처리 성능이 낮아진다.
** 사라지는 경사도: 신경망 층수를 늘릴 때 데이터가 사라지는 현상이다.
*** 딥러닝: 인공신경망의 한 종류로 뇌신경을 모방한 것이다.

- 이미지 공간 정보를 유지한 채 학습하는 모델로 데이터의 특징과 차원을 추출하고 인식하여 패턴을 찾는 데 유용하다.

- 특징을 추출하는 부분과 클래스를 분류하는 부분으로 나누어져 있다.

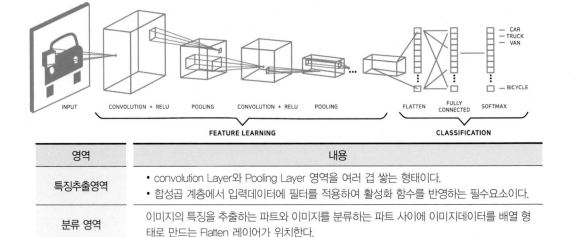

영역	내용
특징추출영역	• convolution Layer와 Pooling Layer 영역을 여러 겹 쌓는 형태이다. • 합성곱 계층에서 입력데이터에 필터를 적용하여 활성화 함수를 반영하는 필수요소이다.
분류 영역	이미지의 특징을 추출하는 파트와 이미지를 분류하는 파트 사이에 이미지데이터를 배열 형태로 만드는 Flatten 레이어가 위치한다.

- CNN Layer의 작동방식

  - Filter 적용: 하나의 합성곱 계층에서는 이미지의 채널 개수만큼 필터가 존재하여 이를 적용함으로써 합성곱 계층의 출력 이미지가 생성된다.

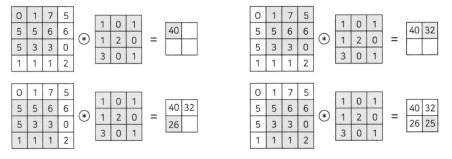

하나의 채널에 대한 Convolution(합성곱) 계층의 동작

  - stride 설정: 필터를 적용하는 위치 간격을 의미한다.

  - Padding 적용: 합성곱 계층을 거치면서 이미지의 크기가 작아지며 정보가 사라지는 것을 해결하기 위한 방법으로 이미지의 가장자리에 특정 값의 픽셀을 추가하여 입력 이미지 데이터와 출력 이미지 데이터를 비슷한 크기로 맞춘다. 연산 전 입력 이미지 데이터의 가장자리를 0 또는 1로 채운다.

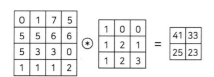

(왼쪽) Padding을 안한 경우, (오른쪽) Zero-padding인 경우

- Pooling Layer: 2차원 데이터의 세로 및 가로 방향의 공간을 줄이는 연산이다.

- Fully Connected Layer: 추출한 이미지 데이터를 분류한다.

구분	내용
Flatten Layer	데이터 타입을 Fully Connected 네트워크 형태로 변경한다.
Softmax Layer	분류를 수행한다.

② RNN(Recurrent Neural Network, RNN)

● 내부순환구조가 포함된 인공신경망의 종류로 시간 의존적이거나 순서가 있는 데이터의 학습에 사용된다.

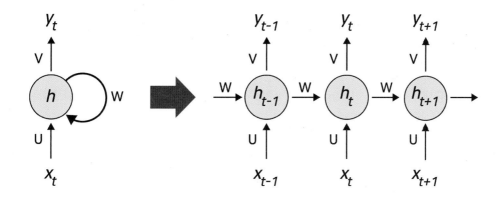

● 입력과 출력을 시퀀스 단위로 처리하며 그래프를 형성하여 입력 시퀀스를 처리한다.

- 역전파를 활용하며 입력시점마다 가중치가 공유된다.

- 입력값 및 출력값이 시퀀스의 길이에 관계없이 받아들일 수 있는 구조이기 때문에 언어 모델링, 기계 번역, 음성 인식 등으로 활용 가능하다.

③ LSTM

- RNN을 개선한 모델로 입력게이트, 출력 게이트, 망각게이트의 3가지 게이트 구조를 가진다.

- 한 문장의 모든 맥락을 파악해야 하는 번역 등에 사용된다.

- 긴 의존기간을 필요로 하는 학습을 수행할 능력을 갖고 있다.

- Cell state가 존재하여 가중치를 계속 유지할 것인지 혹은 지울 것인지 결정하는 역할을 한다.

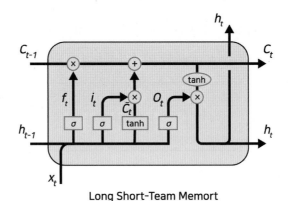

Long Short-Team Memort

④ 오토인코더

대표적인 비지도학습 모델로 다차원 데이터를 저차원으로 바꾸고 바꾼 저차원 데이터를 고차원 데이터로 바꾼다.

⑤ GAN

패턴을 흉내내는 생성자(generator) 네트워크와 그 패턴의 진위 여부를 판별하는 판별자(discriminator) 네트워크로 구성된다.

이론 바로 적용하기

다음 중 딥러닝 모델의 종류에 대한 설명으로 틀린 것은?
① CNN - 이미지 공간 정보를 유지한 채 학습하는 모델이다.
② RNN - 생성자와 판별자 네트워크로 구성된다.
③ LSTM - 시퀀스 단위로 처리하며 그래프를 형성하여 입력 시퀀스를 처리한다.
④ RNN - 역전파를 활용하며 입력시점마다 가중치가 공유된다.

....

GAN에 대한 설명이다.

정답 ②

4. 서포트 벡터 머신*(SVM: Support Vector Machine)

● 데이터를 분리하는 초평면 중에 데이터와 거리가 가장 먼 초평면을 선택해 분리하는 지도학습 기반의 이진 선형분류모델이다.

● 공간상에서 최적의 분리 초평면(Hyperplane)을 찾아서 분류 및 회귀분석을 수행한다.

● 기계학습의 한 분야로 사물 인식, 패턴 인식, 손글씨 숫자 인식 등 다양한 분야에서 활용되는 지도학습 모델이다.

(1) 특징

● 여백 최대화로 일반화 능력의 극대화를 추구한다.

● 마진이 가장 큰 초평면을 사용할 때 오분류가 가장 낮아진다.

● SVM은 변수 속성 간의 의존성은 고려하지 않으며, 모든 속성을 활용하는 기법이다.

● 훈련 시간은 상대적으로 느리지만, 정확성이 뛰어나 과대 적합의 가능성이 낮다.

(2) 구성요소

구성요소	내용
결정경계(Decision Boundary)	데이터의 분류기준
초평면(Hyperplane)	n차원 공간의 n−1차원 평면
마진(Margin)	결정 경계에서 서포트 벡터까지의 거리로 이를 최대화할 때 가장 효율적
서포트벡터(Support Vecto)	학습 데이터 중에서 결정경계와 가장 가까이 있는 데이터의 집합
슬랙변수(Slack Variable)	선형적으로 분류를 위해 허용된 오차를 위한 변수

> **🔷 더 알아보기**
>
> **슬랙변수**
>
> 분류가 올바르게 된 경우: Slack Variable = 0
> 분류를 위한 마진 허용하는 경우: 0 〈 Slack Variable 〈 1
> 분류가 제대로 안 된 경우: Slack Variable 〉1

---

* 서포트 벡터 머신: 최대 마진을 가지는 비확률적 선형 판별에 기초한 이진분류기이다.

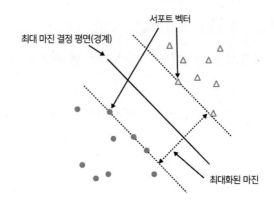

▲ 서포트 벡터 머신의 개념도

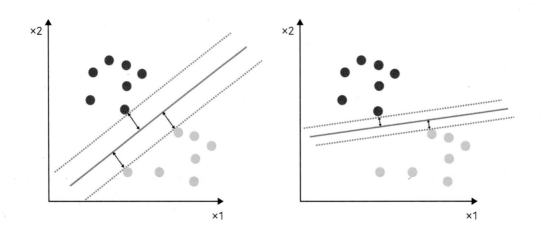

(3) 서포트벡터머신의 장단점

① 장점

- 비교적 적은 데이터로 학습이 가능하며 과대 적합, 과소 적합 정도가 덜하다.

- 정확성이 뛰어나며, 과대 적합의 가능성이 낮다.

- 분류 및 회귀 예측문제에 동시에 활용할 수 있다.

② 단점

- 연속형 변수를 비연속형 변수로 인식하여 경계점에서의 예측력이 떨어진다.

- 데이터가 많아질수록 학습시간이 길어지고, 속도가 느려진다.

- 이진 분류만 가능하며 각 분류에 대한 모델을 구축해야 한다.

이론 바로 적용하기

다음 중 서포트 벡터머신에 대한 설명이 아닌 것은?

① 모든 항목 집합에서 최소 지지도 이상의 빈발항목 집합만을 찾아내 연관규칙을 계산하는 기법이다.

② 여백 최대화로 일반화 능력의 극대화를 추구한다.

③ 훈련 시간은 상대적으로 느리지만, 정확성이 뛰어나 과대 적합의 가능성이 낮다.

④ 연속형 변수를 비연속형 변수로 인식하여 경계점에서의 예측력이 떨어진다.

Apriori 알고리즘에 대한 설명이다. Apriori 알고리즘은 뒤에서 곧 학습할 예정이다.

정답 ①

5. 연관성 분석

- 데이터 내부에 존재하는 항목 간의 유용한 패턴을 찾아내는 분석기법이다.

- A 제품을 구매한 사람은 B 제품도 구매할 확률이 높다는 결과를 도출하는 모델이다.

- 쇼핑 시 고객들이 물건을 살 때 선택하는 물건의 규칙성을 발견하여 상품 진열 시 연관해서 물건을 보여 줄 수 있도록 판매 전략을 수립하는 데 사용될 수 있어 장바구니 분석이라고도 한다.

(1) 연관규칙 순서

① 데이터 간 조건반응을 생성한다.

② 기준지표를 사용하여 모델의 적합성을 측정한다.

> **더 알아보기**
>
> **조건반응(If-then)**
> Item A → Item B
> 예) 우유 → 빵 = 우유를 구매하면 빵을 구매한다.

(2) 기준 지표

① 지지도(Support)

전체 거래 중 A와 B를 동시에 포함하는 거래의 비율이다.

$$P(A \cap B) = \frac{A와 B가 동시에 포함된 거래의 수}{전체 거래의 수}$$

② 신뢰도(Confidence)

A 상품을 샀을 때 B 상품을 살 확률에 대한 척도이다.

$$\frac{P(A \cap B)}{P(A)} = \frac{A와 B가 동시에 포함된 거래 수}{A가 포함된 거래 수}$$

③ 향상도(Lift)

- 연관성의 정도를 측정하는 정도이다.
- 향상도가 1이면 상호 연관성이 없으며, 1보다 크면 해당 규칙은 결과를 예측하는 데 있어 우수하다.

$$\frac{P(A \cap B)}{P(A) \times P(B)} = \frac{A와 B가 동시에 포함된 거래 수}{A가 포함된 거래 수 \times B가 포함된 거래수}$$
$$= \frac{신뢰도}{P(B)}$$

이론 바로 적용하기

맥주와 과자 사이의 지지도와 신뢰도 값이 옳게 나열된 것은?

TID	항목
1	사과, 우유
2	사과, 맥주, 우유, 과자
3	과자, 맥주, 콜라, 빵
4	맥주, 우유, 사과
5	바나나, 사과, 우유, 맥주, 과자

① 3/5, 3/4   ② 2/5, 1/4   ③ 3/4 3/4,   ④ 2/4, 1/4

- 지지도: 전체 거래 중 항목 A와 B를 동시에 포함하는 거래 = 3/5
- 신뢰도: A 상품을 샀을 때 B 상품을 살 조건부 확률에 대한 척도 = 3/4

정답 ①

(3) 연관성 분석 알고리즘

① Apriori 알고리즘

- 복잡한 계산량을 줄이기 위해 모든 항목 집합에서 최소 지지도 이상의 빈발항목 집합만을 찾아내 연관규칙을 계산하는 기법이다.

- 신뢰도 혹은 지지도가 낮을 조합은 처음부터 연산대상에서 제외한다.

- 많은 연관규칙을 발견할 수 있으며 원리가 간단해 이해가 용이하다.

규칙 1	한 항목의 집합이 빈발하면, 이 항목의 모든 부분집합이 빈발항목 집합
규칙 2	한 항목의 집합이 빈발하지 않는다면, 이 항목의 모든 부분집합이 빈발하지 않음

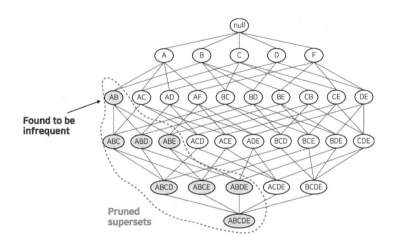

더 알아보기

Apriori 알고리즘 방법의 단계

① 빈도수집합 탐색: 대용량 데이터베이스 내의 단위 트랜잭션에서 빈번하게 발생하는 사건의 유형 발견

② 최소 지지도 확인: 최소 지지도 이상을 만족하는 빈발항목 집합을 발견

③ 후보 집합 생성: 빈발항목으로 집합 생성

④ 2~3단계 반복 수행: 새로운 빈발항목집합이 더 이상 생성되지 않을 때까지 반복수행

⑤ 연관규칙 생성: 발견된 다량 항목 집합 내에 포함된 항목 중 최소 신뢰도 이상을 만족시키는 항목들 간의 연관규칙 생성

② FP-Growth 알고리즘

- FP Tree 구조를 이용하여 Apriori 알고리즘보다 훨씬 빠른 속도로 계산된다.

- 최소 지지도 이상에 해당하는 아이템 집합만 선택한다.

- 데이터 세트가 큰 경우 모든 후보 아이템 세트들에 대하여 반복적으로 계산하는 단점이 있는 Apriori 알고리즘을 개선한 알고리즘이다.

- 대용량 데이터 세트에서 메모리가 비효율적이며, 설계가 어렵다.

- 원리

  - 전체 거래를 확인하여, 각 아이템마다 지지도(support)를 계산한 후 최소 지지도 이상의 아이템만 선택

  - 빈도가 높은 아이템 순서대로 정렬

  - 부모노드를 중심으로 자식노드에 거래를 추가하면서 tree를 생성

  - 새로운 아이템이 나올 경우에는 부모노드부터 시작, 그렇지 않으면 기존 노드에서 확장

  - 모든 과정을 전체 거래에 반복하여 FP Tree를 만들어 최소 지지도 이상의 패턴만 추출

6. 군집분석

- 주어진 관측값들 사이의 거리(distance) 또는 유사성을 이용하여 전체를 몇 개의 집단으로 그룹화하여 각 집단의 성격을 파악하고 데이터에 대한 이해를 돕고자 하는 분석방법이다.

- 군집 분석의 목적은 레이블이 없는 데이터 집합의 요약된 정보를 추출하고 이를 통해 전체 데이터 세트가 가지고 있는 특정을 발견하는 것이다.

- 관측값 사이의 거리 또는 분산을 기초로 분류하며, 동일 집단 내의 유사성은 높아야 하고, 집단 간에는 이질성이 높아야 한다.

- 고객의 특성분류 및 추천, 구매패턴 분석, 패턴 인식 등의 분야에 많이 활용된다.

- 계층적 군집은 군집의 수를 미리 정하지 않고 유사한 측정값을 그룹화해나가는 과정을 반복하여 원하는 수의 군집을 형성하는 방법이고, 비계층적 군집은 미리 군집의 개수를 지정한다.

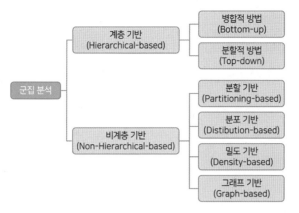

▲ 군집 분석 유형

(1) 기본적 가정

● 하나의 군집 내에 속한 개체들의 특성은 동일하며 다른 군집에 속한 개체들과 특성은 이질적이다.

● 군집의 개수 또는 구조와 관계없이 개체 간의 거리를 기준으로 분류한다.

● 개별 군집의 특성은 군집에 속한 개체들의 평균값으로 나타낸다.

● 군집 내의 응집도는 최대화하고 군집 간의 분리도는 최대화한다.

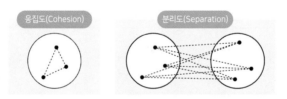

▲ 응집도와 분리도

(2) 연속형 변수군집 분석의 척도

① 유클리드 거리(Euclidean)

● 피타고라스 정리를 통해 측정하며 두 점 간의 거리로 두 점을 잇는 가장 짧은 거리를 측정한다.

● 두 점 간 차이 제곱해 더한 값의 제곱근이다.

$$d(x, y) = \sqrt{\sum_{i=1}^{p}(x_i - y_i)^2}$$

② 맨하탄 거리(Manhattan)

- 블록 지도에서 출발지에서 도착지까지 가로지르지 않고 도착하는 가장 짧은 거리이다.

- 실제 진행경로 기준으로 거리를 산출하며, 두 점 간 차의 절대값을 합한 값이다.

$$d(x, y) = \sum_{i=1}^{p} |x_i - y_i|$$

③ 민코프스키 거리

m차원의 민코프스키 공간에서의 거리로, 1차원일 때는 맨하탄 거리와 같으며 2차원일 경우는 유클리드 거리와 같다.

$$\left(\sum_{i=1}^{n} |x_i - y_i|^p \right)^{\frac{1}{p}}$$

④ 표준화 거리(Standardized)

변수의 분산를 고려한 거리로, 해당 변수를 표본 편차로 표준화한 후 유클리드 거리를 계산한다.

$$d(x, y) = \sqrt{\sum_{i=1}^{p} \left(\frac{x_i - y_i}{s_i} \right)^2}$$

⑤ 마할라노비스 거리

두 변수의 상관관계를 고려한 거리로, 해당 변수를 표본 공분산으로 나눈 후 유클리드 거리를 계산한다.

$$d_M = \sqrt{(\vec{x} - \vec{y}) \sum^{-1} (\vec{x} - \vec{y})^T}$$

(3) 명목형 변수 군집 분석의 척도

모든 변수가 명목형인 경우 개체 i와 j 간 거리의 정의이다.

① 단순 일치 계수(Simple Matching Coefficient, SMC)

두 객체 i와 j 간의 상이성을 불일치 비율로 계산한 것이다. 즉, 전체 중에 일치하지 않은 비율을 의미한다.

② 자카드 거리(Jaccard Distance)

● 비교대상인 두 집합 사이의 비유사도를 측정하는 지표이다.

$$JaccardDistance = 1 - JaccardIndex$$

● 자카드 지수(Jaccard Index)는 두 집합 사이의 유사도를 측정하는 지표로 두 집합이 같으면 1, 완전히 다르면 0의 값을 가진다.

$$J(A, B) = \frac{|A \cap B|}{|A \cup B|} = \frac{|A \cap B|}{|A| + |B| - |A \cap B|}$$

이론 바로 적용하기

다음 중 연속형 변수 간의 거리를 측정하는 방법이 아닌 것은?

① 유클리드 거리   ② 맨하탄 거리
③ 마할라노비스 거리   ④ 자카드 거리

....

자카드 거리는 명목형변수 간의 거리를 측정하는 지표이다.

정답 ④

---

(4) 계층적 군집분석의 종류

개별 관측치 간의 거리를 계산해서 가장 가까운 관측치부터 결합해 나가면서 계층적 트리 구조를 형성하고, 이를 통해 군집화를 수행하는 방법이다.

군집 형성 방법	내용
병합적 방법	• 각각의 데이터를 하나의 군집으로 간주하여 가까운 데이터부터 순차적으로 병합하는 방법 • R 언어에서 stats 패키지의 hclust() 함수와 cluster 패키지의 agnes(), mclust() 함수 이용
분할적 방법	• 전체 데이터를 하나의 군집으로 간주하고 각각의 관측치가 한 개의 군집이 될 때까지 군집을 순차적으로 분리하는 방법 • R 언어에서 cluster 패키지의 diana(), mona() 함수 사용

① 최단연결법(single linkagemethod)

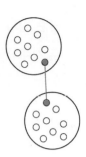

- 두 군집 사이의 거리를 각 군집에서 하나씩 관측값을 뽑았을 때 나타날 수 있는 거리의 최소값이다.

- 측정 최단 거리를 사용할 때 사슬 모양으로 생길 수 있으며 고립된 군집을 찾는 데 중점을 둔 방법이다.

② 최장연결법(complete linkage method)

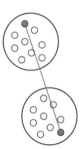

- 두 군집 사이의 거리를 각 군집에서 하나씩 관측값을 뽑았을 때 나타날 수 있는 거리의 최댓값으로 측정한다.

- 같은 군집에 속하는 관측치는 알려진 최대 거리보다 짧으며 군집들의 내부 응집성에 중점을 둔 방법이다.

③ 중심연결법(Centroid Linkage method)

- 두 군집의 중심 간의 거리를 측정한다.

- 평균 연결법보다 계산량이 적고, 모든 관측치 사이의 거리를 측정할 필요 없이 중심 사이 거리를 한 번만 계산한다.

④ 평균 연결법(Average Linkage method))

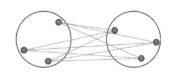

- 생성된 군집과 기존 데이터들의 거리를 군집 내 평균 데이터로 계산하는 방법이다.

- 모든 항목에 대한 거리 평균을 구하면서 군집화를 하기 때문에 계산량이 불필요하게 많아질 수 있다.

⑤ 와드연결법(Ward Linkage method))

- 생성된 군집과 기존의 데이터들의 거리를 군집 내 오차가 최소가 되는 데이터로 계산하는 방법이다.

- 비슷한 크기의 군집끼리 병합하는 경향성을 가진다.

다음 중 군집 간 거리 연결법과 그 설명이 잘못 짝지어진 것은?

① 와드연결법 – 측정 최단 거리를 사용할 때 사슬 모양으로 생길 수 있으며 고립된 군집을 찾는 데 중점을 둔 방법이다.

② 중심연결법 – 두 군집의 중심 간의 거리를 측정한다.

③ 평균연결법 – 생성된 군집과 기존 데이터들의 거리를 군집 내 평균 데이터로 계산하는 방법이다.

④ 최장연결법 – 같은 군집에 속하는 관측치는 알려진 최대 거리보다 짧으며 군집들의 내부 응집성에 중점을 둔 방법이다.

....

최단연결법에 대한 설명이다.

정답 ①

(5) 비계층적 군집 분석

구하고자 하는 군집의 수를 사전에 정의해 정해진 군집의 수만큼 형성하는 방법이다.

① K-means(K-평균) 군집

- 군집의 수를 사전에 정하고, 각 개체를 가까운 초깃값에 할당해 군집을 형성하고 각 군집의 평균을 재계산하여 초깃값을 갱신하는 과정을 반복하여 k개의 최종군집을 형성한 방법이다.

  실전 Tip
  비계층적 군집분석의 대표적인 방법입니다.

- 분석기법 적용이 단순하고 빠르며, 다양한 데이터에서 사용할 수 있다.

- 초기값 k의 설정이 어렵고, 이상값에 민감하게 반응하는 단점이 있다.

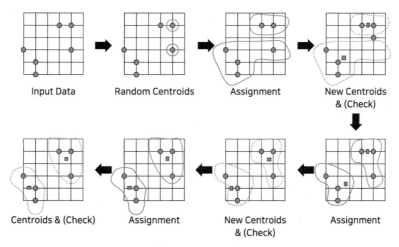

② k 값 선정 기법

● 엘보우 기법(Elbow method): 러스터의 개수를 두고 비교를 한 그래프를 통해 급격한 경사도를 보이다가 완만한 경사를 보이는 SSE값을 보이는 부분에 해당하는 클러스터를 선택하는 기법이다.

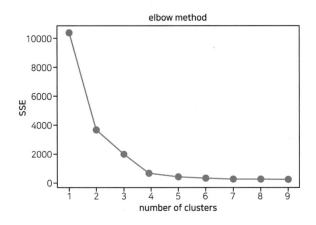

● 실루엣 기법(Silhouette method)

– 각 군집 간의 거리가 얼마나 효율적으로 분리되어 있는지를 나타낸다.

– 1에 가까울수록 군집 간 거리가 멀어 효율적이며, 0에 가까울수록 군집 간의 거리가 가까워 비효율적이라고 본다.

$$S^{(i)} = \frac{b^{(i)} - a^{(i)}}{\max(a^{(i)}, b^{(i)})}$$

● 덴드로그램: 시각화 작업을 통하여 군집의 개수를 결정한다.

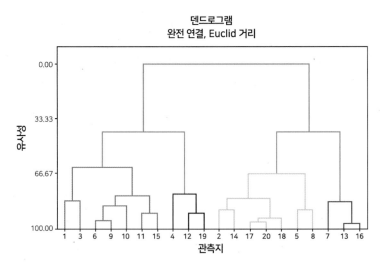

(6) DBSCAN

- 밀도 기반 군집분석으로 서로 인접한 데이터들은 같은 군집 내에 있다는 것을 가정한 알고리즘이다.

- 일정한 거리 안에 밀집된 데이터들끼리 그룹으로 묶어 클러스터를 형성하고, 낮은 밀도 영역에 존재하는 이상치들을 검출하는 방식으로 작동한다.

- 데이터셋에 대한 사전 정보 없이도 적절한 클러스터링 결과를 도출할 수 있다.

- 노이즈가 포함된 데이터셋에 대해서도 효과적으로 군집 형성이 가능하며 초기 군집의 수를 설정할 필요가 없다.

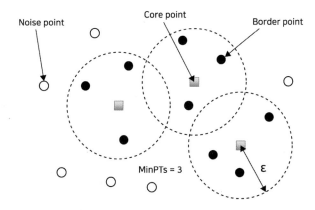

① 구성

- Core Point(핵심 포인트): 주변 영역 내에 최소 데이터 개수 이상의 타 데이터를 가지고 있을 경우

- Min Points(최소 데이터 개수): 개별 데이터의 입실론 주변 영역에 포함되는 타 데이터의 개수

- Neighbor Point(이웃 포인트): 주변 영역 내에 위치한 타 데이터

- Border Point(경계 포인트): 주변 영역 내에 최소 데이터 개수 이상의 이웃 포인트를 가지고 있지 않지만 핵심 포인트를 이웃 포인트로 가지고 있는 데이터

- Noise Point(잡은 포인트): 최소 데이터 개수 이상의 이웃 포인트를 가지고 있지 않으며, 핵심 포인트도 이웃 포인트로 가지고 있지 않는 데이터

- Epsilon(주변 영역): 개별 데이터를 중심으로 입실론 반경을 가지는 원형의 영역

② DBSCAN의 장점 및 단점

장점	단점
• 클러스터의 수를 분석가가 정하지 않아도 된다. • 데이터의 분포가 일정하지 않아도 군집을 찾아내기 용이하다.	• 매개변수의 선택에 민감하다. • 차원이 클 때 계산이 어렵다.

> **더 알아보기**
>
> **DBSCAN의 절차**
> ① 반경(ϵ) 내에 최소 점(MinPts)을 설정한다.
> ② 코어 점의 조건을 만족하는 임의의 점을 선택한다.
> ③ 밀도-도달 가능한 점들을 뽑아서 코어점과 경계점을 구분한다.
> ④ 중심점 외에 속하는 점을 노이즈로 할당한다.
> ⑤ 반경 내의 코어점들을 연결해 군집으로 형성한다.

(7) 혼합분포군집(Mixture of Normal Distribution)

● 모형 기반의 군집 방법으로 같은 확률 분포에서 추출된 데이터들끼리 군집화하는 분석 기법이다.

● 데이터가 k개의 모수적 모형의 가중합으로 표현되는 모집단 모형으로부터 나왔다는 가정하에서 모수와 함께 가중치를 자료로부터 추정하는 방법을 사용한다.

① 특징

● EM 알고리즘*을 이용한 모수 추정에서 데이터가 커지면 수렴에 시간이 걸릴 수 있다.

● 군집의 크기가 너무 작으면 추정의 정도가 떨어지거나 어려울 수 있다.

● 이상값에 민감하므로 이상값 제거 등의 사전 조치가 필요하다.

② 확률분포 기반 클러스터링(Gaussian Mixture Model)

● 전체 데이터의 확률분포가 여러 개의 가우시안 분포로 이뤄졌음을 가정하고 각 분포에 속할 확률이 높은 데이터들 사이의 군집을 형성히는 방법이다.

● 각각의 데이터들이 여러 개의 가우시안 분포 중에 어디에 속하는 것이 최적인지 추정하여 군집화시킨다.

---

* EM 알고리즘: 관측되지 않은 잠재변수에 의존하는 확률모델에서 최대 가능도나 최대 사후 확률을 갖는 모수의 추정 값을 찾는 반복적인 알고리즘이다.

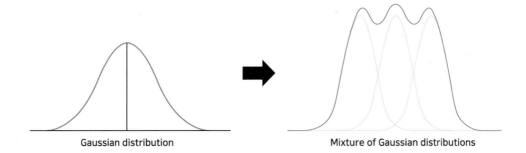

Gaussian distribution   Mixture of Gaussian distributions

(8) 비계층적 군집분석 자기 조직화 지도(SOM: Self-Organizing Maps)

● 인간대뇌피질의 시각피질의 학습 과정을 모델화한 인공신경망으로, 자율 학습에 의한 클러스터링을 수행하는 알고리즘이다.

● 실제 공간의 입력변수가 가까이 있으면 지도상에는 가까운 위치에 있게 된다.

● 고차원의 데이터를 이해하기 쉬운 저차원의 뉴런으로 정렬하여 지도의 형태로 형상화한 비지도 신경망이다.

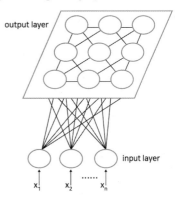

① 특징

● 고차원의 데이터를 저차원의 지도 형태로 형상화하기 때문에 시각적으로 이해가 쉽다.

● 입력 변수의 위치 관계를 그대로 보존하기 때문에 실제 데이터가 유사하면 지도상에서 가깝게 표현되어 패턴 발견, 이미지 분석 등에서 뛰어난 성능을 보인다.

● 하나의 전방 패스(feed-forward flow)를 사용함으로써 속도가 매우 빨라 실시간 학습처리를 할 수 있는 모형이다.

② 구성

구성요소	내용
입력층	• 입력 벡터를 받는 층 • 입력변수의 개수와 뉴런수는 동일 • 입력층에 있는 각각의 뉴런은 경쟁층에 있는 각각의 뉴런들과 연결되어 있지 않으며 이때 완전 연결되어 있음
경쟁층	• 입력벡터의 특성에 따라 벡터의 한 점으로 클러스터링 되는 층 • 연결강도는 입력패턴과 가장 유사한 경쟁층 뉴런이 승자가 됨 • 승자 독식 구조로 인해 경쟁층에는 승자 뉴런만이 나타나며, 승자와 유사한 연결강도를 갖는 입력패턴이 동일한 경쟁뉴런으로 배열
노드	• 한 항목의 집합이 빈발하면, 이 항목의 모든 부분집합이 빈발항목집합경쟁층 내에서 입력 벡터들이 서로의 유사성에 근거하여 집합하는 영역
가중치	• 한 항목의 집합이 빈발하면, 이 항목의 모든 부분집합이 빈발항목 • 입력 값의 중요도

이론 바로 적용하기

다음 중 SOM의 구성요소가 아닌 것은?

① 입력층   ② 경쟁층   ③ 은닉층   ④ 노드

SOM의 구성요소는 입력층, 경쟁층, 노트, 가중치이다.

정답 ③

02 고급 분석기법 ★★

학 ·습 ·포 ·인 ·트 --

- 변수의 종류에 따라 어떠한 분석기법을 적용할지 파악한다.
- 계산문제가 다수 출제되고 있다.
- 앙상블 분석의 다양한 종류가 빈출되므로 해당 분석방법의 내용을 정확히 숙지한다.

1. 범주형 자료 분석

● 독립변수 또는 종속변수 중 하나라도 범주형 데이터일 때 사용하는 분석방법이다.

● 주로 각 집단 간의 비율 차이가 있는지를 확인하기 위해 사용된다.

● 분석 방법

독립변수	종속변수	분석방법
범주형	범주형	분할표 분석, 카이제곱검정, 로그선형모형
범주형	수치형(연속형)	T-test(독립변수 2개 이하), 분산분석(독립변수 3개 이상)
수치형(연속형)	범주형	로지스틱 회귀분석
수치형(연속형)	수치형(연속형)	상관분석, 회귀분석

(1) 분할표(Contingency Table)

● 범주형 데이터의 각 변수에 따라 통계표 형태로 정리된 것이다.

● 범주형 변수를 요약해서 표현하기에 적합하며 이를 통해 범주형 변수의 독립성, 동질성 검정 등의 카이제곱 검정을 수행한다.

● 분할표의 행은 독립변수, 열은 종속변수로 배치한다.

● 분할표의 각 행의 마지막 행과 각 열의 마지막 열에는 총계 데이터를 표시한다.

연령	차량 브랜드			합계
	A	B	C	
20대	33	22	18	73
30대	10	27	33	70
합계	43	49	51	143

① 비율의 차이(Difference of Proportion)

범위는 -1 ~ 1 사이이며 동질 또는 독립인 경우 D=0이다.

② 상대위험도(Relative Risk)

- 관심 집단의 위험률과 비교 집단의 위험률*에 대한 비이다.

- 범위는 0 ~ 무한대 사이이며 동질 또는 독립인 경우 RR=1이다.

$$상대위험도(RR) = \frac{관심\ 집단의\ 위험률}{비교\ 집단의\ 위험률} = \frac{\frac{ⓐ}{ⓐ+ⓑ}}{\frac{ⓒ}{ⓒ+ⓓ}}$$

③ 승산**비(Odds Ratio)

- 특정 조건이 있을 때의 성공 승산을 다른 조건이 있을 때의 성공 승산으로 나눈 값이다.

- 범위는 0 ~ ∞ 사이이며 동질 또는 독립인 경우 OR=1이다.

(2) 교차 분석(카이제곱 검정)

- 두 범주형 변수가 서로 상관이 있는지, 독립인지를 판단하는 통계적 검정방법을 교차 분석 또는 카이제곱검정이라고 한다.

- 두 변수의 빈도표를 교차시켰다는 의미이며 교차 분석에서 사용되는 검정 통계량이 카이제곱분포를 따르기 때문에 카이제곱-검정이라고 한다.

실전 Tip
카이제곱 검정의 분류는 [동독 적] 동독의 적이다.

- 카이제곱 검정의 x^2 값은 편차의 제곱값을 기대 빈도로 나눈 값들의 합이다.

- 카이제곱 검정은 동질성 검정(Test of Homogeneity), 독립성 검정(Test of Independence), 적합도 검정(Goodness of Fit Test)으로 분류한다.

---

* 위험률: 특정 사건이 발생할 비율이다.
** 승산: 특정 사건이 발생할 확률에 대한 그 사건이 발생하지 않을 확률의 비이다. 특정 사건의 발생 확률을 p라고 할 경우 승산 = p/1-p이다.

① 동질성 검정

- 각각의 독립적인 부모집단으로부터 정해진 표본의 크기만큼 자료를 추출하는 경우에 관측값들이 정해진 범주 내에서 확률분포가 동일한지를 검정한다.
- 귀무가설은 '각 그룹의 확률분포는 동일하다.'로 설정한다.

② 독립성 검정

- 변수가 두 개 이상의 범주로 분할되어 있을 때, 각 범주가 서로 독립적인지 혹은 연관성이 있는지를 검정하는 기법이다.
- 귀무가설은 '요인 1과 요인 2는 독립적이다.'로 설정한다.

③ 적합도 검정(Goodness of Fit Test)

- 표본집단의 분포가 주어진 특정 이론을 따르고 있는지 검정하는 기법이다.
- 귀무가설은 '표본집단의 분포가 주어진 특정 분포를 따른다.'이다.
- 검정방법: 가설설정 → 카이제곱값 구하기 → 유의성 검정

이론 바로 적용하기

다음 중 카이제곱검정의 분류가 아닌 것은?

① 적합도 검정　　　　　② 동질성 검정
③ 적절성 검정　　　　　④ 독립성 검정

....

카이제곱 검정은 동질성 검정(Test of Homogeneity), 독립성 검정(Test of Independence), 적합도 검정(Goodness of Fit Test)으로 분류한다.

정답 ③

---

(3) 로지스틱 회귀분석

- 분석하고자 하는 대상이 두 집단 또는 그 이상의 집단으로 나뉜 경우 개별 관측치들이 어느 집단으로 분류될 수 있는지 분석한다.
- 주로 2개의 클래스('성공' or '실패') 중 하나의 클래스로 예측할 때 사용된다.

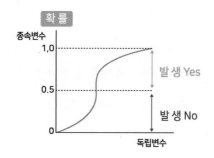

(4) T-test(검정)

● 독립변수가 범주형이고 종속변수가 연속형인 경우 사용되는 검정방법이다.

● 주로 두 집단 간의 평균 비교에 사용된다.

● 모집단의 분산이나 표준편차를 알지 못할 때 모집단을 대표하는 표본으로부터 추정된 분산이
나 표준편차를 가지고 검정하는 방법이다.

(5) 피셔의 정확 검정(Fisher's Exact Exam)

● 기대 빈도가 5 미만인 셀이 20%를 넘는 경우 카이제곱 검정의 정확도가 떨어지므로 피셔의
정확 검정을 사용한다.

● 분할표에서 표본 수가 적거나 표본이 셀에 치우치게 분포되어 있을 경우 시행한다.

● 초기하분포*를 이용한다.

2. 다변량 분석(Multivariate Analysis)

● 여러 현상이나 사건에 대한 측정치를 개별적으로 분석하지 않고 동시에 분석하는 통계적 기
법이다.

● 각 변수를 개별적으로 분석하지 않고 동시에 분석하여 여러 변수 간의 관계성을 고려한다.

(1) 다변량 분석의 유형

① 다중회귀분석(Multiple Regression)

    ● 독립변수가 여러 개이며 종속변수와의 관계가 선형(1차 함수)인 회귀분석 기법이다.

    ● 다수의 독립변수 변화에 따른 종속변수의 변호를 예측하는 데 활용한다.

---

* 초기하분포: 비복원추출에서 n개 중의 m개가 원하는 것이고, k번 추출했을 때 원하는 것 x개가 뽑힐 확률의 분포이다.

② 다변량 분석(Multivariate analysis)

● 독립변수가 다수이고 종속변수가 2개 이상일 때 두 집단 간 평균 차이를 검증하는 기법이다.

● 단일변량 분산분석의 확장된 형태이다.

다변량 분산분석 (Multivariate ANOVA)	두 개 이상의 범주형 종속변수와 다수의 계량적 독립변수 간 관련성을 동시에 알아볼 때 이용되는 통계적 방법
다변량 공분산 분석 (Multivariate ANCOVA)	실험에서 통제되지 않은 독립변수들의 종속변수들에 대한 효과를 제거하기 위해 다변량 분산분석과 함께 이용되는 방법

③ 상관분석*

상관분석	내용
피셔의 상관 계수	• 등간척도나 비례 척도의 데이터에서 두 변수의 공분산을 표준편차의 곱으로 나눈 값이다. • 비선형적 상관관계는 측정할 수 없다.
스피어만의 상관 계수	두 변수 간의 비선형적인 관계도 나타낼 수 있는 값이다.

④ 요인분석(actor Analysis)

● 많은 수의 변수들을 적은 수의 요인으로 요약하기 위한 분석기법이다.

● 데이터 안에 관찰할 수 없는 잠재적인 변수(Latent Variable)가 존재한다고 가정한다.

● 모형을 세운 뒤 관찰 가능한 데이터를 이용하여 해당 잠재 요인을 도출하고 데이터 안의 구조를 해석하는 기법이다.

⑤ 군집분석(Cluster Analysis)

● 관측된 여러 개의 변수를 유사성(Similarity)에만 기초하여 여러 개의 군집으로 집단화하여 집단의 특성을 분석하는 기법이다.

● 집단이 사전에 정해져 있지 않다.

⑥ 다차원 척도법(MDS: MultiDimensional Scaling)

● 개체들 간의 유사성, 비유사성을 측정해 2차원 또는 3차원 공간상에 점으로 표현해 개체들 사이의 집단화를 시각적으로 표현한다.

---

* 상관분석: 두 변수 간에 어떤 선형적 관계를 가지는지 분석하는 기법이다.

- 방법

  - 거리는 유클리드 거리행렬을 이용한다.

  - 스트레스 값을 이용해 관측대상들의 적합도 수준을 나타낸다.

  - 스트레스 값은 1에 가까울수록 나쁘며 0에 가까울수록 완벽하다.

> **더 알아보기**
> - 계량적 다차원 척도법: 데이터가 연속형 변수인 경우
> - 비계량적 다차원 척도법: 순서 척도인 경우

⑦ 다중판별분석(Multi Discriminant Analysis)

종속변수가 비계량적 변수일 경우 이용된다.

⑧ 주성분 분석(PCA: Principal Component Analysis)

- 상관관계가 있는 고차원 자료를 자료의 변동을 최대한 보존하는 저차원 자료로 변환하는 차원축소 방법이다.

> **실전 Tip**
> 빈출되는 차원축소 방법이므로 내용을 숙지해야 합니다.

- 특성들이 통계적으로 상관관계가 없도록 데이터셋을 회전시키는 기술이다.

- 회전한 뒤에 데이터를 설명하는 데 얼마나 중요하냐에 따라 새로운 특성 중 일부만 선택된다.

- 차원축소는 고윳값이 높은 순으로 정렬해서, 높은 고윳값을 가진 고유벡터만으로 데이터를 복원한다.

- 특징

  - 누적 기여율이 85% 이상이면 주성분의 수로 결정한다.

  - 차원 감소 폭의 결정은 스크린 산점도, 전체 변이의 공헌도, 평균 고윳값 등을 활용하는 방법이 있다.

  - 차원의 저주는 데이터 차원이 증가할 때, 데이터의 구조를 변환하여 불필요한 정보도 최대한 축적하는 차원감소방법으로 해결이 필요하다.

- 스크리산점도(Scree Plot)

  - x축에 주성분, y축에 각 주성분의 분산을 표현한 그래프이다.

  - 기울기가 완만해지기 직전까지를 주성분 수로 결정한다.

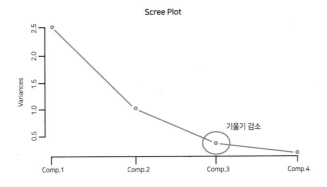

Scree Plot

기울기 감소

자동차를 구입하려고 할 때, 가격, 브랜드, 외형, 엔진, A/S에 대한 만족도를 최대 7점까지로 점수를 부여한 데이터 셋의 주성분 분석을 시행하려고 한다.

```
data <- data.frame(
가격 = c(7, 5, 4, 8, 6, 3, 7, 6),
브랜드 = c(6, 7, 4, 8, 7, 5, 6, 7),
외형 = c(6, 5, 7, 4, 6, 8, 5, 7),
엔진 = c(8, 7, 6, 5, 7, 6, 8, 6),
A/S = c(7, 8, 6, 7, 7, 5, 6, 5)
pca_result <- prcomp(data, scale. = TRUE)
summary(pca_result)
```

Standard deviations (1, .., p=5):
[1] 1.5687871 1.2181290 0.9267414 0.7156328 0.5316822

Rotation (n × k) = (5 × 5):

	PC1	PC2	PC3	PC4	PC5
가격	0.4460929	−0.17935826	−0.4997456	0.5598503	0.4534685
브랜드	0.4741445	−0.15282683	−0.2492745	−0.6317158	−0.5247242
외형	0.4395054	0.85363789	0.2454952	−0.0075424	0.0600603
엔진	0.5128833	−0.16347764	0.4922183	0.6185512	−0.3048339
a_s_만족도	0.4273362	0.44326864	−0.6334577	0.0339254	−0.4640008

Proportion of Variance:

PC1	PC2	PC3	PC4	PC5
0.4324	0.2677	0.1611	0.0993	0.0395

〈결과해석〉
- PC1부터 PC5까지의 주성분 : 변수들 간의 패턴과 구조를 설명하는 데 기여하는 정도
- Proportion of Variance : 각 분산이 전체 분산에서 차지하는 비율

3. 시계열 분석(Time-series analysis)

- 일정 시간 간격으로 표시된 자료를 분석하여 미래를 예측하기 위한 분석기법이다.

- 시계열 데이터는 규칙적 불규칙한 특성을 갖는다.

(1) 성분

- 불규칙 성분(irregular component): 시간과 무관하게 변화하는 변동성분

- 체계적 성분(systematic component): 시간에 따른 규칙이 존재하는 변동성분

성분	내용
추세(Trend, Tt)	관측값이 시간에 따라 지속적으로 증가하거나 감소하는 현상
계절성(Seasonality, St)	고정된 주기에 따라 자료가 변화하는 현상
순환(cycle, Ct)	경기변동 등 정치, 경제적 상황에 의한 변화로, 알려지지 않은 주기를 가지고 자료가 변화하는 현상

(2) 정상성

- 시점에 관계없이 시계열의 특성이 일정해야 한다.

- 정상성의 조건

  - 평균이 일정하다.

  - 분산이 시점에 의존하지 않는다.

  - 분산은 시차에만 의존하고 시점 자체에는 의존하지 않는다.

(3) 시계열모형

① 자기 회귀 모형(AR 모형: autoregressive model)

현시점의 자료가 p 시점 전의 유한 개의 과거 자료로 설명되는 것이다. 즉, 변수의 과거 값의 선형 조합을 이용해 관심 있는 변수를 예측하는 방법이다.

$$y_t = c + \varnothing_1 y_{t-1} + \varnothing_2 y_{t-2} + \cdots + \varnothing_p y_{t-p} + \epsilon_t$$

② 이동평균모형(MA 모형: Moving Average model)

- 고전적인 시계열 분해기법으로 추세–주기를 측정하기 위해 사용한다.

- 시간이 지날수록 관측치의 평균값이 지속적으로 증가하거나 감소하는 시계열모형이다.

- 항상 정상성을 만족한다.

- 백색잡음*의 현재 값과 자기 자신의 과거 값의 선형 가중합으로 이루어진 징상 확률 모형이다.

$$\hat{T}_t = \frac{1}{m} \sum_{j=-k}^{k} y_{t+j}$$

③ 자기 회귀 누적 이동평균모형(ARIMA 모형: autoregressive integrated moving average model)

- 다음 지표를 예측하거나 지표를 리뷰해 트렌드를 분석하는 기법으로, 비정상 시계열모형이기 때문에 차분이나 변환을 통해 정상화 차수를 설명한다.

$$y'_t = c + \varnothing_1 y'_{t-1} + \cdots + \varnothing_p y'_{t-p} + \theta_1 \epsilon_{t-1} + \cdots + \theta_q \epsilon_{t-q} + \epsilon_t$$

- 하이퍼 파라미터: p, d, q(p: AR의 차수 / d: 차분 횟수 / q: MA의 차수)

  - P: AR 모형과 관련

  - q: MA 모형과 관련이 있는 차수

  - d: ARIMA에서 ARMA로 정상화할 때 차분의 횟수

> **더 알아보기**
>
> p와 q는 일반적으로 p + q < 2, p * q = 0인 값을 사용한다. p와 q 중 하나는 0이라는 뜻인데, 시계열 데이터가 AR이나 MA 중 하나의 경향만 가지기 때문이다.

---

* 백색잡음: 모든 개별 확률변수들이 서로 독립이고, 동일한 확률분포를 따르는 확률과정을 말한다.

4. 베이즈 기법

(1) 전확률의 정리

- 나중에 주어지는 사건 A의 확률을 구할 때 그 사건의 원인을 여러 가지로 나눠 각 원인에 대한 조건부확률과 그 원인이 되는 확률의 곱에 의한 가중합으로 구할 수 있다는 법칙이다.

- 사건 발생 전 알고 있는 사전확률과 우도 확률을 안다면 사후 확률을 계산할 수 있다는 것이다.

(2) 베이즈 정리

추론 대상의 사전확률과 주어지는 추가 정보를 기반으로 해당 대상의 사후 확률을 추론하는 통계적 방법이다.

(3) 나이브 베이즈 분류(Naive Bayes Classification)

- 특성들 사이의 독립을 가정하는 베이즈정리를 적용한 확률 분류기이다.

- 공통적으로 모든 특성값이 서로 독립임을 가정한다.

- 조건부 확률모델로 지도학습에서 매우 효율적이며 분류 기반의 머신러닝 적용 시 광범위하게 사용된다.

> **더 알아보기**
>
> n개의 사건 B1, B2, … Bn은 표본공간 S를 분할하고, 사건 A가 표본공간 S의 임의의 사건이라면
>
> $$P(B_i|A) = \frac{P(B_i) \cdot P(A|B_i)}{\sum_{i=1}^{n} P(B_i) \cdot P(A|B_i)}, P(B_i) > 0, P(A) > 0$$
>
> 이고, 이것을 '베이즈 정리'라고 한다. 확률의 곱셈정리와 전체 확률의 법칙을 이용한다.

(4) 나이브 베이즈의 장점 및 단점

장점	단점
• 대용량의 데이터 세트에도 적용이 가능하다. • 수행 속도가 빠르다. • 이산형 데이터에서 좋은 성능을 보인다.	변수 간 독립성을 충족해야 한다.

5. 딥러닝 분석

● 여러 비선형 변환 기법의 조합을 통해 높은 수준의 추상화를 시도하는 기계 학습 알고리즘의 집합이다.

● GPU를 연산에 활용해 하드웨어 연산속도를 높여 분산시간을 단축시킨다.

(1) 딥러닝 알고리즘 종류

① DNN 알고리즘(Deep Neural Network)

● 은닉층을 심층 구성한 신경망으로 학습하는 알고리즘이다.

● 입력층, 다수의 은닉층, 출력층으로 구성되어 있다.

● 역전파 알고리즘으로 훈련될 수 있다.

② CNN 알고리즘(Convolutional Neural Network)

● 시각적 이미지를 분석하는 데 사용되는 심층 신경망으로 합성곱신경망이라고 한다.

● 필터 기능과 신경망을 결합해 성능을 발휘하도록 만든 구조이다.

● 입력 이미지로부터 특징을 추출해 신경망에서 분류한다.

③ RNN 알고리즘(Recurrent Neural Network)

● 입력층과 출력층 사이에 여러 개의 은닉층이 있으며 은닉층에서 재귀적인 신경망을 갖는다.

● 장기 의존성 문제와 기울기 소실문제가 발생해 학습이 이루어지지 않을 수 있다.

④ DBN 알고리즘(Deep Belief Network)

● 기계학습에서 사용되는 그래프 생성모형으로 계층 간에 연결은 있지만, 계층 내 유닛 간에는 연결이 없다.

● 훈련용 데이터가 매우 적을 때 유용하다.

다음 중 아래에서 설명하는 딥러닝 알고리즘으로 옳은 것은?

- 시각적 이미지를 분석하는데 사용되는 심층 신경망으로 합성곱신경망이라고 한다.
- 필터 기능과 신경망을 결합해 성능을 발휘하도록 만든 구조이다.

① CNN 알고리즘   ② DBN 알고리즘
③ RNN 알고리즘   ④ DNN 알고리즘

CNN 알고리즘에 대한 설명이다.

정답 ①

6. 비정형 데이터 분석

비정형 데이터 안에서 체계적인 통계적 규칙이나 패턴을 탐색하고 이를 의미 있는 정보로 변환함으로써 기업의 의사결정에 적용하는 분석기법이다.

(1) 텍스트 마이닝(text mining)

● 텍스트 형태로 이루어진 비정형 데이터들을 자연어 처리 방식을 이용해 정보를 추출하는 기법이다.

● 사람들의 말하는 언어를 이해할 수 있는 자연어 처리(Natural Language Processing) 기술에 기반한다.

● 기능

기능	내용
정보 추출	텍스트 문서로부터 필요한 정보를 추출하는 작업
문서 요약	텍스트 문서의 중요 내용을 요약하는 기법
문서 분류	키워드에 따라 문서를 분류하는 기법
문서 군집화	문서를 분석하여 동일한 또는 비슷한 문서를 군집화하는 기법

(2) 감성 분석(Sentiment analysis)

● 오피니언 마이닝이라고 하며, 웹사이트 또는 소셜미디어 내 의견이 포함된 데이터에서 여론, 정보를 수집하고 분석하여 감정을 나타내는 패턴을 분석하는 기법이다.

● 특정 제품 및 서비스에 긍정적인지 부정적인지를 분석하고 이유를 파악하여 여론이 시간으로 어떻게 변하는지 확인한다.

● 트랜드 파악, 제품 및 서비스 평가, 매출전략 등에 활용된다.

● 오피니언 마이닝 절차

절차	내용
텍스트 수집	분석하고자 하는 데이터를 수집
극성 분석	긍정 또는 부정을 나타내는 단어 도출
극성 탐지	세부평가요소 및 가중치를 활용하여 텍스트의 극성을 분석

(3) 웹마이닝(Web Mining)

● 웹상의 문서, 서비스, 로그 등에서 정보를 추출하는 방법이다.

● 정보 단위인 '노드'와 연결점인 '링크'를 활용한다.

종류	내용
웹 구조 마이닝	웹 사이트 내의 노드와 연결 구조를 분석하는 방법
웹 사용 마이닝	웹 서버 로그 파일을 분석해 고객 맞춤 서비스 등을 제공
웹 콘텐츠 마이닝	웹페이지 내에 저장된 콘텐츠로부터 사용자가 원하는 정보를 빠르게 찾는 기법

(4) 사회 연결망 분석(Social Network Analysis)

● 개인과 집단 간의 관계를 노드와 링크로 모델링하여 그 구조의 확산 및 진화과정을 분석하는 방법론이다.

● 중심성, 밀도, 중심화 등의 기법을 활용한다.

● 중심성 측정방법

측정방법	내용
연결정도 중심성	• 한 노드에 직접적으로 연결된 노드들의 합으로 확인한다. • 연결된 노드의 수가 많을수록 연결정도 중심성이 높아진다.
근접 중심성	• 간접적으로 연결된 모든 노드 간의 거리를 합산해 중심성을 측정한다. • 한 노드로부터 다른 노드에 도달하기까지 필요한 최소 단계의 합으로 정의한다.
매개 중심성	한 노드가 연결망 내의 다른 노드들 사이의 최다 경로에 위치할수록 그 노드의 매개 중심성이 높아진다.
위세 중심성	연결된 노드의 중요성에 가중치를 두어 노드의 중심성을 측정한다. 예) 보나시치 권력지수 등

7. 앙상블 분석(Ensemble)

원인분석에는 부적합하다.

● 여러 개의 학습 모델을 훈련하고 투표를 통해 최적화된 예측을 수행하고 결정한다.

● 여러 가지 모형들의 예측 및 분류 결과를 종합하여 최종적인 의사결정에 활용한다.

(1) 종류

① 보팅(Voting)

● 서로 다른 알고리즘이 도출해 낸 결과물에 대해 최종 투표하는 방식이다.

● 일반적으로 서로 다른 알고리즘을 가진 분류기를 결합하는 것이다.

하드 보팅	다수결 원칙으로, 예측한 결괏값 중 다수의 분류기가 결정한 예측값을 최종 보팅 결괏값으로 선정하는 것
소프트 보팅	분류기들의 레이블값 결정 확률을 모두 더하고 이를 평균해서 이들 중 확률이 가장 높은 레이블 값을 최종 보팅 결괏값으로 선정하는 것

② 배깅(Bagging)

● 다수의 부트스트랩 자료를 생성하고, 각 자료를 모델링한 후 결합해 최종 예측모형을 만든다.

● 학습 데이터가 충분하지 않더라도 충분한 학습효과를 주어 높은 bias나 underfitting 문제, 높은 variance로 인한 overfitting 문제를 해결하는 데 도움을 준다.

● 계산 복잡도가 높다는 문제가 있다.

• 내일은 빅데이터분석기사

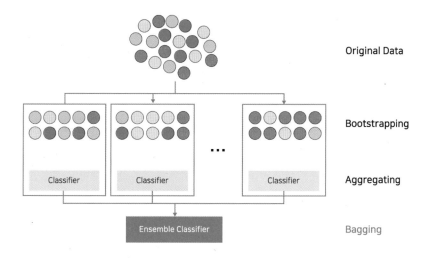

Original Data

Bootstrapping

Aggregating

Bagging

③ 부스팅(Boosting)

● 잘못 분류된 개체들에 가중치를 적용해서 새로운 분류규칙을 만들고 이 과정을 반복해서 최종 모형을 만들면 오분류된 데이터에 더 많은 가중치를 주고 re sampling 할 때 더 많이 학습시키게 만드는 알고리즘이다.

● 초기에는 모든 데이터가 동일한 가중치를 가지지만, 각 round가 종료된 후 가중치와 중요도를 계산한다.

● 특정 케이스의 경우 높은 성능을 가지며 과대 적합 발생을 방지한다.

● XGBoost, AdaBoost, GradientBoost 등의 알고리즘이 있다.

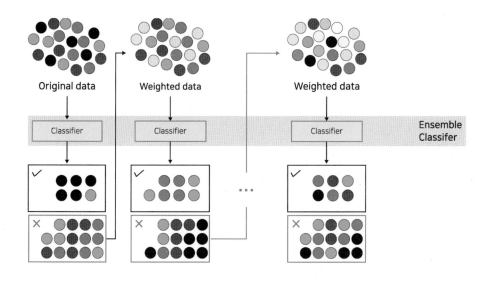

다음 중 앙상블 분석에 대한 설명으로 옳지 않은 것은?

① 여러 가지 동일 종류 또는 상이한 모형들의 예측 및 분류 결과를 종합하여 최종적인 의사결정에 활용하는 것이다.

② 보팅은 서로 다른 알고리즘이 도출해 낸 결과물에 대해 최종 투표하는 방식이다.

③ 주로 원인분석에 사용된다.

④ 여러 개의 학습 모델을 훈련하고 투표를 통해 최적화된 예측을 수행하고 결정한다.

─────────────

원인분석에는 부적합하다.

정답 ③

④ 랜덤 포레스트(Random Forest)

배깅과 부스팅보다 더 많은 무작위성을 주어 약한 학습기들을 생성한 후 이를 선형 결합하여 최종 학습기를 만드는 방법이다.

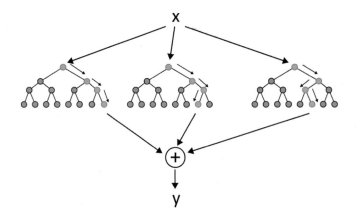

(2) 장점 및 단점

장점	단점
• 출력변수와 입력변수 간의 복잡한 관계를 모델링할 수 있다. • 변수의 제거가 없어 정확도가 높다. • 이상치에 영향을 적게 받는다. • 다양한 상황을 고려하여 학습하게 되어 과적합을 방지한다.	• 모형의 해석이 어렵다. • 계산량이 많고 학습소요시간이 의사결정 나무에 비해 길다.

8. 비모수 통계*

모집단의 분포에 대한 모수성을 가정하지 않고 분석하는 방법이다.

(1) 특징

● 빈도, 부호, 순위 등의 통계량을 사용한다.

● 질적 척도로 측정된 자료 분석이 가능하다.

● 순위와 부호에 기초한 방법 위주로 이상값으로 인한 영향이 적다.

(2) 비모수 통계의 장점 및 단점

장점	단점
• 오류의 가능성이 적다. • 계산이 편하고, 이해가 용이하다. • 모집단의 분포에 무관하게 사용 가능하다. • 샘플이 작은 경우도 사용 가능하다.	• 모수통계 데이터를 비모수 통계로 이용하면 효율성이 감소한다. • 표본의 크기가 커질수록 반복계산이 요구된다.

이론 바로 적용하기

다음 중 비모수 통계에 대한 설명으로 옳지 않은 것은?

① 질적 척도로 측정된 자료 분석이 가능하다.

② 많은 표본을 추출해야만 자료 분석이 용이하다.

③ 이상값으로 인한 영향이 적다.

④ 표본의 크기가 커질수록 반복계산이 요구된다.

....

샘플이 작은 경우도 사용 가능하다.

정답 ②

---

* 모수 통계: 데이터의 분포를 알거나 모수 등을 안다고 가정하고 통계적 검정 및 추론을 한다.

(3) 비모수 통계의 검정방법

실전 Tip

비모수 통계의 검정방법과 내용에 대해 숙지해야 합니다.

① 단일 표본 부호 검정

- 중위수의 위치에 대한 검정방법이다.

- 자료의 분포가 연속적이고 독립적인 분포에서 나온 것이라는 가정만 필요하다.

- 부호 검정 절차: 표본추출 〉검정 통계량 〉유의수준에 대한 기각역

② 단일 표본 부호 순위 검정 – 윌콕슨 부호 순위 검정(Wilcoxon signed-rank test)

- 단일 표본에서 중위수에 대한 검정에 사용되며 대응되는 두 표본의 중앙값의 차이 검정에도 사용된다.

- 기본 가정 외에도 자료의 분포에 대한 대칭성 가정이 필요하다.

- 유의사항

  – 위치 모수와 같은 데이터는 표본에서 제외한다.

  – 분산도 수정이 필요하다.

③ 두 표본 검정 – 윌콕슨 순위 합 검정(Wilcoxon rank-sum test)

- 두 표본 중위수 검정의 대표적인 비모수 검정방법으로 만 휘트니의 u 검정과 동일하다.

- 두 표본의 혼합 표본에서 순위 합을 이용한 검정방법이다.

- 기본 가정 외에 자료분포에 대한 대칭성 가정이 필요하다.

④ 대응 표본 검정

하나의 모집단에서 두 가지 처리를 적용해 관찰 값을 얻은 후 각 쌍의 차이를 이용해 두 중위수 차이를 검정하는 방법이다.

⑤ 분산분석 – 크루스칼 왈리스 검정

- 모수적 방법에서의 one-way ANOVA와 같은 목적으로 쓰인다.

- 세 집단 이상의 분포를 비교하는 검정방법으로, 그룹별 중위수가 같은지 검정한다.

⑥ 런* 검정(RUN-TEST)

- 연속적인 측정값들이 어떤 경향 없이 임의적으로 나타난 것인지를 검정하는 방법이다.

- 두 개의 값을 가지는 변수의 관측값들이 무작위인지, 앞부분의 관찰치가 뒤에 나타나는 관측값에 영향을 미치는지를 검정하는 것이 런검정이다.

- 런의 수가 매우 많거나 매우 적으면 관찰치 간의 연관성이 있다고 할 수 있다.

이론 바로 적용하기

다음 중 비모수 통계에 대한 설명으로 옳지 않은 것은?
① 질적 척도로 측정된 자료 분석이 가능하다.
② 많은 표본을 추출해야만 자료 분석이 용이하다.
③ 이상값으로 인한 영향이 적다.
④ 표본의 크기가 커질수록 반복계산이 요구된다.

....

샘플이 작은 경우도 사용 가능하다.

정답 ②

---

* 런(run): 동일한 관측값이 연속적으로 이어진 것(a sequence of like observations)을 말한다.

01 신용카드 고객의 파산 여부(Yes/No)를 예측하기 위해 고객의 신용도, 나이, 직업 등의 변수를 사용하여 모델을 수립하려고 할 때, 사용 가능한 모형이 아닌 것은?

① 서포트벡터머신(Support Vector Machine)
② 로지스틱 회귀모형(Logistic Regression Model)
③ 의사결정나무(Decision Tree)
④ 선형 회귀 모형(Linear Regression Model)

선형회귀모형은 종속변수가 연속형인 경우 독립변수가 종속변수에 미치는 영향을 추정한다.

정답 ④

02 선형 회귀 모형의 가정에서 잔차항과 관련 없는 것은?

① 선형성 ② 독립성 ③ 등분산성 ④ 정상성

선형 회귀 모형의 가정은 선형성, 독립성, 등분상성, 비상관성, 정상성이다. 잔차와 관련 없는 것은 선형성이다.

정답 ①

03 다음 중 종속변수가 범주형인 경우에 적용되는 회귀분석 모형은?

① 단수 회귀 모형
② 다중 회귀 모형
③ 로지스틱 회귀 모형
④ 더미 변수를 이용한 회귀 모형

로지스틱 회귀 분석은 독립변수가 수치형이고 종속변수가 범주형(이항형)인 경우 적용되는 회귀 분석 모형이다. 새로운 설명변수의 값이 주어질 때 반응변수의 각 범주에 속할 확률이 얼마인지 추정하여 추정 확률을 기준치에 따라 분류하는 목적으로 사용된다.

정답 ③

04 회귀분석의 기본 가정으로 틀린 것은?

① 선형성 – 독립변수와 종속변수가 선형이다.
② 잔차 정규성 – 잔차의 기댓값은 0이며 정규분포를 이루어야 한다.
③ 다중공선성 – 3개 이상의 독립변수 간의 상관관계로 인한 문제가 없어야 한다.
④ 잔차 등분산성 – 잔차들의 분산이 0이어야 한다.

잔차들의 분산은 일정해야 하지만 0일 필요는 없다.

정답 ④

05 다음 중 데이터들이 가진 속성들로부터 분할 기준 속성을 판별하고, 분할 기준 속성에 따라 트리 형태로 모델링하는 분류 예측 모델은 무엇인가?

① SVM   ② 의사결정나무
③ 부스팅   ④ 베이지안

의사결정나무에 대한 설명이다.

정답 ②

06 다음 중 의사결정나무에 대한 설명으로 옳지 않은 것은?

① 분리 경계점 근처에서 오류값이 발생할 확률이 있다.
② 과소적합의 발생률이 높아 적절한 기준값을 선택해야 한다.
③ 비지도학습 알고리즘이다.
④ 깊이는 가지를 이루는 마디의 분리 층수를 말하며 분석가가 조정할 수 있다.

의사결정나무는 대표적인 지도학습 알고리즘이다.

정답 ③

07 다음 중 의사결정나무에서 이산형 목표변수에 사용되는 분리 기준에 대한 설명으로 올바르지 않은 것은?

① 카이제곱 통계량의 p값은 p-값이 가장 작은 예측변수와 그 당시의 최적 분리를 통해서 자식 마디가 형성된다.

② 지니 지수(Gini Index)는 노드의 불순도를 나타내는 값으로 그 값이 클수록 순수도가 낮다고 볼 수 있다.

③ 엔트로피 지수(Entropy Index)는 엔트로피 지수가 가장 작은 예측변수와 그 당시의 최적 분리를 통해서 자식 마디를 형성한다.

④ 분산 분석에서 F-통계량은 p-값이 가장 작은 예측변수와 그 당시의 최적 분리를 통해서 자식 마디를 형성한다.

분산 분석에서 F-통계량은 연속형 목표변수에 사용되는 분리 기준이다.

정답 ④

08 다음 중 아래에서 설명하는 지도학습기법으로 옳은 것은?

> 배깅과 부스팅보다 더 많은 무작위성을 주어 약한 학습기들을 생성한 후 이를 선형 결합하여 최종 학습기를 만드는 방법

① 랜덤 포레스트　　② 서포트벡터 머신
③ 인공신경망 분석　　④ 의사결정나무

기법	설명
로지스틱 회귀분석	반응변수가 범주형인 경우 적용되는 회귀분석 모형
의사결정 나무	분할 기준 속성을 선정하고 이에 따라 트리 형태로 모델링하는 분류 및 예측 모델

랜덤 포레스트	배깅과 부스팅보다 더 많은 무작위성을 주어 약한 학습기들을 생성한 후 이를 선형 결합하여 최종 학습기를 만드는 방법
인공신경망 분석	인간의 뉴런 구조를 모방하여 만든 기계학습모델
서포트벡터 머신	데이터를 분리하는 초평면 중에서 데이터들과 거리가 가장 먼 초평면을 선택해 분리하는 분류 모델

정답 ①

09 다음은 빅데이터 활용 기법 중 하나이다. 가장 올바른 것은?

> • 생명의 진화를 모방하여 최적해(Optimal Solution)를 구하는 알고리즘으로 존 홀랜드(John Holland)가 1975년에 개발하였다.
> • 자연뉴런(natural neurons)이 시냅스(synapse)를 통하여 신호를 전달받는 과정에서, 신호의 강도가 기준치를 초과할 때 뉴런은 활성화되는 구조를 모방한 분석방법이다.

① 합성곱신경망(ConvolutionalNeural Networks)
② 인공신경망(Artificial Neural Networks)
③ 유전자알고리즘(Genetic Aalgorithm)
④ 딥러닝(Deep Learning)

인공신경망에 대한 설명이다.

정답 ②

10 다음 중 자기 조직화지도(SOM) 방법에 대한 설명으로 알맞지 않은 것은?

① SOM은 경쟁학습으로 각각의 뉴런이 입력벡터와 얼마나 가까운가를 계산하여 연결 강도를 반복적으로 재조정하는 학습 과정을 거치며 연결강도는 입력패턴과 가장 유사한 경쟁층 뉴런이 승자가 된다.

② SOM은 고차원의 데이터를 저차원의 지도 형태로 형상화하기 때문에 시각적으로 이해하기 쉬울 뿐 아니라 변수의 위치 관계를 그대로 보존하기 때문에 실제 데이터가 유사하면 지도상 가깝게 표현된다.

③ SOM은 입력변수의 위치 관계를 그대로 보존하여 입력변수의 정보와 그들의 관계가 지도상에 그대로 나타난다.

④ SOM을 이용한 군집 분석은 역전파 알고리즘을 사용함으로써 군집의 성능이 우수하고 수행속도가 빠르다.

역전파 알고리즘을 사용함으로써 군집의 성능이 우수하고 수행속도가 빠른 것은 인공신경망에 대한 설명이다.

정답 ④

11 활성화 함수 중 0보다 크면 입력값을 그대로 출력하고 0 이하의 값만 0으로 출력하는 함수는?

① 시그모이드　　② 하이퍼블릭 탄젠트
③ ReLU　　④ 퍼셉트론

렐루함수에 대한 설명이다.

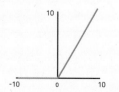

① 시그모이드: 계단함수를 곡선의 형태로 변형시킨 형태의 시그모이드(sigmoid) 함수를 적용

② 하이퍼블릭 탄젠트: 시그모이드 함수값의 중심을 0으로 맞추기 위해 개선된 함수

④ 퍼셉트론: 인간의 신경망에 있는 뉴런을 모방하여 입력층, 출력층으로 구성한 인공신경망 모델

정답 ③

12 다음 중 다층 퍼셉트론 구조에 대한 설명으로 옳지 않은 것은?

① 입력층, 은닉층, 출력층으로 구성되어 있으며 역전파 알고리즘을 사용한다.

② 활성화 함수로는 시그모이드 함수를 사용한다.

③ 입력층과 출력층 사이에 1개 이상의 은닉층을 두어 비선형적으로 분리되는 데이터에 대해 학습 가능한 퍼셉트론이다.

④ 출력값과 멀어질수록 학습이 모호하게 진행되어 Sigmoid 함수에서의 1보다 작으면 0에 가까워진다는 이유로 계속 0에서 멀어져 기울기가 커진다.

기울기 소실문제로 출력값과 멀어질수록 학습이 모호하게 진행되어 Sigmoid 함수에서의 1보다 작으면 0에 가까워진다는 이유로 계속 0에 가까워져 기울기값이 작아진다.

정답 ④

13 아래의 설명에 맞는 뉴런의 활성화 함수로 옳은 것은?

- 0과 1 사이에 정보들도 나타낼 수 있으며 기울기 소실의 원인이 된다.
- 계단 함수를 곡선으로 변형시킨 형태이다.

① Softmax 함수　　② 시그모이드 함수
③ ReLU 함수　　④ 계단 함수

시그모이드 함수에 대한 설명이다.

정답 ②

14 인공신경망은 어떤 값을 알아내는 게 목적 인가?

① 순입력함수   ② 가중치
③ 활성함수   ④ 오차

인공신경망의 목적은 출력 층에서 계산된 출력과 실 제 출력의 값 차이를 최소화시키는 가중치를 알아내 는 것이다.

정답 ②

15 다음 중 은닉층이 순환적으로 연결된 것은 무엇인가?

① CNN   ② RNN
③ ANN   ④ DNN

RNN(Recurrent Neural Network)은 입력층 은닉층 출 력층으로 구성되며 은닉층에서 재귀적인 신경망을 갖 는 알고리즘으로 순환 신경망이라고도 한다.

정답 ②

16 인공신경망의 과대 적합(Overfitting)을 방 지하는 방법으로 옳지 않은 것은 무엇인가?

① 가중치의 합을 조절한다.
② 입력값을 줄인다.
③ 학습률을 감소하는 방향으로 변경한다.
④ 에포크(epoch)를 제한한다.

과대적합은 학습 데이터가 적고, 매개변수가 많은 경 우 발생한다.

정답 ②

17 다음 중 서포트 벡터 머신에 대한 설명으로 가장 올바른 것은?

① 분류 및 예측 분석에 모두 사용이 가능하다.
② 다른 방법보다 과대 적합의 가능성이 높은 모 델이다.
③ 선형으로 분리가 불가능한 분류 문제에는 적 용이 불가능하다.
④ 훈련 시간이 상대적으로 빠르고 정확성이 뛰 어나다.

---

② 다른 방법보다 과대 적합의 가능성이 낮은 모델이다.
③ 선형으로 분리가 불가능한 분류 문제는 고차원공 간으로 매핑하여 가능하다.
④ 훈련 시간이 상대적으로 느리지만 정확성이 뛰어 나다.

정답 ①

18 다음 중 서포트 벡터 머신에서 선형적으로 완벽한 분리가 불가능할 때 분류를 위해 허용된 오차를 위한 변수는?

① 커널변수   ② 종속변수
③ 슬랙변수   ④ 마진

• 초평면: n차원 공간의 n-1차원 평면
• 마진: 결정 경계에서 서포트 벡터까지의 거리로 이 를 최대화할 때 가장 효율적
• 서포트벡터: 학습 데이터 중에서 결정 경계와 가장 가까이 있는 데이터의 집합

정답 ③

19 빵과 우유 간의 지지도, 신뢰도, 향상도가 순서대로 나열된 것은?

> A: 책, 와인
> B: 책, 빵, 우유, 와인
> C: 책, 빵, 우유, 과자
> D: 책, 과자, 빵, 우유
> E: 책, 와인, 빵, 주스

① 2/4, 3/4, 5/4
② 3/5, 3/4, 5/4
③ 3/5, 3/4, 3/4
④ 2/5, 2/4, 5/4

- 지지도: 전체 데이터에서 해당 물건을 구입한 확률
  = 3/5
- 신뢰도: 빵을 구매했을 때 우유가 구매될 확률
  = 3/4
- 향상도 : 신뢰도 / B를 포함하는 거래 수
  = (3/5)/((4/5)×(3/5)) = 5/4

정답 ②

20 연관규칙의 기준지표 중 품목 A, B에 대한 신뢰도를 구하기 위한 식으로 올바른 것은?

① (A와 B가 동시에 포함된 거래 수) / (A 또는 B가 포함된 거래 수)
② (A 또는 B가 포함된 거래 수) / (전체 거래 수)
③ (A와 B가 동시에 포함된 거래 수) / (A를 포함하는 거래 수)
④ (A와 B가 동시에 포함된 거래 수) / (전체 거래 수)

신뢰도 = (A와 B가 동시에 포함된 거래 수) / (A를 포함하는 거래 수)

정답 ③

21 연관규칙의 측정지표인 향상도에 대한 설명으로 가장 알맞은 것은?

① 품목 B에 대한 품목 A의 조건부 확률로 나타낸다.
② 품목 A와 B의 구매가 서로 관련이 없는 경우 향상도는 0이다.
③ 향상도가 1보다 크면 해당 규칙은 결과를 예측하는 데 있어 우수하다.
④ 전체 거래 중에서 품목 A, B가 동시에 포함된 거래의 비율이다.

---

① 신뢰도에 대한 설명이다.
② 품목 A와 B의 구매가 서로 관련이 없는 경우 향상도는 1이다.
④ 지지도에 대한 설명이다.

정답 ③

22 다음 중 비모수 통계에 대한 설명으로 옳지 않은 것은?

① 샘플이 작은 경우에는 활용이 어렵다.
② 순위와 부호에 기초한 방법 위주로 이상값으로 인한 영향이 적다.
③ 빈도, 부호, 순위 등의 통계량을 사용한다.
④ 질적 척도로 측정된 자료 분석이 가능하다.

샘플이 작은 경우도 사용 가능하다.

정답 ①

23 다음 중 군집분석에 대한 기본적 가정으로 옳지 않은 것은?

① 개별 군집의 특성은 군집에 속한 개체들의 중앙값으로 나타낸다.
② 군집의 개수 또는 구조와 관계없이 개체 간의 거리를 기준으로 분류한다.
③ 하나의 군집 내에 속한 개체들의 특성은 동일하며 다른 군집에 속한 개체들과 특성은 이질적이다.
④ 군집 내의 응집도는 최대화하고 군집 간의 분리도는 최대화한다.

개별 군집의 특성은 군집에 속한 개체들의 평균값으로 나타낸다.

정답 ①

24 다음은 연속형 변수 거리척도에 대한 설명이다. 다음에서 설명하는 거리척도로 옳은 것을 고르시오.

> 블록지도에서 출발지에서 도착지까지 가로지르지 않고 도착하는 가장 짧은 거리
>
> $$d(x, y) = \sum_{i=1}^{p} |x_i - y_i|$$

① 맨하탄거리   ② 유클리드거리
③ 민코프스키거리   ④ 표준화거리

---

② 유클리드거리: 피타고라스 정리를 통해 측정하며 두 점 간의 거리로 두 점을 잇는 가장 짧은 거리를 측정한다.

$$d(x, y) = \sqrt{\sum_{i=1}^{p} (x_i - y_i)^2}$$

③ 민코프스키거리: m차원의 민코프스키 공간에서의 거리이며, 1차원일 때는 맨하탄거리와 같고 2차원일 경우는 유클리드거리와 같다.

$$d(x, y) = \left(\sum_{i=1}^{p} (x_i - y_i)^m \right)^{1/m}$$

④ 표준화거리: 변수의 분산를 고려한 거리로 해당 변수를 표본 편차로 표준화 후 유클리드거리를 계산한다.

$$d(x, y) = \sqrt{\sum_{i=1}^{p} \left(\frac{x_i - y_i}{s_i} \right)^2}$$

정답 ①

25 다음 중 정상성으로 가장 알맞지 않은 것은?

① 시점에 상관없이 시계열의 특성이 일정하다는 의미이다.
② 분산이 일정하다.
③ 분산이 시점에 의존하지 않는다.
④ 분산은 단지 시차에만 의존하고 시점 자체에는 의존하지 않는다.

평균이 일정하다.

정답 ②

26 다음 중 군집 간 거리 연결법과 그 설명이 잘못 짝지어진 것은?

① 최단연결법 – 측정최단거리를 사용할 때 사슬 모양으로 생길 수 있으며 고립된 군집을 찾는 데 중점을 둔 방법
② 와드연결법 – 생성된 군집과 기존의 데이터들의 거리를 군집 내 오차가 최소가 되는 데이터로 계산하는 방법
③ 평균연결법 – 생성된 군집과 기존 데이터들의 거리를 군집 내 중심 간의 거리를 계산하는 방법
④ 최장연결법 – 같은 군집에 속하는 관측치는 알려진 최대 거리보다 짧으며 군집들의 내부 응집성에 중점을 둔 방법

중심연결법에 대한 설명이다.

정답 ③

27 나이브 베이즈 분류의 특성에 대한 설명으로 옳지 않은 것은?

① 나이브 베이즈 분류는 베이즈 정리를 적용한 확률 분류기이다.
② 트레이닝 데이터의 크기가 작아도 사용 가능하다.
③ 여러 알고리즘을 이용하여 훈련된다.
④ 나이브 베이즈 분류기는 특성값은 서로 상관이 있음을 가정한다.

나이브 베이즈 분류기는 모든 특성값은 서로 독립임을 가정한다.

정답 ④

28 다음은 2004년 미국의 지역별 강력 범죄율 데이터를 주성분 분석하여 도출된 결과이다. 제2 주성분을 기준으로 했을 때의 누적 기여율은 얼마인가?

Importance of components				
	corp.1	corp.2	corp.3	corp.4
Standard deviation	1.5748783	0.9948694	0.5971291	0.41644938
Proportion of Variance	0.6200604	0.2474413	0.9891408	0.04335752
cunulative Proportion	0.6200604	0.8675017	0.9566425	1.00000000

① 95.66%
② 99.4%
③ 86.75%
④ 62%

제2주성분인 Corp2의 누적기여율은 0.8675017이므로 약 86.75%이다.

정답 ③

29 다음 중 시간이 지날수록 관측치의 평균값이 지속적으로 증가하거나 감소하는 시계열모형으로 가장 알맞은 것은?

① AR 모형
② ARIMA 모형
③ MA 모형
④ Trend 모형

① 자기 회귀 모형(AR 모형: autoregressive model): 현시점의 자료가 p 시점 전의 유한 개의 과거 자료로 설명되는 것이다. 즉, 변수의 과거 값의 선형 조합을 이용해 관심 있는 변수를 예측하는 방법이다.
② 자기 회귀 누적 이동평균모형(ARIMA 모형: autoregressive integrated moving average model): 다음 지표를 예측하거나 지표를 리뷰해 트렌드를 분석하는 기법 비정상 시계열모형이기 때문에 차분이나 변환을 통해 정상화 차수 설명이다.

정답 ③

30 다음 중 훈련 데이터에서 다수의 부트스트랩 자료를 생성하고, 각 자료를 모델링한 후 결합하여 최종 예측 모형을 만드는 앙상블 기법으로 가장 알맞은 것은?

① 배깅
② 보팅
③ SOM
④ 부스팅

배깅에 대한 설명이다.

정답 ①

31 앙상블 분석에 대한 설명으로 옳은 것은?

① 랜덤 포레스트는 배깅과 부스팅보다 약한 무작위성을 주어 약한 학습기들을 생성한 후 이를 선형 결합하여 최종 학습기를 만드는 방법이다.

② 부스팅은 연속적인 약학습기를 생성하고 이를 결합하여 강학습기를 만드는 것이다.

③ 배깅은 샘플을 여러번 뽑아 각 모델을 학습시켜 결과물을 경쟁시키는 방법이다.

④ 원인분석에 적합하다.

---

① 랜덤 포레스트는 배깅과 부스팅보다 더 많은 무작위성을 주어 약한 학습기들을 생성한 후 이를 선형 결합하여 최종 학습기를 만드는 방법이다.

③ 배깅은 다수의 부트스트랩 자료를 생성하고, 각 자료를 모델링한 후 결합해 최종 예측모형을 만든다.

④ 원인분석에 부적합하다.

정답 ②

32 다음 비모수 검정 방법 증에서 관측된 표본이 어떤 패턴이나 경향없이 랜덤하게 추출되었다는 가설을 검정하는 방법은?

① 부호 검정(Sign Test)
② 만_위트니의 U 검정
③ 런 검정(Run Test)
④ 윌콕슨 검정

런검정에 대한 설명이다.

정답 ③

33 동전을 반복해서 던질 때 앞면(1)과 뒷면(0)이 나온다. 동전을 던졌을 때 '110011011100'과 같이 나타났을 경우 런의 수로 옳은 것은?

① 7   ② 6
③ 5   ④ 4

6개의 연속적인 런(11/00/11/0/111/00)으로 구분된다.

정답 ②

더 멋진 내일(Tomorrow)을 위한 내일(My Career)

내 일 은 빅 데 이 터 분 석 기 사

4과목

빅데이터 결과 해석

더 멋진 내일(Tomorrow)을 위한 내일(My Career)

내일은빅데이터분석기사

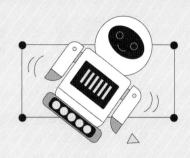

CHAPTER

01

분석모형
평가 및 개선

01 | 분석모형 평가 ★★★

학·습·포·인·트 --

- 혼동행렬은 계산문제로 빈출되므로 각 공식을 숙지한다.
- 각 평가방법의 종류와 특성을 암기한다.

- 데이터 분석작업을 수행 후 완성된 분석모형은 각 모형에 적합한 지표에 의해 평가된다.

- 실제 데이터와 모델이 예측한 값을 비교하여 두 값의 오차를 구한다.

- 기존 운영 시스템과의 연계 및 통합을 통해서 지속적으로 빅데이터 분석모형을 개선해야 한다.

- 분석모델의 효율성과 예측 및 분류의 정확성을 파악한다.

실전 Tip
적은 입력변수가 필요할수록 효율성이 높음

1. 평가지표

목적	목표변수 유형	모델	평가방법
회귀	연속형	선형회귀	MSE, RMSE, MAE, MAPE 등
분류	범주형	• 로지스틱회귀분석 • 의사결정 나무 • 서포트벡터머신	정확도, 정밀도, 재현율

(1) 분류모형의 평가지표

여러 분류모형을 구축하였을 때, 그중 최적화된 분류모형을 판단한다.

① 혼동행렬(confusion matrix)

- 모델의 예측값이 실제 관측값을 정확히 예측했는지 보여주는 행렬이다.

- 일반적으로 지도학습에서 알고리즘의 성능을 시각화할 수 있는 표이다.

실전 Tip
혼동행렬을 활용한 평가지표는 빈출되는 문제입니다.

	실제값(Reference)	
	Y	**N**
Y	True Positive(TP)	False Positive(FP)
N	False Negative(FN)	True Negative(TN)

실제값(Reference) *(상단 표 제목)*

예측값(Reference) *(좌측 세로 제목)*

구분	내용
TP(True Positive)	옳은 것을 옳다고 예측한 것
TN(True Negative	틀린 것을 틀리다고 예측한 것
FP(False Positive)	틀린 것을 옳다고 예측한 것
FN(False Negative)	옳은 것을 틀리다고 예측한 것

② 혼동행렬을 통한 분류모형의 평가지표

평가지표	공식	설명
정확도 (Accuracy)	$\dfrac{TP+TN}{TP+TN+FN+FP}$	전체 중 True를 True라고 옳게 예측한 경우와 False를 False라고 예측한 경우 예측모형의 전체적인 정확도를 평가
재현율(Recall) = 민감도(sensitivity)	$\dfrac{TP}{TP+FN}$	실제 True인 것 중에서 모델이 True라고 예측한 비율
정밀도 (Precision)	$\dfrac{TP}{TP+FP}$	모델이 True라고 분류한 것 중에서 실제 True인 비율
특이도 (Specificity)	$\dfrac{TN}{TN+FP}$	실제 False인 data 중에서 모델이 False라고 예측한 비율
거짓 긍정률 (False Positive Rate)	$\dfrac{FP}{TN+FP}$	실제 False인 data 중에서 모델이 True라고 예측한 비율
F1-Score	$2 \times \dfrac{precision \times recall}{precision + recall}$	정밀도와 재현율의 조화평균으로 어느 한쪽으로 치우치지 않는 수치를 나타낼 때 F1 Score는 높은 값을 가짐

다음 분류모델 해석에서 옳은 것은?

구분		예측값	
		발병자	일반인
실제값	발병자	10	10
	일반인	40	40

① 정밀도는 0.4이다.

② 정확도는 0.2이다.

③ 정확도는 양성으로 판단한 것 중 오류의 비율이다.

④ 재현율은 0.5이다.

....

정확도 = 50/100 = 0.5

정밀도 = 10/50 = 0.2

재현율 = 10/20 = 0.5

정답 ④

③ ROC 곡선(Receiver Operating Characteristic Curve: ROC Curve)

- 혼동행렬의 거짓 긍정률이 변할 때 민감도가 어떻게 변하는지 시각화한 곡선이다.

- ROC 곡선은 그래프가 왼쪽 꼭대기에 가깝게 그려질수록 분류성능이 우수하다.

실전 Tip

거짓 긍정률과 민감도는 반비례 관계입니다.

- AUC 값은 ROC 곡선 밑의 면적으로 0.35~1 값을 가지며 1에 가까울수록 좋다.

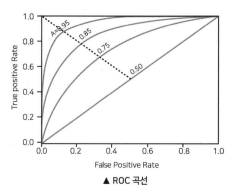

▲ ROC 곡선

④ 이익*도표

분류모형의 성능을 평가하는 척도이며, 분류된 관측치가 각 등급별로 얼마나 분포하는지를
나타내는 도표이다.

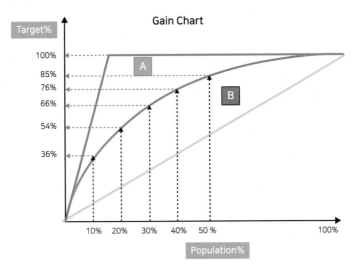

(2) 회귀모델의 평가지표

- SSE: 오차 제곱합(예측값과 실제값의 차이 제곱의 합)

- SST: 전체 제곱합(실제값과 평균값의 차이의 제곱 합)

- SSR: 회귀 제곱합(예측값과 평균값의 차이의 제곱 합)

- AE: 평균 오차(예측한 결괏값의 오류 평균)

- MAE: 평균 절대 오차(평균 오차 절댓값의 평균)

- Adjusted R^2: 표본 크기와 독립변수의 개수를 고려해 결정

- RMSE: 평균 제곱근 오차(SSE 평균의 제곱근)

- MAPE: 평균 절대 백분율 오차(예측이 실제값에서 평균적으로 벗어나는 정도)

- MPE: 평균 백분율 오차(예측값들이 평균적으로 미달하는지 초과하는지에 대한 백분율)

- AIC: 모형과 데이터 확률 분포 차이를 측정하는 것으로 AIC 값이 낮을수록 모형의 적합도가
  높아진다.

- BIC: 변수 개수에 패널티를 갖는 BIC

실전 Tip

회귀모델의 평가지표는 빈출되는 내용이
므로 지표와 그 내용을 숙지해야 합니다.

* 이익: 목표 범주에 속하는 개체들이 임의로 나눈 등급별로 얼마나 분포하는지 나타내는 값이다.

● 결정계수

평가지표	설명	공식
결정계수	• 회귀모형 내 독립변수 x로 설명할 수 있는 종속변수 y의 변동 비율 • 0과 1 사이의 값을 가지며, 1에 가까울수록 선형 상관관계가 강함 • 학습 데이터가 증가할수록 모형 예측 능력과 상관없이 결정계수가 같이 커지는 경향이 있음	$R^2 = \dfrac{SSR}{SST} = \dfrac{1-SSE}{SST} = \dfrac{\text{신형 모형의 편차}}{\text{전체편차}}$
수정된 결정계수	• 단순히 변수의 개수가 증가하더라도 결정계수는 증가하는 결정계수의 단점 보정 • 적절하지 않은 변수들을 추가할수록 수정된 결정계수의 값은 감소 • 반대로 모형에 유용한 변수들을 추가할수록 수정된 결정계수의 값은 증가 • 항상 결정계수보다 작고 음의 값도 나타남 • 다중회귀분석의 경우 수정된 결정계수를 고려해야 함	$R_{adj}^2 = 1 - \dfrac{(n-1)}{(n-p)}(1-R^2)$

이론 바로 적용하기

다음 중 수정된 결정계수에 대한 설명이 아닌 것은?
① 항상 결정계수보다 작고 양의 값으로 나타난다.
② 단순히 변수의 개수가 증가하더라도 결정계수는 증가하는 결정계수의 단점 보정한다.
③ 다중회귀분석의 경우 수정된 결정계수를 고려해야 한다.
④ 적절하지 않은 변수들을 추가할수록 수정된 결정계수의 값은 감소한다.

수정된 결정계수는 음의 변수로도 나타날 수 있다.

정답 ①

(3) 군집분석 모델의 평가지표

① 실루엣 계수

● 같은 군집 내의 데이터와는 얼마나 가까운지, 타 군집의 데이터와는 얼마나 멀리 분포되어 있는지를 나타내는 지표이다.

$$S(i) = \frac{b(i)-a(i)}{\max(a(i), b(i))}$$

● −1 ~ 1의 값을 나타내며, 1에 가까울수록 군집화가 적합함을 의미한다.

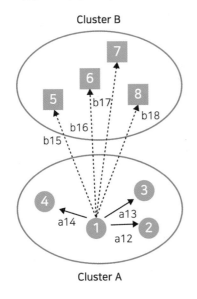

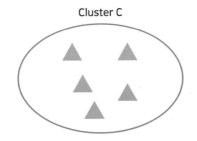

· aij는 i번째 데이터에서 자신이 속한 클러스터 내의 다른 데이터 포인트까지의 거리, 즉 a12는 1번 데이터에서 2번 데이터까지의 거리

· a(i)는 i번째 데이터에서 자신이 속한 클러스터 내의 다른 데이터 포인트들의 평균거리

· b(i)는 i번째 데이터에서 가장 가까운 타 클러스터 내의 다른 데이터 포인트들의 평균거리

② Dunn Index

● 클러스터 내 최대거리에 대한 클러스터 간의 최소거리의 비율이다.

● 군집 간 거리는 멀수록 군집 내 분산은 작을수록 좋은 군집화로 값이 클수록 좋다.

③ Elbow Method

● 클러스터 개수를 늘렸을 때 데이터 간의 평균 거리가 더 이상 많이 감소하지 않는 경우의 k를 선택하는 방법이다.

● 개수가 늘 때마다 평균값이 급격히 감소하는데 적절한 k가 발견되면 매우 천천히 감소한다.

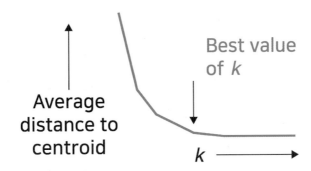

2. 분석모형 진단

(1) 데이터 분석모형의 오류

① 일반화 오류

- 분석모형을 만들 때 주어진 데이터 집합의 특성을 지나치게 반영할 때 발생하는 오류이다.
- 주어진 데이터 집합은 모집단 일부분임에도 불구하고 주변적인 특성, 단순 잡음 등을 모두 묘사하기 때문에 일반화가 발생한다.
- 과대 적합(Over fitting)되었다고 한다.

② 학습 오류

- 주어진 데이터 집합에 부차적인 특성과 잡음이 있다는 점을 고려하여 그것의 특성을 덜 반영하도록 분석모형을 만들어 생기는 오류이다.
- 과소 적합(Under-fitting) 되었다고 한다.

(2) 정규성 검정(가정)

분석용 데이터가 정규분포와 일치하는 형태인지를 검정하는 것이다.

① 중심극한정리

데이터의 크기가 일정한 양(약 30개)을 넘으면, 평균의 분포는 정규분포에 근사하며 표준편차는 모집단의 표준편차를 표본 수의 제곱근으로 나눈 값과 근사하다.

② 종류

종류	내용
Shaprio–Wilks Test	• 해당 집단이 정규분포라고 가정하며, p–value가 일정수준 이상이어야 가설을 기각하지 않는다. • 표본 수가 2,000개 미만인 데이터셋에 적합하다.
Kolmogorov–Smirnnov Test	• 관측된 표본분포와 가정된 분포 사이의 적합도를 검사하는 누적분포함수의 차이를 이용한 검정방법이다. • 영가설: '주어진 자료의 분포는 검정하고자 하는 분포를 따른다.'라는 가설을 기각하지 못하게 된다. • 표본 수가 2,000개 초과인 데이터셋에 적합하다.
Q–Q Plot (Quantile*–Quantile plot)	• 주어진 데이터가 정규분포인지 또는 두 데이터 셋이 같은 분포로부터 왔는지를 보이는 것이다. • 표본 수가 소규모일 경우 적합하다.

* Quantile: 분위 수로 불리며, 확률 분포를 동일한 확률 간격으로 나누는 절단점을 의미한다. (Wikipedia) 대표적으로 사분위수(Quartile)가 Quantile의 한 예이다.

이론 바로 적용하기

아래에서 설명하는 정규성 가정에 대해 옳은 것은?

'주어진 자료의 분포는 검정하고자 하는 분포를 따른다.'라는 가설을 기각하지 못하게 된다.

① Kolmogorov-Smirnnov Test ② Shaprio-Wilks Test
③ 카이제곱 검정 ④ Q-Q Plot

⋯⋯⋯⋯⋯

Kolmogorov-Smirnnov Test는 표본 수가 2,000개 초과인 데이터셋에 적합하다.

정답 ①

3. 교차검증

모델 학습 시 데이터를 훈련용과 검증용으로 교차하여 선택하는 방법이다.

Test Data	Train Data	Train Data	Train Data	Train Data
Train Data	Test Data	Train Data	Train Data	Train Data
Train Data	Train Data	Test Data	Train Data	Train Data
Train Data	Train Data	Train Data	Test Data	Train Data
Train Data	Train Data	Train Data	Train Data	Test Data

장점	단점
• 특정 데이터 세트에 대한 과적합을 방지하여 비교적 일반화된 모델을 생성 가능하다. • 데이터 세트의 규모가 적을 시 과소 적합이 방지된다.	반복 학습이 발생하여 모델 훈련 및 평가의 소요시간이 증가된다.

(1) 종류

① 홀드 아웃 교차검증(Hold-out Cross-Validation)

- 전체 데이터를 비복원추출하여 이용해 일정 비율로 학습 데이터와 평가데이터로 1회 나눠 검증하는 기법이다.

- 학습 데이터로 최적의 모델정확도를 산출한 다음 검증데이터로 과적합을 정지한다.

- 전체 데이터에서 평가데이터만큼은 학습에 사용할 수 없으므로 데이터 손실이 발생한다.
- 데이터를 어떻게 나누느냐에 따라 결과가 많이 달라질 수 있다는 단점이 있다.

Trainng data	Tast data

데이터	설명
훈련 데이터	모델을 학습해 파라미터값을 산출하기 위해 사용하는 데이터 세트
검증 데이터	학습 데이터로 과도하게 학습해 과적합을 방지하기 위한 데이터 세트
평가데이터	학습한 모델의 성능을 평가하기 위한 데이터 세트

② 랜덤 서브샘플링

- 모집단으로부터 조사의 대상이 되는 표본 무작위 추출하는 기법이다.

- 홀드 아웃을 반복하여 데이터 손실 방지를 해결할 수 있다.

- 각 샘플들이 학습과 평가에 얼마나 많이 사용할 것인지 횟수를 제한하지 않아 특정 데이터만 학습되는 경우가 있다.

③ K-fold Cross Vaildation

- 전체 데이터를 무작위의 동일 크기 k개의 fold로 나누어 다른 fold 1개를 test data로, 나머지 k-1개의 fold를 train data로 분할하는 과정을 k번 반복하는 방법이다.

- k의 수 만큼 모델을 생성하기 때문에 연산량이 커진다는 단점이 있다.

- 과정

단계	내용
step 1	학습 데이터를 k개로 분리한다.
step 2	1개의 조각은 검증데이터로 나머지는 학습 데이터로 설정한다.
step 3	설정한 데이터로 모델을 학습하여 결과와 정확도를 산출한다.
step 4	위의 방법을 k번 반복한다.
step 5	k개 모델의 계수값 평균을 구하거나 최고의 성능을 내는 모델을 선택한다.
step 6	테스트 데이터를 활용하여 모델의 최종 예측력을 평가한다.

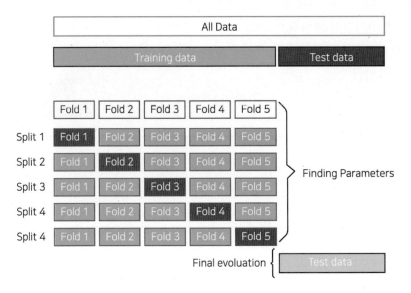

● 장점 및 단점

장점	단점
모든 데이터를 train 및 test에 활용 가능하여 과적합 및 과소 적합을 탐지할 수 있다.	• 순서형 데이터가 순서대로 내재되어 있을 경우 오류가 발생한다. • 각기 다른 fold에 같은 데이터가 존재할 경우 유의하지 않은 결과가 도출된다.

> **더 알아보기**
>
> **K-fold**
> K가 클수록 평가의 편중은 낮아지지만 각 결과의 분산이 높아질 수 있으므로 최적의 분할값을 찾기 위한 실험적 검증이 필요하다.

④ LOOCV(Leave-One-Out Cross Validation)

- 단 하나의 샘플만 평가데이터에 사용하고 나머지는 학습 데이터로 사용한다.

- m번 반복하여 도출된 n개의 MSE를 평균하여 최종 MSE를 계산한다.

- 가능한 한 많은 데이터를 훈련에 사용할 수 있지만, 수행 시간과 계산량이 많다.

1 2 3   n

1 2 3   n

1 2 3   n

1 2 3   n

⋮

1 2 3   n

더 알아보기

LpOCV(Leave-p-Out Cross Validation)

1개의 샘플이 아닌 p개의 샘플을 테스트에 사용한다.

---

⑤ 부트스트랩

- 주어진 자료에서 단순 랜덤 복원추출 방법을 활용해 동일 크기의 표본을 여러 개 생성하는 샘플링 방법이다.

- 무작위 복원추출 방법으로, 전체 데이터에서 중복을 허용하여 데이터 크기만큼 샘플을 추출하고 이를 학습 데이터로 한다.

- 전체 데이터 샘플이 m개이고 부트스트랩으로 n개의 샘플을 추출하는 경우 특정 샘플이 학습 데이터에 포함될 확률은 약 63.2%이다.

- 부트스트랩을 통해 1,000개의 샘플을 추출하더라도 샘플에 한 번도 선택되지 않는 원 데이터가 발생할 수 있는데 전체 샘플의 약 36.8%가 이에 해당한다.

- 한 번도 포함되지 않은 데이터는 검증(Validation)에 사용한다.

- 데이터의 오차가 정규분포를 따른다는 가정이 확실하지 않을 때 사용 가능하다.

아래에서 설명하는 교차검증의 방법으로 옳은 것은?

- 무작위 복원추출 방법으로, 전체 데이터에서 중복을 허용하여 데이터 크기만큼 샘플을 추출하고 이를 학습 데이터로 한다.
- 주어진 자료에서 단순 랜덤 복원추출 방법을 활용해 동일 크기의 표본을 여러 개 생성하는 샘플링 방법
- 전체 데이터 샘플이 N개이고 부트스트랩으로 N개의 샘플을 추출하는 경우 특정 샘플이 학습 데이터에 포함될 확률은 약 63.2%이다.

① LOOCV   ② 부트스트랩
③ 랜덤 서브샘플링   ④ K-fold Cross Vaildation

....

부트스트랩에 대한 설명이다.

정답 ②

4. 적합도 검정

실전 Tip
적합도 검정 기법의 종류와 활용상황을 숙지해야 합니다.

● 관측값들이 주어진 확률 분포를 적합하게 따르고 있는지를 검정하는 것이다.

● 귀무가설은 '실제 확률 분포와 이론적 확률 분포가 일치한다.'라는 가정이다.

(1) 적합도 검정기법의 종류

실전 Tip
카이제곱 검정의 분류는 [동독 적] 동독의 적이다.

① 카이제곱 검정

● 관찰값이 기댓값과 유의미하게 다른지를 검증한다.

● 주로 범주형 자료에 사용되며, 두 변수가 상관성이 있는지 혹은 독립관계인지 검증한다.

● 형태

검정	내용
동질성 검정(Test of homogeneity)	두 집단의 분포가 동일한지 검정
독립성 검정(Test for independence)	두 개 이상의 변수가 독립인지 또는 상관 있는지 검정하는 방법
적합도 검정(Goodness of fit test)	어떤 모집단의 표본이 그 모집단을 대표할 수 있는지 검정하는 방법

② 샤피로 윌크 검정(shapiro-wilk test)

- 데이터가 정규분포를 따르는지 확인하기 위한 검정방법이다.

- 귀무가설은 '표본은 정규분포를 따른다.'라는 가정이다.

- 수치형 벡터만 사용할 수 있으며, 데이터의 수는 3개부터 5,000개 이하만 사용이 가능하다.

- 일반적으로 표본의 수가 많을 경우(2,000개 이상)에는 K-S 검정을, 데이터가 적을 경우
에는 샤피로-윌크 검정을 사용한다.

③ 콜모고로프-스미르노프 검정(kolmogorov Smirnov test)

- 데이터가 어떤 특정한 분포와 일치하는지를 검정한다.

- 비교 기준이 되는 데이터를 정규분포를 가진 데이터로 두어서 정규성 검정을 할 수 있다.

- 연속형 데이터에만 사용 가능하다.

④ Q-Q Plot(Quantile-Quantile Plot)

- Q-Q Plot은 그래프를 이용하여 정규성 가정을 시각적으로 검정하는 방법이다.

- 대각선 참조선을 따라서 값들이 분포하게 되면 정규성 가정을 만족한다고 할 수 있다.

- 한쪽으로 치우치는 모습이라면 정규성 가정에 위배되었다고 볼 수 있다.

- 기준이 모호하므로 결과 해석이 상당히 주관적일 수 있다.

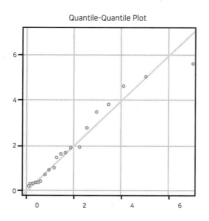

Quantile-Quantile Plot

02 분석모형 개선 ★

- 과대 적합의 정의와 방지방법에 대해 이해한다.
- 매개변수 최적화 방법은 어렵지 않지만 헷갈릴 수 있어 그림과 함께 암기한다.

1. 과대 적합 방지(over fitting)

● 모델이 훈련 세트에 과하게 적합한 상태가 되어 일반성이 떨어지는 현상이다.

● 모델을 학습시킬 때 어느 순간 이후로 모델의 훈련 세트에 대한 손실값은 작아지지만, 검증 세트에 대한 손실값이 커진다면 과대 적합을 의미한다.

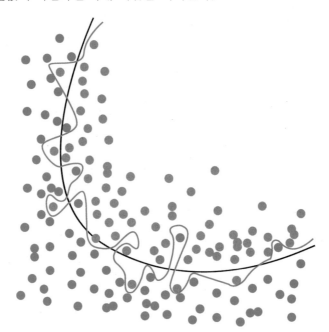

● 과대 적합의 발생 원인

– 데이터의 크기가 충분하지 못한 경우

– 데이터 세트 내 관측값들의 분산이 크거나 노이즈가 심한 경우

– 모델의 복잡도가 과다하게 큰 경우

(1) 과대 적합 방지 방법

① 모델의 복잡도 감소

학습 데이터 세트의 양이 적을 경우 해당 데이터의 특정 패턴이나 노이즈까지 분석되어 과적합이 발생한다.

- 데이터 증강: 모델이 처리할 때마다 샘플 데이터를 약간씩 변경하는 기계 학습 기술이다. 이렇게 하려면 입력 데이터를 조금만 변경하면 된다. 적당히 수행되면 데이터 증강은 학습 세트를 모델에 고유하게 표시하여 모델이 특성을 학습하지 못하게 한다.

- 조기 중지: 학습모델이 데이터의 노이즈를 학습하기 전에 학습 단계를 일시 중지한다.

② 가중치 규제 적용

- 복잡한 모델은 과대 적합의 가능성이 높아 개별 가중치 값을 제한하여 모델을 간단하게 만드는 방법이다.

- 적은 수의 파라미터를 가지거나 혹은 파라미터값 분포의 엔트로피가 작은 모델로 변환한다.

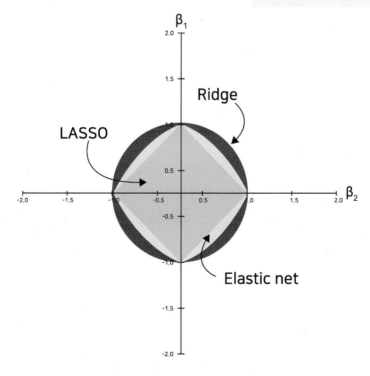

규제	내용
L1 규제	실제 값과 예측값의 오차들의 절댓값의 합 $$\sum_{i=0}^{N}(y_i - \sum_{j=0}^{M} x_{ij}W_j)^2 + \lambda \sum_{j=0}^{M} |W_j|$$
L2 규제	실제값과 예측값 오차들의 제곱의 합 $$\sum_{i=0}^{N}(y_i - \sum_{j=0}^{M} x_{ij}W_j)^2 + \lambda \sum_{j=0}^{M} |W_j|$$
엘라스틱넷 Elastic Net	$$J(\theta) = MSE(\theta) + r\alpha \sum_{i=1}^{n} |\theta_i| + \frac{1-r}{2}\alpha \sum_{i=1}^{n} \theta_i^2$$ • L1 규제와 L2 규제를 합함 • α 가 0에 가까울수록 Ridge regression과 그 특성이 유사해지며, 반대로 α 가 1에 가까울수록 LASSO와 유사한 특성을 가짐

이론 바로 적용하기

다음 중 가중치 규제와 그 설명이 잘못 이어진 것은?

① L1 규제 – 모든 가중치들의 절댓값 합계를 비용함수에 추가

② L2 규제 – 모든 가중치들의 오차를 비용함수에 추가

③ Elastic Net – L1 규제와 L2 규제를 합함

④ L1 규제 – Lasso 방식이라고도 함

....

모든 가중치 들의 제곱합을 비용함수에 추가

정답 ②

③ 드롭아웃

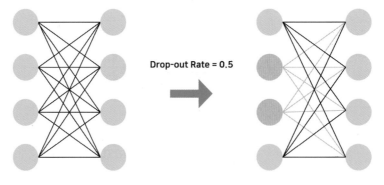

Drop-out Rate = 0.5

● 신경망 모델의 학습 과정에서 신경망 일부를 임의로 제거하여 사용하지 않는다.

● 학습 시 뉴런을 무작위로 선택해 삭제하고, 테스트 시 모든 뉴런을 이용한다.

● 학습 시 뉴런을 무작위로 삭제하는 것이 앙상블 학습과 같은 효과를 낸다.

2. 매개변수* 최적화

학습모델과 실제 값의 차이를 최소화하는 매개변수를 찾는 것이다.

(1) 손실 함수(loss Function)

● 학습모델이 실제값에 비하여 오차가 얼마나 많이 나는지를 확인할 수 있는 지표이다.

● 손실 함수는 미분 가능해야 한다.

(2) 매개변수 최적화 기법

① 확률적 경사 하강법(SGD: Stochastic Gradient Descent)

● 추출된 데이터 한 개의 손실 함수의 기울기를 구하여 기울기가 낮은 쪽으로 계속 이동하여 최적값에 도달하도록 하는 방법이다.

● 한 스텝의 속도가 매우 빠르지만, 무작위적으로 샘플링하여 불안정하다.

  – 기울기가 줄어드는 최적점 근처에서 느리게 진행한다.

  – 탐색 경로가 지그재그로 크게 변한다.

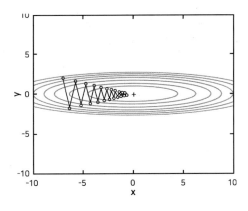

---

* 매개변수: 주어진 데이터로부터 학습을 통해 모델 내부에서 결정되는 변수이다.

② 모멘텀(momentum)

- 확률적 경사 하강법에 관성을 주어 기울기가 줄어들더라도 누적된 기울기 값으로 빠르게 최적점으로 수렴한다.

- 탐색 경로의 변위가 줄어들어 빠르게 최적점으로 수렴한다.

- X의 한 방향으로 일정하게 가속하고, y축 방향의 속도는 일정하지 않다.

  - 관성의 방향을 고려해 곡선의 형태로 이동하며 진동과 폭을 줄이는 효과가 있다.

  - 경사가 가파른 곳을 빠른 속도로 내려오다 관성을 이기지 못하고 최소 지점을 지나쳐 버리는 오버슈팅 문제가 발생한다.

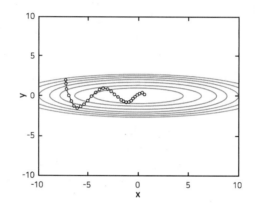

③ AdaGrad(Adaptive gradient)

- 손실 함수 곡면의 변화에 따라 적응적으로 학습률을 정하는 알고리즘으로 손실 함수의 기울기가 큰 부분에서는 큰 폭으로 이동하면서 학습하다가, 최적점에 가까워질수록 학습률을 줄여 조금씩 적게 학습하는 방식이다.

- 개별 매개변수에 적응되는 학습률을 적용해 최적점을 향해 효율적으로 움직인다.

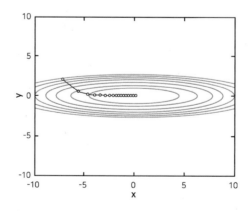

④ Adam(Adaptive Moment Estimation)

- 모멘텀과 RMSprop 방식의 장점을 합친 알고리즘으로 다양한 범위의 딥러닝 구조에서 활용된다.

- 기울기의 과거 변화를 유지하며 경로의 효율성을 주면서 최신의 정보를 과거보다 크게 반영하여 갱신 강도를 조절한다.

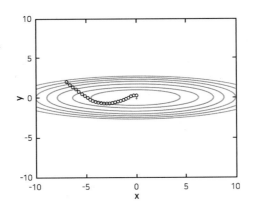

⑤ RMSProp(Root Mean Square Propatatio)

- 과거의 모든 기울기를 균일하게 더하지 않고 새로운 기울기의 정보만 반영해 학습률이 크게 떨어지는 것을 방지하는 기법이다.

- Gradient의 방향을 이용하지 않고 그 크기만을 이용해 업데이트하고자 하는 각 parameter에 대한 학습 속도를 조절한다.

- AdaGrad가 가지고 있는 이전 기울기의 누적값이 같은 특성으로 인해 학습률이 점점 낮아지는 문제를 개선한 기법이다.

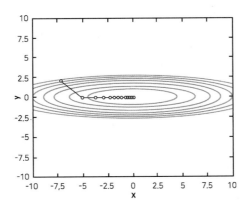

다음 중 아래 그림에 맞는 설명이 아닌 것은?

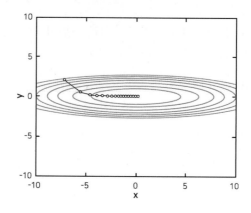

① 손실 함수 곡면의 변화에 따라 적응적으로 학습률을 정하는 알고리즘이다.

② 손실 함수의 기울기가 큰 부분에서는 큰 폭으로 이동하면서 학습하다가, 최적점에 가까워질
   수록 학습률을 줄여 조금씩 적게 학습하는 방식이다.

③ 개별 매개변수에 적용되는 학습률을 적용해 최적점을 향해 효율적으로 움직인다.

④ 이전 기울기의 누적값이 같은 특성으로 인해 학습률이 점점 낮아지는 문제를 개선한 기법이다.

RMSProp(Root Mean Square Propatatio)에 대한 설명이다.

정답 ④

3. 분석모형 융합

(1) 취합 방법론

구분	내용
다수결	여러 분류기로 학습시킨 후 투표를 통해 최종 모형을 선택한다.
배깅	학습 데이터의 중복을 허용하며 학습 데이터 세트를 나누는 기법으로 복원추출방법이다.
페이스팅	학습 데이터를 중복하여 사용하지 않고, 학습 데이터 세트를 나누는 기법으로 비복원추출방법이다.
랜덤 서브스페이스	• 다차원 독립변수 중 일부 차원을 선택한다. • 학습 데이터를 모두 사용하고 특성은 샘플링하는 방식이다.
랜덤 패치	• 학습 데이터와 독립변수 차원 모두 일부만 랜덤하게 사용한다. • 학습 데이터, 특성 모두 샘플링하는 방식이다.
랜덤 포레스트	• 의사결정나무를 개별모형으로 사용하는 모형 결합방법이다. • 독립변수 차원을 랜덤하게 감소시킨 다음 그중 독립변수를 선택한다. • 개별모형들 사이의 상관관계가 줄어들기 때문에 모형 성능의 변동이 감소한다.
부스팅 방법론	• 하나의 모형에서 시작해 모형 집합에 포함할 개별모형을 하나씩 추가한다. • 에이다 부스트: 각 약한 모형을 순차적으로 적용해 나가는 과정에서 잘 분류된 샘플의 가중치는 낮추고 잘못 분류된 샘플의 가중치는 높여주어 샘플 분포를 변화시킨다. • 그레디언트 부스트: 각 약한 모형을 순차적으로 적용해 나가는 과정에서 잘못 분류된 샘플의 에러를 최적화시킨다.

01 혼동 행렬(Confusion Matrix)을 사용하여 계산할 수 있는 평가지표 중 민감도와 동일하며 모형의 완전성(Completeness)을 평가하는 지표는 무엇인가?

① 특이도(Specificity)

② 재현율(Recall)

③ F1-Score

④ 정밀도(Precision)

> 재현율은 실제 양성인 것들 중 올바르게 양성으로 판단한 비율로 양성 결과를 정확히 예측하는지 평가한다.
>
> 정답 ②

02 다음 혼동 행렬에서 F1 Score는 얼마인가?

		예측값	
		Positive	Negative
실제값	Positive	60	40
	Negative	20	60

① 2/3

② 1/3

③ 3/4

④ 3/2

> F1 Score = 2 × precision × recall / precision + recall
>
> * 정밀도 = TP/TP+FP = 60 / 60 + 20 = 6/8
>
> * 재현율 = TP/TP+FN = 60 / 60 + 40 = 6/10
>
> $$F1\ Score = 2 \times \frac{\frac{6}{8} \times \frac{6}{10}}{\frac{6}{8} + \frac{6}{10}} = \frac{2}{3}$$
>
> 정답 ①

03 회귀모형의 평가지표 중 예측한 결괏값의 오류 평균를 무엇이라고 하는가?

① SSE

② SST

③ SSR

④ AE

> ① SSE(오차 제곱합): 예측값과 실젯값 차이의 제곱 합
>
> ② SST(전체 제곱합): 실젯값과 평균값 차이의 제곱 합
>
> ③ SSR(회귀 제곱합): 예측값과 평균 값 차이의 제곱 합
>
> ④ AE(평균오차): 예측한 결괏값의 오류 평균
>
> 정답 ④

04 군집분석 모델의 평가지표에 대한 설명으로 옳지 않은 것은?

① 실루엣 계수는 같은 군집 내의 데이터와는 얼마나 가까운지, 타 군집의 데이터와는 얼마나 멀리 분포되어 있는지를 나타내는 지표이다.

② 실루엣 계수는 0 ~ 1의 값을 나타내며, 1에 가까울수록 군집화가 적합함을 의미한다.

③ Elbow Method는 클러스터 개수를 늘렸을 때 데이터 간의 평균 거리가 더 이상 많이 감소하지 않는 경우의 K를 선택하는 방법이다.

④ Dunn Index는 클러스터 내 최대거리에 대한 클러스터 간의 최소거리의 비율이다.

> 실루엣계수는 −1 ~ 1의 값을 나타내며, 1에 가까울수록 군집화가 적합함을 의미한다.
>
> 정답 ②

05 다음 중 ROC 커브에 대한 설명으로 적합하지 않은 것은?

① AUC 1.0에 가까울수록 분석 모형 성능이 우수하다.
② AUC 0.5일 경우, 랜덤 선택에 가까운 성능이다.
③ x축은 특이도를 의미한다.
④ y축은 민감도를 의미한다.

---

x축은 특이도가 아닌 거짓 긍정률(FP Rate)이다.

정답 ③

06 다음 중 비교시각화의 종류로 옳지 않은 것은?

① 버블차트   ② 체르노프페이스
③ 평행좌표 그래프   ④ 히트맵

버블차트는 관계시각화의 종류이다.

정답 ①

07 다음 중에서 주로 범주형 자료에 사용되며 관측된 데이터가 가정된 확률을 따르는지 확인하기 위하여 사용하는 적합도 검정 방법으로 가장 옳은 것은?

① Q-Q Plot
② 샤피로로-윌크 검정
③ K-S Test
④ 카이제곱검정

카이제곱검정
• 관찰값이 기댓값과 유의미하게 다른지를 검증한다.
• 주로 범주형 자료에 사용되며, 어떤 모집단의 표본이 그 모집단을 대표할 수 있는 지 검정하는 방법이다.

정답 ④

08 주어진 데이터 집합에 부차적인 특성과 잡음이 있다는 점을 고려하여 그것의 특성을 덜 반영하도록 분석모형을 만들어 생기는 오류로 옳은 것은?

① 일반화 오류   ② 과대적합
③ 학습오류   ④ 샘플링오류

주어진 데이터 집합에 부차적인 특성과 잡음이 있다는 점을 고려하여 그것의 특성을 덜 반영하도록 분석모형을 만들어 생기는 오류는 학습오류로 과소적합되었다고 한다.

반면 일반화 오류는 분석모형을 만들 때 주어진 데이터 집합의 특성을 지나치게 반영할 때 발생하는 오류로 과대적합되었다고 한다.

정답 ③

09 다음 중 홀드 아웃 교차검증 기법에 대한 설명으로 가장 올바르지 않은 것은?

① 일반적으로 5:5, 3:7, 2:1 등의 비율로 데이터를 나누어 학습과 평가에 사용한다.
② 각 샘플들이 학습과 평가에 얼마나 많이 사용할 것인지 횟수를 제한하지 않아 특정 데이터만 학습되는 경우가 발생할 수 있다.
③ 계산량이 많지 않아 모형을 쉽게 평가할 수 있으나 전체 데이터에서 평가 데이터만큼은 학습에 사용할 수 없으므로 데이터 손실이 발생한다.
④ 홀드 아웃 교차검증의 데이터는 학습데이터, 검증데이터, 평가 데이터로 나눈다.

각 샘플들이 학습과 평가에 얼마나 많이 사용할 것인지 횟수를 제한하지 않아 특정 데이터만 학습되는 경우가 발생하는 것은 랜덤 서브샘플링기법에 대한 설명이다.

정답 ②

10 K-Fold에 대한 설명으로 옳지 않은 것은?

① 1개는 훈련 데이터, k-1개는 검증 데이터로 사용한다.
② 데이터를 k개로 나눈다.
③ k번 반복 수행한다.
④ 결과를 다수결 또는 평균으로 분석한다.

전체 데이터를 무작위의 동일 크기 K개의 fold로 나누어 다른 fold 1개를 test data로, 나머지 K-1개의 fold를 train data로 분할한다.

정답 ①

11 모형 평가방법 중 주어진 원천 데이터를 랜덤하게 두 분류로 분리하여 교차 검정을 실시하는 방법이 있다. 전체 데이터를 비복원추출 방법을 이용하여 하나는 모형의 학습 및 구축을 위한 훈련 데이터로, 다른 하나는 성과 평가를 위한 평가 데이터로 사용하는 방법은 무엇인가?

① LOOCV
② K-Fold Cross Widation
③ LpOCV
④ 홀드 아웃 방법

홀드아웃 교차 검증(Hold-out Cross-Validation)에 대한 설명으로 전체 데이터를 비복원추출하여 이용해 일정비율로 학습데이터와 평가데이터로 1회 나눠 검증하는 기법이다.

정답 ④

12 10개의 샘플 데이터를 LpOCV(Leave-p-Out Cross Validation)를 통하여 교차 검증을 실시하고자 한다. p = 2일 경우에 반복되는 교차 검증은 몇 번인가?

① 20   ② 80
③ 45   ④ 90

n개의 데이터에서 LpOCV를 사용할 때 반복되는 교차 검증의 횟수는 전체 데이터 m개 중 샘플 p개만 평가하고 (m-p)개는 학습한다.

$$_nC_p = {}_{10}C_2 = 45$$

정답 ③

13 다음 중 카이제곱 검정에 대해 설명한 것으로 옳은 것은?

① 적합도 검정으로 사용되며 어떤 모집단의 표본이 그 모집단을 대표할 수 있는지 검정하는 방법이다.
② 독립성 검정으로 두 집단의 분포가 동일한지 검정한다.
③ 동질성 검정으로 사용되며 두 개 이상의 변수가 독립인지 또는 상관 있는지 검정하는 방법이다.
④ 데이터가 정규분포를 따르는지 확인하기 위한 검정 방법이다.

② 독립성 검정으로 사용되며 두 개 이상의 변수가 독립인지 또는 상관 있는지 검정하는 방법이다.
③ 동질성 검정으로 사용되며 두 집단의 분포가 동일한지 검정한다.
④ 데이터가 정규분포를 따르는지 확인하기 위한 검정 방법은 샤피로 월크 검정이다.

정답 ①

14 다음 중 과대적합 방지 기법으로 가장 올바르지 않은 것은?

① 데이터 세트 증가
② 모델의 복잡도 감소
③ 가중치 규제
④ 확률적 경사하강법

확률적 경사하강법은 매개변수 최적화기법에 해당한다.

정답 ④

15 다음 중 과대적합을 방지하기 위한 기법에 해당되지 않는 것은?

① L1규제
② L2규제
③ 엘라스틱넷
④ 부트스트랩

부트 스트랩은 주어진 자료에서 단순 랜덤 복원추출 방법을 활용해 동일 크기의 표본을 여러 개 생성하는 샘플링 방법이다.

정답 ④

16 다음 중 가중치 규제에 대한 설명으로 가장 올바르지 않은 것은?

① 개별 가중치 값을 제한하여 복잡한 모델을 좀 더 간단하게 하는 방법이다.
② 복잡한 모델은 많은 수의 매개변수를 가진 모델로 과소적합될 가능성이 크다.
③ 가중치 규제에는 L1규제와 L2규제가 있다.
④ L1규제는 기존의 비용함수에 모든 가중치에 대해 람다를 더한 것을 비용함수로 한다.

복잡한 모델은 많은 수의 매개변수를 가진 모델로 과대적합될 가능성이 크다.

정답 ②

17 다음 중 확률적 경사 하강법(SGD)에 속도라는 개념을 적용한 기법으로 가장 알맞은 것은?

① 랜덤포레스트
② 앙상블
③ 모멘텀
④ 배깅

모멘텀은 확률적 경사하강법에 속도라는 개념을 적용한 것이다.

정답 ③

18 손실 함수의 기울기를 구하여, 그 기울기를 따라 조금씩 아래로 내려가 최종적으로는 손실 함수가 가장 작은 지점에 도달하도록 하는 알고리즘으로 가장 알맞은 것은?

① 확률적 경사하강법(SGD)
② AdaGrad
③ 모멘텀
④ Adam

확률적 경사하강법은 추출된 데이터 한 개의 손실 함수의 기울기를 구하여 기울기가 낮은 쪽으로 계속 이동하여 최적값에 도달하도록 하는 방법이다.

• 한 스텝의 속도가 매우 빠르지만, 무작위적으로 샘플링하여 불안정하다.

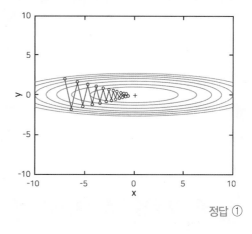

정답 ①

19 다음 중 의사결정나무를 개별모형으로 사용하는 취합방법론 중 하나로 독립변수 차원을 랜덤하게 감소시킨 후 그중 독립변수를 선택하는 기법으로 옳은 것은?

① 부스팅 방법론
② 랜덤 서브스페이스
③ 랜덤 포레스트
④ 페이스팅

랜덤 포레스트에 대한 설명이다.
- 의사결정나무를 개별모형으로 사용하는 모형 결합 방법이다.
- 독립변수 차원을 랜덤하게 감소시킨 다음 그중 독립변수를 선택한다.
- 개별 모형들 사이의 상관관계가 줄어들기 때문에 모형 성능의 변동이 감소한다.

정답 ③

20 배깅에 관한 설명으로 옳지 않은 것은?

① 학습 데이터의 중복을 허용하며 학습 데이터 세트를 나누는 기법이다.
② 복원추출방법이다.
③ 투표를 통해 최종 모형을 선택한다.
④ 배깅기법을 활용한 것이 랜덤포레스트이다.

투표를 통해 최종모형을 선택하는 것은 다수결(보팅)에 해당하는 내용이다.

정답 ③

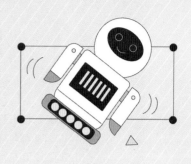

02

분석결과 해석 및
활용

01 분석결과 해석 ★

학·습·포·인·트

- Chapter 1의 내용과 중복되는 내용이 있는데 그만큼 중요하기 때문이다.
- 분석모형별 해석지표 이해하도록 하며 시각화 도구와 절차에 대해서 중점적으로 학습한다.
- 비즈니스 기여도는 기출되기 좋은 형태로 각 항목을 정확하게 숙지한다.

1. 분석모형 해석

(1) 분석모형별 해석지표

① 회귀모델

지표	내용
SSE	예측값과 실제값 차이의 제곱 합
SST	실제값과 평균값 차이의 제곱 합
SSR	예측값과 평균값 차이의 제곱 합
AE	예측한 결괏값의 오류 평균
MAE	평균 오차 절댓값의 평균
결정계수	회귀모형 내 독립변수 x로 설명할 수 있는 종속변수 y의 변동 비율
수정된 결정계수	결정계수의 단점을 보정한 것으로, 적절하지 않은 변수들을 추가할수록 수정된 결정계수의 값은 감소하고 모형에 유용한 변수들을 추가할수록 수정된 결정계수의 값은 증가한다.
RMSE	평균 제곱근 오차
MAPE	평균 절대 백분율 오차

② 분류모델

실제값(Reference)

예측값 (Reference)		Y	N
	Y	True Positive(TP)	False Positive(FP)
	N	False Negative(FN)	True Negative(TN)

평가지표	공식	설명
정확도 (Accuracy)	$\dfrac{TP+TN}{TP+TN+FN+FP}$	전체 중 True를 True라고 옳게 예측한 경우와 False를 False라고 예측한 경우 예측모형의 전체적인 정확도를 평가
재현율(Recall)=민감도(se nsitivity)	$\dfrac{TP}{TP+FN}$	실제 True인 것 중에서 모델이 True라고 예측한 것의 비율
정밀도 (Precision)	$\dfrac{TP}{TP+FP}$	모델이 True라고 분류한 것 중에서 실제 True인 것의 비율
특이도 (Specificity)	$\dfrac{TN}{TN+FP}$	실제 False인 data 중에서 모델이 False라고 예측한 것의 비율
거짓 긍정률 (False Positive Rate	$\dfrac{FP}{TN+FP}$	실제 False인 data 중에서 모델이 True라고 예측한 비율
F1-Score	$2 \times \dfrac{precision \times recall}{precision + recall}$	정밀도와 재현율의 조화평균으로 어느 한쪽으로 치우치지 않는 수치를 나타낼 때 F1 Score는 높은 값을 가짐

③ 군집분석모델

● 실루엣 계수

- 같은 군집 내의 데이터와는 얼마나 가까운지, 타 군집의 데이터와는 얼마나 멀리 분포되어 있는지를 나타내는 지표이다.

- -1 ~ 1의 값을 나타내며, 1에 가까울수록 군집화가 적합함을 의미한다.

$$S(i) = \frac{b(i) - a(i)}{\max(a(i), b(i))}$$

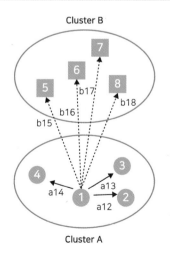

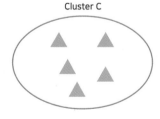

· aij는 i번째 데이터에서 자신이 속한 클러스터 내의 다른 데이터 포인트까지의 거리, 즉 a12는 1번 데이터에서 2번 데이터까지의 거리

· a(i)는 i번째 데이터에서 자신이 속한 클러스터 내의 다른 데이터 포인트들의 평균거리

· b(i)는 i번째 데이터에서 가장 가까운 타 클러스터 내의 다른 데이터 포인트들의 평균거리

- Dunn Index

  – 클러스터 내 최대거리에 대한 클러스터 간 최소거리의 비율이다.

  – 군집 간 거리는 멀수록 군집 내 분산은 작을수록 좋은 군집화로, 값이 클수록 좋다.

- Elbow Method

  – 클러스터 개수를 늘렸을 때 데이터 간의 평균 거리가 더 이상 많이 감소하지 않는 경우의 K를 선택하는 방법이다.

  – 개수가 늘 때마다 평균값이 급격히 감소하는데 적절한 K가 발견되면 매우 천천히 감소한다.

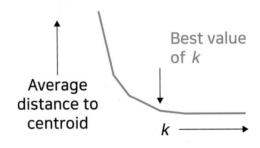

2. 분석모형 시각화

(1) 데이터 시각화

- 광범위하게 분산된 방대한 자료를 분석해서 한 눈에 볼 수 있도록 도표 또는 차트로 정리하는 것이다.

- 차트, 그래프, 맵과 같은 시각적 요소를 사용해 데이터를 표시하여 복잡하거나 숫자로 된 데이터를 시각적 표현으로 변환한다.

- 데이터의 의미를 정확하게 표현하는 그것뿐만 아니라 직관적으로 이해할 수 있어야 한다.

(2) 시각화절차

① 구조화

- 데이터 분석결과를 근거로 하여 시각화의 목표를 설정

- 데이터 표현 규칙과 패턴을 탐색하여 도출

- 시각화 요건을 정의

실전 Tip

시각화절차는 [구시표] 구준표 동생 구시표이다.

② 시각화

- 적절한 시각화 도구 및 기법을 선정

- 시각화 목표와 요건을 고려하여 데이터 분석결과를 시각화

③ 시각화 표현

- 정의된 정보 시각화의 특성을 바탕으로 별도 그래픽요소를 추가해 완성

- 최종 결과물이 구조화 단계의 정의 및 요건과 부합하는지 확인

(3) 시각화 도구

① 태블로(Tableau)

- 차트, 그래프, 지도를 포함한 다양한 그래픽 기능을 제공하는 시각화 도구

- 클라우드 기반으로 데이터를 클라우드에 저장

② 인포그램(Infogram)

실시간으로 인포그래픽을 연동해주는 시각화 도구

③ 차트블록(Chart Blocks)

코딩 없이 스프레드시트, 데이터베이스 형태 데이터를 쉽게 가시화하는 시각 도구

④ 데이터 래퍼(Data Wrapper)

쉽게 데이터를 업로드하고 차트나 맵으로 변환하는 시각화 도구, 레이아웃 제공

 이론 바로 적용하기

다음 중 아래에서 설명하는 시각화 도구로 옳은 것은?

- 차트, 그래프, 지도를 포함한 다양한 그래픽 기능을 제공하는 시각화 도구
- 클라우드 기반으로 데이터를 클라우드에 저장

① 인포그램   ② 차트블록   ③ 데이터 래퍼   ④ 태블로

태블로에 대한 설명이다.   정답 ④

(4) 데이터 시각화의 구성

데이터 시각화를 위해 3가지의 주요 구성요소를 결합한다.

구성요소	내용
스토리	데이터 시각화의 목적 예) 핵심성과지표, 판매량 예측 등
데이터	• 적절한 데이터 세트 도출 • 데이터 전처리 및 추가분석 • 각 데이터에 적합한 시각적 탐색방법 계획
시각적 객체	적합한 시각화 방법 선택

(5) 분석 시각화의 종류

구분	내용		
시간 시각화	• 막대 그래프	• 점 그래프	
비교 시각화	• 히트맵	• 평행좌표 그래프	• 체르노프페이스
공간 시각화	• 등치선도	• 도트맵	• 카토그램
분포 시각화	• 파이차트	• 도넛차트	• 트리맵
관계 시각화	• 산점도	• 버블차트	• 히스토그램

3. 비즈니스 기여도

데이터 분석모델을 비즈니스에 도입하여 사업수행의 의사결정, 효율성 개선 등에 기여하게 되며 이에 대한 평가가 필요하다.

(1) 평가지표

① 총 소유 비용(TCO: Total Cost of Ownership)

하나의 자산을 획득하려 할 때 주어진 기간 동안 모든 연관 비용을 고려할 수 있도록 확인하기 위해 사용한다.

② 투자 대비 효과(ROI)

- 투자 혹은 비용에 대한 순수익
- (누적 순효과/총비용)×100%

③ 순현재가치(NPV)

- 특정 시점의 투자금액과 매출금액의 차이를 이자율을 고려하여 계산한 값

- 예상 투자비용의 할인가치를 예상 수익의 할인가치에서 공제했을 때, 나온 값을 합한 금액

$$NPV = \sum_{t=0}^{n} \frac{CI_t}{(1+IRR)^t} - \sum_{t=0}^{n} \frac{CO_t}{(1+IRR)^t} = 0$$

* CI_t : t기의 현금유입
* CO_t : t기의 현금유출

④ 내부 수익률 IRR

순현재가치를 0으로 만드는 할인율

⑤ 투자 회수 기간(PP)*

- 누계 투자금액과 매출금액의 합이 같아지는 기간

- 프로젝트의 시작 시점부터 누적 현금 흐름이 흑자로 돌아서는 시점까지의 기간

이론 바로 적용하기

다음 중 분석결과의 기여도 평가와 관련된 것으로 옳은 것은?

① Support   ② ROI   ③ 매출증대   ④ 적합성

....

ROI에 대한 설명이다.

정답 ②

---

* 투자 회수 기간: 흑자 전환 시점을 말한다.

02 분석결과 시각화 ★★★

학 · 습 · 포 · 인 · 트 --

- 시각화의 종류와 해당하는 유형에 대해 암기한다.
- 시각화의 종류와 유형을 매치할 수 있어야 하며, 그림과 함께 정확한 특징을 암기한다.

1. 시간 시각화

● 시간에 따른 데이터의 변화를 표현한 시각화 방법이다.

● 시계열 데이터에서 주요 관심 요소는 경향성으로 장기간에 걸쳐 진행되는 변화 또는 트렌드를 추적하는 데 사용된다.

구분	내용
분절형	데이터의 특정 시점 또는 특정 시간 구간 값으로 나타냄
연속형	끊이지 않은 연속적인 시간의 변화

● 시간 시각화의 유형

종류	내용
막대 그래프 (Bar Graph)	• 수치를 길이로 표현해 여러 값의 상대적인 차이를 알아보는 그래프이다. • 시간축은 시간 순서대로 정렬된 시간의 특징시점을 나타내며, 값 축은 그래프의 크기 범위를 나타낸다. 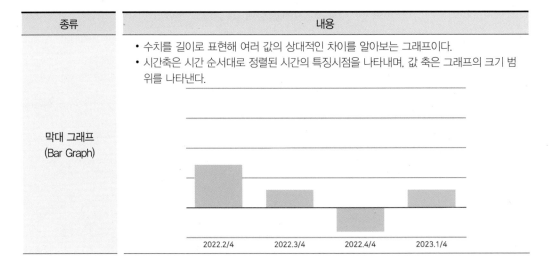

누적 막대 그래프 (Stacked Bar Graph)	• 한 구간이 몇 개의 세부 항목으로 나뉘면서도 전체의 합이 있을 때 사용한다. • 한 구간의 세부항목은 질감 또는 색상으로 구분한다. 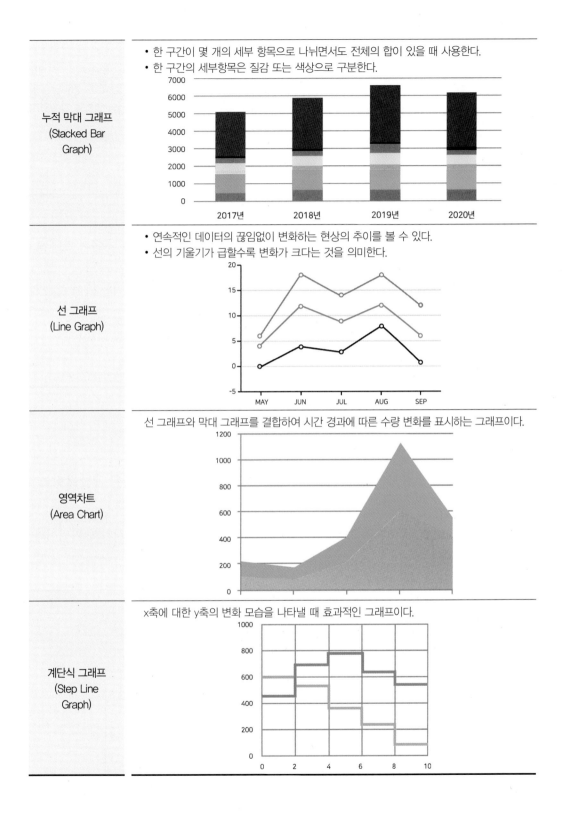
선 그래프 (Line Graph)	• 연속적인 데이터의 끊임없이 변화하는 현상의 추이를 볼 수 있다. • 선의 기울기가 급할수록 변화가 크다는 것을 의미한다.
영역차트 (Area Chart)	선 그래프와 막대 그래프를 결합하여 시간 경과에 따른 수량 변화를 표시하는 그래프이다.
계단식 그래프 (Step Line Graph)	x축에 대한 y축의 변화 모습을 나타낼 때 효과적인 그래프이다.

2. 분포 시각화

● 특정 변수의 값이 어떻게 분포되어 있는지 파악한다.

● 분포 시각화는 데이터의 최댓값. 최솟값. 분포 등을 나타내는 시각화 방법이다.

실전 Tip

시계 열 데이터와 비슷한 점이 있지만, 시계열 데이터와 다른 점은 구분 단위가 시간이 아닌 데이터의 영역을 기준으로 삼습니다.

● 종류

종류	내용
원그래프 (pie chart)	• 부분과 전체, 부분과 부분 간의 비율을 알아보는 데에 사용된다. • 분포의 정도를 총합 100%로 나타내서 부분 간의 관계를 보여주며. 면적으로 값을 보여주며, 수치를 각도로 표현한다.
도넛차트 (donut chart)	중심부를 잘라낸 원 모양으로 조각에 해당하는 수치는 조각의 길이로 표시된다.
트리맵 (Treemap)	• 영역기반의 시각화 방법으로, 각 사각형의 크기가 수치를 나타낸다. • 위계 구조가 있는 데이터나 트리 구조의 데이터를 표시할 때 사용된다.
누적 연속그래프	• 가로축은 시간을 나타내며 세로축은 데이터값을 나타낸다. • 한 시점의 세로 단면을 보면 그 시점의 분포를 확인할 수 있다.

3. 관계 시각화

● 관계 시각화는 다변량 데이터 사이에 존재하는 변수 사이의 연관성, 분포와 패턴을 찾는 시각화 방법이다.

● 한 가지 요소의 변화가 다른 요소의 변화와 관련이 있는지를 표현하는 시각화 기법이다.

● 관계 시각화의 종류

종류	내용
산점도 (Scatter Plot)	• 각 점은 관측치를, 점의 위치는 관측값을 나타낸다. • 각 데이터들의 상관성 여부를 파악하는 데 유용하다. 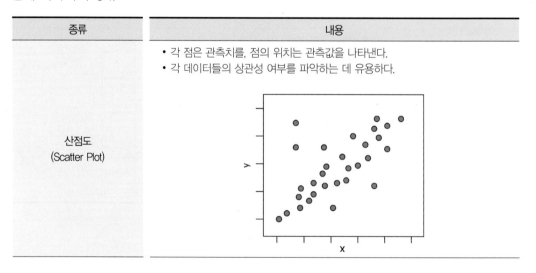

산점도 행렬 (Scatter Plot Matrix)	다변량 변수 데이터에서 가능한 모든 변수 쌍에 대한 산점도를 행렬 형태로 표현한 것이다.
버블차트 (Bubble Chart)	• 세 가지 요소의 상관관계를 표현할 수 있는 방법이다. • 가로 및 세로축의 위치와 버블의 면적으로 표현된다. *출처: https://www.gapminder.org/
히스토그램 (Histogram)	• 세로축은 데이터의 분포 정도를 표현하고, 가로축은 특정 변수의 구간 폭을 의미한다. • 왼쪽으로 치우쳤다면 데이터가 전체 범위에서 수치가 낮은 쪽에 있고, 오른쪽에 치우쳤다면 높은 쪽에 몰려 있다는 것이다.

이론 바로 적용하기

다음 시각화 도구 중 시간에 따라 변화하는 값을 표현하기 가장 적합한 시각화 기법은?

① 히스토그램   ② 꺾은선그래프   ③ 트리맵   ④ 누적 연속 그래프

························

꺾은선그래프는 시간에 따라 변화하는 데이터를 비교하는 데에 적합하다.

정답 ②

4. 비교 시각화

● 다변량 변수를 갖는 자료를 제한된 2차원에 효과적으로 표현하는 방법

● 비교 시각화의 종류

종류	내용
히트맵 (Heatmap)	• 한 칸의 색으로 데이터값을 표현한 그래프이다. • 주로 웹로그 분석 등에 활용된다. ![heatmap]
체르노프 페이스 (Chernoff Faces)	• 데이터를 사람의 얼굴 이미지로 표현한 그래프이다. • 얼굴의 가로 및 세로 길이, 눈, 코, 입 등 각 분위를 변수로 대체하여 데이터의 속성을 파악할 수 있다. ![chernoff faces]

스타차트 (Star chart)	• 차트 중앙에서 외부 링까지 이어지는 몇 개의 축을, 전체의 공간에서 하나의 변수마다 축 위의 중앙으로부터의 거리로 수치를 나타낸다. • 거미줄 차트 또는 방사형 차트라고도 한다. 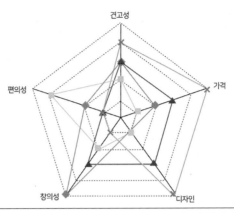
평행좌표계 (Parallel Coordicates)	• 한 축에서 윗부분은 변수값 범위의 최댓값을 아래는 변수값 범위의 최솟값을 나타낸다. • 대상이 많은 데이터에서 집단적 경향성을 쉽게 알아보게 해 준다. 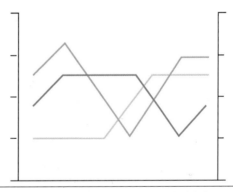
다차원 척도법 (Multidimensional scaling,MDS)	• 데이터상의 거리를 바탕으로 이들 간의 관계 구조를 시각적으로 표현하는 통계 데이터 분석기법이다. • 대상 간의 유사성측도에 의거하여 대상을 다차원 공간에 배치시키는 것으로 유사성이 작으면 멀리, 크다면 가까이 배치한다. 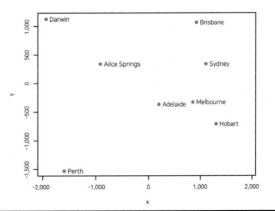

5. 공간 시각화

● 공간 시각화는 지도상에 해당하는 정보를 표현하는 시각화 방법이다.

● 지도 위에 위치를 표시하기 위해 대부분 위도와 경도를 사용한다.

종류	내용
단계 구분도 (Choropleth Map)	• 여러 지역에 분포되어 있는 정보를 나타낼 때 데이터가 분포된 지역별로 색을 다르게 나타낸 지도이다. • 데이터값의 크기에 따라 채도 및 밝기에 차등을 준다.
등치선도 (Isometric Map)	• 데이터 왜곡이 될 수 있는 등치지역도의 결점을 극복한 그래프이다. • 데이터값 크기에 따라 색상 농도 변화를 활용하여 표현한다.

도트맵 (Dot Map)	• 데이터를 지도위에 점으로 표현한 그래프이다. • 시간 경과에 따른 확산 등을 나타낼 때 사용한다. 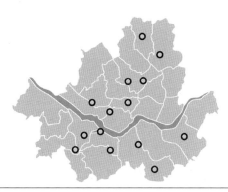
버블맵 Bubble Map	지도 위에 데이터를 그 크기에 따라 서로 다른 크기의 원형으로 표시한 그래프이다. 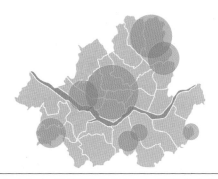
카토그램 (Cartogram)	데이터값의 변화에 따라 지도의 면적을 인위적으로 왜곡하여 나타낸 것이다. 

🔷 더 알아보기

R에서 정적/동적인 방법으로 시각화 가능

• 정적 공간 시각화 패키지: maps, mapproj, maptools, mapplots
• 동적 공간 시각화 패키지: RgoogleMaps, ggmap

6. 인포그래픽

- 그래픽과 텍스트를 균형 있게 조합해 데이터 이해를 돕는 것으로 중요한 정보를 하나의 그래픽으로 표현한다.

- 인포메이션(Infomation)과 그래픽(graphic)의 합성어로 디지털 마케팅 분야에서 빈번히 사용한다.

- 복잡한 주제를 단순화하여 설득하거나, 지루한 주제를 흥미롭게 표현할 수 있기 때문에 자주 사용된다.

- 인포그래픽 유형: 지도형, 도표형, 스토리텔링형, 타임라인형, 비교분석형, 만화형

 이론 바로 적용하기

다음 중 인포그래픽에 대한 설명으로 틀린 것은?
① 그림과 텍스트의 모양, 컬러, 배치를 통해 다양한 형태로 디자인한다.
② 복잡한 주제를 단순화하여 설득하거나, 지루한 주제를 흥미롭게 표현할 수 있기 때문에 자주 사용된다.
③ 인포메이션(Infomation)과 그래픽(graphic)의 합성어이다.
④ 카토그램, 버블맵 등의 종류가 있다.

....

공간 시각화에 대한 설명이다.

정답 ④

03 | 분석결과 활용 ★

학 · 습 · 포 · 인 · 트 --

- 분석결과 활용방안과 시나리오 수립에 관한 부분은 헷갈릴 수 있으니 반복적으로 읽어 숙지한다.
- 분석모형 모니터링과 리모델링방법은 1문제씩 출제되고 있으므로 꼼꼼히 학습한다.

1. 분석결과 활용 계획

(1) 분석결과 활용방안 수립

- 빅데이터 분석결과를 어떻게 업무에 반영할 것인지에 대한 액션 플랜을 만들고, 업무 성과를 지속적으로 모니터링할 수 있는 방안을 수립한다.

- 빅데이터 분석을 왜 하려고 하는지, 빅데이터 분석을 통해 어떤 결과를 도출하고 도출된 결과를 어떻게 활용할 것인지, 활용을 통해 어떤 효과를 얻을 것인지를 고민하고 활용 활성화 방안을 수립한다.

- 수행 후 분석결과를 즉시 적용할 수 있는 단기 활용계획을 제시할 수 있어야 하며, 중장기적인 활용계획을 수립하고 상세화해야 한다.

- 활용 성과에 대한 점검은 수립한 활용계획에 대해 6개월이나 1년 단위로 측정하여 정량화하는 관리가 필요하다.

- 분석모델을 기관 내외부에서 지속적으로 활용하고 발전시킬 수 있도록 기관 간 데이터 연계, 데이터 통합, 분석, 결과 활용 내용을 포함한 확산계획도 고려하여 방안을 수립한다.

(2) 업무 적용 및 효과 검증

① 업무 적용 준비

실무자 교육에서 추진한 빅데이터 분석의 목표를 정확하게 전달함으로써 실제 업무에 적용하는 방법 및 활용방안을 모색한다.

② 업무 적용

● 실무자가 분석결과를 업무에 어떻게 적용하였는지 확인하고 실제로 적용했을 때 불편한 점이나 개선해야 할 사항이 있었는지 의견을 수렴하여 향후 고도화를 진행할 때 반영할 수 있도록 한다.

● 실무자의 입장에서 분석결과를 활용하기 전과 후에 업무가 어떻게 변화되는지 업무 적용 효과성 제고 방안을 강구해야 한다.

● 기관의 빅데이터 활용 효과를 지속적으로 검증하기 위해 빅데이터 장·단기 활용계획이 우선적으로 수립되어 있어야 하며, 활용 효과 측정을 위한 성과지표도 마련되어 있어야 한다.

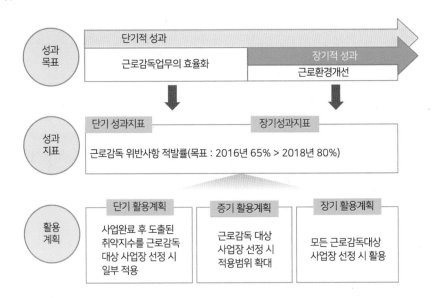

③ 효과 검증 및 결과 공유

● 효과 검증에 앞서 성과를 측정할 항목을 정하고, 항목에 따라 측정 산식, 측정 주체, 기간, 주기를 결정한다. 이때 주기별로 기대성과의 목표치를 설정하고 근거를 충분히 찾을 필요가 있다.

● 기 계획된 성과 측정 방법에 따라 성과를 측정하고 예상 성과지표와 비교분석이 필요하다.

● 실제 성과가 좋으면 분석결과의 타당성 및 효과를 검증하게 된다. 반대로 실제 성과가 목표치보다 부족하다면 1차로 목표치 설정 근거의 문제점이 있는지 파악하고, 2차로 분석 과제의 개선사항을 고민할 필요가 있다.

● 분석 과제의 성과물을 지식화하여 향후 이와 유사한 분석 과제 추진 시 빅데이터 공통기반을 활용할 수 있도록 분석과정과 분석과정에서 발생하는 데이터, 분석결과 및 효과를 빅데이터 포털에 공유한다.

④ 효과 검증 단계의 점검

분석결과에 대한 업무 적용을 통해 나타나는 효과 검증 단계에서는 다음과 같은 항목을 기준으로 점검해야 한다.

● 빅데이터 분석결과를 활용 담당자, 또는 활용 가능성이 있는 조직 구성원들에게 공유 및 배포하는 체계를 마련하고, 이해와 적용을 돕는 세미나나 워크샵 등을 마련하여야 한다.

● 분석결과가 단순 업무뿐만 아니라 복잡한 업무에 실제적으로 활용이 되어, 조직의 비즈니스 프로세스 또는 서비스 개선 영역까지 전략적으로 활용되도록 유도해야 한다.

● 분석결과가 조직의 총체적인 성과 향상을 위해 활용되고 있는지, 빅데이터 측정 및 분석결과를 외부 관계기관 등과 공유 및 활용하고 있는지 확인해야 한다.

● 분석결과의 배포 및 추적을 위해 Open−API의 데이터 정의 및 규격을 설정하였는지 확인해야 한다.

(3) 빅데이터 모형 운영 및 개선방안 수립

예측 오차 계산 〉 예측모형의 점검 여부 결정 〉 예측모형 개선 방향 결정 순으로 진행한다.

 이론 바로 적용하기

다음 중 분석결과 활용계획 중 효과 검증 단계의 점검 항목으로 옳지 않은 것은?
① 분석결과의 불편한 점이나 개선해야 할 사항이 있었는지 의견을 수렴하여 향후 고도화를 진행할 때 반영할 수 있도록 한다.
② 분석결과가 업무에 실제적으로 활용이 되어, 조직의 비즈니스 프로세스 또는 서비스 개선 영역까지 전략적으로 활용되도록 유도해야 한다.
③ 분석결과의 배포 및 추적을 위해 Open−API의 데이터 정의 및 규격을 설정하였는지 확인해야 한다.
④ 빅데이터 측정 및 분석결과를 외부 관계기관 등과 공유 및 활용하고 있는지 확인해야 한다.

....

업무 적용 단계에서 실무자의 의견을 수렴한다.

정답 ①

2. 분석결과 활용 시나리오 개발

(1) 분석결과 활용 시 고려사항

● 분석모형 최종 평가 시에는 학습할 때 사용하지 않았던 데이터를 사용한다.

● 정확도, 재현율 등의 평가지표를 분석모형 성능지표로 활용한다.

● 분석모형 개발과 피드백 적용을 반복적으로 수행하여 분석모형의 성능을 향상시킨다.

(2) 서브퀄모형(SERBQUAL)

서비스 품질의 구성요인을 5개 차원으로 축약한 모형이다.

● 확신성

● 신뢰성

● 반응성

● 공감성

● 유형성

이론 바로 적용하기

다음 중 서브퀄 모형에 해당하지 않는 것은?

① 신뢰성   ② 반응성   ③ 정확성   ④ 확신성

....

서브퀄 모형은 확신성, 신뢰성, 반응성, 공감성, 유형성이다.

정답 ③

---

3. 분석모형 모니터링

● 분석모형이 운영 시스템에 적용되면, 실시간 또는 배치 스케줄러가 정상적으로 실행되고 주기별로 성과가 예상했던 수준으로 나오고 있는지를 모니터링한다.

● DBMS에 성과자료를 누적하여 자동으로 모니터링하고 이상 시에만 확인하는 프로세스를 수립한다.

(1) 분석모형 모니터링 솔루션

● 분석 솔루션 자체 상태, 정상 작동 상태 유무, 데이터 처리 및 분석 소요시간, 분석모델에 따른 처리 성능 관점에서 모니터링을 수행한다.

● 오픈 소스를 이용해 이 단계를 단순화할 수 있다.

● R Studio에서 제공하는 샤이니(Shiny)를 이용해 모델링 결과를 사용자 작업 파일과 서버상의 파일을 이용해 간단히 배포할 수도 있다.

📖 더 알아보기

샤이니
• 모델링 결과를 작업파일과 서버파일을 이용해 간단히 배포 가능하다.
• 사용자작업 파일(ui.R)과 서버 파일(Server)로 구성되어 있다.
• 싱코어는 무료지만, 멀티코어는 동시 접속자 기준으로 비용이 다소 발생한다.

---

(2) 모니터링

① 주요 성능 측정 항목

구분	설명
주기별 성능 분석 및 모니터링 종류	• 일간 성능 분석: 플랫폼의 안정성과 품질을 판단하는 경우 • 주간 성능 분석: 주간 단위 데이터 수집 및 관리를 통해 성능변화 추이를 분석하는 경우 • 월간 성능 분석: 월간 또는 분기별 현황 보고 등에 활용하는 경우 • 연간 성능 분석: 연간 성능 현황을 토대로 업무에 반영하고자 하는 경우 및 연간리포트 작성하는 경우
측정 항목별로 영향을 미치는 요소	• 응답시간: 정보시스템 처리성능, 네트워크 구간의 처리용량, 정보시스템 자원용량 • 사용률: 네트워크 자원을 일정 시간 사용하는 정도 • 가용성: 하드웨어 장애, 소프트웨어 버그, 전기적 문제 등 • 정확성: 잘못된 환경설정, 하드웨어 장애, 데이터 이상값

응용프로그램의 주요 성능 측정 항목	• 응답시간/트랜잭션 처리량: 실시간 • 데이터베이스 처리 /배치 실행환경: 실시간 • 오류 및 예외: 실시간 • 메모리 사용: 정기
응용 플랫폼 성능 측정 항목 및 주기	• 응답시간/트랜잭션 처리량: 실시간 • 대기 큐/대기시간: 실시간 • 프로세스 상태 및 개수: 실시간 • 세션 상태 및 개수: 실시간 및 정기 • 통신 큐, 채널 상태: 실시간 및 정기 • 자원 풀: 실시간 및 정기 • 오류 및 예외/부하와 분산: 실시간
응용 솔루션 성능 측정 항목 및 주기	• 구간별 수행 시간: 실시간 및 정기 • 대기 큐: 실시간 • 메모리/버퍼: 실시간 및 정기 • 오류 및 예외: 실시간

② 성능 모니터링 이벤트 유형

구분	설명
주요 성능 저하 요인	• 서버 자원의 부족 • 성능 조정의 부족 • I/O 조각화 현상 • 데이터 이동 • 프로그래밍 오류 • 데이터베이스 설계의 오류 • 악성코드 • 버그 • 하드웨어다운 • 외부적 요인 • 구성요소의 부조화
임계치 설정 관리	• 설정: 성능 임계치를 고정된 기준으로 설정하는 것보다, 제공하는 서비스 형태와 시스템의 특성을 고려해 사용자의 응답시간, 처리속도, 만족도 등을 반영하여 설정 • 관리: 단일 기준으로만 유지되지 않으며, 플랫폼 서비스의 다양한 요소를 반영하여 조정

③ 분석모형 모니터링 고려사항

● 시뮬레이션: 모델 적용을 위한 프로세스와 업무 규칙이 문서화되고 이해관계자 간 공유된다.

● 최적화: 최적화 솔루션의 결과를 시스템과 인터페이스가 가능하도록 데이터베이스 연동 프로그램을 개발한다.

4. 분석모형 리모델링

● 데이터 모형의 지속적인 성과 감독을 통하여 편차가 일정 수준 이상으로 지속적으로 하락하는 경우에 기존의 빅데이터 모형에 대하여 데이터 마이닝, 시뮬레이션, 최적화를 적용하는 개조 작업이다.

● 분석모형 리모델링은 분기·반기·연 단위로 수행한다.

(1) 분석모형 리모델링의 절차

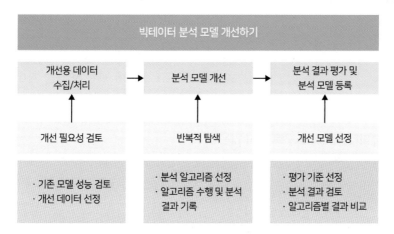

(2) 분석모형 리모델링의 고려사항

● 데이터 마이닝, 최적화모델링 결과를 정기적(분기, 반기, 연 단위)으로 재평가해 과업에 따라 필요시 분석모형을 재조정한다.

● 업무특성에 따라 차이가 있으나, 일반적으로 초기에는 모형 재조정을 자주 수행하고 점진적으로 그 주기를 길게 설정한다.

● 관리 대상 모델이 월 20개 이상이거나, 기타 업무와 함께 수행해야 하는 경우 수작업이 아닌 도구를 통한 업무 자동화를 권고한다.

01 데이터 시각화 유형 중 관계시각화의 기법으로 옳지 않은 것은?

① 산점도 ② 버블차트
③ 히스토그램 ④ 체르노프페이스

체르노프페이스는 비교시각화의 종류이다.
정답 ④

02 집단 간의 상관관계를 확인하여 다른 수치의 변화 예측하는 데이터 시각화 유형은?

① 비교시각화 ② 관계시각화
③ 분포시각화 ④ 시간시각화

집단 간의 상관관계를 확인하여 변화를 예측하는 기법은 관계 시각화이다.
정답 ②

03 다음 중 데이터 시각화 도구로 옳지 않은 것은?

① 태블로 ② 인포그램
③ 차트블록 ④ 엘라스틱서치

엘라스틱 서치는 검색엔진의 일종이다.
- 태블로: 차트, 그래프, 지도를 포함한 다양한 그래픽 기능을 제공하는 시각화 도구이며, 클라우드 기반으로 데이터를 클라우드에 저장
- 인포그램: 실시간으로 인포그래픽을 연동해주는 시각화 도구
- 차트블록: 코딩 없이 스프레드 시트, 데이터베이스 형태 데이터를 쉽게 가시화하는 시각화 도구
- 데이터 래퍼: 쉽게 데이터를 업로드하고 차트나 맵으로 변환하는 시각화 도구, 레이아웃 제공
정답 ④

04 분석과제 선정을 위해 고려하는 항목과 거리가 먼 것은?

① 과제의 시급성
② 분석기회 발굴을 위한 질문 구체화
③ 분석모델의 구현 가능성
④ 비즈니스 기여도

분석 모델의 비즈니스 기여도 평가는 분석모델의 사후 평가이다.
정답 ④

05 다음 설명하는 데이터 시각화 유형은 무엇인가?

- 파이 차트, 도넛 차트 등의 기법 존재
- 분류에 따른 변화를 최대최소, 전체 분포 등으로 구분
- 전체에서 부분 간의 관계를 설명

① 시간시각화 ② 분포시각화
③ 관계시각화 ④ 공간시각화

분포시각화에 대한 설명이다.
정답 ②

06 다음 중 비즈니스 기여도 평가지표로 가장 올바르지 않은 것은?

① 투자 대비 효과(ROI)
② 순 현재가치(NPV)
③ 내부 수익률(IRR)
④ 목표복구 시간(RTO)

목표복구 시간은 장애 발생 시 시스템을 원상태로 복원하는 데 소요되는 시간이다.

정답 ④

07 데이터 시각화 도구 중 데이터의 분포를 표현하는 데 적합하지 않은 것은?

① 트리맵
② 인포그래픽
③ 히스토그램
④ 파이차트

인포그래픽은 그래픽과 텍스트를 균형 있게 조합해 데이터 이해를 돕는 것이다.

정답 ②

08 다음 중 비교 시각화 유형에 대한 설명으로 가장 옳지 않은 것은?

① 히트맵(Heat Map): 칸 별로 색상을 구분하여 데이터 값을 표현하는 시각화 그래프로 여러 가지 변수를 비교할 수 있다.
② 플로팅 바 차트(Floating Bar Chart): 막대가 가장 낮은 수치부터 가장 높은 수치까지 걸쳐 있게 표현한 차트로 범주 내 값의 다양성, 중복 및 이상값의 파악이 가능하다.
③ 스타 차트(Star Chart): 각 변수의 표시 지점을 연결 선을 통해 그려 별 모양의 도형으로 나타낸 차트로, 중심점은 축이 나타내는 값의 최댓값, 가장 먼 끝점은 최솟값을 의미한다.
④ 체르노프 페이스(Chernoff Faces): 데이터를 눈, 코, 귀, 입 등과 일대일 대응하여 얼굴 하나로 표현하는 시각화 방법이다.

스타 차트는 중심점이 최솟값을 의미하며, 가장 먼 끝점은 최댓값을 의미한다.

정답 ③

09 다음 그림에 해당하는 그래프로 옳은 것은?

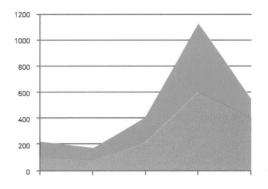

① 영역차트
② 선 그래프
③ 계단식 그래프
④ 트리맵

선 그래프와 막대 그래프를 결합하여 시간 경과에 따른 수량 변화를 표시하는 그래프는 영역차트(Area Chart)이다.

정답 ①

10 시각화 도구에 대한 설명으로 틀린 것은?

① 도넛차트는 조각의 길이로 데이터 값의 크기를 표현한다.
② 중첩도넛차트는 스타차트로도 변환 가능하다.
③ 원그래프는 데이터값을 비율로 환산하여 표현한다.
④ 누적 히스토그램이 오른쪽으로 치우친 경우 데이터는 큰 수에 집중되어 있다.

누적 히스토그램은 항상 오른쪽으로 치우쳐져 있다.

정답 ④

11 그래픽과 텍스트를 균형 있게 조합해 데이터 이해를 도우며, 중요한 정보를 하나의 그래픽으로 표현하는 시각화 방법으로 옳은 것은?

① 다차원 척도법　　② 스타차트
③ 체르노프페이스　　④ 인포그래픽

인포그래픽

- 그래픽과 텍스트를 균형 있게 조합해 데이터 이해를 돕는 것으로 중요한 정보를 하나의 그래픽으로 표현한다.
- 인포메이션(Infomation)과 그래픽(graphic)의 합성어로 디지털 마케팅 분야에서 빈번히 사용한다.
- 복잡한 주제를 단순화하여 설득하거나, 지루한 주제를 흥미롭게 표현할 수 있기 때문에 자주 사용된다.
- 인포그래픽 유형: 지도형, 도표형, 스토리텔링형, 타임라인형, 비교분석형, 만화형

정답 ④

---

12 다음 중 빅데이터 분석 모형 모니터링 솔루션 중에서 사용자 작업 파일(ui.R)과 서버 파일(server.R)로 구성되어 있고, 모델링 결과를 간단히 배포할 수 있는 솔루션은?

① Shiny　　　　② Scouter
③ JMeter　　　　④ OpenAPI

빅데이터 분석 모형 모니터링 솔루션 중에서 사용자 작업 파일(ui.R)과 서버 파일(server.R)로 구성되어 있고, 모델링 결과를 간단히 배포할 수 있는 솔루션은 샤이니이다.

정답 ①

---

13 다음 중 빅데이터 신규 서비스에 대한 사용자, 제공가치 도출 시 고려해야 하는 서비스 품질 관점의 제공 가치로 올바르지 않은 것은?

① 반응성　　　　② 상대성
③ 공감성　　　　④ 신뢰성

서브퀄모형은 확산성, 신뢰성, 반응성, 공감성, 유형성이다.

정답 ②

---

14 다음 중 트리맵에 대한 설명으로 잘못된 것은?

① 계층형 구조를 가진 데이터를 표현하는 데 유용하다.
② 전체 데이터에서 특정 영역이 차지하는 비중을 쉽게 확인 가능하다.
③ 색으로도 데이터의 계층을 파악할 수 있다.
④ 사각형 영역에 세부 사각형의 크기로 데이터의 분포를 시각화하였다.

색으로도 데이터의 계층을 파악할 수 있는 것은 히트맵에 대한 설명이다.

정답 ③

---

15 다차원 척도법에 대한 설명으로 틀린 것은?

① 대상들을 2차원 또는 3차원 평면상에 위치시킨다.
② 대상이 20개인 경우 100개의 거리 값이 존재한다.
③ 대상이 10개인 경우 45개의 거리 값이 존재한다.
④ 대상들 사이의 집단화 경향을 파악할 수 있다.

$n(n-1)/2$이므로 대상이 20개인 경우 $20(20-1)/2$이므로 190개의 거리 값이 존재한다.

정답 ②

16 다음 중 응용프로그램 주요 성능 측정 항목이 아닌 것은?

① 데이터베이스 처리 및 배치 실행환경
② 오류 및 예외
③ 메모리 사용
④ 자원 풀

자원 풀은 응용 플랫폼 성능 측정 항목 및 주기에 해당한다.

정답 ④

17 데이터 분석 서비스의 유지관리에 대한 설명 중 거리가 먼 것은?

① 데이터 분석 관련 인력의 업무역량을 교육을 통해 키운다.
② 분석 서비스 관련 시스템의 변경 사항을 반영한다.
③ 데이터 분석 결과를 조직의 정책과 제도 개발에 활용한다.
④ 데이터 분석 서비스의 요구사항을 검토한다.

데이터 분석 서비스의 요구사항은 신규프로젝트 계획 단계에서 검토할 내용이다.

정답 ④

18 다음 중 빅데이터 플랫폼의 성능 모니터링을 위한 주요 성능 측정 항목에 대한 설명으로 올바르지 않은 것은?

① 응답시간(Response Time)은 정보 시스템 처리 성능으로 네트워크 구간의 처리 용량, 정보 시스템 자원 용량의 영향을 받는다.
② 사용률(Utilization)은 서비스 요청 시점부터 사용자 응답 시점까지 걸리는 시간이다.
③ 가용성(Availability)은 서비스의 장애 없이 정상적으로 지속적으로 제공할 수 있는 능력이다.
④ 정확성(Accuracy)은 잘못된 환경 설정, 하드웨어 장애, 데이터 이상값의 영향을 받는다.

사용률은 정보 시스템 자원의 일정 시간 동안 정상적으로 사용한 비율이다.
참고로 서비스 요청 시점부터 사용자 응답 시점까지 걸리는 시간은 응답시간이다.

정답 ②

19 분석모형 리모델링 고려사항으로 옳지 않은 것은?

① 데이터 마이닝, 최적화모델링 결과를 정기적(분기, 반기, 연 단위)으로 재평가해 과업에 따라 필요시 분석모형을 재조정한다.
② 분석모형 리모델링은 분기·반기·연 단위로 수행한다.
③ 관리 대상 모델이 월 20개 이상이거나, 기타 업무와 함께 수행해야 하는 경우 수작업이 아닌 도구를 통한 업무 자동화를 권고한다.
④ 일반적으로 초기에는 모형 재조정을 적게 수행하고 점진적으로 그 주기를 짧게 설정한다.

일반적으로 초기에는 모형 재조정을 자주 수행하고 점진적으로 그 주기를 길게 설정한다.

정답 ④

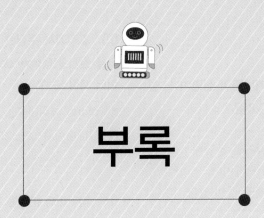

부록

기출변형
모의고사

01 모의고사 제1회

1과목

01 다음은 지식창조 메커니즘의 설명이다. 설명에 해당하는 단계로 옳은 것은?

> • 개인 또는 집단이 형식지를 조합해 새로운 형식지를 창조하는 단계이다.
> • 업무방법서 배포, 책 출간 등이 있다.

① 공통화   ② 표출화
③ 연결화   ④ 내면화

02 다음 중 데이터 웨어하우스의 특징이 아닌 것은?

① 주제지향성   ② 휘발성
③ 통합성   ④ 시계열성

03 다음 중 빅데이터가 기업에게 주는 가치가 아닌 것은?

① 생산성 향상   ② 혁신수단 제공
③ 경쟁력 강화   ④ 상황 분석

04 다음 중 빅데이터의 3V 특징이 아닌 것은?

① Value   ② Volume
③ Velocity   ④ Variety

05 조직에서 수집한 정형·반정형·비정형 데이터를 원시 형태(raw data)로 저장하는 단일한 데이터 저장소는?

① 데이터 웨어하우스   ② 데이터 레이크
③ 메타데이터   ④ 마이 데이터

06 빅데이터 분석을 위한 3요소에 해당하지 않는 것은?

① 인력   ② 시스템
③ 자원   ④ 기술

07 다음 중 빅데이터로 인한 위기 요인이 아닌 것은?

① 자본주의의 심화   ② 데이터오용
③ 사생활의 침해   ④ 책임 원칙의 훼손

08 다음 설명은 데이터 분석을 위한 조직구조 중 무엇을 가리키는 것인가?

> • 현업 업무부서의 분석업무와 이중화, 이원화 가능성이 높음
> • 전사 분석 업무를 별도의 분석 전담 조직에서 담당

① 분산구조   ② 집중구조
③ 기능구조   ④ 섹터구조

09 다음 중 스쿱(Sqoop)의 특징이 아닌 것은?

① 데이터 전송 병렬화
② 벌크 임포트(Bulk Import) 지원
③ 파이썬 기반
④ 프로그래밍 방식의 데이터 인터렉션

10 다음 중 데이터 3법에 해당하지 않는 것은?

① 국가정보화 기본법
② 신용정보의 이용 및 보호에 관한 법률
③ 개인정보보호법
④ 정보통신망 이용촉진 및 정보보호 등에 관한 법률

11 분석 기획 시 목표 시점에 따른 분류유형으로 옳지 않은 것은?

① 마스터플랜 접근방식은 분석가치를 증명하기 위해 과제를 빠르게 해결하는 것이다.
② 과제 중심적 접근 방식은 명확한 해결을 위해 Quick-Win 방식으로 분석한다.
③ 단기적 접근 방식은 당면한 과제를 빠르게 해결하기 위한 목적이다.
④ 중장기적 접근 방식은 지속적인 분석 문화를 내재화하기 위한 목적이다.

12 하향식 접근방식의 4단계 구성요소가 아닌 것은?

① 해결방안 탐색   ② 문제탐색
③ 문제정의   ④ 문제분석

13 난이도와 시급성을 고려한 포트폴리오 사분면 분석 기법에 대한 설명으로 옳지 않은 것은?

① 우선순위가 낮은 영역은 2사분면이다.
② 우선순위 기준을 난이도에 둘 경우 순서는 3-1-4-2이다.
③ 우선순위 기준을 시급성에 둘 경우 순서는 3-4-2-1이다.
④ 가장 우선으로 분석과제 적용이 필요한 영역은 3사분면이다.

14 외부 데이터를 수집하고자 할 때 고려해야 할 내용으로 적합하지 않은 것은?

① 데이터를 제공받기 위한 계약서를 작성하여 모든 법률적 위험 요소를 제거한다.
② 내부 데이터와의 결합 가능 여부 등을 검토 해야 한다.
③ 데이터를 획득하는 데 필요한 비용을 고려해야 한다.
④ 데이터를 저장하는 방법을 살펴보아야 한다.

15 생성변수의 검증방안에 해당하지 않는 것은?

① 적시성   ② 일관성
③ 완전성   ④ 신뢰성

16 계층적 프로세스 모델의 구성요소로 적절하지 않은 것은?

① 단계   ② 태스크
③ 스텝   ④ 프로세스

17 다음에서 설명하는 분석방법론은 무엇인가?

- 1996년 Fayyad가 프로파일링 기술을 기반으로 통계적 패턴이나 지식을 찾기 위해 체계적으로 정리한 방법론이다.
- 분석 절차는 데이터 세트 선택, 데이터 전처리, 데이터 변환, 데이터 마이닝, 데이터 마이닝 결과 평가 5단계이다.

① KDD
② CRISP-DM
③ SEMMA
④ k-mean

18 다음 중 아래 설명에 해당하는 프라이버시 보호모델로 옳은 것은?

- 비식별화 조치를 위한 최소의 기준으로 사용된다.
- 동일 값을 가진 레코드를 k개 이상으로 하면 특정 개인을 식별할 확률은 1/k이다.

① DB To DB
② l-다양성
③ t-근접성
④ k-익명성

19 비식별화 방법 중 데이터 삭제 기법의 단점으로 적절한 것은?

① 정확한 분석결과 도출이 어렵다.
② 분석결과의 유효성과 신뢰성이 저하된다.
③ 정밀분석이 어려워지고 추론에 의한 식별 가능성이 있다.
④ 대체값을 적용하더라도 식별 가능한 유효 속성이 존재한다.

20 NoSQL 기술에 대한 설명으로 적절하지 않은 것은?

① 일관성과 가용성 모두를 보장한다.
② ACID 특성 중 일부만을 지원하는 대신 성능과 확장성을 높였다.
③ 대규모 데이터를 처리하기 위한 확장성, 가용성 및 높은 성능을 제공하며 빅데이터 처리와 저장을 위한 플랫폼으로 활용한다.
④ NoSQL 데이터베이스는 전통적인 관계형 데이터베이스보다 유연한 데이터의 저장 및 검색을 위한 메커니즘을 제공한다.

2과목

21 데이터 이상값 발생 원인으로 옳지 않은 것은?

① 측정 오류(Measur ment Error)
② 보고 오류(Reporting Error)
③ 처리 오류(Processing Error)
④ 표본 오류(Sampling Error)

22 결측값을 처리하는 단순 대치법의 종류로 옳지 않은 것은?

① 완전분석법
② 평균대치법
③ 단순확률대치법
④ ESD

23 데이터 결측값에 대한 설명으로 옳지 않은 것은?

① 결측값이란 입력이 누락된 값을 의미한다.
② 시각화를 이용하여 결측값을 검출한다.
③ 결측값은 NA, 999999, Null 등으로 표현한다.
④ 완전 무작위 결측, 무작위 결측, 비무작위 결측이 있다.

24 다음 중 나이대별 음주량에 대해 조사를 하고자 한다. 이때 발생 가능한 결측치에 대해 분류를 다음과 같이 구분하였을 때, 옳은 것은?

① 알콜의존자는 음주량을 줄여서 말함 – 완전무작위결측
② 무응답 – 비무작위 결측
③ 미성년자는 음주량을 응답을 기피함 – 무작위 결측
④ 미성년자는 음주량을 응답을 기피함 – 완전무작위 결측

25 다음 중 이상치에 대한 설명 중 틀린 것은?

① 자료처리오류는 복수 개의 데이터 셋에서 데이터를 추출 및 조합하여 분석 시 분석 전의 전처리에서 발생하는 에러이다.
② 비모수적 이상치를 탐지하는 방법 중에는 박스플랏을 이용한 방법이 있다.
③ 이상치가 비무작위성을 가지고 나타나게 되면 데이터의 정상성 증대를 초래하며, 이는 데이터 자체의 신뢰성 저하로 연결될 가능성이 있다.
④ 의도적 이상치란 음주량 조사 시 의도적으로 음주량을 적게 기입하는 경우 등이다.

26 다음 중 이상값 검출 방법 중 평균이 μ이고 표준편차가 σ인 정규분포를 따르는 관측치 간의 차이의 비율을 활용해 이상값 여부를 검정하는 방법은?

① 카이제곱 검정을 활용한 방법
② 표준화 점수를 활용한 방법
③ 사분위수를 이용한 방법
④ 그럽스 T–검정을 활용한 방법

27 다음 중 데이터 군집 및 분류를 이용한 데이터 이상값 검출방법이 아닌 것은?

① Mahalanobis distance
② K-means clustering
③ LOF
④ DBSCAN

28 다음 중 차원축소의 필요성에 해당하지 않는 것은?

① 원의 증가는 복잡한 관계의 증가로 분석결과의 과적합 발생의 가능성이 커진다.
② 차원이 작은 간단한 분석모델일수록 내부구조 이해가 용이하고 해석이 쉬워진다.
③ 동일한 품질을 나타낸다는 가정 하에 차원을 추가하면 시간 및 양이 줄어들어 효율적이다.
④ 데이터 학습을 위한 차원이 계속 감소하면서 학습데이터의 수보다 차원의 수가 적어져 모델의 성능이 떨어지는 현상이다.

29 다음 중 아래에서 설명하는 차원축소의 기법으로 옳은 것은?

M × N 차원의 행렬 데이터에서 특이값을 추출하고 이를 통해 주어진 데이터 세트를 효과적으로 축약할 수 있는 기법

① PCA
② 특이값 분해(SVD)
③ 음수 미포함 행렬분해(NMF)
④ 요인분석

30 파생변수에 대한 설명으로 틀린 것은?

① 주관적인 변수로 논리적 타당성을 갖춰야 한다.
② 고객 관리, 매출관리 등에 유용하다.
③ 기존의 변수를 조합하여 새로운 변수를 만든 것이다.
④ 원천 데이터 셋에 존재하는 값이다.

31 상관분석의 기본 가정에 대한 용어와 설명을 연결한 것 중 틀린 것은?

① 동변량성 – X의 값에 관계없이 Y의 흩어진 정도가 같은 것이다.
② 선형성 – X와 Y의 관계가 직선인지 여부를 확인하는 것으로 이 가정은 산점도를 통해 확인할 수 있다.
③ 무선독립표본 – 모집단에서 표본을 추출 시 표본대상이 확률적으로 선정된다는 것이다.
④ 정규분포성 – X와 Y의 분포가 확률분포를 이룬다는 것이다.

32 다음 중 분산에 대한 설명으로 가장 올바르지 않은 것은?

① 평균으로부터 얼마나 떨어져 있는지를 나타내는 지표이다.
② 분산에는 표본의 분산, 모분산이 있다.
③ 표본의 분산은 편차의 제곱을 한 값의 합을 구하고 n개로 나눈 값이다.
④ 데이터가 평균에 가까울수록 편차는 작아지므로 분산은 작아지고, 평균과 멀리 떨어져 있을수록 분산은 증가한다.

33 피어슨 상관계수에 대한 설명으로 옳은 것은?

① 데이터가 서열자료인 경우 데이터를 작은 것부터 순위를 매겨 서열 순서를 바꾼 후 상관계수를 구한다.
② 피어슨 상관계수는 0과 1 사이의 값을 가진다.
③ 피어슨 상관계수는 두 변수 X와 Y의 선형 상관관계를 계량화한 수치이다.
④ 두 변수 간의 연관관계가 있는지 확인 가능하며 표본크기가 작을 때 유용하다.

34 이산확률분포 중 하나로 특정 실험의 결과가 성공 또는 실패인 두 가지의 결과 중 하나를 얻는 분포는 무엇인가?

① 베르누이분포
② 포아송분포
③ F–분포
④ 다항분포

35 정규분포에 대한 설명으로 옳지 않은 것은?

① 평균에서 좌우로 멀어질수록 x축에 무한히 가까워진다.
② 도수분포곡선이 평균값을 중심으로 좌우대칭 종모양을 이루는 것이다.
③ 자유도에 따라 형태가 달라진다.
④ 분포의 평균과 표준편차가 어떤 값을 취하는지와는 관계없이 정규곡선과 x축 사이의 면적은 $1/\alpha\sqrt{2\pi}$ 이다.

36 가설검정에 대한 설명으로 가장 옳은 것은 무엇인가?

① 대립가설은 H_0으로 표기하고. 귀무가설은 H_1으로 표기한다.
② 귀무가설은 현재까지 주장되어 온 것이거나 기존과 비교하여 변화 혹은 차이가 없음을 나타내는 가설이다.
③ 대립가설은 기본적으로 참으로 추정한다.
④ 귀무가설은 연구가설이라고도 한다.

37 제1종 오류에서 우리가 내린 판정이 잘못되었을 때 실제 확률은 무엇으론 나타내는가?

① p값
② 신뢰수준
③ 기각역
④ 검정 통계량

38 다음 중 구간추정방법과 신뢰구간에 대한 설명으로 옳지 않은 것은?

① 일정한 크기의 신뢰수준으로 모수가 특정 구간에 있을 것이라고 선언하는 것이다.
② 95% 신뢰구간은 주어진 한 개의 신뢰구간에 미지의 모수가 포함될 확률이 5%라는 뜻이다.
③ 신뢰수준이 높아지면 신뢰수준의 길이는 짧아진다.
④ 표본의 수가 많아지면 신뢰구간의 길이는 짧아진다.

39 동전의 앞을 1, 뒤를 0으로 하였을 경우 12번 동전을 던졌을 때의 결과는 아래와 같다. 이때 런(Run)의 총 횟수는 얼마인가?

> 1, 0, 0, 1, 0, 0, 1, 1, 1, 0, 1, 1

① 2
② 5
③ 7
④ 9

40 다음 중 신뢰수준 및 신뢰구간에 대한 설명으로 옳지 않은 것은?

① 신뢰수준은 신뢰구간에 실제모수가 포함될 확률이다.
② 신뢰구간은 모수가 실제로 포함될 것으로 예측되는 범위이다.
③ 관측 개수가 클수록 신뢰구간이 넓어져 정확하게 모집단 평균을 추정할 수 있다.
④ 신뢰구간은 양측을 다루므로 $\frac{\alpha}{2}$가 많이 사용된다.

3과목

41 다음 중 비지도 학습 알고리즘의 사례로 옳은 것은?

① 과거 데이터를 기준으로 강수량 예측
② 제품의 특성 및 가격 등으로 판매량 예측
③ 과거 거래데이터로 지역별 부동산거래량 예측
④ 인스타그램 사진으로 사람을 분류

42 다음 중 종속변수가 범주형인 경우에 적용되는 회귀분석 모형은?

① 단순 회귀 모형
② 다중 회귀 모형
③ 로지스틱 회귀 모형
④ 선형회귀분석 모형

43 다음은 분석모형을 정의할 때 설정하는 것이다. 이를 설명한 것으로 가장 적절한 것은 무엇인가?

> - 모델 내부에서 확인이 가능한 변수로 데이터를 통해서 산출이 가능한 값이다.
> - 예측을 수행할 때, 모델에 의해 요구되는 값들이다.
> - 주로 예측자에 의해 수작업으로 측정되지 않는다.

① 신경망 학습에서의 학습률
② 파라미터(Parameter)
③ 신경망 학습의 배치 사이즈
④ 정규화파라미터(Regularization Parameter)

44 군집화 모델의 계층적 방법에 대하는 설명으로 옳지 않은 것은?

① 군집화는 이질적인 집단을 몇 개의 동질적인 소집단으로 세분화하는 작업이다.
② 군집방법은 크게 계층적 방법과 비계층적 방법으로 구분한다.
③ 응집분석법은 각 객체를 하나의 소집단으로 간주하고 단계적으로 유사한 소집단들을 합쳐 새로운 소집단을 구성하는 방법이다.
④ 비계층적 방법은 사전에 군집 수를 정하지 않고 단계적으로 단계별 군집 결과를 산출하는 방법이다.

45 다음 중 R에 대한 설명 중 가장 옳지 않은 것은?

① 통계 프로그래밍 언어인 S언어를 기반으로 만들어졌다.

② R은 다양한 OS를 지원하지만, Mac OS에서는 사용이 불가능하다.
③ 별도의 모듈 연동이 필요하여 웹브라우저 사용이 불편하다.
④ 로버트 젠틀맨과 로스 이하카가 만든 오픈 소스 프로그래밍 언어이다.

46 아래는 단순선형 회귀 분석의 결과이다. 다음 설명 중 부적절한 것은?

> Call:
> lm(formula = Weight ~ Height, data = data)
>
> Residuals:
> Min 1Q Median 3Q Max
> -47.252 -13.272 -2.693 13.593 41.496
>
> Coefficients:
> Estimate Std. Error t value $Pr(>|t|)$
> (Intercept) -1.7440 2.7817 -0.627 0.532
> Height 1.0537 0.05052 20.844 $<2e-16$ ***
> ---
> Signif. codes: 0 '***' 0.001 '**' 0.01 '*' 0.05 '.' 0.1 ' ' 1
>
> Residual standard error: 19.22 on 98 degrees of freedom
> Multiple R-squared: 0.5719
> Adjusted R-squared: 0.5678
> F-statistic: 435.1 on 1 and 98 DF
> p-value: $< 2.2e-16$

① 종속변수는 Height이다.
② 독립변수는 Weight이다.
③ 결정계수는 56.78%이다.
④ Weight은 통계적으로 유의하다.

47 회귀분석의 기본 가정으로 틀린 것은?

① 선형성 – 독립변수와 종속변수가 선형이다.
② 잔차 정규성 – 잔차의 기댓값은 0이며 정규분포를 이루어야 한다.
③ 다중공선성 – 3개 이상의 독립변수 간의 상관관계로 인한 문제가 없어야 한다.
④ 잔차 등분산성 – 잔차들의 분산이 0이어야 한다.

48 연관규칙 분석에서 품목 A의 거래 수가 5, 품목 B의 거래수가 3, A, B가 동시에 포함된 거래수가 4, 전체 거래수가 10일 때 품목 A, B의 지지도를 구하시오.

① 0.4   ② 0.04   ③ 0.002   ④ 0.2

49 최적 방정식을 선택하기 위한 방법 중 모든 독립변수 후보를 포함한 모형에서 시작하여 가장 적은 영향을 주는 변수를 하나씩 제거하여 더 이상 유의하지 않은 변수가 없을 때까지 설명변수를 제거하는 방법은 무엇인가?

① 전진 선택법   ② 후진 소거법
③ 단계적 방법   ④ 임베디드 방법

50 다음 중 의사결정나무의 구성요소에 대한 설명으로 올바르지 않은 것은?

① 뿌리 마디(Root Node): 시작되는 마디로 전체 자료를 포함
② 자식 마디(Child Node): 하나의 마디로부터 분리되어 나간 2개 이상의 마디들
③ 중간 마디(Internal Node): 주어진 마디의 상위 마디
④ 끝마디(Terminal Node): 자식 마디가 없는 마디

51 회귀모형의 가정 중 독립변수의 모든값에 대해 오차들의 분산이 일정해야 하는 것을 의미하는 용어는?

① 선형성   ② 등분산성
③ 독립성   ④ 정상성

52 다음 중 의사 결정나무에서 이산형 목표변수에 사용되는 분리 기준에 대한 설명으로 올바르지 않은 것은?

① 카이제곱 통계량의 p값은 p-값이 가장 작은 예측변수와 그 당시의 최적 분리를 통해서 자식마디가 형성된다.
② 지니 지수(Gini Index)는 불순도를 측정하는 하나의 지수로서 지니 지수를 가장 감소시켜주는 예측변수와 그 당시의 최적 분리를 통해서 자식 마디를 선택한다.
③ 분산 분석에서 F-통계량은 p값이 가장 작은 예측변수와 그 당시의 최적분리에 의해서 자식 마디를 형성한다.
④ 엔트로피 지수(Entropy Index)는 엔트로피 지수가 가장 작은 예측변수와 그 당시의 최적 분리를 통해서 자식 마디를 형성한다.

53 다층 신경망 모형의 역전파(Back propagation) 과정 중 출력층에서 멀어질수록 Gradient 값이 매우 작아지는 현상을 설명하는 용어로 옳은 것은?

① 기울기 소실(Vanishing Gradient) 문제
② 지역 최적화(Local Optimization) 문제
③ XOR(Exclusive Or) 문제
④ 과대 적합(Over-fitting) 문제

54 다음 중 자기 조직화지도(SOM) 방법에 대한 설명으로 알맞지 않은 것은?

① SOM은 경쟁학습으로 각각의 뉴런이 입력벡터와 얼마나 가까운가를 계산하여 연결 강도를 반복적으로 재조정하는 학습 과정을 거치며, 연결강도는 입력패턴과 가장 유사한 경쟁층 뉴런이 승자가 된다.

② SOM은 고차원의 데이터를 저차원의 지도 형태로 형상화하기 때문에 시각적으로 이해하기 쉬울 뿐 아니라 변수의 위치 관계를 그대로 보존하기 때문에 실제 데이터가 유사하면 지도상 가깝게 표현된다.

③ SOM은 입력변수의 위치 관계를 그대로 보존하여 입력변수의 정보와 그들의 관계가 지도상에 그대로 나타난다.

④ SOM을 이용한 군집 분석은 역전파 알고리즘을 사용함으로써 군집의 성능이 우수하고 수행속도가 빠르다.

55 다음 중 Apriori 알고리즘에 대한 설명으로 옳지 않은 것은?

① 많은 연관규칙들을 발견할 수 있으며 원리가 간단해 이해가 용이하다.

② 신뢰도 혹은 지지도가 낮을 조합은 처음부터 연산대상에서 제외한다.

③ 최소 지지도 이상의 빈발항목 집합만을 찾아내 연관규칙을 계산하는 기법이다.

④ 모든 항목집합의 대한 복잡한 계산량을 줄이기 위해 최소 지지도를 정해서 그 이상의 값만 찾은 후 연관규칙을 생성하게 된다.

56 군집분석의 척도 중 연속형 변수의 거리를 계산하는 것으로 옳지 않은 것은?

① 민코프스키 거리
② 표준화 거리
③ 유클리드 거리
④ 자카드 거리

57 비정형 데이터 분석방법으로 옳지 않은 것을 고르시오.

① 텍스트 마이닝
② 감성 분석
③ 웹 마이닝
④ 시계열 분석

58 나이브 베이즈 분류의 특성에 대한 설명으로 옳지 않은 것은?

① 나이브 베이즈 분류는 베이즈 정리를 적용한 확률 분류기이다.

② 트레이닝 데이터의 크기가 작아도 사용 가능하다.

③ 여러 알고리즘을 이용하여 훈련된다.

④ 나이브 베이즈 분류기는 특성값은 서로 상관이 있음을 가정한다.

59 다음 비모수 검정 방법 중에서 관측된 표본이 어떤 패턴이나 경향이 없이 랜덤하게 추출되었다는 가설을 검정하는 방법은?

① 단일 표본 부호 검정
② 크루스칼 왈리스 검정
③ 런 검정
④ 윌콕슨 부호 순위 검정

60 어느 시험을 본 학생 그룹에서 합격자와 불합격자의 수를 조사했다. 합격자 80명, 불합격자 40명이었다. 합격자 그룹의 오즈와 오즈비를 계산한 것으로 옳은 것은?

① 0.33, 1.5
② 0.54, 2
③ 0.67, 2
④ 0.74, 1.5

[4과목]

61 다음 중 분석모델에서 구한 분류의 예측 범주와 데이터의 실제 분류 범주를 교차 표(Cross Table) 형태로 정리한 평가지표는?

① 혼동행렬(Confusion Matrix)
② ROC 곡선
③ 교차검증(Cross Validation)
④ 비복원추출(Sampling without Replacement)

62 다음 중 혼동행렬을 활용한 분류모형의 평가지표에 대한 설명으로 옳지 않은 것은?

① 정확도는 전체 예측에서 참긍정과 참부정이 차지하는 비율이다.
② 민감도는 재현율과 계산 공식이 같다.
③ 정밀도는 양성으로 판단한 것 중, 진짜 양성의 비율이다.
④ 특이도의 공식은 $\dfrac{TP}{TP+FP}$ 이다.

63 다음 분류모델 해석에서 옳지 않은 것은?

구분		예측값	
		발병자	일반인
실제값	발병자	10	10
	일반인	40	40

① 정밀도는 0.2이다.
② 정확도는 0.5이다.
③ 정확도는 양성으로 판단한 것 중, 오류의 비율이다.
④ 재현율은 0.3이다.

64 다음 중 ROC곡선에 대한 설명으로 옳지 않은 것은?

① AUC 값은 ROC곡선 밑의 면적으로 0.35~1 값을 가진다.
② AUC 값은 1에서 멀수록 분류 성능이 우수하다.
③ 혼동 행렬의 거짓 긍정률이 변할 때 민감도가 어떻게 변하는지 시각화한 곡선이다.
④ ROC 곡선은 그래프가 왼쪽 꼭대기에 가깝게 그려질수록 분류 성능이 우수하다.

65 회귀모형의 평가지표 중 예측값과 평균값 차이의 제곱합을 무엇이라고 하는가?

① SSE
② SST
③ SSR
④ AE

66 적합도 검정 방법 중에서 정규성 검정에 사용되지 않는 검정방법은?

① 카이제곱 검정
② Q-Q Plot
③ 샤피로-윌크 검정
④ K-S Test

67 다음 중 가중치 규제에 대한 설명으로 가장 올바르지 않은 것은?

① 개별 가중치 값을 제한하여 복잡한 모델을 좀 더 간단하게 하는 방법이다.
② 복잡한 모델은 많은 수의 매개변수를 가진 모델로 과소 적합될 가능성이 크다.
③ 가중치 규제에는 L1 규제와 L2 규제가 있다.
④ Ll 규제는 모든 가중치들의 절댓값 합계를 비용함수에 추가한다.

68 다음 중 제한된 학습 데이터 세트에 너무 지나치게 특화되어 새로운 데이터에 대한 오차가 매우 커지는 현상으로 가장 알맞은 것은?

① 학습 데이터   ② 일반화
③ 과대적합   ④ 과소적합

69 다음 중 드롭아웃의 유형에 대한 설명으로 옳지 않은 것은?

① 초기 드롭아웃은 학습 과정에서 노드들을 p의 확률로 학습 횟수마다 임의로 생략하고, 남은 노드들과 연결선들만을 이용하여 추론 및 학습을 수행하는 기법이다.
② 초기 드롭아웃은 DNN 알고리즘에 사용된다.
③ 공간적 드롭아웃은 특징 맵 내의 노드 전체에 대해 드롭아웃의 적용 여부를 결정하는 기법으로 RNN 알고리즘에서 사용된다.
④ 시간적 드롭아웃은 노드들을 생략하는 방식이 아니라 연결선 일부를 생략하는 방식으로, Drop Connection방식의 개선기법이다.

70 손실 함수의 기울기를 구하여, 그 기울기를 따라 조금씩 아래로 내려가 최종적으로는 손실 함수가 가장 작은 지점에 도달하도록 하는 알고리즘으로 가장 알맞은 것은?

① 확률적 경사하강법
② AdaGrad
③ 모멘텀
④ Adam

71 다음 중 과대적합을 방지하기 위한 기법에 해당되지 않는 것은?

① L1규제   ② L2규제
③ 엘라스틱넷   ④ 매개변수최적화

72 비지도학습 모형인 군집분석에 대한 주요 성능평가지표와 거리가 먼 것은?

① 실루엣 계수   ② Adjusted R^2
③ Elbow Method   ④ Dunn Index

73 분석모델별 시각화에서 회귀분석모델에서 활용하지 않는 시각화기법은?

① 공간시각화   ② 관계시각화
③ 시간시각화   ④ 비교시각화

74 데이터 시각화 유형 중 관계시각화의 기법으로 옳지 않은 것은?

① 산점도   ② 버블차트
③ 히스토그램   ④ 체르노프페이스

75 색상으로 표현할 수 있는 다양한 정보를 일정한 이미지 위에 열 분포 형태의 그래픽으로 출력하는 표현방법은 어떤 기법인가?

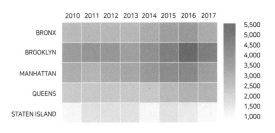

① 히트맵(Heat Map)
② 평행 좌표 그래프(Parallel Coordinate Plots)
③ 산점도(Scatter plot)
④ 히스토그램(Histogram)

76 다음 중 연속형 데이터와 이산형 데이터 모두에 적용하기 힘든 데이터의 시각적 속성으로 옳은 것은?

① 형태 ② 크기
③ 색   ④ 위치

77 다음에서 설명하는 시각화 도구는 무엇인가?

> • 데이터의 출현 빈도를 오른쪽으로 누적하여 표시한다.
> • 마지막 막대는 전체 데이터의 총 수를 나타낸다.

① 도수분포표
② 계단그래프
③ 누적 히스토그램
④ 누적 막대그래프

78 분석 모형 모니터링 솔루션에 대한 설명으로 틀린 것은?

① 분석 솔루션 상태, 정상작동상태 유무, 데이터 처리 및 분석 소요시간, 분석 모델에 따른 처리 성능 관점에서 모니터링을 수행한다.
② 자동적으로 모니터링하고 그 결과를 항상 확인하는 프로세스를 수립한다.
③ 분석 모형이 운영 시스템에 적용되면 실시간 또는 배치 스케줄러가 정상적으로 실행되고 주기별로 성과가 예상했던 수준으로 나오고 있는지를 모니터링한다.
④ 대기 큐는 실시간으로 측정해야 한다.

79 데이터 분석 서비스의 유지관리에 대한 설명 중 거리가 먼 것은?

① 데이터 분석 관련 인력의 업무역량을 교육을 통해 키운다.
② 분석 서비스 관련 시스템의 변경 사항을 반영한다.
③ 데이터 분석 결과를 조직의 정책과 제도 개발에 활용한다.
④ 데이터 분석 서비스의 요구사항을 검토한다.

80 분석 모니터링의 대상으로 가장 거리가 먼 것은?

① 분석 예산
② 분석 데이터
③ 분석 서비스
④ 알고리즘 실행주기

02 | 모의고사 제2회

1과목

01 다음 중 데이터에 대한 설명으로 틀린 것은?

① 추론과 추정의 근거를 이루는 사실이다.
② 단순한 객체로서의 가치만을 갖는다.
③ 추론, 추정 및 예측 등의 근거가 된다.
④ 정량적 데이터와 정성적 데이터로 구분 가능하다.

02 다음 중 지식에 대한 예시로 가장 적절한 것은?

① B 사이트의 USB 판매 가격이 A 사이트보다 더 비싸다.
② A 사이트는 1,000원에 B 사이트는 1,200원에 USB를 팔고 있다.
③ B 사이트보다 가격이 상대적으로 저렴한 A 사이트에서 USB를 사야겠다.
④ A 사이트가 B 사이트보다 다른 물건도 싸게 팔 것이다.

03 다음 중 빅데이터의 가치와 관련된 설명으로 가장 옳지 않은 것은?

① 새로운 기회를 창출하고, 위험을 해결하여 사회 및 경제 발전의 엔진 역할을 수행한다.
② 가상 세계의 데이터를 기반으로 한 패턴 분석과 과거 전망을 예측하여 불확실성을 제거한다.
③ 환경, 소셜, 모니터링 정보의 패턴 분석을 통해 위험 징후 및 이상 신호를 포착한다.
④ 방대한 데이터 활용과 타 분야와의 융합을 통한 새로운 가치를 창출한다.

04 다음에서 설명하는 빅데이터 플랫폼 형식은 무엇인가?

- SGML 문서 형식을 가진, 다른 특수한 목적을 갖는 마크업 언어를 만드는 데 사용하는 다목적 마크업 언어
- 플랫폼 독립적인 마크업 언어

① XML   ② HTML
③ JSON   ④ CSV

05 다음 중 맵리듀스에 대한 설명으로 옳지 않은 것은?

① 대용량의 데이터 처리를 위한 분산 프로그래밍 모델이다.
② 맵과 리듀스라는 두 개의 메소드로 구성된다.
③ 리듀스는 맵에서 출력된 데이터에서 중복 데이터를 제거하고 원하는 데이터를 추출하는 작업이다.
④ 맵은 입력값을 원하는 층에 매칭시키는 작업이다.

06 아래 예시에서 설명하는 빅데이터 조직 구조 유형은?

> • 분석 조직 인력들을 현업 부서로 직접 배치해 분석 업무를 수행
> • 분석 결과에 따른 신속한 피드백이 나오고 프랙티스 공유 활성화
> • 업무과다와 이원화 가능성 존재

① 분산구조　　　② 복합구조
③ 기능구조　　　④ 집중구조

07 다음은 빅데이터 수집 기술에 대한 설명으로 이에 알맞은 기술은?

> 웹사이트(website), 하이퍼링크(hyper- link), 데이터(data), 정보 자원을 자동화된 방법으로 수집, 분류, 저장하는 것

① 크롤링　　　② RSS
③ 스크라이브　　　④ Open API

08 하둡 에코시스템의 기능이 잘못 짝지어진 것은?

① 비정형데이터수집: chukwa, flume, scribe
② 정형데이터 수집: sqoop
③ 분산데이터 처리: HDFS
④ 분산데이터베이스: HBase

09 대용량 파일을 분산된 서버에 저장하고,그 저장된 데이터를 빠르게 처리할 수 있게 하는 하둡 분산 파일 시스템은 무엇인가?

① Chukwa　　　② HDFS
③ Oozie　　　④ Impala

10 개인정보 보호 관련 법령으로 가장 거리가 먼 것은?

① 개인정보 보호법
② 전자금융 거래법
③ 정보통신망법
④ 신용정보법

11 개인정보의 수집·이용을 위해 정보 주체의 동의를 받을 때 고지사항이 아닌 것은?

① 개인정보의 수집·이용목적
② 수집하려는 개인정보의 항목
③ 개인정보를 제공받는 자
④ 개인정보의 보유 및 이용 기간

12 쏠림 공격, 유사성 공격을 보완하기 위해 제안된 프라이버시 보호 모델은 무엇인가?

① m-유일성(m-Uniqueness)
② k-익명성(k—Anonjnnity)
③ z-다양성(z—Diversity)
④ t-근접성(t-Closeness)

13 빅데이터 분석은 분석의 대상과 방법에 따른 분류 중 분석의 대상은 인지(Known)하고 있으나 방법을 모르는 경우(Un-Known)에 사용하는 유형으로 가장 적절한 유형은?

① 솔루션(Solution)
② 최적화(Optimization)
③ 통찰(Insight)
④ 발견(Discovery)

14 데이터 분석 절차를 순서대로 나열한 것은?

① 문제인식 – 연구조사 – 모형화 – 데이터 수집 – 데이터 분석 – 분석결과 제시
② 문제인식 – 데이터 수집 – 데이터 분석 – 연구조사 – 모형화 – 분석결과 제시
③ 데이터 수집 – 연구조사 – 모형화 – 문제인식 – 데이터 분석 – 분석결과 제시
④ 데이터 수집 – 모형화 – 연구조사 – 문제인식 – 데이터 분석 – 분석결과 제시

15 다음 중 데이터 거버넌스의 구성요소로 옳지 않은 것은?

① 원칙
② 조직
③ 인력
④ 프로세스

16 CRISP-DM에 대한 설명으로 가장 옳지 않은 것은?

① 1996년 Fayyad가 프로파일링 기술을 기반으로 통계적 패턴이나 지식을 찾기 위해 체계적으로 정리한 방법론이다.
② 1996년 유럽연합의 ESPRIT 프로젝트에서 시작한 방법론으로 1997년 SPSS 등 참여하였으나 현재에는 중단되었다.
③ 단계 간 피드백을 통해 단계별 완성도를 높인다.
④ CRISP-DM 의 구성요소로는 단계, 일반화 태스크, 세분화 태스크, 프로세스 실행이 있다.

17 다음 중 FTP에 대한 설명으로 옳지 않은 것은?

① 인터넷을 통한 대용량의 파일 송수신을 위해 고안된 프로토콜이다.
② 명령어 기반의 통신 서비스이다.
③ 별도의 클라이언트 프로그램은 필요없다.
④ 대용량의 파일 송수신을 위해 고안된 프로토콜이다.

18 비정형 데이터의 품질기준으로 적절하지 않은 것은?

① 기능성
② 사용성
③ 정확성
④ 효율성

19 데이터 웨어하우스의 특징으로 옳지 않은 것은?

① 기업의 기능이나 업무가 아니 주제를 중심으로 구성된다.
② 여러 소스에서 획득한 데이터를 개별적으로 관리한다.
③ 시간에 따른 변경을 반영한다.
④ 정기적 데이터 변경을 제외하고 읽기 전용의 데이터를 유지한다.

20 다음 중 비관계형 데이터 저장소로 기존의 전통적인 방식의 RDBMS와 다르게 설계된 DB를 칭하는 용어는?

① Oracle
② Mongo DB
③ NoSQL
④ MySQL

2과목

21 다음 중 데이터 오류의 종류로 옳지 않은 것은?

① 이상값   ② 노이즈
③ 결측값   ④ 오차

22 다음에서 설명하는 데이터 정제기술로 옳은 것은?

> • 하둡 기반의 실시간 분산형 컴퓨팅 프로젝트로 스트림 지향형 프로세싱을 지원한다.
> • 네트워크/분산형 파일 시스템을 이용해야 클러스터에서 실행시킬 수 있다.

① 맵리듀스   ② 스톰
③ 스파크   ④ ETL

23 통계기법을 이용한 데이터 이상값 검출 방법이 아닌 것은?

① 평균대치법
② ESD
③ 기하평균 활용 방법
④ 사분위수

24 다음 중 단순 확률 대치법의 종류로 올바르지 않은 것은?

① 핫덱 대체
② 콜드덱 대체
③ 혼합 방법 사용
④ 비조건부 평균 대체

25 모든 변수가 포함된 모형에서 시작하여 영향력이 가장 작은 변수를 하나씩 삭제하는 변수 선택 기법은 다음 중 무엇인가?

① 후진 선택법   ② 단계적 방법
③ 전진 선택법   ④ 필터 기법

26 아래 정의가 가리키는 변수 선택기법은?

> 데이터의 통계적 특성으로부터 변수를 선택하는 방법으로 계산속도가 빠르고, 변수 간에 상관관계를 알아내는 데 적합한 방법이다.

① 필터기법   ② 래퍼기법
③ 로그기법   ④ 임베디드기법

27 다음에서 설명하는 임베디드기법으로 옳은 것은?

> • 전체 변수를 유지하면서 각 변수의 계수 크기만 조절하는 것이다.
> • 가중치들의 제곱합을 최소화하는 것을 추가적인 제약조건으로 하는 방법이다.

① RFE(Recursive Feature Elimination)
② Lasso
③ Ridge
④ Elastic Net

28 다음 중 변수선택에 대한 설명으로 옳은 것은?

① 전진선택법은 상관성이 가장 작은 변수부터 모형에 포함시켜 모형을 완성시키는 것이다.
② 단계적 선택법은 전진 선택법을 통해 가장 유의한 변수를 모형에 포함하고, 나머지 변수들에 대해 후진 선택법을 적용한다.
③ 후진 선택법은 상관성이 큰 변수부터 분석모형에서 제거한다.
④ 변수선택 이후 추가된 변수에 대해서는 지속적으로 제거 및 추가를 반복해야 한다.

29 다음 중 언더샘플링 방법으로 옳지 않은 것은?

① 랜덤 언더 샘플링: 무작위로 다수 클래스 데이터의 일부만 선택하는 방법
② ENN: 소수 클래스 주위 인접한 다수 클래스 데이터 제거하여 비율을 맞추는 방법
③ SMOTE: 소수 클래스 중심 데이터와 주변 데이터 사이에 직선 위 데이터를 추가하는 방법
④ CNN: 다수 클래스에 밀집된 데이터가 없을 때까지 데이터를 제거해 대표 데이터만 남도록 하는 방법

30 다음 중 모집단이 정규분포라는 정도만 알고, 모 표준편차는 모를 때 사용하는 연속확률분포로 가장 알맞은 것은?

① 정규분포　　　② t분포
③ 베르누이 분포　　④ 카이제곱 분포

31 다음에서 설명하는 내용으로 가장 적절한 것은?

> 이산형 확률 분포 중 주어진 시간 또는 영역에서 어떤 사건의 발생 횟수를 나타내는 확률 분포

① 베르누이 분포
② 포아송분포
③ 이항분포
④ 기하분포

32 다음 중 EDA(Exploratory Data Analysis) 4가지 주제에 대한 설명으로 올바르지 않은 것은?

① 저항성(Resistance)은 자료의 일부가 파손되었을 때 영향을 적게 받는 성질로 데이터의 부분적 변동에 민감하게 반응한다.
② 잔차 해석(Residual)은 관찰값들이 주 경향으로부터 얼마나 벗어난 정도이다.
③ 자료 재표현(Re-expression)은 데이터 분석과 해석을 단순화할 수 있도록 원래 변수를 적당한 척도(로그 변환, 제곱근 변환, 역수 변환)로 바꾸는 것이다.
④ 현시성(Graphic Representation)은 자료 안에 숨어 있는 정보를 시각적으로 나타내 줌으로써 자료의 구조를 효율적으로 잘 파악하게 된다는 것이다.

33 왜도에 대한 설명으로 틀린 것은?

① 분포의 비대칭 정도를 나타내는 통계적 척도이다.
② 오른쪽으로 더 길면 양의 값이 되고 왼쪽으로 더 길면 음의 값이 된다.
③ 기초 통계량 중 자료의 분산을 알아보는 통계량이다.
④ 데이터 분포의 기울어진 정도를 설명하는 통계량이다.

34 다음 아래의 자료에서 평균, 중앙값을 구하시오.

82 100 110 130 156 180 184

① 134, 130
② 125, 180
③ 137, 130
④ 124, 156

35 확률에 대한 설명으로 틀린 것은?

① 일반적인 자연현상이나 사회 현상에서 일어날 가능성이 동일한 현상은 드물다.
② 확률분포에는 이산확률분포 하나만 존재한다.
③ 확률은 통계적 현상의 확실함의 정도를 나타내는 척도이며, 랜덤 시행에서 어떠한 사건이 일어날 정도를 나타내는 사건에 할당된 수들을 말한다.
④ 표본 공간 S의 각 근원 사건이 일어날 가능성이 동등할 때, 사건 A에 대해 n(A)/n(S)를 사건 A의 수학적 확률이라고 한다.

36 두 개의 공장에서 생산된 2,000개의 컴퓨터를 확인할 결과 1번 공장에서는 10%가 불량이며 2번 공장에서는 15%가 불량이다. 2,000개 중 하나를 골라 조사하였을 때 불량인 경우 이 컴퓨터가 1번 공장의 생산품일 확률은?

① 20%
② 40%
③ 50%
④ 60%

37 다음 중 구간 추정 방법과 신뢰구간에 대한 설명으로 옳지 않은 것은?

① 일정한 크기의 신뢰수준으로 모수가 특정한 구간에 있을 것이라고 선언하는 것이다.
② 95% 신뢰구간은 '주어진 한 개의 신뢰구간에 미지의 모수가 포함될 확률이 5%다'라는 의미이다.
③ 신뢰수준이 높아지면 신뢰수준의 길이는 길어진다.
④ 표본의 수가 많아지면 신뢰구간의 길이는 짧아진다.

38 주사위 한 개를 한 번 던졌을 때 윗면에 나타난 수를 A라고 할 경우, A의 기댓값은 얼마인가?

① 1
② 2.5
③ 21
④ 3.5

39 모수와 모수 추정 개념에 대한 설명으로 틀린 것은?

① 충분성은 추정량이 모수에 대해 가장 많은 정보를 제공할 때 그 추정량은 충분 추정량이 된다.
② 모수의 추정량의 선택기준으로 불편성, 효율성, 일치성, 충분성이 있다.
③ 모수는 모집단의 특성을 수치화하여 나타낸 것이다.
④ 일치성은 표본 크기에 대한 최적치를 반영하여 추정값의 품질 척도를 제시한다.

40 다음 확률밀도함수로부터 표본 1, 2, 3, 3, 5가 추출되어 최대우도 추정값을 구하려고 한다. 최대우도추정법을 이용해 θ에 대한 최대우도추정값을 구하시오.

① 1 ② 1.8
③ 2 ④ 2.8

3과목

41 다음 중 분석모형 정의 단계에 대한 설명으로 옳지 않은 것은?

① 분석모형을 선정하고 상세하게 정의하는 단계이다.
② 상황에 맞는 평가기준표, 테이블을 작성해 가능성을 판별한다.
③ 선택한 모델에 가장 적합한 변수를 선택하기 위해 매개변수(Parameter)와 초매개변수(Hyper Parameter)를 선정한다.
④ 모델 형성 후 분석 모형의 분석이 실제 가능한지 확인해야 한다.

42 분석모형 구축절차 중 모델링 과정에서 수행하는 것으로 옳지 않은 것은?

① 분할한 데이터의 훈련 데이터를 분석모형에 적용하여 그 결과를 평가한다.
② 데이터 마트를 설계 및 개발하여 분석대상 데이터를 적재한다.
③ 탐색적 분석을 통해 내재된 데이터 속에서 유의미한 변수를 도출한다.
④ 분석 대상 데이터를 획득하여 전처리를 통해 내재된 변수들을 식별한다.

43 다음 중 Label을 통해서만 학습하는 기법으로 옳은 것은?

① 비지도학습
② 준지도학습
③ 지도학습
④ 강화학습

44 다음 중 분석 모형의 구축 절차로 올바른 것은?

① 요건 정의 – 모델링 – 검증 및 테스트 – 적용
② 모델링 – 적용 – 요건 정의 – 검증 및 테스트
③ 요건 정의 – 적용 – 모델링 – 검증 및 테스트
④ 모델링 – 요건 정의 – 검증 및 테스트 – 적용

45 다음 중 하이퍼 파라미터 사례로 부적절한 것은?

① 신경망 학습에서 학습률
② 서포트 벡터머신에서의 코스트 값인 C
③ KNN에서의 K 계수
④ 선형회귀나 로지스틱 회귀 분석에서의 결정계수

46 다음 중 파이썬에 대한 설명으로 옳지 않은 것은?

① 프로그래밍 언어 자체가 어렵지 않고 초보자도 쉽게 배울 수 있다.
② 파이썬은 다른 언어와 마찬가지로 중괄호를 이용하여 블록을 구분하는 문법을 사용한다.
③ 파이썬에도 좋은 시각화 라이브러리가 있지만, R과 비교하면 선택의 폭이 좁다.
④ 파이썬은 Microsoft Windows, Mac OS, Linux 등 다양한 OS를 지원한다.

47 차원의 단순화를 통해 서로 상관성이 있는 변수들 간 복잡한 구조를 분석하는 것이 목적인 주성분분석에 대한 설명으로 가장 올바르지 않은 것은?

① 차원 감소 폭의 결정은 전체 변이의 공헌도, 평균 고윳값 등을 활용하는 방법이 있다.
② 특성들이 통계적으로 상관관계가 없도록 데이터셋을 회전시키는 기술이다.
③ 차원축소는 고유값이 낮은 순으로 정렬해서, 낮은 고윳값을 가진 고유벡터만으로 데이터를 복원한다.
④ 상관관계가 있는 고차원 자료를, 자료의 변동을 최대한 보존하는 저차원 자료로 변환하는 차원축소 방법이다.

48 과대적합을 방지하기 위한 기법으로 거리가 먼 것은?

① 정규화
② k-fold 교차검증
③ 데이터 분할
④ 시계열 분석

49 다음 중 관측되지 않은 잠재변수에 의존하는 확률모델에서 최대 가능도나 최대 사후확률을 갖는 모수의 추정값을 찾는 반복적인 알고리즘으로 가장 알맞은 것은?

① k-평균 군집
② 계층적 군집
③ EM 알고리즘
④ SOM

50 인공지능 뉴런의 활성화 함수 중 임계값을 기준으로 활성화 또는 비활성화되는 함수로 옳은 것은?

① Softmax
② ReLu
③ 계단함수
④ 시그모이드 함수

51 다음 중 분리 기준으로는 카이제곱 통계량을 사용하고, 분리 방법은 다지 분리를 사용하는 의사결정나무 알고리즘은 무엇인가?

① SOM
② CHAID
③ C5.0
④ EM

52 다음 중 DBSCAN에 대한 설명으로 옳지 않은 것은?

① 데이터셋에 대한 사전 정보 없이도 적절한 클러스터링 결과를 도출할 수 있다.
② Neighbor Point(이웃 포인트)는 주변 영역 내에 위치한 타 데이터를 의미한다.
③ 서로 인접한 데이터들은 같은 군집 내에 있다는 것을 가정한 알고리즘이다.
④ 노이즈가 포함된 데이터셋에서는 군집 형성이 어렵다는 단점이 있다.

53 다음 중 신경망 모형에 대한 설명으로 가장 올바르지 않은 것은?

① 은닉층의 뉴런 수와 개수를 정하는 것은 신경망을 설계자의 직관과 경험에 의존하게 되는데, 뉴런 수가 너무 많으면 과대적합이 발생하고 뉴런수가 너무 적으면 입력 데이터를 충분히 표현하지 못하는 경우가 발생한다.

② 신경망 모형은 변수의 수가 많거나 입출력 변수 간에 복잡한비선형 관계가 존재할 때 유용하고, 잡음에 대해서도 민감하게 반응하지 않는다.

③ 신경망모형에서 뉴런의 주요 기능은 입력과 입력 강도의 가중합을 구한 후 활성화 함수와 비교하여 출력을 내보내는 것으로, 입력변수의 속성에 따라 활성화 함수를 선택하는 방법이 달라진다.

④ 역전파 알고리즘은 신경망모형의 목적함수를 최적화하기 위해 사용되는 알고리즘으로 연결 강도를 갱신하기 위해서는 예측된 결과와 실젯값의 차이인 에러(Error)를 통해 가중치를 조정해야 한다.

54 가중치 매개변수의 기울기를 미분을 이용하여 진행하면 시간비용이 크다는 단점을 보완하기 위하여 오차를 출력층에서 입력층으로 전달, 연쇄법칙을 활용하여 가중치와 편향을 계산하고 업데이트하는 기법은?

① 활성화 함수
② 역전파 알고리즘
③ 은닉층
④ 확률적 경사하강법

55 연관규칙의 측정 지표 중 품목 A, B에 대한 지지도를 구하기 위한 식으로 올바른 것은?

① (A와 B가 동시에 포함된 거래 수) / (A 또는 B가 포함된 거래 수)
② (A 또는 B가 포함된 거래 수) / 전체 거래 수)
③ (A와 B가 동시에 포함된 거래 수) / A를 포함하는 거래 수)
④ (A와 B가 동시에 포함된 거래 수) / (전체 거래 수)

56 다음은 한 매장의 구매이력이다. 마우스를 구매할 때 동시에 키보드를 구매할 가능성에 대한 신뢰도로 적합한 것은?

A: 마우스, 키보드, 태블릿
B: 헤드셋, 이어폰, 마우스, 노트북
C: 스피커, 키보드, 마우스
D: 헤드셋, 이어폰, 태블릿, 노트북

① 0.48   ② 0.57
③ 0.61   ④ 0.67

57 k−평균 군집에서 다음이 설명하는 k값을 구하는 기법은 무엇인가?

- 각 군집 간의 거리가 얼마나 분리되어 있는지를 나타낸다.
- 1에 가까울수록 군집 간 거리가 멀어서 최적화가 잘 되어 있다고 할 수 있다.
- 0에 가까울수록 군집 간 거리가 가까워서 최적화가 잘 안 되어 있다고 할 수 있다.

① 덴드로그램   ② 엘보우기법
③ 실루엣기법   ④ 박스플롯

58 딥러닝 분석에 대한 설명에 해당하는 알고리즘으로 옳은 것은?

> • 시각적 이미지를 분석하는 데 사용되는 심층 신경망으로 합성곱신경망이라고 한다.
> • 필터기능과 신경망을 결합해 성능을 발휘하도록 만든 구조이다.
> • 입력 이미지로부터 특징을 추출해 신경망에서 분류한다.

① CNN 알고리즘   ② RNN 알고리즘
③ DBN 알고리즘   ④ DNN 알고리즘

59 다음은 시계열 자료의 정상성에 대한 설명이다. 틀린 것을 고르시오.

① 시계열 데이터가 분산이 일정하지 않으면 분리 규칙을 통해 정상성을 가지도록 할 수 있다.
② 시계열데이터의 평균이 일정하지 않으면 차분을 통해 정상성을 가지도록 한다.
③ 시계열 데이터는 정상성을 가져야 분석이 용이하다.
④ 정상성의 의미는 시계열 데이터가 평균과 분산이 일정하다는 것이다.

60 앙상블 분석의 종류에 대한 설명으로 옳은 것은?

① SOM은 배깅 기법을 활용하였다.
② 부스팅은 연속적인 약학습기를 생성하고 이를 결합하여 강학습기를 만드는 것이다.
③ 배깅은 샘플을 여러번 뽑아 각 모델을 학습시켜 결과물을 경쟁시키는 방법이다.
④ 앙상블기법은 서로 다른 학습 알고리즘을 경쟁시켜 학습하는 것이다.

4과목

61 초매개변수 최적화를 위한 방법으로 틀린 것은?

① 그리드 탐색   ② 경사하강법
③ 혼동 행렬   ④ 랜덤 탐색

62 다음 중 홀드 아웃 방법을 사용할 때 분리하는 데이터로 옳지 않은 것은?

① 학습 데이터   ② 검증 데이터
③ 테스트 데이터   ④ 원천 데이터

63 다음 중 이상적인 분석 모형을 위해 Bias와 Variance는 어떻게 설명되어야 하는지 옳은 것을 고르시오.

① 높은 Bias, 높은 Variance가 있을 때
② 낮은 Bias, 높은 Variance가 있을 때
③ 낮은 Bias, 낮은 Variance가 있을 때
④ 높은 Bias, 낮은 Variance가 있을 때

64 혼동 행렬을 통한 모형의 평가지표 중 정밀도의 공식은?

① $\dfrac{TP}{TP+FN}$

② $\dfrac{TP}{TP+FP}$

③ $\dfrac{TP+TN}{TP+TN+FN+FP}$

④ $\dfrac{FP}{TN+FP}$

65 다음 중 혼동행렬 분류 값에 대한 설명으로 가장 올바르지 않은 것은?

① TP는 실젯값이 Positive이고 예측값도 Positive 인 경우의 값이다.

② FP는 실젯값이 Positive이고 예측값도 Positive 인 경우의 값이다.

③ TN은 실젯값이 Negative이고 예측값도 Negative 인 경우의 값이다.

④ FN은 실젯값은 Positive이고 예측값은 Negative 인 경우의 값이다.

66 회귀 모형의 평가지표 중 실젯값과 평균값의 차이의 제곱 합을 나타내는 지표를 무엇이라고 하는가?

① SSE   ② SST
③ SSR   ④ RMSE

67 다음 중 회귀모형 평가지표에 대한 설명으로 옳지 않은 것은?

① 결정계수가 1에 가까울수록 회귀모형이 실제 값과 일치하다는 것을 의미한다.

② RMSE는 0에 가까울수록 설명력이 높다.

③ 설명변수가 많아지면 수정된 결정계수는 늘어난다.

④ 회귀 모형의 실제 값과 예측 값의 차이를 잔차라고 한다.

68 확률적 경사하강법에 기울기 방향으로 힘을 받으면 물체가 가속되는 물리 법칙을 적용한 매개변수 최적화 기법은 무엇인가?

① Momentum   ② AdaGrad
③ Adam   ④ SGD

69 다음 중에서 관측된 데이터가 가정된 확률을 따르는지 확인하기 위하여 사용하는 적합도 검정 방법으로 가장 옳은 것은?

① Q-Q Plot   ② 샤피로로-윌크 검정
③ K-S Test   ④ 카이제곱검정

70 히스토그램에 대한 특징이 아닌 것은?

① 히스토그램은 도수분포표로 변환 가능하다.

② 누적 히스토그램의 마지막 막대는 전체 데이터의 총 수를 나타낸다.

③ 히스토그램이 왼쪽으로 치우쳐져 있다면 데이터들이 낮은 값에 많이 분포한다는 것이다.

④ 정규분포인 데이터의 누적히스토그램의 기울기는 1이다.

71 다음 중 AdaGrad에 대한 설명으로 옳지 않은 것은?

① 손실 함수 곡면의 변화에 따라 적응적으로 학습률을 정하는 알고리즘이다.

② 손실 함수의 기울기가 큰 부분에서는 큰 폭으로 이동하면서 학습하다가, 최적점에 가까워질수록 학습률을 크게 늘여 조금씩 빠르게 학습하는 방식이다.

③ 변화 정도에 따라 학습률을 조절함으로써, 알고리즘이 능동적으로 현재 상황에 대처할 수 있다.

④ 어느 순간 학습률이 너무 낮아져서 더 이상 학습이 진전되지 않는 상황이 발생할 수 있다.

72 다음 중 기울기 방향으로 힘을 받으면 물체가 가속된다. 물리 법칙을 적용한 알고리즘으로 기울기가 줄어들더라도 누적된 기울기 값으로 인해 빠르게 최적점으로 수렴할 수 있는 매개변수 최적화 기법은?

① 확률적 경사 하강법
② 드롭아웃
③ AdaGrad
④ 모멘텀

73 다음 중 데이터 시각화 도구로 옳지 않은 것은?

① 태블로   ② 인포그램
③ 차트블록   ④ 엘라스틱서치

74 다음 중 비즈니스 기여도 평가지표로 올바르지 않은 것은?

① 투자대비효과   ② 순현재가치
③ 내부 수익률   ④ 목표복구시간

75 다음 설명하는 데이터 시각화 유형은 무엇인가?

> • 분류에 따른 변화를 따른 변화를 최대최소, 전체 분포 등으로 구분
> • 전체에서 부분 간 관계를 설명
> • 파이차트, 도넛 차트 등의 기법 존재

① 시간 시각화   ② 분포 시각화
③ 관계 시각화   ④ 공간 시각화

76 다음 중 빅데이터 분석 모형 모니터링 솔루션 중에서 사용자 작업 파일(ui.R)과 서버 파일(server.R)로 구성되어 있고, 모델링 결과를 간단히 배포할 수 있는 솔루션은?

① Shiny   ② Scouter
③ JMeter   ④ OpenSTA

77 다음 중 인포그래픽에 대한 설명으로 옳지 않은 것은?

① 도표나 글에 비해 시각적 기법을 사용하여 기억에 오랫동안 남는다.
② 다양한 정보를 그래픽을 활용하여 나타내는 방법이다.
③ 정보를 SNS상에 쉽고 빠르게 전달할 수 있다.
④ 대량의 데이터를 표현하기에는 복잡하고 이해하기 어려울 수 있다.

78 다음 중 모델 성능 모니터링을 수행하는 방법으로 옳지 않은 것은?

① 성능 측정 항목별 임계치를 설정해야 한다.
② 성능 모니터링을 위한 주요 성능 측정 항목을 정의한다.
③ 성능 데이터를 DB화하여 수동으로 모니터링하고 이상 시에 관리하는 프로세스를 수립한다.
④ 이벤트 등급별로 알람을 통해 이벤트 모니터링에서 성능을 관리하도록 한다.

79 다음 중 분석모형 모니터링 주요 성능 측정 항목으로 옳지 않은 것은?

① 메모리 사용은 정기적으로 성능을 측정한다.
② 프로세스 상태 및 개수는 실시간으로 성능을 측정한다.
③ 응답시간/트랜잭션 처리량은 주기적으로 성능을 측정한다.
④ 메모리는 실시간 및 정기적으로 성능을 측정한다.

80 다음 중 데이터 분석 결과 활용에 대한 설명으로 옳지 않은 것은?

① 분석 모형 최종 평가 시에는 학습할 때 사용하지 않았던 데이터를 사용한다.
② 분석 모형 개발과 피드백 적용 과정을 반복하는 것은 지양한다.
③ 정확도, 재현 등의 평가지표를 분석 모형 성능 지표로 활용한다.
④ 분석 결과는 비즈니스 업무 담당자, 시스템 엔지니어 등 관련 인원들에게 모두 공유되어야 한다.

03 모의고사 제3회

1과목

01 다음 중 데이터베이스에 대한 정의로 옳지 않은 것은?

① 체계적이거나 조직적으로 정리되고 전자식 또는 기타 수단

② 동시에 복수의 적용 업무를 지원할 수 있도록 복수 이용자의 요구에 대응해서 데이터를 받아들이고 조장, 공급하기 위해 일정한 구조에 따라서 편성한 데이터의 집합

③ 1963년 6월 미국 SDC가 개최한 '컴퓨터 중심의 데이터베이스 개발과 관리' 심포지엄에서 공식적 사용된 단어이다.

④ 소재를 체계적으로 배열 또는 구성한 편집물로서 개별적으로 그 소재에 접근하거나 그 소재를 검색하는 것에 제한을 둔 것

02 DIKW 피라미드에 포함되지 않는 요소는 무엇인가?

① 데이터
② 지혜
③ 학습
④ 지식

03 다음 중 데이터로부터 의미 있는 정보를 추출해 내는 학문으로, 정형 또는 비정형을 막론하고 다양한 유형의 데이터를 분석 대상으로 하고 이를 효과적으로 구현하고 전달하는 과정까지 포함한 개념은 무엇인가?

① 데이터 사이언스
② 데이터 마이닝
③ 데이터 알고리즘
④ 데이터 시각화

04 빅데이터 위기 요인과 그 통제방안이 잘못 연결된 것은?

① 사생활 침해 – 사용 주체가 적극적인 보호 장치를 마련할 수 있도록 함

② 사생활 침해 – 개인정보를 사용하는 사용자의 책임을 통해 해결하는 방안 강구

③ 데이터 오용 – 예측 알고리즘의 부당함을 반증할 수 있는 '알고리즘에 대한 접근권'을 제공

④ 데이터 오용 – 사용자에게 개인정보의 유출 및 동의 없는 사용으로 발생하는 피해에 대한 책임을 지게 함

05 다음 중 집중형 조직구조에 대한 설명으로 틀린 것은?

① 전략적 중요도에 따라 분석조직이 우선순위를 정해 진행할 수 있다.
② 현업 부서의 분석 업무와 이원화될 가능성이 높다.
③ 전사 분석 업무를 별도의 분석 전담조직에서 수행한다.
④ 분석결과를 현업에 빠르게 적용할 수 있다.

06 데이터 사이언티스트의 요구 역량으로 가장 부적절한 것은?

① 통찰력 있는 분석능력
② 인공지능 분야 최적화 능력
③ 다양한 분야를 아우르는 협업 능력
④ 설득력 있는 전달 능력

07 다음 중 하둡 에코시스템의 기능과 그 기술이 잘못 짝지어진 것은?

① 실시간 SQL 질의 - 타조(Tajo)
② 워크 플로우 관리 - 우지(Oozie)
③ 비정형 데이터 수집 - 플럼(Flume)
④ 정형 데이터 수집 - 척와(Chuckwa)

08 다음 중 비식별화 조치단계에 해당하는 내용이 아닌 것은?

① 문제 정의   ② 비식별조치
③ 적정성 평가   ④ 사후 관리

09 데이터 분석기획 중 주제에 따른 분류 시 분석의 대상을 모르지만, 분석의 방법은 알고 있는 경우에 해당하는 방법으로 옳은 것은?

① 솔루션(Solution)
② 최적화(Optimization)
③ 통찰(Insight)
④ 발견(Discovery)

10 다음 중 비식별 조치 방법에 해당하지 않는 것은?

① 총계처리   ② 데이터 삭제
③ 표준화   ④ 데이터 마스킹

11 다음 중 데이터 분석에 대한 설명으로 옳지 않은 것은?

① 분석기술과 방법론을 기반으로 정형 및 비정형 대용량 데이터를 구축, 탐색, 분석하고 시각화를 수행하는 업무이다.
② 데이터 분석의 전략적 계획 및 목표가 필요하다.
③ 전략 도출을 위한 가치기반 데이터 분석을 지향해야 한다.
④ 일차원적인 데이터 분석이 선행되어야 한다.

12 분석 과제에 대한 난이도와 시급성을 고려했을 때 가장 우선적으로 추진해야 하는 것은?

① 난이도: 어려움(Difficult), 시급성: 현재
② 난이도: 어려움(Difficult), 시급성: 미래
③ 난이도: 쉬움(Easy), 시급성: 현재
④ 난이도: 쉬움(Easy), 시급성: 미래

13 하향식 접근 방법의 비즈니스모델 기반 문제탐색 영역이 아닌 것은?

① 고객단위
② 산업단위
③ 지원 및 인프라 영역
④ 업무단위

14 다음 중 대규모의 데이터 처리를 위한 분산시스템으로 스트리밍 데이터 흐름(Data Flow)을 비동기화 방식으로 처리하기 위해 사용 가능한 가장 적합한 기술은?

① ETL
② FTP
③ Sqoop
④ Flume

15 다음 중 ETL 기술에 대해 옳지 않은 것은?

① 적재란 데이터 원천으로부터 데이터를 획득하는 것이다.
② 다양한 소스 시스템으로부터 필요한 원본 데이터를 추출(Extract)하고 변환(Transform)하여 적재(Load)하는 기술이다.
③ 변환이란 조회 또는 분석을 목표로 하여 적절한 구조 및 형식으로 데이터를 변환하는 것이다.
④ 데이터를 데이터 저장소인 DW(Data Warehouse) 및 DM(Data Mart)으로 이동시키기 위한 기술이다.

16 데이터의 비용요소에 대한 설명으로 틀린 것은?

① 데이터의 수집 방식
② 데이터의 수집 기술
③ 데이터의 가치
④ 데이터의 분석인원

17 다음은 데이터 적재도구에 대한 설명이다. 알맞은 도구를 고르시오.

> • 대규모의 로그데이터를 효율적으로 수집, 집계 및 이동하기 위한 분산시스템
> • 이벤트와 에이전트를 활용하는 분산형 로그 수집기술

① 스크라이브
② 플루언티드
③ 플럼
④ 로그스태시

18 다음 중 데이터 웨어하우스에 대한 설명으로 가장 부적절한 것은?

① 데이터 웨어하우스는 사용자의 의사결정에 도움을 주기 위해 정보를 기반으로 제공하는 하나의 통합된 데이터 저장공간이다.
② 데이터 웨어하우스에서 관리하는 데이터들은 시간의 흐름에 따라 변화하는 값을 유지한다.
③ ETL은 주기적으로 내부 및 외부 데이터베이스로부터 정보를 추출하고 정해진 규약에 따라 정보를 변환하여 데이터 웨어하우스에 정보를 적재한다.
④ 데이터 웨어하우스는 재무, 생산, 운영 등과 같이 특정 조직의 업무 분야에 국한하여 구축된다.

19 다음 중 하둡분산파일 시스템에 대한 설명으로 틀린 것은?

① 하나의 블록은 적어도 3개의 복사본을 생성한다.
② 대용량 파일을 분산된 서버에 저장하고 빠르게 처리할 수 있게 하는 분산파일시스템이다.
③ HDFS에 저장하는 파일은 특정 크기의 블록으로 나눠져 분산된 서버에 저장된다.
④ 다수의 네임노드와 하나의 데이터 노드로 구성된다.

20 NoSQL의 특징이 아닌 것은?

① Schema on Read
② Basically Available
③ Soft-State
④ Eventually Consistency

2과목

21 다음 중 데이터 정제의 과정에 해당하지 않는 것은?

① 데이터 수집　　② 데이터 전처리
③ 데이터 교정　　④ 데이터 변환

22 아래에서 설명하는 데이터 결측값 처리 방법은 무엇인가?

> • 무응답을 현재 진행 중인 연구에서 비슷한 성향을 가진 응답자의 자료로 대체하는 방법
> • 표본조사에서 흔히 사용

① 핫덱 대체　　② 콜드덱 대체
③ 혼합방법 사용　④ 비조건부 평균 대체

23 아래에서 설명하는 결측값의 종류로 옳은 것은?

> • 누락 데이터의 발생 원인이 수집된 변수에 따라 설명될 수 있는 경우
> • 어떤 변수의 누락 데이터가 특정 변수와 관련되어 일어나지만 그 변수의 결과는 관계가 없는 경우

① 무작위 결측　　② 비무작위 결측
③ 완전 무작위 결측　④ 단순 결측

24 다음 중 주성분 분석에 대한 설명으로 가장 부적절한 것은?

① 상관관계가 있는 고차원 자료를 자료의 변동을 최대한 보존하는 저차원 자료로 변환하는 차원축소 방법이다.
② 변수들의 공분산 행렬이나 상관행렬을 이용한다.
③ 행의 수와 열의 수가 같은 정방행렬에서만 사용한다.
④ 다변량의 신호를 통계적으로 독립적인 하부 성분으로 분리하여 차원을 축소하는 기법이다.

25 아래의 설명에 해당하는 차원축소 기법은?

> • 변수들 간의 상관관계를 분석하여 공통 차원으로 축약하는 분석방법이다.
> • 다수의 변수들의 정보손실을 최소화하면서 소수의 차원으로 축약한다.
> • 주로 사회과학이나 설문 조사 등에서 많이 활용된다.

① 주성분 분석
② 특이값 분해
③ 독립성분분석
④ 요인분석

26 아래의 변수 선택 기법 중 임베디드 기법으로 적절하지 않은 것은?

① Lasso
② Ridge
③ Elastic Net
④ Information Gain

27 다음 중 차원축소기법의 활용분야가 아닌 것은?

① 금융 분야
② 이미지 분석
③ 자연어 처리
④ 제조 분야

28 다음 중 차원축소의 필요성에 대한 설명으로 가장 올바르지 않은 것은?

① 분석결과의 과소적합을 방지한다.
② 차원이 작은 간단한 분석모델일수록 내부구조 이해가 용이하고 해석이 쉬워진다.
③ 동일한 품질을 나타낸다는 가정 하에 차원을 축소하면 시간 및 양이 줄어들어 효율적이다.
④ 차원의 저주를 해소한다.

29 차원 축소에 대한 설명으로 옳지 않은 것은?

① 차원 축소의 방법에는 변수 선택과 변수 추출이 있다.
② 차원 축소 시 회귀나 분류, 클러스터링 등의 머신러닝 알고리즘이 더 잘 작동된다.
③ 변수의 정보를 최대한 유지하기 위해 데이터 세트 변수의 개수를 유지한다.
④ 새로운 저차원 변수 공간에서 시각화하기 쉽다.

30 다음 같은 특징이 있는 불균형 데이터 처리 기법은 무엇인가?

- 소수 클래스의 데이터를 복제 또는 생성하여 데이터의 비율을 맞추는 방법이다.
- 관측치를 원래 데이터 세트에 추가하면 여러 유형의 관측치를 다수 추가하여 과적합(Over-fitting)을 초래할 수 있다.
- 알고리즘의 성능은 높으나 검증의 성능은 나빠질 수 있다.

① 언더 샘플링(Under-Sampling)
② 오버 샘플링(Over-Sampling)
③ 임곗값 이동(Threshold-Moving)
④ 앙상블 기법(Ensemble Technique)

31 다음이 설명하는 데이터 이상값 검출 방법으로 옳은 것은?

데이터의 분포를 고려한 거리 측도로, 관측치가 평균으로부터 벗어난 정도를 측정하는 통계량 기법

① 머신 러닝 기법
② 마할라노비스 거리 활용
③ LOF(Local Outlier Factor)
④ iForest(Isolation Forest)

32 다음 중 비정형 데이터 분석 방법이 아닌 것은?

① 오피니언 마이닝
② 텍스트 마이닝
③ 데이터 마이닝
④ 그래프 통계량

33 다음 중 피어슨 상관분석에 관한 설명으로 틀린 것은?

① 연속형 변수의 상관관계를 측정한다.
② 비선형 관계의 연관성을 파악할 수 있다.
③ 신장과 몸무게의 상관분석을 할 때 사용 가능하다.
④ 피어슨 상관계수는 +1과 −1 사이의 값을 가지며, +1은 완벽한 양의 선형 상관관계, 0은 선형 상관관계 없음, −1은 완벽한 음의 선형 상관관계를 의미한다.

34 포아송 분포에 대해서 설명한 것 중 틀린 것은?

① 사건을 n회 시행할 때 특정한 사건이 y회 발생할 확률분포 중에서 사건을 시행한 수인 n이 무한대인 경우 사용한다.
② 정해진 시간 안에 어떠 사건이 일어날 횟수에 대한 확률을 구할 때 사용된다.
③ 베르누이 시행을 독립적으로 반복해서 성공을 얻을 때까지 걸리는 시행 횟수이다.
④ 일어나는 사건이 독립적이고 무작위적이다.

35 다음 중 정규분포에 대한 설명으로 가장 올바르지 않은 것은?

① 평균 μ =0이고, 분산 σ^2 = 1인 분포를 말한다.
② 평균에서 좌우로 멀어질수록 x축에 무한히 가까워진다.
③ 도수분포곡선이 평균값을 중심으로 좌우대칭 종모양을 이루는 것이다.
④ 정규곡선과 X축 사이의 면적은 $1/\alpha\sqrt{2\pi}$ 이다.

36 확률변수 X의 분산은 4이고, 확률변수가 Y = 4X와 같이 주어진 경우 확률변수 Y의 분산은?

① 8   ② 16
③ 32   ④ 64

37 구간추정과 점추정에 대한 설명으로 틀린 것은?

① 신뢰수준 95%의 의미는 주어진 한 개의 신뢰구간이 미지의 모수를 포함할 확률이 95%인 것이다.
② 구간추정에 오차의 개념을 도입해 모수가 포함되는 확류변수 구간 내의 가장 신뢰성을 가지는 값 하나를 선택하는 것이 점추정이다.
③ 점추정은 모집단의 모수를 하나의 값으로 추정해주는 것이다.
④ 구간추정의 조건 통계는 표본평균, 표본분산, 위수, 최빈수가 있다.

38 다음은 확률 표본추출기법에 대한 설명이다. 해당하는 기법으로 옳은 것은?

> • 이질적인 원소들로 구성된 모집단에서 서로 유사한 것끼리 몇 개의 계층으로 나눈다. 이후 각 계층을 골고루 대표하도록 표본을 추출하는 방법이다.
> • 각 집단별 분석이 필요한 분석의 경우나 모집단 전체에 대한 특성치의 추정이 필요한 경우 시행한다.

① 층화추출   ② 군집추출
③ 계통추출   ④ 판단추출

39 기각역에 대한 설명으로 틀린 것은?

① 양측검정은 가설검정에서 기각영역이 양쪽에 있는 것이다.
② 단측검정은 가설검정이 기각영역의 어느 한쪽에만 있는 것이다.
③ 임계치는 주어진 유의수준 a에서 대립가설의 채택과 기각에 관련된 의사결정을 할 때, 그 기준이 되는 점이다.
④ 귀무가설을 기각하는 범위를 검정통계량의 기각역이라고 한다.

40 통신사의 고객센터에서 한 고객당 전화응대 시간은 평균 θ인 지수분포를 따른다. 7명의 고객에 대해서 측정한 결과 각각 2, 4, 5, 7, 15, 21, 23을 측정할 수 있었다. 평균 응대 소요시간의 최대 우도추정치는 얼마인가?

① 7.4   ② 7.8
③ 8.1   ④ 9.8

3과목

41 다음에서 설명하는 통계분석 모형으로 옳은 것은?

- 두 개 이상의 변수 간에 존재하는 상호 연관성의 정도를 측정하여 분석하는 방법
- 변수의 개수 및 데이터 속성에 따라서 세부 모델들로 분류

① 회귀분석(Regression Analysis)
② 상관분석(Correlation Analysis)
③ 기술통계(Descriptive Statistics)
④ 분산분석(Analysis of Variance)

42 다음 중 초매개변수(Hyper Parameter)로 설정 가능한 것은?

① 결정계수   ② 편향
③ 서포트 벡터   ④ 은닉층의 수

43 다음 중 비지도 학습의 종류로 옳지 않은 것은?

① SVM   ② Clustering
③ K-Means   ④ DBSCAN

44 다음 중 분석 모형 구축 절차의 검증 및 테스트 단계를 설명한 것으로 가장 부적절한 것은 무엇인가?

① 분석용 데이터를 트레이닝용과 테스트용으로 분리한 다음 분석용 데이터를 이용해 자체 검증한다.
② 테스트 데이터의 비율은 분석용 데이터 세트의 20~30% 정도를 이용한다.
③ 투자 대비 효과 정량화 기법으로 비즈니스 영향도를 평가한다.
④ 성능 테스트 결과는 마지막에 한 번만 공유한다.

45 데이터 분석 도구인 R의 주요 특징에 대한 설명으로 틀린 것은?

① 객체지향언어
② 다양한 시각화 라이브러리
③ 대량 메모리 처리 용이
④ 웹브라우저 연동 모듈 제공

46 다음 중 다층 퍼셉트론에서 기울기 소실의 원인으로 가장 알맞은 것은?

① 시그모이드 함수 ② Relu 함수
③ 계단 함수 ④ 부호 함수

47 회귀분석의 가정 중 정상성이란 (　)이/가 정규 분포를 이뤄야 함을 말한다. 해당 용어는?

① 오차 ② 관측치
③ 모든 값 ④ 상수항

48 회귀분석의 기본 가정으로 틀린 것은?

① 선형성 – 독립변수와 종속변수가 선형이다.
② 잔차 정규성 – 잔차의 기댓값은 0이며 정규분포를 이루어야 한다.
③ 다중공선성 – 3개 이상의 독립변수 간의 상관관계로 인한 문제가 없어야 한다.
④ 잔차 등분산성 – 잔차들의 분산이 0이어야 한다.

49 딥러닝에 대한 설명으로 옳은 것은?

① 다층 퍼셉트론은 입력층과 출력층 사이에 1개 이상의 은닉층을 두어 비선형적으로 분리되는 데이터에 대해 학습 가능한 퍼셉트론이다.
② ReLU보다 Sigmoid를 이용한다.
③ 딥러닝은 각 은닉층의 가중치를 통해 모형의 결과를 해석하기 용이하다.
④ 활성화함수는 오차를 출력층에서 입력층으로 전달하여 역전파를 통해 가중치와 편향을 계산하여 모델을 업데이트한다.

50 다음 중 서포트 벡터 머신에 대한 설명으로 가장 옳지 않은 것은?

① 기계학습의 한 분야로 사물 인식, 패턴 인식, 손글씨 숫자 인식 등 다양한 분야에서 활용되는 지도학습 모델이다.
② 훈련 시간은 상대적으로 느리지만, 정확성이 뛰어나 과대적합의 가능성이 낮다.
③ 마진이 가장 작은 초평면을 사용할 때 오분류가 가장 낮아진다.
④ 슬랙변수는 선형적으로 분류를 위해 허용된 오차를 위한 변수이다.

51 군집분석에서 쓰이는 두 개체 간의 거리를 구하는 방법 중, 아래의 식과 같이 변수 값 차이의 절대값의 합을 지칭하는 거리 기법은?

$$d(x, y) = \sqrt{\sum_{i=1}^{p} (x_i - y_i)^2}$$

① 맨하탄 거리
② 자카드 거리
③ 유클리드 거리
④ 코사인 거리

52 의사결정나무 분석을 위한 알고리즘 중 분류변수와 분류기준 값의 선택방법으로 목표변수가 이산형인 경우에는 지니 지수, 연속형인 경우 분산감소량을 사용하는 알고리즘으로 적절한 것은 무엇인가?

① CHAID ② C5. 0
③ QUEST ④ CART

53 연관성 분석의 항상도(Lift)가 1인 경우는 어떤 의미를 가지는가?

① 양(+)의 상관관계
② 서로 동일한 관계
③ 음(-)의 상관관계
④ 서로 독립적인 관계

54 계층적 군집 분석 수행 시 두 군집을 병합하는 방법 가운데 병합된 군집의 오차 제곱합이 병합 이전 군집의 오차제곱합의 합에 비해 증가한 정도가 작아지는 군집을 형성하는 방법은 무엇인가?

① 단일연결법
② 와드연결법
③ 중심연결법
④ 완전연결법

55 자기 회귀 누적 이동평균모형(ARIMA 모형)에 대한 설명으로 가장 알맞지 않은 것은?

① 정상 시계열 모형이다.
② 차분이나 변환을 통해 AR 모형이나 MA 모형, ARMA모형으로 정상화할 수 있다.
③ ARIMA(p, d, q) 모형은 차수 p, d, q의 값에 따라 모형의 이름이 다르게 된다.
④ d는 ARIMA에서 ARMA로 정상화할 때 몇 번 차분을 했는지를 의미한다.

56 다음 중 시계열 분석의 성분으로 옳지 않은 것은?

① 추세   ② 계절성
③ 순환   ④ 잔차

57 여러 가지 동일한 종류 또는 서로 상이한 모형들의 예측/분류 결과를 종합하여 최종적인 의사결정에 활용하는 기법이다.

① 앙상블기법   ② 의사결정나무
③ 회귀기법   ④ 시계열기법

58 PCA에 대한 설명으로 옳지 않은 것은?

① 차원축소 시 변수 추출(feature Extraction) 방법을 사용한다.
② Eigen Decomposition, Singular Value Decomposition을 이용한 분해기법이다.
③ 상관관계가 있는 고차원 자료의 변동을 최대한 제거하는 기법이다.
④ PCA는 직교 선형 변환을 기반으로 한다.

59 나이브 베이즈 기법에 대한 설명으로 틀린 것은?

① 변수 간 정확성을 충족해야 한다.
② 특성들 사이의 독립을 가정하는 베이즈정리를 적용한 확률 분류기이다.
③ 이산형 데이터에서 좋은 성능을 보인다.
④ 대용량의 데이터 세트에도 적용이 가능하다.

60 다음 중 아래에서 설명하는 딥러닝 알고리즘으로 옳은 것은?

- 필터기능과 신경망 기능을 결합해 성능을 발휘하도록 만든 구조이다.
- 합성곱 신경망이라고도 한다.

① RNN   ② CNN
③ DNN   ④ DBN

61 다음 중 분석 모형 검증에 대한 설명으로 옳지 않은 것은?

① 데이터 수가 적으면 교차 검증이 필요하다.
② 교차 검증을 통해 분석 모형의 일반화 성능을 확인 가능하다.
③ 데이터 수가 많으면 검증 데이터로 충분하여 평가 데이터는 불필요하다.
④ K-Fold 교차 검증은 k-1개 부분 집합들은 훈련 데이터로, 나머지 1개 부분 집합은 평가 데이터로 하는 k개의 데이터 분할을 진행한다.

62 다음 중 혼동 행렬을 통한 분류모형의 평가지표에 대한 설명으로 틀린 것은?

① 특이도 – 실제로 부정인 것 중, 부정으로 올바르게 예측한 비율
② 정확도 – 양성으로 판단한 것 중, 진짜 양성의 비율
③ F1-Score – 정밀도와 재현율의 조화평균으로 어느 한쪽으로 치우치지 않는 수치를 나타낼 때 F1 Score는 높은 값을 가진다.
④ 재현율 – 실제 양성인 것들 중 올바르게 양성으로 판단한 비율로 양성 결과를 정확히 예측하는지 평가한다.

63 다음에서 설명하고 있는 혼동행렬을 통한 분류모형의 평가지표는 무엇인가?

> • 참 긍정률(TP Rate)이라고도 불리는 지표
> • 실제로 '긍정'인 범주 중에서 '긍정'으로 올바르게 예측(TP)한 비율
> • Recall, Hit Ratio, TP Rate로도 지칭되는 지표

① 정확도(Accuracy) ② 정밀도(Precision)
③ 특이도(Specificity) ④ 민감도(Sensitivity)

64 아래 혼동행렬을 통한 분류모형 공식에서 특이도로 옳은 것은?

구분	Positive	Negative
Positive	TP	FP
Negative	FN	TN

① $\dfrac{TN}{TN+FP}$ ② $\dfrac{FP}{TN+FP}$

③ $\dfrac{TP}{TP+FN}$ ④ $\dfrac{TP}{TP+FP}$

65 아래의 오분류표에서 정확도를 계산하는 산식을 a~d를 사용하여 작성한 것으로 알맞은 것은?

구분		예측치	
		T	F
실젯값	T	a	b
	F	c	d

① a/(a + b)
② d/(c + d)
③ (b + c)/(a + b + c + d)
④ (a + d)/(a + b + c + d)

66 다음은 ROC 곡선에 대한 그림이다. 설명으로 옳지 않은 것은?

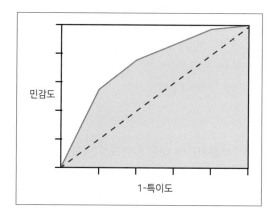

① AUC의 값은 항상 0.5~1의 값을 가지며 1에 가까울수록 좋은 모형이다.
② AUC는 곡선 밑의 면적을 의미한다.
③ AUC는 혼동 행렬의 거짓 긍정률이 변할 때 민감도가 어떻게 변하는지 시각화한 곡선이다.
④ 참조선(Reference Line) 아래에 곡선이 형성될수록 성능이 좋다.

67 데이터 분석 모형을 만들 때 발생하는 일반화 오류에 대한 설명으로 가장 옳지 않은 것은?

① 분석모형을 만들 때 주어진 데이터 집합의 특성을 지나치게 반영하여 발생하는 오류이다.
② 주어진 데이터 집합은 모집단 일부분임에도 불구하고 그것이 가지고 있는 주변적인 특성, 단순잡음 등을 모두 묘사하기 때문에 발생한다.
③ 과대적합(Over-fitting)되었다고 한다.
④ 주어진 데이터 집합에 부차적인 특성과 잡음이 있다는 점을 고려하여 그것의 특성을 덜 반영하도록 분석모형을 만들어 생기는 오류이다.

68 다음 중 회귀 모형의 평가에 많이 사용되는 모형의 평가지표이며 오차 제곱합으로 계산되는 평가지표는?

① 수정된 결정계수 ② SSE
③ MAE ④ 결정계수

69 관측값들이 어떠한 이론적 분포를 따르는지를 검정하는 방법으로 한 개의 요인을 대상으로 하는 것은?

① 독립성 검정 ② 적합성 검정
③ 동질성 검정 ④ 신뢰성 검정

70 다음 중 다음 그림에 해당하는 매개변수 최적화 기법으로 옳은 것은?

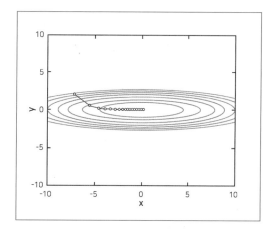

① 확률적 경사 하강법(SGD: Stochastic Gradient Descent)
② AdaGrad(Adaptive gradient)
③ 모멘텀(momentum)
④ Adam(Adaptive Moment Estimation)

71 데이터 시각화 유형 중 공간 시각화의 기법으로 옳지 않은 것은?

① 등치선도(Isometric Map)
② 도트맵(Dot Map)
③ 히트맵(Heat Map)
④ 카토그램(Catogram)

72 다음 중 인포그래픽의 유형으로 가장 거리가 먼 것은?

① 지도형(연예인 선호도, 매장분포)
② 스토리텔링형(유명인사, 기업정보뉴스)
③ 도표형(대부분의 수치 데이터)
④ 문자형(텍스트 중심의 정보)

73 체르노프 페이스에서 데이터 표현을 위해 사용되는 요소로 거리가 먼 것은?

① 코의 크기
② 귀의 높이
③ 눈동자의 크기
④ 얼굴형

74 다음 중 비즈니스 기여도 평가지표로 가장 올바르지 않은 것은?

① 투자 대비 효과(ROI)
② 순현재가치(NPV)
③ 내부 수익률(IRR)
④ 목표복구 시간(RTO)

75 분석모형을 모니터링할 때 응용 플랫폼의 성능 측정 항목으로 적절하지 않은 것은?

① 프로세스 상태 및 개수
② 데이터베이스 커넥션 풀
③ 오류 및 예외
④ 데이터베이스 복구시간

76 버블차트에 대한 설명으로 거리가 먼 것은?

① 버블이 서로 겹치지 않아야 한다.
② 세 가지 요소의 상관관계를 표현할 수 있는 방법이다.
③ 버블의 면적이 값의 크기를 표현한다.
④ 버블의 크기, 가로축, 세로축으로 3개의 변수 값을 하나의 그래프로 표현한다.

77 다음 중 빅데이터 플랫폼의 성능 모니터링을 위한 주요 성능 측정 항목에 대한 설명으로 올바르지 않은 것은?

① 응답시간(Response Time)은 정보 시스템 처리 성능으로 네트워크 구간의 처리 용량, 정보 시스템 자원 용량의 영향을 받는다.
② 사용률(Utilization)은 서비스 요청 시점부터 사용자 응답 시점까지 걸리는 시간이다.
③ 가용성(Availability)은 서비스의 장애 없이 정상적으로 지속적으로 제공할 수 있는 능력이다.
④ 정확성(Accuracy)은 잘못된 환경 설정, 하드웨어 장애, 데이터 이상값의 영향을 받는다.

78 모델의 장애관리를 위해 활용하는 모니터링 도구의 주요 기능으로 보기 어려운 것은?

① 사전분석
② 실시간 감시
③ 성능튜닝
④ 진단 및 조치 진행

79 서브퀄모형의 평가지표로 옳지 않은 것은?

① 동질성
② 반응성
③ 공감성
④ 확신성

80 다음 중 분석 모형 리모델링에 대한 설명으로 가장 적절하지 않은 것은?

① 비즈니스 상황이 변화하므로 지속적으로 리모델링을 수행한다.
② 변화에 대응하기 위해 성과 모니터링을 지속적으로 하고 리모델링을 수행한다.
③ 일·주 단위로 리모델링을 주기적으로 실행한다.
④ 분석 결과를 고객에게 적용하게 되면 고객의 행동 패턴이 변하기 때문에 리모델링이 필요하다.

04 모의고사 제4회

1과목

01 다음 중 정량적 데이터에 대한 설명으로 가장 올바르지 않은 것은?

① 스키마구조를 갖는다.
② 수치, 기호, 도형으로 표현되는 데이터이다.
③ 데이터 양이 증가하여도 숫자로 축약되어 저장, 검색, 분석 등 활용이 용이하다.
④ 데이터의 형식이 정해져 있지 않아 활용하는 데에 비용과 기술이 필요하다.

02 다음 중 하나 이상의 데이터 소스로부터 정형데이터를 추출 및 가공하여 데이터웨어하우스 등 다양한 응용시스템에 저장하는 기술은 무엇인가?

① FTP
② RSS
③ Flume
④ ETL

03 비정형 데이터에 대한 설명으로 가장 먼 것은?

① 수집 데이터 각각 데이터 객체로 구분된다.
② 데이터 내부의 데이터 구조에 대한 메타 정보가 포함된 구조이다.
③ 고정필드 및 메타데이터가 정의되지 않는다.
④ Open API, RSS 등의 수집 기술을 활용한다.

04 다음 중 빅데이터 플랫폼의 빅데이터 수집 기술이 아닌 것은?

① 크롤링
② Clustering
③ ETL
④ Open API

05 다음 중 빅데이터 플랫폼 데이터 형식으로 가장 거리가 먼 것은?

① HTML
② PYTHON
③ XML
④ JSON

06 분석 목표를 시점에 따라 분류한 것으로 해당 방식에 대한 설명으로 옳지 않은 것은?

① 장기적인 마스터플랜방식은 지속적인 분석 문화를 내재화하기 위한 마스터 플랜 접근방식이다.
② 혼합방식은 투자비용이 많이 들기에 이해관계자들의 동의를 얻기 위해 과제를 빠르게 해결해 가치를 조기에 체험시킨다.
③ 문제 해결을 위한 단기적인 방법과 분석과제 정의를 위한 중장기적인 마스터플랜 접근방식을 혼합 사용하는 것이 권장된다.
④ 과제중심적 접근방식 개별과제의 경우 바람직한 방식이다.

07 다음에서 설명하는 비식별 조치는 무엇인가?

> 장발장, 30세, 경기도 거주, 한국대학 재학
> → 장## , 30세, 경기도 거주, ##대학 재학

① 총계 처리
② 데이터 삭제
③ 데이터 범주화
④ 데이터 마스킹

08 다음 중 마이데이터가 등장한 시점으로 옳은 것은?

① 데이터 통합 시대
② 데이터 연결 시대
③ 데이터 통합 시대
④ 데이터 권리 시대

09 다음 중 아래에서 설명하는 프라이버시 보호모델은 무엇인가?

> 동질 집합에서 민감정보의 분포와 전체 데이터 집합에서의 민감정보의 분포가 유사한 차이를 보이게 하는 프라이버시 보호 모델

① k 익명성
② 데이터마스킹
③ t 근접성
④ l 다양성

10 기업에서 운영되는 서로 다른 기종의 시스템들 간의 정보전달 및 연동을 가능하게 해 주는 전사적 어플리케이션 통합환경은?

① CEP
② CDC
③ RSS
④ EAI

11 다음 중 분석기획 시 고려사항으로 옳지 않은 것은?

① 데이터의 확보 가능 여부를 확인하고 확보한 데이터의 유형분석이 진행되어야 한다.
② 기존의 유즈케이스나 솔루션이 있다면 해당 분석은 제외시킨다.
③ 분석 수행 시 발생하는 방해요소에 대한 사전 계획을 수립한다.
④ 계속적인 교육방안 등의 변화관리가 고려되어야 한다.

12 다양한 데이터 유형 중 정형 데이터 – 반정형 데이터 – 비정형 데이터 순서로 가장 알맞은 것은?

① 인스타그램 게시물 – 기상청 날씨 데이터 – 웹 로그 데이터
② 물류 창고 재고 데이터 – XML – 이메일 전송 데이터
③ CRM 데이터 – 카카오톡 대화 데이터 – Twitter 상태 메시지
④ RFID – IoT 센서 데이터 – 동영상 데이터

13 프로토타이핑(Prototyping) 접근법에 대한 설명으로 가장 알맞은 것은?

① 상향식 접근 방법으로 신속하게 해결책이나 모형을 제시함으로써 이를 바탕으로 문제를 좀 더 명확하게 인식하고 필요한 데이터를 식별하여 구체화가 가능하다.
② 문제가 정형화되어 있고 문제해결을 위한 데이터가 완벽하게 조직에 존재하는 경우 효과적이다.
③ 문제가 주어지고 이에 대한 해법을 찾기 위하여 각 과정이 체계적으로 단계화되어 수행하는 방식이다.
④ 문제 정의가 불명확하거나 이전에 접해 보지 못한 새로운 문제일 경우 적용하기 어렵다.

14 분석 ROI 요소 중 투자비용 요소에 해당하지 않는 것은?

① 데이터의 크기
② 데이터의 가치
③ 데이터의 속도
④ 데이터의 형태

15 다음은 HDFS의 서버 노드 아키텍처 정의에 대한 설명이다. 괄호 안에 들어갈 용어는 무엇인가?

> 빅데이터 서버 노드 아키텍처에서 파일 시스템의 메타 데이터를 관리하는 서버로 실제 작업 대상 데이터를 블록 단위로 나누어 분배하는 역할을 수행하는 (   ) 노드가 있다.

① 보조 네임   ② 데이터
③ 네임   ④ 마스터

16 다음 중 아래에서 설명하는 조직분석 성숙도 단계로 옳은 것은?

설명	분석결과를 실제 업무에 적용하는 단계
조직 역량 부문	• 담당 부서에서 수행 • 분석 기법 도입
비즈니스 부문	• 미래결과예측 • 시뮬레이션
IT 부문	• 실시간 대시보드 • 통계분석환경

① 도입단계
② 활용단계
③ 확산단계
④ 최적화 단계

17 다음 중 빅데이터 품질 기준 중 정형 데이터에 대한 품질 기준이 아닌 것은?

① 완전성(Completeness)
② 이식성(Portability)
③ 유일성(Uniqumess)
④ 유효성(Validity)

18 다음 중 데이터 웨어하우스에 대한 설명으로 옳은 것은?

① 조직 내의 특정 주제 또는 부서 중심으로 구축된 소규모 단위 주제에 대한 정보를 포함하는 데이터 저장시스템이다.
② 신뢰할 수 있는 중앙 버전 역할을 하는 고도로 큐레이트된 데이터가 저장된다.
③ 정형, 반정형 및 비정형 등 모든 데이터를 원시 형태로 저장한다.
④ 저장할 때 스키마와 상관없이 저장이 가능하며 schema-on-read로 읽을 때 스키마가 저장되어 데이터를 읽을 수 있다.

19 다음 중 구글파일시스템(GFS: Google File System)에 대한 설명으로 옳지 않은 것은?

① Client는 로컬디스크에 실제 입출력을 처리한다.
② 하나의 마스터 서버와 다수의 청크 서버로 구성되어 있다.
③ 대규모 클러스터 하드웨어를 이용해 효율적이고 안정적인 데이터 접근을 제공한다.
④ 파일을 고정된 크기(64MB)의 청크들로 나누며 각 청크와 여러 개의 복제본을 청크 서버에 분산하여 저장한다.

20 다음 중 NoSQL에 대한 설명으로 옳지 않은 것은?

① ACID 요건을 완화하거나 제약하는 특징을 가지고 있다.
② 전통적인 RDBMS의 장점이라고 할 수 있는 복잡한 Join 연산 기능을 제공한다.
③ 수평적으로 확장이 가능한 DBMS이다.
④ 스키마 없이 동작한다.

2과목

21 데이터 정제에 대한 설명으로 옳지 않은 것은?

① 불완전하고 정확하지 않은 데이터들을 식별해 수정, 변환, 제거 등을 시행해 데이터를 분석 및 처리에 적합한 형태로 만드는 과정
② 모델 형성 이후 수행한다.
③ 반복적으로 수행해야 한다.
④ 데이터 분석의 단계 중 가장 많은 시간이 소요되는 단계이다.

22 아래에서 설명하는 데이터정제의 방법으로 옳은 것은?

> 데이터를 정제 규칙을 적용하기 위한 유의미한 최소 단위로 분할하는 작업

① 파싱   ② 보강
③ 교정   ④ 변환

23 대치법에 대한 설명으로 옳지 않은 것은?

① 다중대치법은 대치-분석-결합의 3단계로 구성되어 있다.
② 단순 대치법은 결측값이 MACAR, MAR이라고 판단하고 처리하는 방법이다.
③ 단순 대치법 중 완전 분석법은 불완전 자료는 모두 무시하고 완전하게 관측된 자료만 사용하여 분석하는 방법이다.
④ 다중 대치법에는 핫덱대체, 콜드덱 대체 등의 방법이 있다.

24 다음 중 예시에서 설명하는 데이터 이상값의 발생원인으로 옳은 것은?

> 건강검진 시 보고하는 음주량이 감소하는 경향

① 표본추출 에러(Sampling Error)
② 자연적 이상치(Natural Outlier)
③ 고의적인 이상값(Intentional Outlier)
④ 측정 오류(Measurement Error)

25 다음 중 Binning을 설명한 것으로 적절하지 않은 것은?

① 하향식 구분 기술로 설정한 빈의 수에 근거하여 계산하는 방법이다.
② 데이터 평활화 기법으로 사용된다.
③ 기존 데이터를 범주화하기 위해 사용한다.
④ 변수들의 분포가 오른쪽으로 기울어진 것을 감소시키는 방법이다.

26 다음 중 과소 표집(Under-Sampling)에 대한 설명으로 가장 옳지 않은 것은?

① 과소 표집의 경우 데이터의 소실이 매우 크고, 때로는 중요한 정상 데이터를 잃을 수 있다.
② 정보가 손실되지 않지만 과적합의 발생 가능성이 높다.
③ 과소 표집의 대표적인 기법에는 랜덤 과소 표집, ENN, TOMI, CNN, OSS 등이 있다.
④ 과소 표집은 다수 클래스의 데이터를 일부만 선택하여 데이터의 비율을 맞추는 방법이다.

27 다음 중 언더 샘플링을 설명한 것으로 적절하지 않은 것은?

① 다수 클래스의 데이터를 일부만 선택해 데이터의 비율을 맞추는 방법이다.
② 언더 샘플링의 경우 데이터의 소실이 매우 크고, 때로는 중요한 정상 데이터를 잃을 수 있다.
③ 언더 샘플링의 대표적인 기법에는 랜덤 언더 샘플링, ENN, 토멕링크방법, CNN, CSS 등이 있다.
④ 알고리즘의 성능은 높으나 검증의 성능은 나빠질 수 있다.

28 탐색적 데이터 분석(EPA)의 4가지 주제로 옳지 않은 것은?

① 모델링 방향 설정 ② 저항성
③ 자료재표현 ④ 잔차해석

29 다음 중에서 연속형 변수로 구성하기 어려운 것은 무엇인가?

① 몸무게 ② 키
③ 소득 ④ 국가

30 데이터가 가지고 있는 특성을 파악하기 위해 해당 변수의 분포 등을 시각화하여 분석하는 방식은 무엇인가?

① 전처리 분석
② 탐색적 데이터 분석(EDA)
③ 공간분석
④ 다변량분석

31 파생변수를 적용한 사례로 적절하지 않은 것은?

① 하루 24시간을 12시간으로 변환
② 날짜를 요일로 변환
③ 남/여 데이터를 삭제
④ 고객별 누적 방문 횟수 집계

32 다음 중 변수축약 방법으로 옳지 않은 것은?

① 정준상관분석
② 요인분석
③ 주성분 분석
④ 다차원 척도법

33 다음 중 두 확률변수 X, Y의 상관계수가 -0. 4일 때 옳은 것은?

① 두 변수 사이에는 약한 음의 상관관계가 존재한다.
② X값이 0. 4 증가 시 Y값은 0. 4만큼 감소한다는 것이다.
③ 상관계수가 음수라는 것은 상관관계가 존재하지 않을 정도이다.
④ 두 변수 사이에서는 거의 상관관계가 존재하지 않는다.

34 다음 중 성격이 다른 지표는 무엇인가?

① 평균   ② 중위수
③ 범위   ④ 최빈수

35 모집단으로부터 수많은 표본을 추출한 후 각 표본에 대한 평균을 구하고, 각 평균에 대한 전체 평균을 다시 구한 값으로 각 평균이 전체 평균으로부터 평균적으로 얼마나 떨어져 있는지를 나타낸 값은?

① 평균의 표준오차   ② 범위
③ 표본의분산   ④ 최빈수

36 점 추정 조건에 대한 설명 중 옳지 않은 것은?

① 불편성(Unbiasedness): 추정량의 기댓값이 모집단의 모수와 차이가 없는 특성
② 효율성(Efficiency): 추정량의 분산이 작은 특성
③ 일치성(Consistency): 표본의 크기가 커지면 추정량이 모수와 거의 같아지는 특성
④ 편의성(Convenience): 모수를 추정할 때 복잡한 정도를 나타내는 특성

37 다음 표본비율의 표본분포에 대한 설명에 해당하는 분포를 고르시오.

> - 표본통계량이 표본평균일 때 이를 표준화시킨 표본분포
> - 정규 분포 평균의 해석에 많이 쓰이는 분포

① t-분포   ② Z-분포
③ 카이제곱 분포   ④ F-분포

38 크기가 1,000인 표본으로 95% 신뢰수준을 가지도록 모평균을 추정하였는데 신뢰구간의 길이가 10이었다. 동일한 조건에서 크기가 250인 표본으로 95% 신뢰수준을 가 지도록 모평균을 추정할 경우에 표본의 길이는 얼마인가?

① 2.5   ② 40
③ 20   ④ 5

39 다음 중 비모수적 기법에 대한 설명으로 가장 옳지 않은 것은?

① 모집단의 분포에 아무런 제약을 가하지 않고 검정을 실시하는 기법이다.
② 순위와 부호에 기초한 방법 위주로 이상값의 영향이 크다.
③ 관측된 자료가 특정 분포를 따른다고 가정할 수 없는 경우에 이용한다.
④ 추출된 샘플의 개수가 10개 미만일 경우에도 사용할 수 있다.

40 다음 중 빈칸에 알맞은 것을 고르시오.

구분		실젯값	
		H_0	H_1
예측값	H_0	ㄱ	ㄴ
	H_1	ㄷ	ㄹ

① ㄱ: 제2종 오류, ㄴ: 옳은 결정, ㄷ: 제1종 오류, ㄹ: 옳은 결정
② ㄱ: 제1종 오류, ㄴ: 옳은 결정, ㄷ: 제2종 오류, ㄹ: 옳은 결정
③ ㄱ: 옳은 결정, ㄴ: 제1종 오류, ㄷ: 옳은 결정, ㄹ: 제2종 오류
④ ㄱ: 옳은 결정, ㄴ: 제2종 오류, ㄷ: 제1종 오류, ㄹ: 옳은 결정

41 다음 중 하이퍼파라미터에 대한 설명으로 틀린 것은?

① 예측 알고리즘 모델리의 성능 등의 문제를 위해 조절
② 모델의 파라미터 값을 측정하기 위해 알고리즘 구현과정에 사용
③ 경험에 의해 결정 가능한 값
④ 모델의 성능을 결정하는 값

42 다음 중 분석 모형의 구축 절차로 올바른 것은?

① 요건 정의 – 모델링 – 검증 및 테스트 – 적용
② 모델링 – 적용 – 요건 정의 – 검증 및 테스트
③ 요건 정의 – 적용 – 모델링 – 검증 및 테스트
④ 모델링 – 요건 정의 – 검증 및 테스트 – 적용

43 다음 중 파이썬에 대한 설명으로 옳지 않은 것은?

① 별도의 모듈 연동이 필요하여 웹브라우저 사용이 불편하다.
② 1991년에 프로그래머 귀도 반 로섬이 발표한 범용성이 높은 프로그래밍 언어이다.
③ C 언어 기반의 오픈소스 언어이다.
④ 들여쓰기의 문법을 사용한다.

44 다음에서 설명하는 데이터 분할 방법으로 옳은 것은?

> • 주어진 자료에서 단순 랜덤 복원추출 방법을 활용하여 동일한 크기의 표본을 여러 개 생성하는 샘플링 방법이다.
> • 무작위 복원추출 방법으로, 전체 데이터에서 중복을 허용하여 데이터 크기만큼 샘플을 추출하고 이를 훈련 데이터로 한다.
> • 데이터의 분포가 치우쳐져 있거나 데이터 수가 적은 경우 유용하다.

① K-Fold 교차 검증 ② 부트스트랩 방법
③ 홀드아웃 방법 ④ 배깅

45 데이터 분할과정에서의 학습용 데이터와 검증용 데이터, 평가용 데이터의 설명 중 가장 옳지 않은 것은?

① 학습용 데이터와 검증용 데이터는 학습 과정에서 사용된다.
② 데이터가 충분하지 않을 경우 학습용 데이터와 평가용 데이터로만 분할하여 사용하기도 한다.
③ 평가용 데이터는 학습과정에서 과적합 발생 여부 등을 파악하고 모형의 튜닝에도 사용된다.
④ 데이터를 일반적으로 학습용 데이터와 검증용 데이터를 60~80% 사용하고, 평가용 데이터를 20~40%로 분할하여 사용한다.

46 고객의 상품 구매 여부를 예측하기 위해 고객의 거주지역, 성별 연령 등의 변수를 사용하여 모델을 수립하려고 할 때, 다음 중 사용 가능한 모형이 아닌 것은?

① 다중 선형 회귀 모형
② 로지스틱 회귀 모형
③ 의사결정나무
④ 서포트 벡터 머신

47 다음 식에 해당하는 회귀계수 검정 공식은 무엇인가?

$$\sum_{i=1}^{n}(\hat{y_i} - \bar{y})^2$$

① SST
② SSR
③ SSE
④ R2

48 다음 중 랜덤 포레스트에 대한 설명으로 옳지 않은 것은?

① 다수의 분류기를 쓸수록 성능이 좋아진다.
② 다수의 의사결정트리가 모여 랜덤포레스트 구조를 이룬다.
③ 훈련을 통해 다수의 나무들로부터 투표를 활용해 분류결과를 도출한다.
④ 트리의 수가 과도하게 많아지면 과대적합이 발생한다.

49 다음의 공식이 설명하는 분류모델 성능 평가지표로 옳은 것은?

구분		Predicted class	
		Positive	Negative
Actual class	Positive	TP	FN
	Negative	FP	TN

① 재현율(Recall)
② 정확도(Precision)
③ 특이도(specificity)
④ 민감도(sensitivity)

50 다음 예시의 빈칸에 들어가는 활성화 함수는?

입력층이 직접 출력층에 연결이 되는 단층 신경망에서 활성함수를 ( )로 사용하면, 로지스틱 회귀모형과 작동원리가 유사해진다.

① ReLU 함수
② 시그모이드 함수
③ Softmax 함수
④ 계단 함수

51 다음 중 심층신경망에 대한 설명으로 가장 알맞지 않은 것은?

① 다수의 은닉층이 있다.
② 오파 역전파를 시용한다.
③ 시그모이드는 오차 역전파로 해석이 어렵다.
④ 특징을 추출하는 부분과 클래스를 분류하는 부분으로 나누어져 있다.

52 대학생의 학년별(1~4학년) 전공과목 7개의 선호도를 조사하였다. 카이제곱검정을 위한 자유도로 옳은 것은?

① 9
② 10
③ 15
④ 18

53 다음 중 현시점의 자료가 P시점 전의 유한개의 과거 자료로 설명될 수 있는 모형으로 가장 알맞은 것은?

① 자기회귀 모형
② 이동평균 모형
③ 자기 회귀 누적 이동평균 모형
④ 분해시계열 모형

54 다음 중 적합도 검정 기법으로 올바르지 않은 것은?

① 적합도 검정에서 자유도는 (범주의 수) +1이다.

② 적합도 검정은 카이제곱 검정 기법의 유형에 속한다.

③ 적합도 검정의 자료를 구분하는 범주가 상호 배타적이어야 한다.

④ 적합도 검정은 표본 단의 분포가 주어진 특정 이론을 따르고 있는지를 검정하는 기법이다.

55 다음 중 딥러닝이 부활한 이유로 가장 알맞지 않은 것은?

① 기존 인공신경망의 문제점인 사라지는 경사 현상이 해결되었다.

② CPU를 이용하여 연산속도를 높이고 분석시간을 단축시켰다.

③ 빅데이터가 등장하였다.

④ SNS의 활용이 증가되어 이미지, 영상 등 다양한 데이터 활용이 증가되었다.

56 다음 중 군집분석의 기본적 가정으로 옳지 않은 것은?

① 개별 군집의 특성은 군집에 속한 개체들의 최빈값으로 나타낸다.

② 군집 내의 응집도는 최대화하고 군집 간의 분리도는 최대화한다.

③ 군집의 개수 또는 구조와 관계없이 개체간의 거리를 기준으로 분류한다.

④ 하나의 군집 내에 속한 개체들의 특성은 동일하며 다른 군집에 속한 개체들과 특성은 이질적이다.

57 다음 중 아래에서 설명하는 군집분석의 척도는 무엇인가?

> 피타고라스 정리를 통해 측정하며 두 점간의 거리로 두 점을 잇는 가장 짧은 거리를 측정한다.
>
> $$d(x, y) = \sqrt{\sum_{i=1}^{p} (x_i - y_i)^2}$$

① 표준화 거리　　② 맨하탄 거리

③ 유클리드거리　　④ 마할라노비스 거리

58 연관성 분석의 향상도(Lift)가 1인 경우는 어떤 의미를 가지는가?

① 양(+)의 상관관계

② 서로 동일한 관계

③ 음(−)의 상관관계

④ 서로 독립적인 관계

59 앙상블 기법의 유형으로 올바르지 않은 것은?

① 배깅　　　　② 랜덤포레스트

③ 부스팅　　　④ ReLU

60 ARIMA는 비정상 시계열 모형이기 때문에 차분 또는 변환을 통해 AR, MA, ARMA 모형으로 정상화할 수 있다. ARIMA(3, 4, 5)에서 ARMA로 정상화할 때 몇 번 차분했는가?

① 3　　　　　② 4

③ 5　　　　　④ 6

4과목

61 다음 중 변수의 수만큼 축을 그리고 각 축에 측정값을 표시하는 시각화 방법으로 옳은 것은?

① 버블차트   ② 등치선도
③ 스타차트   ④ 산점도

62 다음 중 수정된 결정계수에 대한 설명 중 가장 옳지 않은 것은?

① 적절하지 않은 독립변수를 추가하는 것에 패널티를 부과한 결정계수이다.
② 모형에 유용한 변수들을 추가할수록 수정된 결정계수의 값은 감소한다.
③ 수정된 결정계수는 항상 결정계수보다 작다.
④ 독립변수의 개수가 다른 모형을 평가할 때 사용할 수 있다.

63 혼동 행렬(Confusion Matrix)을 사용하여 계산할 수 있는 평가지표 중 민감도와 동일하며 모형의 완전성(Completeness)을 평가하는 지표는 무엇인가?

① 특이도(Specificity)
② 재현율(Recall)
③ F1-Score
④ 정밀도(Precision)

64 다음 중 혼동 행렬에서 민감도는 얼마인가?

구분		결과	
		질병 유	질병 무
검사	양성	30	20
	음성	40	10

① 1/3   ② 3/5
③ 2/5   ④ 3/7

65 ROC 곡선 아래의 면적을 모형의 평가지표로 삼는 AUC의 판단 기준에 대한 설명으로 올바르지 않은 것은?

① 0. 9 ~ 1. 0: Excellent(뛰어남)
② 0. 8 ~ 0. 9: Good(우수함)
③ 0. 7 ~ 0. 8: Fair(보통)
④ 0. 6 ~ 0. 7: Acceptable(양호)

66 회귀분석 모형의 적합성을 평가할 때 가장 적합하지 않은 것은?

① 잔차는 서로 상관성이 없으며 동일한 분산을 가져야 한다.
② 잔차의 정규성 검정을 위해 Q-Q plot을 이용한다.
③ 결정계수 값이 1에 가까울수록 모형의 설명력이 높다고 할 수 있다.
④ 회귀계수의 추정값이 0이어도 절편 추정값이 0이 아니면 모형은 유의하다.

67 다음 중 모델의 과대적합 방지 기법이 아닌 것은?

① 임베디드 기법   ② 확률적 경사하강법
③ 데이터 증강   ④ 드롭아웃

68 다음 중 전체 데이터에서 Test 데이터만큼 학습에 사용할 수 없어서 데이터 손실이 발생하는 교차 검증 기법은?

① K- Fold Cross Validation
② Leave-One-Out Cross Validation
③ Holdout Cross Validation
④ 랜덤 서브샘플링

69 다음 중 K-FOLD Cross Vaildation에 대한 설명으로 가장 부적절한 것은?

① 데이터 집합을 무작위로 k개의 부분집합으로 나누어 검증한다.
② 전체 데이터를 k개의 동일 크기로 나눈다.
③ 모든 데이터를 학습과 평가에 사용할 수 있다.
④ k-1번 반복을 수행하며 결과를 다수결 또는 평균으로 분석한다.

70 다양한 통계적 방법이나 시각화 기법을 통해 자료에 대한 주요 특징을 이해하는 방법은?

① 연관분석
② Design Thinking
③ 의사결정나무
④ 탐색적 데이터 분석(EDA)

71 데이터의 시각화 도구 중 공간시각화와 가장 거리가 먼 것은?

① 버블차트   ② 히스토그램
③ 카토그램   ④ 단계구분도

72 다음 중 트리맵에 대한 잘못된 것은?

① 계층형 구조를 가진 데이터를 표현하는 데 유용하다.
② 전체 데이터에서 특정 영역이 차지하는 비중을 쉽게 확인 가능하다.
③ 색으로도 데이터의 계층을 파악할 수 있다.
④ 사각형 영역에 세부 사각형의 크기로 데이터의 분포를 시각화하였다.

73 비즈니스 기여도 평가지표인 투자 대비 효과(ROI)를 올바르게 산정한 결과는 무엇인가?

- A 쇼핑몰 프로젝트는 2010년 총 2억 원을 들여 구축되었다.
- 쇼핑몰이 오픈하고 2020년까지 순이익은 10억 원이다.

① 500%   ② 200%
③ 50%   ④ 20%

74 다음 중 산점도(Scatter Plot)와 같은 유형의 시각화 방법은 무엇인가?

① 파이 차트(Pie Chart)
② 버블 차트(Bubble Chart)
③ 히트맵(Heat Map)
④ 트리맵(Tree Map)

75 다음 중 비교 시각화 유형에 대한 설명으로 가장 옳지 않은 것은?

① 히트맵(Heat Map): 칸별로 색상을 구분하여 데이터 값을 표현하는 시각화 그래프로 여러 가지 변수를 비교할 수 있음
② 플로팅 바 차트(Floating Bar Chart): 막대가 가장 낮은 수치부터 가장 높은 수치까지 걸쳐 있게 표현한 차트로, 범주 내 값의 다양성, 중복 및 이상값 파악 가능
③ 체르노프 페이스(Chernoff Faces): 데이터를 눈, 코, 귀, 입 등과 일대일 대응하여 얼굴 하나로 표현하는 시각화 방법
④ 스타 차트(Star Chart): 각 변수를 표시 지점을 연결선을 통해 그려 별모양의 도형으로 나타낸 차트로 중심점은 축이 나타내는 값의 최댓값, 가장 먼 끝점은 최솟값을 의미

76 다음 중 공간시각화 유형에 대한 설명으로 가장 옳지 않은 것은?

① 등치지역도: 지리적 단위로, 데이터의 의미를 색상으로 구분하여 표시
② 등치선도: 등치지역도의 데이터 왜곡을 줄 수 있는 결점을 극복
③ 도트맵(Dot Map)/도트 플롯맵(Dot Plot Map): 지도상의 위도와 경도에 해당하는 좌표점에 산점도와 같이 점을 찍어 표현
④ 버블맵(Bubble Map): 지역의 값을 표현하기 위해 지리적 형상 크기를 조절

77 다음 측정 항목 중 서비스의 장애 없이 정상적으로 지속해서 제공하는 능력으로 옳은 것은?

① 응답시간　　　② 사용률
③ 대기시간　　　④ 가용성

78 성능 모니터링을 할 때 아래의 정의가 가리키는 것으로 가장 적절한 것은?

> 성능 모니터링 시 장애 상황 및 성능 상태의 경계선으로 일반적으로 이것에 따른 등급을 설정하며 정상 상태를 기준치로 설정하고 비정상적인 상황을 판단하는 경계를 의미한다.

① 임계치(Threshold)
② 마이그레이션(Migration)
③ 하드웨어다운
④ 대기큐

79 다음 중 빅데이터 모형의 운영 시스템 적용 방안으로 올바르지 않은 것은?

① 분석모형을 도출하기 위해 어떠한 통계 툴(R, SAS 등) 혹은 개발언어(파이썬 자바 등)가 사용되었는지에 따라서 이를 운영 시스템과 통합하는 작업의 난이도가 가결정된다.
② 운영 시스템의 개발언어와 분석 모형을 도출하기 위해 사용된 언어가 같을 경우에는 분석 모형의 운영 시스템 내 통합과정이 상대적으로 용이하다.
③ 운영 시스템 상에서 분석 모형을 호출하여 예측결과 등의 의사결정을 위해 필요한 데이터를 전달받기 위해서는 반드시 인터페이스를 통해서만 기능하다.
④ 대부분의 통계 패키지들을 통해 분석 모형이 개발된 경우에는 운영 시스템과 통계 패키지와 호환하기 위한 인터페이스 개발이 추가로 필요하게 된다.

80 분석모형 전개 단계에서 이루어지는 활동이 아닌 것은?

① 분석모델을 실제 운영데이터에서 동작시킨다.
② 성능을 평가하고 결과에 따라 분석 모델을 수정한다.
③ 주기적으로 모니터링하고 성능 개선을 위해 노력한다.
④ 데이터 전처리 및 변환을 수행한다.

05 모의고사 제5회

1과목

01 변수와 변수의 크기가 순서와 상관없고 단지 이름으로서 의미를 부여할 수 있는 변수로 옳은 것은?

① 명목형 변수　　② 순서형 변수
③ 이산형 변수　　④ 연속형 변수

02 다음 중 그 자체로는 의미가 중요하지 않은 객관적 사실인 데이터를 가공, 처리하여 얻을 수 있는 것으로 부적절한 것은?

① 정보(Information)
② 지혜(Wisdom)
③ 지식(Knowledge)
④ 선호(Preference)

03 다음 중 구조 관점의 데이터 유형 중 다음에서 설명하는 것은 무엇인가?

> 스키마 형태를 갖고 XML, HTML, 웹로그, 시스템 로그, 알람 등과 같이 메타데이터를 포함하며, 값과 형식에서 일관성을 가지지 않는 데이터

① 정형 데이터　　② 비정형 데이터
③ 반정형 데이터　　④ 스트림 데이터

04 다음 중 3V에 해당하는 것으로 나열된 것으로 옳지 않은 것은?

① Volume　　② Value
③ Variety　　④ Velocity

05 동질 집합에서 특정 정보의 분포와 전체 데이터 집합에서 정보의 분포가 특정 수 이하의 차이를 보여야 하는 프라이버시 보호 모델은 무엇인가?

① k-익명성(k-Anonymity)
② z-다양성(z-Diversity)
③ t-근접성(t-Closeness)
④ m-유일성(m-Uniqueness)

06 커넥터를 사용해 관계형 데이터 베이스와 하둡 간의 데이터 전송 기능을 제공하는 기술은?

① ETL
② DB To DB
③ SQL on Hadoop
④ Rsync

07 다음 중 인공지능에 대한 설명으로 가장 올바르지 않은 것은?

① 지도학습: 훈련데이터로부터 주어진 데이터에 대해 예측하고자 하는 값을 올바르게 추측하는 것이다.
② 비지도학습: 데이터의 구성을 알아내는 것으로 입력값에 대한 목표치가 주어진다.
③ 준지도학습: 목표값이 포함된 데이터와 표시되지 않은 데이터를 모두 학습한다.
④ 강화학습: 선택 가능한 행동들 중 보상을 최대화하는 행동 또는 순서이다.

08 다음 중 하둡 에코시스템의 주요 기술이 잘못 이어진 것은?

① 자원 관리: Yarn
② 분산 데이터 처리: Map-reduce
③ 데이터 마이닝: Pig, Hive
④ 정형데이터수집: Sqoop

09 다음 중 비식별화 방법이 아닌 것은?

① 데이터삭제
② 데이터표본화
③ 데이터범주화
④ 가명처리

10 데이터분석방식을 주제에 따라 분류하였을 때, 분석이 대상을 알지만 분석의 방법을 모르는 경우에서 사용해야 하는 방법은?

① 최적화   ② 솔루션
③ 통찰   ④ 발견

11 다음 중 분석 마스터 플랜을 수립할 때 적용 범위 및 방식에 대한 고려요소가 아닌 것은?

① 업무 내재화 적용 수준
② 분석 데이터 적용 수준
③ 기술 적용 수준
④ 투입 비용 수준

12 빅데이터 분석 방법론의 분석 기획 단계 세부 태스크가 아닌 것은?

① 비즈니스 이해 및 범위 설정
② 모델 발전계획 수립
③ 프로젝트 위험계획 수립
④ 프로젝트 정의 및 계획 수립

13 상향식 접근 방식으로 문제를 도출하는 프로세스로 옳은 것은?

① 분석요건 식별 – 프로세스 흐름 분석 – 프로세스 분류 – 분석요건 정의
② 프로세스 흐름 분석 – 프로세스 분류 – 분석요건 정의 – 분석요건 식별
③ 분석요건 식별 – 프로세스 분류 – 프로세스 흐름 분석 – 분석요건 정의
④ 프로세스 분류 – 프로세스 흐름 분석 – 분석요건 식별 – 분석요건 정의

14 다음 중 아래의 설명에 해당하는 데이터 변환의 종류로 옳은 것은?

> • 데이터들의 복잡성을 줄이는 기술로 특정 구간에 분포하도록 값의 범위를 변화
> • 범용적인 데이터에 적합한 모델을 만드는 것을 목표로 함

① 일반화　　　② 집계
③ 정규화　　　④ 속성 생성

15 내부데이터를 수집하고자 할 때 고려해야할 내용으로 옳지 않은 것은?

① 필요 데이터가 내부적 사용 목적일 경우 보안요소는 제거된다.
② 필요 데이터에 대한 데이터 목록을 작성한다.
③ 필요 데이터에 대한 법률적 요소를 확인한다.
④ 필요 데이터가 개인정보일 경우 비식별 조치방안을 고려한다.

16 수집된 정형 데이터 품질 보증을 위한 방법으로 적합하지 않은 것은?

① 데이터는 정해진 데이터 유효범위 및 도메인을 충족해야 한다.
② 데이터 항목은 중복과는 관계없다.
③ 데이터 표준은 데이터 표준준수를 진단하고, 논리/물리 모델 표준에 맞는지 검증한다.
④ 데이터의 구조, 값, 형태가 일관되게 정의되는 것으로 신뢰를 보장하는 척도이다.

17 다음 중 데이터 프로파일링 절차에 해당하지 않는 것은?

① 데이터 전처리
② 대상 및 유형선정
③ 메타데이터 수집 및 분석
④ 프로파일링 수행

18 트랜잭션을 사용하는 관계형 데이터베이스와 비교했을 때 데이터 웨어하우스(DW)에 저장되어 있는 데이터베이스의 특징으로 올바르지 않은 것은?

① 소멸적(Volatile)
② 시계열성(Time-variant)
③ 주제 지향적(Subject Oriented)
④ 통합적(Integrated)

19 빅데이터 저장방식이 아닌 것은?

① RDBMS
② 분산 파일 시스템
③ NoSQL
④ R

20 구글파일시스템에 대한 설명으로 적절하지 않은 것은?

① 구글에서 개발한 전용 분산 파일 시스템이다.
② 하나의 마스터 서버와 하나의 청크 서버로 구성되어 있다.
③ Client는 파일을 읽고 쓰는 동작을 요청하는 어플리케이션이다.
④ 파일을 고정된 크기(64MB)의 청크들로 나누며 각 청크와 여러 개의 복제본을 청크 서버에 분산하여 저장한다.

21 다음 중 데이터 정제에 대한 설명으로 옳지 않은 것은?

① 결측값, 이상값을 처리하는 과정을 통해 데이터의 신뢰도를 높이는 작업이다.
② 데이터 오류 원인 분석 후 데이터를 정제한다.
③ 데이터 오류의 원인으로는 ESD(Extreme Studentized Deviation)가 있다.
④ 모든 데이터를 대상으로 정제 활동을 하는 것이 기본이다.

22 다음은 데이터 정제기법에 대한 사례이다. 이 데이터 정제 기법은 무엇인가?

- 코드: 남/여 〉 M/F
- 날짜 형식:
  YYYYMMDD 〉 YY/MM/DD

① 변환　　　　　② 파싱
③ 결측　　　　　④ 보강

23 다중대치법에 대한 설명이다. 올바르지 않은 것은?

① 다중 대치법은 여러 번의 대체표본으로 대체 내 분산과 대체 간 분산을 구하여 추정치의 총 분산을 추정하는 방법이다.
② 다중 대치 방법은 원 표본의 결측값을 한 번 이상 대치하여 여러 개(D〉2)의 대치된 표본을 구하는 방법이다.
③ 각 대치표본은 결측자료의 예측분포, 사후분포에서 추출된 값으로 결측값을 대치하는 방법을 활용한다.
④ 대치법 적용방식에는 대치, 분석, 결합이 있다.

24 관측치 주변의 밀도와 근접한 관측치 주변의 밀도의 상대적인 비교를 통해 이상값을 탐색하는 기법은 무엇인가?

① 마할라노비스 거리
② IForest(Isolation Forest) 기법
③ 시각화
④ LOF(Local Outlier Factor) 기법

25 다음 중 불균형 데이터 처리에 대한 설명으로 적절하지 않은 것은?

① 탐색하는 데이터의 타깃 수가 매우 극소수인 경우에 사용한다.
② 불균형 데이터 처리를 수행하면 정밀도를 향상시킨다.
③ 불필요한 변수를 제거하고 새로운 변수를 생성시키는 작업이다.
④ 언더 샘플링, 오버 샘플링을 사용한다.

26 다음 중 아래에서 설명하는 데이터 이상값 처리방법으로 옳은 것은?

- 대체 값으로 가장 가까운 이웃의 값이 사용된다.
- 다른 대체 방법보다 더 정확할 수 있지만, 연산 비용이 많이 든다.
- 데이터에서 이상치가 발생할 경우 정확도가 떨어질 수 있다.

① 변환(Transformation)
② 다중 대체(Multiple Imputation)
③ TOMI(Treatment of Outlier data as Missing values by applying Imputation methods)
④ K-최근접 이웃(KNN)

27 표본조사나 실험을 실시하는 과정에서 추출된 원소들이나 실험 단위로부터 주어진 목적에 적합하도록 관측해 자료를 얻는 것을 측정이라 한다. 다음 중 자료의 종류에 대한 설명으로 가장 부적절한 것은?

① 명목척도: 측정 대상이 어느 집단에 속하는지 분류할 때 사용하는 척도이다.
② 순서척도: 측도 대상의 특성이 가지는 서열관계를 관측하는 척도로 특정 서비스의 선호도 등이 해당된다.
③ 비율척도: 절대적 기준인 원점이 존재하지 않으며, 모든 사칙연산이 가능하다.
④ 구간척도: 측정대상이 갖는 속성의 양을 측정하는 것으로 온도 등이 해당된다.

28 아래의 변수 선택 기법 중 필터 기법(Filter Method)으로 가장 적절하지 않은 것은?

① 정보 이득(Information Gain)
② 카이제곱 검정(Chi-Squared Test)
③ 피셔 스코어(Fisher Score)
④ 라쏘(Lasso)

29 다음 중 상자수염그림 구성과 그 설명으로 가장 알맞지 않은 것은?

① 수염 - 상자길이(IQR)의 1. 5배만큼 떨어진 지점
② 하위경계 - 제1사분위에서 1. 5 × IQR 아래 위치
③ 상위경계 - 제4사분위에서 1. 5 × IQR 상위 위치
④ 이상값 - 수염 바깥쪽 데이터로, 점으로 표현

30 정규분포에 대한 분포의 모습을 설명한 것 중 틀린 것은?

① 첨도는 3이다.
② 좌우가 서로 대칭이다.
③ 왜도는 0이다.
④ 평균, 중앙값, 최빈값은 상이하다.

31 다음 중 연속확률 분포로 가장 올바르지 않은 것은?

① 베르누이 분포
② Z-분포
③ t-분포
④ 표준정규분포

32 다중회귀분석을 하는 데 있어 기본 가정 중 틀린 것은?

① 오차항의 분산은 모든 관찰치에 대해 σ^2의 일정한 분산을 갖는다.
② 회귀모형은 모수에 대해 비선형인 모델이다.
③ 서로 다른 관찰치 간의 오차항은 상관이 없다.
④ 오차항은 정규분포를 따른다.

33 아래 주어진 데이터의 중위수는 무엇인가?

6, 7, 9, 15, 13, 20, 45, 15

① 15
② 14
③ 13
④ 14.5

34 다음은 학생의 성적에 관련된 변수들의 주성분 분석 결과이다. 두번째 주성분 분산의 설명력으로 옳은 것은?

Importance of components:

	PC1	PC2	PC3	PC4
Standard deviation	1.7117	1.1932	0.9887	0.6434
Proportion of Variance	0.5257	0.2603	0.1555	0.0585
Cumulative Proportion	0.5257	0.7860	0.9415	1.0000

Standard deviations (1, .., p=4):
[1] 1.7117242 1.1931541 0.9886859 0.6434288

Rotation (n × k) = (4 × 4):

	PC1	PC2	PC3	PC4
study_hours	0.5360005	0.50641332	−0.4813068	−0.47186868
sleep	0.5392204	−0.56139694	0.6212177	−0.08239397
exercise	0.4431540	0.41261632	0.7022322	0.37603583
meal	−0.4714799	−0.51292656	−0.0824315	0.71297259

① 78.6% ② 15.55%
③ 26.03% ④ 52.57%

35 모집단과 표본의 통계량에 대한 설명 중 틀린 것은?

① 모집단의 표준편차가 σ이면 표준편차는 $\sigma/\sqrt{n}$이라고 정의한다.
② 동일한 모집단의 표준편차에서 표본의 크기가 커지면 커질수록 표준오차는 늘어나는 경향이 있다.
③ 모집단의 크기가 무한대에 한해서 표본평균의 표준오차는 $\sigma/\sqrt{n}$로 정의한다.
④ 표본분포의 평균은 모집단의 평균과 동일하다.

36 유의확률에 대한 설명으로 옳은 것은?

① 귀무가설이 거짓일 때, 이를 기각할 확률이다.
② 귀무가설이 참일 때, 이를 기각할 확률이다.
③ 임계치와 동일한 값이다.
④ t-value라고도 한다.

37 우리나라 대학생들의 평균 소비를 알아보려고 한다. 100명을 임의선택하여 확인한 결과 평균이 750,000인 것을 확인하였다. 모집단의 표준편차가 1,000,000이고 모집단의 정규분포를 이룰 때 우리나라 대학생들의 평균 소비금액의 90%의 신뢰구간으로 옳은 것은?

① $500,000 \leq \mu \leq 900,000$
② $685,500 \leq \mu \leq 814,500$
③ $550,000 \leq \mu \leq 850,000$
④ $585,500 \leq \mu \leq 914,500$

38 다음 중에서 확률분포에 대한 설명으로 가장 올바르지 않은 것은 무엇인가?

① 포아송 분포는 독립적인 두 카이제곱 분포가 있을 때, 두 확률변수의 비이다.
② 베르누이 분포는 특정 실험의 결과가 성공 또는 실패로 두 가지의 결과 중 하나를 얻는 확률분포이다.
③ T-분포는 모집단이 정규분포라는 정도만 알고 모표 준편차는 모를 때 모집단의 평균을 추정을 위하여 사용한다.
④ 카이제곱 분포는 서로 독립적인 표준 정규 확률변수를 각각 제곱한 다음 합해서 얻어지는 분포이다.

39 다음 중 추정과 가설검정에 대한 설명으로 가장 알맞지 않은 것은?

① 구간 추정이란 일정한 크기의 신뢰구간으로 모수가 특정한 구간에 있을 것이라고 추정하는 것으로 구해진 구간을 신뢰구간이라고 한다.
② 점 추정은 표본의 정보로부터 모집단의 모수가 특정한 값이라고 추정하는 것이다.
③ 기각역이란 대립가설이 맞을 때 그것을 받아들이는 확률을 의미한다.
④ p-값은 귀무가설이 참이라는 가정에 따라 주어진 표본 데이터를 평균값으로 얻을 확률이다.

40 예체능 계열 대학생의 안경착용 비율을 추정하기 위하여 체대생 100명, 미대생 100명을 표본으로 조사하였다. 이 중 체대생 40명, 미대생 30명이 안경을 착용하였다면 전체 예체능 계열 대학생의 안경착용 추정값은 얼마인가?

① 0. 35 ② 0. 38
③ 0. 4   ④ 0. 45

3과목

41 회귀분석에서 잔차의 가정으로 옳지 않은 것은?

① 선형성
② 독립성
③ 등분산성
④ 정규성

42 다음 중 분석 모형 구축 절차의 검증 및 테스트 단계를 설명한 것으로 가장 부적절한 것은?

① 성능 테스트 결과는 마지막에 최종 공유한다.
② 분석 데이터를 트레이닝용과 평가 데이터용으로 분리하고 이후 분석 데이터를 이용해 자체 검증한다.
③ 평가 데이터의 비율은 분석 데이터 세트의 30% 정도 이용하는 것이 일반적이다.
④ 투자 대비 효과 정량화 기법으로 비즈니스 영향도를 평가한다.

43 다음 중 데이터 분석 도구에 대한 설명으로 옳지 않은 것은?

① SAS는 데이터 분석 도구로서, 데이터를 쉽게 채굴하고, 변형, 관리 및 검색하며 통계 분석을 수행할 수 있는 소프트웨어 패키지이다.
② R은 보안기능이 취약하다는 단점이 있다.
③ Python은 실행속도가 빠르다는 장점이 있다.
④ Python과 R 모두 오픈소스이고 무료로 사용 가능하며, 커뮤니티가 활발해 다양한 라이브러리 및 패키지가 존재한다.

44 다음 중 데이터 분할에 대한 용어와 그 뜻이 잘못 이어진 것은?

① 학습데이터 – 데이터를 학습해 분석 모형의 알고리즘을 만드는 데 직접 사용되는 데이터
② 평가 데이터 – 추정한 분석모델이 과대/과소 적합이나 모형의 성능을 평가하기 위한 데이터
③ 테스트 데이터 – 구축된 모형의 과대추정 또는 과소 추정을 미세하게 조정하는 데 활용
④ 테스트 데이터 – 모형의 평가를 위한 과정에만 사용된다.

45 다음 중 선형회귀분석의 기본가정으로 옳지 않은 것은?

① 입력변수와 오차는 관련이 없다.
② 독립변수와 종속변수의 관계가 선형이다.
③ 오차의 분포가 정규분포를 따른다.
④ 오차항들은 서로 독립적이며 그들의 공분산은 1이다.

46 다음 중 로지스틱 회귀분석에 대한 설명으로 옳지 않은 것은?

① 로짓 변환을 통해 비선형 형태인 로지스틱 함수 형태를 선형 형태로 만들어 회귀 계수의 의미를 해석하기 쉽게 할 수 있다.
② 회귀 분석은 독립변수가 수치형이고 종속변수가 범주형(이항형)인 경우 적용되는 회귀 분석 모형이다.
③ 오즈는 임의의 이벤트가 어떤 요인에 의해 발생할 확률 대비 발생하지 않을 확률이다.
④ 새로운 설명변수의 값이 주어질 때 반응변수의 각 범주에 속할 확률이 얼마인지 추정하여 추정 확률을 기준치에 따라 분류하는 목적으로 사용된다.

47 다음 중 커피를 구매하는 사람이 탄산음료를 더 많이 구입하는지를 분석할 때 사용할 수 있는 빅데이터 분석기법은?

① 유전알고리즘
② 회귀분석
③ 연관규칙 학습
④ 감성분석

48 다음 중 서포트 벡터 머신에서 선형적으로 완벽한 분리가 불가능할 때 분류를 위해 허용된 오차를 위한 변수는?

① 커널변수
② 종속변수
③ 슬랙변수
④ 마진

49 다음 중 서포트 벡터 머신에 대한 설명 중 가장 올바른 것은?

① 분류 및 예측 모두 사용이 가능하다.
② 다른 방법보다 과대 적합의 가능성이 높은 모델이다.
③ 선형으로 분리가 불가능한 분류 문제에는 적용이 불가능하다.
④ 훈련 시간이 상대적으로 빠르고 정확성이 뛰어나다.

50 데이터 분할 방법 중, 모델의 성능을 증가시키는 선택을 반복하면서 발생하는 모델의 과적합 문제를 해결하기 위해 데이터를 학습 및 평가 데이터 세트로 분리하는 방법으로 옳은 것은?

① 부트스트랩
② 분할표
③ 홀드아웃 방법
④ K-Fold

51 다음 중 분류나무에 대한 분리 기준 설명으로 옳지 않은 것은?

① 지니지수의 값이 낮을수록 이질적(Diversity)이며 순수도(Purity)가 낮다고 볼 수 있다.
② 카이제곱 통계량은 각 셀에 대한 ((실제도수-기대도수)의 제곱 / 기대도수)의 합으로 구할 수 있다.
③ 엔트로피 지수는 열역학에서 쓰는 개념으로 무질서 정도에 대한 측도이다.
④ 엔트로피 지수가 가장 작은 예측 변수와 이때의 최적분리 규칙에 의해 자식마디를 형성한다.

52 이전 분류기의 학습한 결과를 기반으로 하여, 학습 데이터의 샘플 가중치를 조정하여 모델을 구축하는 앙상블 방법으로 옳은 것은?

① 랜덤 포레스트
② 부스팅
③ 배깅
④ 부트스트랩

53 고객의 상품 구매 여부를 예측하기 위해 고객의 거주지역, 성별, 연령 등의 변수를 사용하여 모델을 수립하려 할 때 사용 가능한 모형이 아닌 것은?

① 선형 회귀 모형(Linear Regression Model)
② 로지스틱 회귀 모형(Logistic Regression Model)
③ 의사결정나무(Decision Tree)
④ 서포트 벡터 머신(Support Vector Machine)

54 아래 집단에 대해 지니 지수(Gini Index)로 가장 알맞은 것은 무엇인가?

1 2 2 1

① 1/2   ② 1
③ 2   ④ 3

55 다음은 미국의 지역별 강력 범죄율 데이터의 주성분을 분석하여 도출한 결과이다. 제3주성분을 기준으로 했을 때의 누적 기여율은 얼마인가?

Importance of components				
	comp. 1	comp. 2	comp. 3	comp. 4
Standard deviation	1. 5748783	0. 9948694	0. 5971291	0. 41644938
Proportion of Variance	0. 6200604	0. 2474413	0. 9891408	0. 04335752
cumulative Proportion	0. 6200604	0. 8675017	0. 9566425	1. 00000000

① 59.71%   ② 86.75%
③ 98.91%   ④ 95.66%

56 다음에서 설명하는 랜덤 포레스트의 주요 기법은?

> 분석에 사용되는 변수를 랜덤하게 추출하는 것으로서, 훈련단계에서 훈련목적함수를 최대로 만드는 노드 분할 함수의 매개변수 0의 최적값을 구하는 과정이다.

① 보팅 기법
② 부트스트랩 처리 기법
③ 배깅을 이용한 포레스트 구성 기법
④ 임의노드최적화 기법

57 다음 중 배깅기법의 특징으로 올바르지 않은 것은?

① 배깅 기법에서 최적모델 결정은 독립수행 후 다수결로 달성한다.
② 일반적으로 성능 향상에 효과적이고, 결측값이 존재할 때 강하다.
③ 소량의 데이터일수록 유리하다.
④ 배깅기법의 주요 알고리즘은 에이다 부스트이다.

58 다음 중 의사결정 나무 모형의 학습 방법에 대한 설명으로 옳지 않은 것은?

① 정지 규칙(stopping rulle)은 더 이상 분리가 일어나지 않고, 그 다음 마디가 끝마디가 되도록 하는 규칙이다.
② 의사결정나무의 형성과정은 성장, 가지치기, 타당성 평가, 해석 및 예측으로 이루어진다.
③ CART 알고리즘은 불순도의 측도로 출력변수가 범주형일 경우 지니지수를 이용하고 연속형인 경우 이진분리를 사용한다.
④ 최적의 나무 크기는 자료로부터 추정하게 된다.

59 군집의 개수를 미리 정하지 않아도 되며 주로 탐색적 분석에 사용하는 군집 모형은?

① SOM 모형
② 계층적 군집 모형
③ 혼합분포군집 모형
④ SVM

60 다음 중 다차원 척도법에 대한 설명으로 옳지 않은 것은?

① 객체의 좌표값이 존재하면 공분산 행렬을 계산 가능하다.
② 각 개체들을 공간상에 표시하기 위한 방법으로 부적합도 기준 STRESS를 활용한다.
③ 데이터 속에 숨겨져 있는 패턴을 찾아 소수 차원의 공간에 기하학적으로 표현한다.
④ 거리를 계산할 때에는 유클리드 거리, 유사도를 계산할 때에는 자가크 유사도를 사용할 수 있다.

4과목

61 다음 시각화 도구 중 2개 이상 변수 사이의 관계를 표현하기에 적합한 것은?

① 파이차트
② 스캐터 플랏
③ 도넛차트
④ 히스토그램

62 ROC 곡선 아래의 면적을 모형의 평가지표로 삼는 AUC의 판단기준으로 옳지 않은 것은?

① 0.5 ~ 0.6: 불량(Poor)
② 0.7 ~ 0.8: 보통(Fair)
③ 0.8 ~ 0.9: 우수함(Good)
④ 0.9 ~ 1.0: 뛰어남(Excellent)

63 다음 중 아래에서 설명하는 교차검증 방법으로 옳은 것은?

> - 전체 데이터를 비복원추출하여 이용해 일정비율로 학습데이터와 평가데이터로 1회 나눠 검증하는 기법이다.
> - 데이터를 어떻게 나누느냐에 따라 결과가 많이 달라질 수 있다.

① 랜덤 서브샘플링
② LOOCV(Leave-One-Out Cross Validation)
③ K-fold Cross Vaildation
④ 홀드아웃 교차 검증

64 다음 중 ROC 곡선에 대한 설명으로 올바르지 않은 것은?

① ROC 곡선은 가로축(x)을 혼동 행렬의 거짓 긍정률(FP rate)로 두고 세로축(y)을 민감도(TP Rate)로 두어 시각화한 그래프이다.
② ROC 곡선에서 거짓 긍정률(FP Rate)과 민감도(TPRate)는 서로 비례적인 관계에 있다.
③ AUC는 ROC 곡선 아래의 면적으로 면적을 모형의 평가지표로 삼는다.
④ AUC의 값은 항상 0.5 ~ 1의 값을 가지며 1에 가까울수록 좋은 모형이다.

65 다음 중 홀드 아웃 교차 검증 기법에 대한 설명으로 가장 올바르지 않은 것은?

① 일반적으로 5:5, 3:7, 2:1 등의 비율로 데이터를 나누어 학습과 평가에 사용한다.
② 각 샘플들이 학습(Training)과 평가(Test)에 얼마나 많이 사용할 것인지 횟수를 제한하지 않아 특정 데이터만 학습되는 경우가 발생할 수 있다.

③ 계산량이 많지 않아 모형을 쉽게 평가할 수 있으나 전체 데이터에서 평가 데이터만큼은 학습에 사용할 수 없으므로 데이터 손실이 발생한다.
④ 홀드아웃 교차검증의 데이터는 학습 데이터, 검증 데이터, 평가 데이터로 나눈다.

66 다음 중 K-Fold cross Validation에 대한 설명으로 가장 부적절한 것은?

① 데이터 집합을 무작위로 k개의 부분 집합으로 나누어 검증하는 방법이다.
② 전체 데이터를 k개의 동일 크기로 나눈다.
③ 모든 데이터를 학습(Training)과 평가(Test)에 사용할 수 있다.
④ k값이 증가하면 수행 시간과 계산량이 감소한다.

67 딥러닝 학습에서 가중치 갱신 시 가중치 값이 커지지 않도록 규제하는 기법으로 손실함수에 가중치의 절대값을 추가하는 규제기법으로 옳은 것은?

① L2   ② L1
③ 엘라스틱 넷   ④ 가중치 초기화

68 다음 중 교차 검증에 대한 설명으로 옳지 않은 것은?

① 모델 학습 시 데이터를 훈련용과 검증용으로 교차하여 선택하는 방법이다.
② 반복 학습이 발생해 모델의 훈련과 평가시간이 오래 걸린다.
③ LOOCV는 p개의 샘플을 테스트에 사용한다.
④ 랜덤 서브샘플링은 모집단으로부터 조사의 대상이 되는 표본을 무작위 추출하는 기법이다.

69 다음 중 데이터의 적합도를 확인하기 위한 방법으로 가장 올바르지 않은 것은?

① 카이제곱 검정
② 샤피로-윌크 검정(Shapiro-Wilk Test)
③ 더빈-왓슨 테스트(Durbin Watson Test)
④ Q-Q plot

70 시각화 도구에 대한 설명으로 틀린 것은?

① 도넛차트는 조각의 길이로 데이터 값의 크기를 표현한다.
② 중첩 도넛차트는 스타차트로도 변환 가능하다.
③ 원그래프는 데이터값을 비율로 환산하여 표현한다.
④ 누적 히스토그램이 오른쪽으로 치우친 경우 데이터는 큰 수에 집중되어 있다.

71 다음 중에서 관측된 데이터가 가정된(알려진) 확률을 따르는지 확인하기 위하여 사용하는 적합도 검정 방법으로 가장 옳은 것은?

① Q-Q Plot
② 샤피로-윌크 검정
③ 홀드아웃 검정
④ 카이제곱 검정

72 다음 중 확률적 경사 하강법에 속도라는 개념을 적용한 기법은?

① 랜덤 포레스트
② 모멘텀
③ 앙상블
④ 배깅

73 데이터 시각화 방법 중 특정 주제의 지리적 분포를 나타내는 방법은?

① 카토그램
② 인포그래픽
③ 히스토그램
④ 주제 지도학

74 데이터 시각화 유형 중 분포시각화의 기법으로 옳지 않은 것은?

① 버블차트
② 파이차트
③ 도넛차트
④ 트리맵

75 다음 중 시간 시각화 유형에 대한 설명으로 가장 옳지 않은 것은?

① 계단식 그래프(Step Line Graph): 수치화된 데이터 값을 서로 다른 선의 굵기로 표시하는 그래프
② 선 그래프(Line Graph): 수량을 점으로 표시하고, 점 둘을 선으로 이어 그린 그래프
③ 버블 차트(Bubble Chrat): 선 그래프와 같이 시간의 값에 따라 크기 변화를 보여주고, 색을 채운 영역으로 보여 준다는 것과 y축의 값은 0부터 시작해야 하는 점이 특징인 그래프
④ 막대그래프(Bar Graph): 동일한 너비의 여러 막대를 사용해 데이터를 표시하며. 각 막대는 특정 범주를 나타내는 그래프

76 다음 중 데이터 시각화에 대한 설명으로 잘못된 것은?

① 비정형데이터는 정형데이터로 변환하여 시각화해야 한다.
② 데이터의 분포형태를 시각적으로 보여 준다.
③ 데이터 특징을 직관적으로 제공하여 이해가 용이하다.
④ x축과 y축을 바꾸어도 그래프의 상관관계가 변하지 않는다.

77 데이터 시각화 도구 중 데이터의 분포를 표현하는 데 적합하지 않은 것은?

① 트리맵   ② 인포그래픽
③ 히스토그램   ④ 파이차트

78 예측값이 범주형으로 나타날 때, 모니터링 평가지표로 옳지 않은 것은?

① F1-Score   ② RMSE
③ 재현율   ④ 정확도

79 분석모형이 운영 시스템에 적용되면 모니터링을 하는 방법으로 적절하지 않은 것은?

① 실시간 또는 배치 스케줄러(Batch Scheduler)의 정상 실행 여부를 모니터링한다.
② 주기별로 성과가 예상했던 수준으로 나오고 있는지를 모니터링한다.
③ DBMS에 성과자료를 누적하여 모니터링한다.
④ 데이터 정합성을 체크해야 하므로 수동으로 모니터링한다.

80 분석과제 선정을 위해 고려하는 항목과 거리가 먼 것은?

① 과제의 시급성
② 분석기회 발굴을 위한 질문 구체화
③ 분석모델의 구현 가능성
④ 비즈니스 기여도

01 | 모의고사 제1회 해설

01	02	03	04	05	06	07	08	09	10
③	②	④	①	②	②	①	②	③	①
11	12	13	14	15	16	17	18	19	20
①	④	③	①	④	④	①	④	②	①
21	22	23	24	25	26	27	28	29	30
③	④	②	③	③	②	①	④	②	④
31	32	33	34	35	36	37	38	39	40
④	③	①	①	③	②	①	②	③	③
41	42	43	44	45	46	47	48	49	50
④	③	②	④	②	③	④	①	②	③
51	52	53	54	55	56	57	58	59	60
②	③	①	④	④	④	④	④	③	③
61	62	63	64	65	66	67	68	69	70
①	④	④	②	③	①	②	③	③	①
71	72	73	74	75	76	77	78	79	80
④	②	①	④	①	④	③	②	④	①

1과목

01 ③

연결화에 대한 설명이다. 지식창조 메커니즘은 공통화 – 표출화 – 연결화 – 내면화 단계로 이루어져 있다.

02 ②

데이터 웨어하우스의 특징은 주제지향성, 통합성, 시계열성, 비휘발성이다.

03 ④

데이터는 혁신, 경쟁력, 생산성의 핵심요소이다.

04 ①

가치(value)는 빅데이터의 4V에 해당한다.

05 ②

데이터레이크에 대한 설명이다.
참고로 데이터 웨어하우스란 조직 내의 특정 주제 또는 부서 중심으로 구축된 소규모 단위 주제에 대한 정보를 포함하는 데이터 저장시스템이다.

06 ②

빅데이터 활용을 위한 요소는 [자 기 인] 자원, 기술, 인력이다.

07 ①

빅데이터 위기요인
- 사생활 침해: 목적 외로 활용된 개인정보가 포함된 데이터의 경우 사생활 침해를 넘어 사회·경제적 위협으로 확대된다.
- 책임 원칙 훼손: 예측 기술의 발전으로 분석 대상이 되는 사람들이 무고하게 피해를 입을 가능성이 증가한다.
- 데이터 오용: 데이터 분석은 실제 일어난 일에 대한 데이터에 의존하기 때문에 이를 바탕으로 미래 예측 시 필연적으로 오류가 발생할 수 있다.

08 ②

집중구조에 관한 설명이다.

기능구조
– 일반적인 형태로 별도 분석조직이 없고 해당 부서에서 분석수행
– 전사적 핵심 분석이 어려우며 과거에 국한된 분석수행
집중구조
– 전사의 분석 업무를 별도의 분석 전담 조직에서 담당함
– 전략적 중요도에 따라 분석조직이 우선순위를 정해

서 진행 가능
- 현업 업무부서의 분석 업무와 중복 및 이원화 가능성
분산구조
- 분석조직 인력들을 현업 부서로 직접 배치해 분석 업무를 수행
- 전사 차원의 우선순위 수행
- 분석 결과에 따른 신속한 피드백이 나오고 베스트프랙티스 공유 가능
- 업무 과다와 이원화 가능성이 존재할 수 있어 부서 분석 업무와 역할 분담이 명확해야 함

09 ③
스쿱은 대용량 데이터 전송 솔루션으로 다양한 저장소에 대용량 데이터를 전송할 수 있다. 벌크 임포트(Bulk Import) 지원, 데이터 전송 병렬화, HBase와 Hive에 직접 import 제공, 프로그래밍 방식의 데이터 인터렉션 의 특징이 있다.

10 ①
데이터 3법
• 신용정보의 이용 및 보호에 관한 법률
• 개인정보보호법
• 정보통신망 이용촉진 및 정보보호 등에 관한 법률

11 ①
혼합방식에 대한 설명이다.

12 ④
하향식 접근방식의 구성요소는 문제 탐색 - 문제 정의 - 해결방안 탐색 - 타당성 평가이다.

13 ③
우선순위 기준을 시급성에 둘 경우 순서는 3-4-1-2이다.

14 ①
계약서 작성만으로는 법률적 위험요소들이 해소되었다고 볼 수는 없다.

15 ④
생성변수의 검증방안에는 정확성, 완전성, 적시성, 일관성이 있다.

16 ④
계층적 프로세스 모델의 구성요소
• 단계
  - 프로세스 그룹을 통해 단계별 산출물을 생성한다.
  - 각 단계는 기준선으로 설정 및 관리되며 버전관리 등을 통하여 통제한다.
• 태스크
  - 단계를 구성하는 단위 활동이다.
  - 물리적 또는 논리적 단위로 품질 검토의 항목이 된다.
• 스텝
  - 입력자료, 처리 및 도구, 출력자료로 구성된 단위 프로세스이다.

17 ①
• CRISP-DM은 1996년 유럽연합 ESPRIT 프로젝트에서 시작한 방법론으로 단계 간 피드백을 통해 단계별 완성도를 높인다.
• SEMMA 분석 방법론은 분석 솔루션 업체 SAS사가 주도한 통계 중심의 방법론이다.

18 ④
주어진 데이터 내에서 같은 값이 k개 이상 포함되도록 요구한다. 즉, 적어도 k-개의 다른 값을 보장하여 값이 서로 구별되도록 하는 기술이다.

19 ②
데이터 삭제기법의 단점은 분석결과의 유효성 및 신뢰성 저하 가능성이다.

20 ①
일관성 또는 가용성 중 하나를 포기하고 지속성을 보장한다.

2과목

21 ③

데이터 이상값 발생 원인
- 표본추출 오류
- 고의적인 이상값 데이터 입력 오류
- 실험 오류
- 측정 오류
- 데이터 처리 오류
- 자연 오류

22 ④

ESD는 이상값을 측정하기 위한 기법이다.

23 ②

이상값을 처리할 때 시각화를 이용하여 검출한다.

24 ③

① 알콜의존자는 음주량을 줄여서 말함 – 비무작위결측
② 무응답 – 무작위 결측
④ 미성년자는 음주량을 응답을 기피함 – 비무작위 결측

25 ③

데이터의 정상성의 감소를 초래한다.

26 ②

표준화 점수에 대한 내용이다.

표준화 점수 Z score	평균이 μ이고 표준편차가 σ인 정규분포를 따르는 관측치 간의 차이의 비율을 활용해 이상값 여부를 검정하는 방법 $Z = \dfrac{x - \mu}{\sigma}$
ESD	평균으로부터 3 표준편차 떨어진 값을 이상값으로 판단
기하평균	기하평균으로부터 2.5표준편차 떨어진 값을 이상값으로 판단
사분위수	제1사분위, 제3사분위를 기준으로 사분위 간 범위의 1.5배 이상 떨어진 값을 이상값으로 판단

딕슨의 Q 검정	오름차순으로 정렬된 데이터에서 범위에 대한 관측치 간의 차이의 비율을 활용해 이상값 여부를 검정하는 방법
그럽스 T–검정	정규분포를 만족하는 단변량 자료에서 이상값을 찾는 통계적 검정
카이제곱 검정	카이제곱 검정은 데이터가 정규분포를 만족하나, 자료의 수가 적은 경우에 이상값을 검정하는 방법
마할라노비스 거리	모든 변수 간에 선형관계를 만족하고, 각 변수들이 정규분포를 따르는 경우 적용할 수 있는 접근법

27 ①

마할라노비스 거리는 통계기법을 활용한 데이터 이상값 검출방법이다.

28 ④

차원의 저주 해소(curse of dimension)
데이터 학습을 위한 차원이 증가하면서 학습 데이터의 수보다 차원의 수가 많아져 모델의 성능이 떨어지는 현상이다.

29 ②

① PCA
  - 대규모의 독립변수를 잘 설명해 줄 수 있는 주된 성분을 추출하는 방법이다.
  - 사용되는 변수들이 모두 양적변수여야 하며, 정규분포를 이루어야 한다.
③ 음수 미포함 행렬분해(NMF)
  - 원소가 양수인 행렬 V를 음수를 포함하지 않는 행렬 W와 H의 곱으로 분해하는 알고리즘이다.
  - 어떤 성분의 가중치 합으로 각 데이터 포인트를 나타낼 수 있다.
④ 요인분석
  - 변수들 간의 상관관계를 분석하여 공통차원으로 축약하는 분석 방법이다.
  - 다수 변수들의 정보손실을 최소화하면서 소수의 차원으로 축약한다.

30 ④

원천 데이터 셋에 존재하지 않는다.

31 ④

정규분포성 – X와 Y의 분포가 정규분포를 이룬다는 것이다.

32 ③

표본의 분산 n-1개로 나눈다.

33 ①

② 피어슨 상관계수는 +1과 -1 사이의 값을 가진다.
③, ④ 스피어만 상관계수에 대한 설명이다.

34 ①

베르누이 분포

• 베르누이 시행에서 특정 실험 결과가 성공 또는 실패로 두 결과 중 하나를 얻는 확률 분포이다.
• 어떤 확률변수 X가 시행의 결과가 '성공'이면 1이고, '실패'면 0의 값을 갖는다고 할 때, 이 확률변수 X를 바로 베르누이 확률변수라고 부르고, 이것의 분포를 베르누이 분포라고 한다.

35 ③

t-분포(Student's t-Distribution)에 해당하는 설명이다.

36 ②

① 귀무가설은 H_0으로 표기하고, 대립가설은 H_1으로 표기한다.
③ 귀무가설은 기본적으로 참으로 추정한다.
④ 대립가설은 연구가설이라고도 한다.

37 ①

p-value는 귀무가설이 사실인데도 불구하고 사실이 아니라고 판정할 때 실제 확률을 나타낸다.

p-value
• 귀무가설이 옳다는 가정하에 얻은 통계량이 귀무가설을 얼마나 지지하는지를 나타낸 확률이다.
• p-값은 0~1 사이의 값을 가지고 있고 P값은 전체 표본에서 하나의 표본이 나올 수 있는 확률이다.
• p-값이 작을수록 귀무가설을 기각할 가능성이 높아진다.

38 ②

95% 신뢰구간은 주어진 한 개의 신뢰구간에 미지의 모수가 포함될 확률이 95%이다.

39 ③

[1, 0, 0, 1, 0, 0, 1, 1, 1, 0, 1, 1]
런은 동일한 측정값들이 시작하여 끝날 때까지의 덩어리를 말하는 것으로 문제에서 런은 1/00/1/00/111/0/11로 구분할 수 있다. 따라서 총 7회이다.

40 ③

관측 개수가 클수록 신뢰구간이 좁아져 더 정확하게 모집단 평균을 추정할 수 있다.

3과목

41 ④

인스타그램 사진으로 사람을 분류하는 것은 비지도 학습 알고리즘이다.

• 지도학습(supervised learning): 데이터에 대한 레이블, 즉 정답이 주어진 상태에서 학습하는 것이다.
• 비지도학습(Unsupervised Learning): 데이터에 대한 레이블, 즉 정답이 없는 상태에서 학습하는 것이다.

42 ③

로지스틱 회귀모형은 종속변수가 범주형인 경우 사용한다.

43 ②

파라미터

- 모델 내부에서 확인이 가능한 변수로 데이터를 통해 산출이 가능한 값
- 예측을 수행할 때, 모델에 의해 요구되는 값들
- 파라미터가 모델의 성능을 결정
- 파라미터는 측정되거나 데이터로부터 학습됨
- 종종 학습된 모델의 일부로 저장

44 ④

비계층적 방법은 군집을 위한 소집단의 개수를 정해놓고 각 객체 중 하나의 소집단으로 배정하는 방법이다.

45 ②

R은 Window, Mac OS, Linux 등의 많은 OS를 지원한다.

46 ③

수정된 결정계수가 56.78이다.

47 ④

잔차들의 분산은 일정해야 하지만 0일 필요는 없다.

48 ①

$$지지도 = \frac{A와 B가 동시에 포함된 거래의 수}{전체 거래의 수}$$

$$= \frac{4}{10} = 0.4$$

49 ②

전진 선택법	상관관계가 큰 변수부터 순차적으로 모형에 추가하여 변수를 추가하는 방법
후진 제거법	모든 독립변수가 추가된 전체 모형에서 상관관계가 작은 변수부터 제거해 나가는 방법
단계적 선택법	전진 선택법으로 상관관계가 높은 변수를 추가하면서 중요도가 작은 변수를 후진제거법으로 제거하는 혼합방식

50 ③

- 부모 마디(Parent Node)는 주어진 마디의 상위 마디이다.
- 중간 마디(Internal Node)는 부모 마디와 자식 마디가 모두 있는 마디이다.

51 ②

등분산성에 대한 설명이다.

52 ③

분산 분석에서 F통계량은 연속형 목표변수에 사용되는 분리 기준이다.

53 ①

역전파(Backpropagation) 과정 중 출력층에서 멀어질수록 Gradient 값이 매우 작아지는 현상은 기울기 소실(Vanishing Gradient)이다.

54 ④

인공신경망에 대한 설명이다. 인공신경망을 이용한 군집 분석은 역전파 알고리즘을 사용함으로써 군집의 성능이 우수하고 수행속도가 빠르다.

55 ④

모든 항목집합의 대한 복잡한 계산량을 줄이기 위해 최소 지지도를 정해서 그 이상의 값만 찾은 후 연관규칙을 생성하는 것은 FP-Growth 알고리즘에 대한 설명이다.

56 ④

자카드 거리는 명목형 변수 간의 거리를 정의하는 지표이다.

57 ④

비정형 데이터 분석 방법은 텍스트 마이닝, 감성 분석, 웹마이닝, 사회 연결망 분석 등이 있다.

58 ④

나이브 베이즈 분류기는 모든 특성값은 서로 독립임을 가정한다.

59 ③

① 단일 표본 부호 검정: 중위수의 위치에 대한 검정방법이다.
② 크루스칼 왈리스 검정: 세 집단 이상의 분포를 비교하는 검정방법으로 그룹별 중위수가 같은지 검정한다.
④ 윌콕슨 부호 순위 검정: 단일 표본에서 중위수에 대한 검정에 사용되며 대응되는 두 표본의 중위수의 차이 검정에도 사용된다.

60 ③

- 오즈(Odds) = 합격 확률(p) / (1 − 합격 확률(p))
- 오즈비(Odds Ratio) = (첫 번째 그룹의 오즈) / (두 번째 그룹의 오즈)
- 합격자 그룹의 오즈 = 80 / (80 + 40) = 0.67
- 불합격자 그룹의 오즈 = 40 / (80 + 40) = 0.33
- 오즈비 = 0.67 / 0.33 = 2

4과목

61 ①

혼동행렬(Confusion Matrix)
- 모델의 예측값이 실제 관측값을 정확히 예측했는지 보여주는 행렬이다.
- 일반적으로 지도학습에서 알고리즘의 성능을 시각화할 수 있는 표이다.

62 ④

$\dfrac{TP}{TP+FP}$ 는 정밀도의 공식으로 긍정으로 예측한 비율 중 실제로 긍정인 비율이다.

63 ④

- 정확도 = 50/100 = 0.5
- 정밀도 = 10/50 = 0.2
- 재현율 = 10/20 = 0.5

64 ②

AUC 값은 ROC곡선 밑의 면적으로 0.35~1 값을 가지며 1에 가까울수록 좋다.

65 ③

① SSE: 오차 제곱합
  - 예측값과 실젯값 차이의 제곱 합
② SST: 전체 제곱합
  - 실젯값과 평균값 차이의 제곱 합
④ AE: 평균오차
  - 예측한 결괏값의 오류 평균

66 ①

정규성 검정

Shaprio-Wilks Test	해당 집단이 정규분포라고 가정하며, p-value가 일정 수준 이상이어야 가설을 기각하지 않는다.
Kolmogorov -Smirnnov Test	관측된 표본분포와 가정된 분포 사이의 적합도를 검사하는 누적분포함수의 차이를 이용한 검정방법이다.
Q-Q Plot (Quantile-Quantile plot)	주어진 데이터가 정규분포인지 또는 두 데이터 셋이 같은 분포로부터 왔는지를 보이는 것이다.

67 ②

복잡한 모델은 많은 수의 매개변수를 가진 모델로 과대적합될 가능성이 크다.

68 ③

다음 중 제한된 학습 데이터 세트에 너무 지나치게 특화되어 새로운 데이터에 대한 오차가 매우 커지는 현상은 과대적합이다.

69 ③

공간적 드롭아웃은 CNN알고리즘에 사용되고, 시간적 드롭아웃은 RNN알고리즘에 사용된다.

70 ①

모멘텀, AdaGrad, Adam은 경사 하강법의 단점을 개선해주는 기법이다.

71 ④

매개변수 최적화는 모델과 실제 값의 차이가 손실함수로 표현될 때 손실함수의 값을 최소화하도록 하는 매개변수를 탐색하는 과정이다.

72 ②

Adjusted R^2, 즉 수정된 결정계수는 표본크기와 독립변수의 개수를 고려해 결정되는 회귀분석의 성능평가 지표이다.

73 ①

공간 시각화는 지도상에 해당하는 정보를 표현하는 시각화 방법으로 회귀분석 모델에는 적합하지 않다.

74 ④

체르노프페이스는 비교시각화의 한 종류이다.

75 ①

색상으로 표현할 수 있는 다양한 정보를 일정한 이미지 위에 열 분포 형태의 그래픽으로 출력하는 표현 방법은 히트맵이다.

76 ④

위치는 연속형 데이터 및 이산형 데이터에 적용하기 어려운 시각화 속성이다.

77 ③

누적히스토그램에 대한 설명이다.

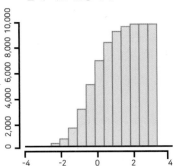

78 ②

모니터링을 수작업으로 하게 되면 개발된 모델이 많아질수록 과업이 늘어날 수 있어 자동으로 모니터링하고 이상 시에만 확인하는 프로세스를 수립한다.

79 ④

데이터 분석 서비스의 요구사항은 신규프로젝트 계획 단계에서 검토할 내용이다.

80 ①

분석예산은 분석계획 수립 시기에 검토해야 할 대상이다.

02 모의고사 제2회 해설

01	02	03	04	05	06	07	08	09	10
②	③	②	①	④	①	①	③	②	②
11	12	13	14	15	16	17	18	19	20
③	④	①	①	③	①	③	③	②	③
21	22	23	24	25	26	27	28	29	30
④	③	①	④	①	①	③	②	③	②
31	32	33	34	35	36	37	38	39	40
①	①	③	①	②	②	②	④	④	④
41	42	43	44	45	46	47	48	49	50
④	①	③	①	④	④	③	④	②	③
51	52	53	54	55	56	57	58	59	60
②	④	③	②	④	④	③	①	①	②
61	62	63	64	65	66	67	68	69	70
②	④	②	②	②	②	③	①	④	④
71	72	73	74	75	76	77	78	79	80
②	④	④	④	②	①	④	③	③	②

1과목

01 ②

단순한 객체로서의 가치뿐 아니라 다른 객체와의 상호 관계 속에서 가치를 갖는다.

02 ③

① 정보, ② 데이터, ④ 지혜

03 ②

현실 세계의 데이터를 기반으로 하며 미래 전망을 예측하여 불확실성을 제거한다.

04 ①

② HTML: 웹 페이지 및 웹 응용 프로그램의 구조를 만들기 위한 표준 마크업 언어
③ JSON: 〈키–값〉으로 이루어진 데이터 오브젝트를 전달하기 위해 텍스트를 사용하는 개방형 표준 포맷
④ CSV: 쉼표로 구분한 텍스트 데이터 및 파일

05 ④

맵은 데이터를 연관성 있는 데이터들로 분류하는 작업(key, value의 형태)을 수행한다.

06 ①

집중구조
• 전사의 분석 업무를 별도의 분석 전담 조직에서 담당함
• 전략적 중요도에 따라 분석조직이 우선순위를 정해서 진행 가능
• 현업 업무부서의 분석 업무와 중복 및 이원화 가능성

기능구조
• 일반적인 형태로 별도 분석조직이 없고 해당 부서에서 분석수행
• 전사적 핵심 분석이 어려우며 과거에 국한된 분석수행

분산구조
• 분석조직 인력들을 현업 부서로 직접 배치해 분석 업무를 수행
• 전사 차원의 우선순위 수행
• 분석 결과에 따른 신속한 피드백이 나오고 베스트프랙티스 공유가 가능
• 업무 과다와 이원화 가능성이 존재할 수 있어 부서 분석 업무와 역할 분담이 명확해야 함

07 ①

크롤링에 대한 설명이다.

② RSS: 업데이트가 자주 일어나는 웹사이트에서, 업데이트된 정보를 자동적으로 쉽게 사용자들에게 제공하기 위한 서비스

③ 스크라이브: 페이스북에서 개발한 데이터 수집 플랫폼

④ Open API: 인터넷 이용자가 일방적으로 웹 검색 결과 및 사용자인터페이스(UI) 등을 제공받는 데 그치지 않고 직접 응용 프로그램과 서비스를 개발할 수 있도록 공개된 API를 말함

08 ③

HDFS는 분산데이터 저장기능을 수행한다.

09 ②

① Chukwa: 분산 환경에서 생성되는 데이터를 HDFS에 안정적으로 저장시키는 플랫폼

② HDFS: 수십 테라바이트 또는 페타바이트 이상의 대용량 파일을 분산된 서버에 저장하고, 그 저장된 데이터를 빠르게 처리할 수 있게 하는 파일시스템

③ Oozie: 하둡 작업을 관리하는 워크플로우 및 코디네이터 시스템

④ Impala: 클라우드데라에서 개발한 하둡 기반의 실시간 SQL 질의 시스템

10 ②

데이터 3법
- 신용정보법
- 개인정보보호법
- 정보통신망법

11 ③

개인정보의 수집·이용을 위해 정보 주체의 동의를 받을 때 고지사항(15조 2항)

① 개인정보의 수집·이용 목적

② 수집하려는 개인정보의 항목

③ 개인정보의 보유 및 이용 기간

④ 동의를 거부할 권리가 있다는 사실 및 동의 거부에 따른 불이익이 있는 경우에는 그 불이익의 내용

12 ④

t-근접성

- 전체 데이터 집합의 정보 분포와 특정 정보의 분포 차이를 t 이하로 하여 추론을 방지한다.
- 정보가 특정 값으로 쏠리거나 유사한 값들이 뭉치는 경우 익명성이 드러날 우려가 있다.

13 ①

분석의 대상과 방법에 따른 분류 중에서 분석의 대상은 인지(Known)하고 있으나 방법을 모르는 경우(Un-Known)에 사용하는 유형은 솔루션 유형이다.

14 ①

데이터 분석 절차는 문제인식 – 연구조사 – 모형화 – 데이터 수집 – 데이터 분석 – 분석결과 제시 순서이다.

15 ③

① 원칙
- 데이터를 유지 및 관리하기 위한 가이드
- 보안, 변경관리, 품질기준 등의 지침

② 조직
- 데이터를 관리하는 조직의 역할과 책임
- 데이터 베이스 관리자, 데이터 아키텍처 등

④ 프로세스
- 데이터 관리를 위한 체계
- 작업절차, 측정활동, 모니터링 등

16 ①

KDD 방법론에 대한 설명이다.

17 ③

별도의 클라이언트 프로그램이 필요하다.

18 ③

기능성	해당 데이터가 특정 조건에서 사용될 때, 명시된 요과 내재된 요구를 만족하는 기능 제공 여부
신뢰성	데이터가 규정된 신뢰 수준을 유지하거나 사용자가 오류를 방지할 수 있도록 하는 정도
사용성	데이터가 사용될 때, 사용자가 이해 가능하며 선호하는 정도
효율성	데이터가 사용될 때, 사용되는 자원의 양에 따라 요구된 성능을 제공하는 정도
이식성	해당 콘텐츠가 다양한 환경과 상황에서 실행될 가능성

19 ②

다양한 소스에서 데이터를 수집하여 중앙 집중식으로 저장하는 시스템이다.

주제 지향적	기업의 기능이나 업무가 아닌 주제 중심적으로 구성되는 특징
통합성	여러 소스에서 데이터를 조합해 전사적 관점에서 하나로 통합되는 특징
시계열성	시간변이 키가 존재해 시간에 따른 변경을 반영하고 있다는 특징
비휘발성	정기적 데이터변경을 제외하고 검색 작업만 수행되는 읽기 전용의 데이터를 유지함

20 ③

NoSQL은 관계형 모델을 사용하지 않는 데이터 저장소 또는 인터페이스이며, 대규모 데이터를 처리하기 위한 기술로 확장성, 기용성, 높은 성능을 제공한다.

2과목

21 ④

데이터 오류의 종류에는 이상값, 노이즈, 결측값이 있다.

종류	설명
결측값	존재하지 않거나 관측되지 않는 값
노이즈	실제는 입력되지 않았지만 입력되었다고 잘못 판단된 값
이상값	데이터의 범위에서 많이 벗어난 아주 작은 값이나 아주 큰 값

22 ③

스파크에 대한 설명으로 확장성이 높으며, 탄력적인 오픈 소스 분산형 컴퓨팅 플랫폼이다.

23 ①

평균대치법은 결측값 처리 방법이다.

24 ④

핫덱 대체	무응답을 현재 진행 중인 연구에서 비슷한 성향을 가진 응답자료로 대체하는 방법
콜드덱 대체	무응답을 외부 또는 과거 자료에서의 응답 자료로 대체하는 방법
혼합 방법	다양한 방법을 혼합하는 방법

25 ①

- 단계적 방법: 전진선택법을 선택하여 설명력이 좋은 변수를 추가한 다음 후진선택법을 통해 유의하지 않은 변수를 제거한다.
- 전진 선택법: 기존 모형에 가장 설명력이 좋은 변수를 하나씩 추가하는 방법이다.
- 필터 기법: 통계적 측정 방법을 이용해 변수의 상관관계를 알아낸 뒤에 높은 상관관계를 가지는 변수만 사용한다.

26 ①

필터 기법(filter method)

• 데이터의 통계적 특성으로부터 변수를 택하는 기법이다.

• 통계적 측정 방법을 이용해 변수의 상관관계를 알아낸 뒤에 높은 상관관계를 가지는 변수만 사용한다.

• 불필요하거나 중복된 예측 변수를 모델에서 제거함으로써 모델의 예측 능력을 향상시킨다.

27 ③

릿지규제에 해당하는 설명이다.

② Lasso

   • 중요한 몇 개의 변수를 선택하고 나머지 변수들의 영향력을 0으로 만든다.

   • 가중치의 절댓값의 합을 최소화하는 것을 제약조건으로 하는 방법이다.

④ Elastic Net

   • 릿지와 라쏘규제를 결합하여 만든 모델이다.

   • 가중치의 절댓값의 합과 제곱합을 동시에 추가적인 제약조건으로 하는 방법이다.

28 ②

① 전진선택법은 기존 모형에 가장 설명력이 좋은 변수를 하나씩 추가하는 방법이다.

③ 후진 선택법은 설명력이 가장 적은 변수를 제거하는 방법이다.

④ 한번 제거된 변수는 추가하지 않는다.

29 ③

SMOTE는 오버샘플링 기법이다.

30 ②

t분포

• 모집단이 정규분포라는 정도만 알고, 모 표준편차는 모를 때 사용한다.

• 정규분포의 평균을 측정할 때 주로 사용되며, 두 집단 간 평균의 차이 검정에도 활용된다.

• 정규분포와 유사하게 좌우대칭의 종모양을 이루지만 자유도(= t)에 따라 형태가 달라진다.

• 표본수가 적을 경우 평균을 추정할 수 있다.

31 ①

① 베르누이 분포: 특정 실험의 결과가 성공 또는 실패로 두 가지의 결과 중 하나를 얻음

② 포아송분포: 주어진 시간 안에 어떤 사건이 일어날 횟수에 대한 기대값을 r이라고 했을 때, 그 사건이 n회 일어날 확률을 나타내는 분포

③ 이항분포: N번 시행 중 각 시행의 확률이 P일 때 K번 성공할 확률

④ 기하분포: 베르누이 시행을 독립적으로 반복해서 성공을 얻을 때까지 걸리는 시행 횟수

32 ①

저항성은 데이터의 부분적 변동에 민감하게 반응하지 않는다.

33 ③

자료의 분포를 알아보는 기초통계량이다.

34 ①

• 평균: $\dfrac{82+100+110+130+156+180+184}{7}$

    $= 134$

• 중앙값: 가운데의 값으로 130

35 ②

확률분포는 이산확률분포와 연속확률분포로 구분 가능하다.

36 ②

$$\frac{P(\text{불량품} \mid 1\text{번공장})}{P(\text{불량품} \mid 1\text{번공장}) + P(\text{불량품} \mid 2\text{번공장})}$$
$$= \frac{0.1}{0.1 + 0.15}$$
$$= 0.4$$

37 ②

95% 신뢰구간은 '주어진 한 개의 신뢰구간에 미지의 모수가 포함될 확률이 95%다.'라는 의미이다.

38 ④

기댓값(E) = (확률1 * 값1) + (확률2 * 값2) + ... + (확률n * 값n)

표준 주사위의 경우, 각 숫자가 나올 확률은 모두 1/6으로 동일하다.

$$
\begin{aligned}
기댓값(E) &= (1/6 * 1) + (1/6 * 2) + (1/6 * 3) + \\
&\quad (1/6 * 4) + (1/6 * 5) + (1/6 * 6) \\
&= (1/6) * (1 + 2 + 3 + 4 + 5 + 6) \\
&= (1/6) * 21 = 3.5
\end{aligned}
$$

39 ④

일치성은 표본크기가 증가할수록 좋은 추정값을 제시한다.

40 ④

모수의 최대우도 추정치는 $\hat{\theta} = \overline{x}$ 이므로

$$
\hat{\theta} = \frac{1+2+3+3+5}{5} = \frac{14}{5} = 2.8
$$

3과목

41 ④

사전에 분석모형의 정의·분석이 실제 가능한지 확인해야 한다.

42 ①

분할한 데이터의 테스트데이터를 분석모형에 적용하여 그 결과를 평가한다.

43 ③

① 비지도학습: 데이터에 대한 레이블, 즉 정답이 없는 상태에서 학습하는 것이다.
② 준지도 학습: 지도 학습과 비지도학습 중간의 학습 방법으로, 레이블이 존재하는 데이터와 존재하지 않는 데이터 모두를 훈련에 사용한다.
③ 지도학습: 데이터에 대한 레이블, 즉 정답이 주어진 상태에서 학습하는 것이다.
④ 강화학습: 인공지능 에이전트가 학습을 수행하면서 가장 큰 보상을 얻기 위해 최상의 전략을 학습한다.

44 ①

분석모형의 구축 절차는 요건 정의 − 모델링 − 검증 및 테스트 − 적용이다.

45 ④

선형회귀나 로지스틱 회귀 분석에서의 결정계수는 파라미터이다.

46 ④

Microsoft Windows, Mac OS, Linux 등 다양한 OS를 지원하는 것은 R에 대한 설명이다.

47 ③

차원축소는 고유값이 높은 순으로 정렬해서, 높은 고윳값을 가진 고유벡터만으로 데이터를 복원한다.

48 ④

시계열분석은 시간간격으로 표시된 자료를 분석해 미래를 예측하기 위한 분석 방법이다.

49 ②

① K 평균 군집: 군집의 평균을 재계산하여 최종 군집 형성
③ EM 알고리즘: E단계와 M단계를 반복적으로 수행
④ SOM: 고차원의 데이터를 저차원의 뉴런으로 정렬해 지도형태로 만드는 비지도 신경망

50 ③

계단함수에 대한 설명이다.
① Softmax: 표준화지수 함수로 불리며 출력값이 여러 개 주어진다. 목표치가 다범주인 경우 각 범주에 속할 사후 확률을 제공한다.
② ReLu: 입력값이 0 이하는 0, 입력값이 0 이상은 x값을 가지는 함수이다.
④ 시그모이드 함수: 계단함수를 곡선의 형태로 변형시킨 형태의 시그모이드(sigmoid) 함수를 적용한다. 로지스틱 회귀분석과 유사하다.

51 ②

분리 기준으로는 카이제곱 통계량을 사용하고 분리 방법은 다지 분리를 사용하는 의사결정나무 알고리즘은 CHAID이다.

52 ④

노이즈가 포함된 데이터셋에 대해서도 효과적으로 군집 형성이 가능하다.

53 ③

뉴런은 활성화 함수를 이용해 출력을 결정하며 입력 신호의 가중치 합을 계산하여 임곗값과 비교한다.

54 ②

역전파 알고리즘은 오차를 출력층에서 입력층으로 전달하여 역전파를 통해 가중치와 편향을 계산하여 모델을 업데이트하는 기법이다.

55 ④

지지도(Support): 전체 거래 중 A와 B 를 동시에 포함하는 거래의 비율

$$P(A \cap B) = \frac{A와 B가 동시에 포함된 거래의 수}{전체 거래의 수}$$

56 ④

신뢰도(Confidence): A 상품을 샀을 때 B 상품을 살 확률에 대한 척도

$$\frac{P(A \cap B)}{P(A)} = \frac{A와 B가 동시에 포함된 거래 수}{A가 포함된 거래 수}$$
$$= 2/3$$
$$= 0.67$$

57 ③

각 군집 간의 거리가 얼마나 분리되어 있는지를 나타내는 것은 실루엣 기법이다. 실루엣 계수는 1에 가까울수록 최적화가 잘 되었다고 할 수 있고, 0에 가까울수록 잘 안 되었다고 할 수 있다.

58 ①

② RNN 알고리즘
  • 은닉층에서 재귀적인 신경망을 갖는다.
  • 장기 의존성 문제와 기울기 소실문제가 발생해 학습이 이루어지지 않을 수 있다.
③ DBN 알고리즘
  • 기계학습에서 사용되는 그래프 생성모형이다.
  • 훈련용 데이터가 매우 적을 때 유용하다.
④ DNN 알고리즘
  • 은닉층을 심층 구성한 신경망으로 학습하는 알고리즘이다.
  • 입력층, 다수의 은닉층, 출력층으로 구성되어 있다.

59 ①

시계열 데이터의 분산이 일정하지 않으면 변환을 통해 정상성을 가지게 한다.

60 ②

① SOM은 비계층적 군집분석을 활용한 기법이다.
③ 배깅은 다수의 부트스트랩 자료를 생성하고, 각 자료를 모델링한 후 결합해 최종 예측모형을 만드는 방법이다.
④ 앙상블기법은 여러 가지 모형들의 예측 및 분류 결과를 종합하여 최종적인 의사결정에 활용하는 것이지 서로 다른 학습 알고리즘을 경쟁시켜 학습하지는 않는다.

4과목

61 ②

경사하강법은 매개변수를 조정하는 과정에서 사용되는 방법이다.

62 ④

홀드 아웃 방법
• 전체 데이터를 비복원추출하여 이용해 일정 비율로 학습 데이터와 평가데이터로 1회 나눠 검증하는 기법이다.
• 학습 데이터로 최적의 모델정확도를 산출한 다음 검증데이터로 과적합을 정지한다.

데이터	설명
훈련 데이터	모델을 학습해 파라미터값을 산출하기 위해 사용하는 데이터 세트
검증 데이터	학습 데이터로 과도하게 학습해 과적합을 방지하기 위한 데이터 세트
평가 데이터	학습한 모델의 성능을 평가하기 위한 데이터 세트

63 ③

높은 Bias는 정확도가 낮다는 것을 의미하며 높은 Variance는 성능의 변화가 급격하여 안정적이지 않다는 것을 의미한다. 이상적인 분석 모형에서는 낮은 편향과 낮은 분산으로 설정되어야 한다.

64 ②

평가지표	공식
정확도 (Accuracy)	$\dfrac{TP+TN}{TP+TN+FN+FP}$
재현율(Recall) = 민감도(sensitivity)	$\dfrac{TP}{TP+FN}$
정밀도 (Precision)	$\dfrac{TP}{TP+FP}$
특이도	$\dfrac{TN}{TN+FP}$
거짓 긍정률 (False Positive Rate)	$\dfrac{FP}{TN+FP}$
F1-Score	$2\times\dfrac{precision\times recall}{precision+recall}$

65 ②

FP는 실제값이 Negative이고 예측값은 Positive인 경우의 값이다.

66 ②

① SSE: 오차 제곱합
  • 예측값과 실젯값의 차이 제곱의 합
② SST: 전체 제곱합
  • 실젯값과 평균값의 차이의 제곱 합

③ SSR: 회귀 제곱합
  • 예측값과 평균 값의 차이의 제곱 합
④ RMSE: 평균 제곱근 오차

67 ③

설명변수가 늘어날 때 설명력이 떨어지는 변수가 존재한다면 수정된 결정계수는 줄어든다.

68 ①

확률적 경사하강법에 관성이라는 물리 법칙을 적용한 매개변수 최적화 기법은 Momentum이다.

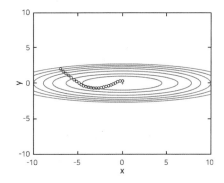

② AdaGrad(Adaptive gradient): 손실 함수 곡면의 변화에 따라 적응적으로 학습률을 정하는 알고리즘으로 손실 함수의 기울기가 큰 부분에서는 큰 폭으로 이동하면서 학습하다가, 최적점에 가까워질수록 학습률을 줄여 조금씩 적게 학습하는 방식이다.
③ Adam(Adaptive Moment Estimation): 모멘텀과 RMSprop 방식의 장점을 합친 알고리즘으로 다양한 범위의 딥러닝구조에서 활용된다.
④ 확률적 경사 하강법(SGD): 추출된 데이터 한 개의 손실 함수의 기울기를 구하여 기울기가 낮은 쪽으로 계속 이동하여 최적값에 도달하도록 하는 방법이다.

69 ④

카이제곱방법
• 관찰값이 기댓값과 유의미하게 다른지를 검증한다.
• 주로 범주형 자료에 사용되며, 두 변수가 상관성이 있는지 혹은 독립관계인지 검증한다.

70 ④

누적히스토그램의 기울기 값이 1이 되려면 히스토그램의 모든 구간 값이 같아야 한다.

71 ②

손실 함수의 기울기가 큰 부분에서는 큰 폭으로 이동하면서 학습하다가, 최적점에 가까워질수록 학습률을 줄여 조금씩 적게 학습하는 방식이다.

72 ④

모멘텀에 대한 설명이다.

73 ④

엘라스틱서치는 검색엔진에 해당한다.

74 ④

• 총 소유 비용(TCO): 하나의 자산을 획득하려 할 때 주어진 기간 동안 모든 연관 비용을 고려 할 수 있도록 확인하기 위해 사용
• 투자 대비 효과(ROI): 투자 혹은 비용에 대한 순수익
• 순 현재가치(NPV): 특정 시점의 투자금액과 매출금액의 차이를 이자율을 고려하여 계산한 값
• 내부 수익률(IRR): 순현재가치를 0으로 만드는 할인율
• 투자 회수 기간(PP): 누계 투자금액과 매출금액의 합이 같아지는 기간

75 ②

분포시각화

• 특정 변수의 값이 어떻게 분포되어 있는지 파악할 수 있다.
• 데이터의 최댓값, 최솟값, 분포 등을 나타내는 시각화 방법이다.

76 ①

샤이니

• 사용자작업 파일(ui.R)과 서버 파일(s rver.R)로 구성되어 있다.
• 싱글코어는 무료지만, 멀티코어는 동시 접속자 기준으로 비용이 다소 발생한다.

77 ④

인포그래픽은 복잡한 데이터를 그래픽을 활용하여 이해하기 쉽게 표현하는 시각화 방법이다.

78 ③

성능 데이터를 DB화하여 자동으로 모니터링하고 이상 시에 관리하는 프로세스를 수립하는 것이 효율적이다.

79 ③

응답시간/트랜잭션 처리량은 실시간으로 성능을 측정한다.

80 ②

분석 모형 개발과 피드백 적용을 반복적으로 수행하여 분석 모형의 성능을 향상시킨다.

03 | 모의고사 제3회 해설

01	02	03	04	05	06	07	08	09	10
④	③	①	④	④	③	④	①	③	③
11	12	13	14	15	16	17	18	19	20
④	①	②	④	①	④	③	④	④	①
21	22	23	24	25	26	27	28	29	30
②	①	①	④	④	④	④	①	③	②
31	32	33	34	35	36	37	38	39	40
②	④	②	③	①	④	④	①	③	④
41	42	43	44	45	46	47	48	49	50
②	④	①	④	③	①	①	④	①	③
51	52	53	54	55	56	57	58	59	60
③	④	④	③	①	④	①	③	①	②
61	62	63	64	65	66	67	68	69	70
③	②	③	①	④	④	④	②	②	②
71	72	73	74	75	76	77	78	79	80
③	④	③	④	②	①	②	①	①	③

1과목

01 ④

소재를 체계적으로 배열 또는 구성한 편집물로서 개별적으로 그 소재에 접근하거나 그 소재를 검색할 수 있도록 한 것이다.

02 ③

DIKW 피라미드는 데이터 – 정보 – 지식 – 지혜 4단계로 이루어져 있다.

03 ①

데이터 사이언스란 데이터 공학, 수학, 통계학, 컴퓨터공학, 시각화, 해당 분야의 전문지식을 종합한 학문이다.
데이터 사이언스는 데이터로부터 의미 있는 정보를 추출해 내는 학문으로, 통계학과는 달리 정형 또는 비정형을 막론하고 다양한 유형의 데이터를 분석 대상으로 하고, 이를 효과적으로 구현하고 전달하는 과정까지 포함한 개념이다.

04 ④

위기요인	통제방안
개인정보가 포함된 데이터가 목적 외로 사용될 경우 사생활 침해를 넘어 사회·경제적 위협이 확대될 수 있음	개인정보 제공자의 '동의'를 통해 해결하기보다 개인정보사용자의 '책임'으로 해결
빅데이터 기반 분석과 예측 기술이 발전하면서 정확도가 증가하여 분석 대상이 되는 사람들이 예측 알고리즘의 희생양이 될 가능성 발생	특정인의 '성향'에 따라 처벌하는 것이 아닌 '행동 결과'를 보고 처벌
데이터의 오해석 및 과신으로 인한 잘못된 인사이트를 얻어 비즈니스에 적용할 경우 직접 손실 발생	• 알고리즘 접근권 보장 • 알고리즘미스트의 등장

05 ④

분산형 조직구조에 대한 설명이다.

06 ③

- HARD SKILL
  - 빅데이터에 대한 이론적 지식
  - 분석 기술에 대한 숙련
- SOFT SKILL
  - 통찰력 있는 분석
  - 설득력 있는 전달
  - 다분야 간 협력

07 ④

척와(Chuckwa)는 비정형데이터 수집기술이다.

08 ①

비식별화 조치단계는 사전검토 – 비식별조치 – 적정성 평가 – 사후관리로 이루어져 있다.

09 ③

통찰(Insight)
- 분석의 대상을 모르지만, 분석의 방법은 알고 있는 경우
- 기존 분석 방식을 활용해 새로운 지식인 통찰을 도출하여 문제도출 및 해결에 기여

10 ③

비식별조치에는 가명처리, 총계처리, 데이터 삭제, 범주화, 데이터 마스킹 등이 있다.

11 ④

일차원적인 데이터 분석을 지양해야 한다.

12 ①

사분면 영역에서 난이도와 시급성을 모두 고려할 때 가장 우선적인 분석 과제 적용이 필요한 영역은 난이도: 쉬움, 시급성: 현재를 나타내는 3사분면이다.

13 ②

비즈니스 모델
- 업무단위
- 제품단위
- 고객단위
- 규제와 감사 영역
- 지원 인프라 영역

14 ④

Flume 기술
- 대규모의 데이터 처리를 위한 분산 시스템으로 여러 서버에 산재되어 있는 로그들을 하나의 서버로 모으는 역할을 한다.

- 데이터 수집, 집계 및 이동을 위한 플랫폼이다.
- 클라우데라에서 개발되어 아파치 소프트웨어 프로젝트의 최상위 프로젝트이다.

15 ①

- 추출: 데이터 원천으로부터 데이터를 획득한다.
- 변환: 조회 또는 분석을 목표로 하여 적절한 구조 및 형식으로 데이터를 변환한다.
- 적재: 추출 및 변환된 데이터를 대상 시스템에 저장한다.

16 ④

비용요소
- 데이터의 종류
- 데이터의 크기 및 보관주기
- 데이터의 수집주기
- 데이터의 수집방식
- 데이터의 수집기술
- 데이터의 가치

17 ③

플럼에 대한 설명이다.

18 ④

데이터 웨어하우스는 다양한 소스에서 데이터를 수집하여 중앙 집중식으로 저장하는 시스템이다.
조직의 업무 분야에만 국한된 것은 데이터레이크이다.

19 ④

하나의 네임노드와 다수의 데이터 노드로 구성된다.

20 ①

Schema on Read는 하이브의 속성으로 데이터의 스키마 확인을 Data를 읽는 시점에 하는 것이다.

2과목

21 ②

데이터 변환

단계	수행 내용
데이터 수집	• 데이터의 수집 방법 및 기준 설정 • 입수경로 구조화 • 집계 및 저장소 결정
데이터 변환	• 데이터를 분석이 가능한 형태로 변환 • ETL, 일반화, 정규화 등
데이터 교정	결측치, 이상치, 노이즈 값 처리
데이터 통합	데이터 분석이 용이하도록 기존 또는 유사 데이터와의 통합

22 ①

핫덱 대체	무응답을 현재 진행 중인 연구에서 비슷한 성향을 가진 응답자료로 대체하는 방법
콜드덱 대체	무응답을 외부 또는 과거자료에서의 응답자료로 대체하는 방법
혼합 방법	다양한 방법을 혼합하는 방법

23 ①

① 무작위 결측
  • 누락 데이터의 발생 원인이 수집된 변수에 따라 설명될 수 있는 경우
  • 어떤 변수의 누락 데이터가 특정 변수와 관련되어 일어나지만 그 변수의 결과는 관계가 없는 경우다.
② 비무작위 결측
  • 데이터가 무작위가 아닌 상황에서 누락되는 경우
  • 누락 데이터는 누락된 데이터의 특성과 관련이 있다.
③ 완전 무작위 결측
  • 데이터가 완전히 무작위로 누락된 경우
  • 어떤 변수에서 발생한 결측값이 다른 변수들과 아무런 상관이 없는 경우

24 ④

다변량의 신호를 통계적으로 독립적인 하부 성분으로 분리하여 차원을 축소하는 기법은 독립성분분석이다.

25 ④

요인분석에 대한 설명이다.
① 주성분분석: 대규모의 독립변수를 잘 설명해 줄 수 있는 주된 성분을 추출하는 방법이다
② 특이값 분해(SVD): m × n 차원의 행렬 데이터에서 특이값을 추출하고 이를 통해 주어진 데이터 세트를 효과적으로 축약할 수 있는 기법
③ 독립성분분석: 다변량의 신호를 통계적으로 독립적인 하부 성분으로 분리하여 차원을 축소하는 기법

26 ④

Information Gain은 필터기법이다.

27 ④

차원축소 기법의 주요 활용 분야는 이미지 분석, 음성인식, 자연어처리, 금융 분야이다.

28 ①

차원축소는 과적합방지에 효과적이다.

차원축소의 필요성
① 복잡도의 축소: 동일한 품질을 나타낸다는 가정 하에 차원을 추가하면 시간 및 양이 줄어들어 효율적이다.
② 차원의 저주 해소(curse of dimension): 데이터 학습을 위한 차원이 증가하면서 학습데이터의 수보다 차원의 수가 많아져 모델의 성능이 떨어지는 현상이다. 이러한 현상을 방지하기 위하여 차원축소 또는 데이터의 수를 늘려야 한다.
③ 해석력의 확보: 차원이 작은 간단한 분석모델일수록 내부구조 이해가 용이하고 해석이 쉬워진다.
④ 과적합의 방지: 차원의 증가는 복잡한 관계의 증가로 분석결과의 과적합 발생의 가능성이 커진다.

29 ③

차원 축소는 분석 대상이 되는 여러 변수의 정보를 최대한 유지하면서 데이터 세트 변수의 개수를 줄이는 탐색적 분석기법이다.

30 ②

① 언더샘플링(과소 표집)
  • 과소표집은 다수 클래스의 데이터를 일부만 선택하여 데이터의 비율을 맞추는 방법
  • 과소표집의 경우 데이터의 소실이 매우 크고, 때로는 중요한 정상데이터를 잃을 수 있다.
② 오버샘플링
  • 소수 클래스의 데이터를 복제, 생성해 데이터의 비율을 맞추는 방법
  • 정보가 손실되지 않는다는 장점이 있으나 과적합(Over fitting)을 초래할 수 있다.

31 ②

마할라노비스 거리
  • 다변량 이상치 검출, 불균형 데이터셋에서의 분류 등에서 유용
  • 모든 변수 간에 선형관계를 만족하고, 각 변수들이 정규 분포를 따르는 경우 적용 가능한 접근법
  • 데이터의 분포를 고려하여 데이터의 형태를 잘 반영함

32 ④

종류	내용
데이터 마이닝	대규모의 데이터 안에서 체계적이고 자동적으로 통계적 규칙이나 패턴을 분석해 가치 있는 정보를 추출하는 과정이다.
텍스트 마이닝	자연어처리 방식을 이용해 대규모 문서에서 정보추출, 연계성 파악, 분류 및 군집화 등을 통해 데이터의 숨겨진 의무를 발견하는 기법이다.
오피니언 마이닝	텍스트 마이닝의 한 분류로 특정 주제에 대한 사람들의 의견을 통계화하여 객관적 정보로 바꾸는 기술이다.
웹마이닝	웹자원으로부터 의미 있는 패턴 및 추세 등을 도출해 내는 것이다.

33 ②

스피어만 상관분석에 대한 설명이다.
참고로 피어슨 상관분석은 연속형 변수의 상관관계를 측정한다.

34 ③

기하분포에 대한 설명이다.

기하분포
  • 베르누이 시행을 독립적으로 반복해서 성공을 얻을 때까지 걸리는 시행 횟수이다.
  • 어떤 확률변수 X가 '성공(success)' 확률이 p인 시행을 반복하여 처음으로 '성공'이 나타난 시도 횟수, 다시 말해서 처음으로 '성공'을 얻기 위해 걸렸던 시행 횟수라고 할 때, 이 X는 성공확률이 p인 기하분포를 따른다고 한다.

35 ①

표준 정규분포에 대한 설명이다. 표준 정규분포는 정규분포에서 평균 $\mu = 0$이고, 분산 $\sigma^2 = 1$인 분포를 말한다.

36 ④

Var(X) = 4
E(Y) = 4 * E(X) = 4 * μ (μ 는 X의 평균)

Var(aX) = a^2 * Var(X) : 상수 a를 확률변수 X에 곱한 경우 분산은 a의 제곱으로 증가
Var(Y) = Var(4X) = 4^2 * Var(X) = 16 * 4 = 64

37 ④

점추정에 관한 설명이다.

38 ①

단순 무작위 추출	m개의 원소로 구성된 모집단에서 n개의 표본을 추출 할 때 각 원에 번호를 부여하고 여기서 n개의 번호를 임의로 선택해 그 번호에 해당하는 원소를 표본으로 추출하는 방법
계통 추출	모집단에서 추출간격을 설정해 일정한 간격을 두고 추출하는 방법

층화 추출	이질적인 원소들로 구성된 모집단에서 서로 유사한 것끼리 몇 개의 계층으로 나누는 방법
군집 추출	모집단을 차이가 없는 여러 군집으로 나눈 후 일부 또는 전체 군집에서 표본을 추출

39 ③

임계치는 기각역의 경계로 주어진 유의 수준에서 귀무가설에 관한 결정을 할 때의 기준점이다.

40 ④

$\hat{\theta} = \bar{x}$

$\theta = \dfrac{(2+4+5+7+15+21+23)}{7}$

$= 9.857$

3과목

41 ②

① 회귀분석(Regression Analysis)
- 하나 이상의 독립변수들이 종속변수에 미치는 영향을 추정할 수 있는 통계 기법
③ 기술통계(Descriptive Statistics)
- 데이터 분석의 목적으로 수집된 데이터를 확률·통계적으로 정리 요약하는 기초통계
- 평균, 분산, 표준편차, 왜도와 첨도, 빈도 등 데이터에 대한 대략적인 통계적 수치 도출
④ 분산분석(Analysis of Variance: ANOVA)
- 두 개 이상의 집단 간 비교를 수행하고자 할 때 집단 내의 분산(총평균과 각집단의 평균 차이에 의해 생긴 분산)의 비교로 얻은 분포를 이용하여 가설검정을 수행하는 방법

42 ④

하이퍼 파라미터의 종류에는 은닉층의 수, 신경망 학습에서 학습률, SVM에서의 코스트 값, KNN에서의 K의 개수 등이 있다.

43 ①

서포트 벡터머신(SVM)은 지도학습 기법으로 데이터를 분리하는 초평면 중에서 데이터들과 거리가 가장 먼 초평면을 선택해 분리하는 분류모델이다.

44 ④

성능 테스트 결과는 일단위로 공유해 모형의 적합성을 판단해야 한다.

45 ③

R은 데이터 처리속도가 매우 빠르나 대용량 메모리 처리가 어렵다는 특징이 있다.

46 ①

출력값과 멀어질수록 학습이 모호하게 진행되어 Sigmoid 함수에서의 1보다 작으면 0에 가까워진다는 이유로 계속 0에 가까워져 기울기값이 작아진다. ReLU, tanh 함수를 사용하여 해결한다.

47 ①

정상성: 오차의 분포가 정규분포를 따른다.

$Y \sim N(\alpha + \beta x, \sigma^2)$

48 ④

잔차들의 분산은 일정해야 하지만 0일 필요는 없다.

49 ①

② Sigmoid는 기울기 소실문제가 발생하므로 ReLU와 같은 함수를 많이 사용한다.
③ 답러닝은 은닉층을 사용하여 결과에 대한 해석이 어렵다.
④ 역전파 알고리즘은 오차를 출력층에서 입력층으로 전달하여 역전파를 통해 가중치와 편향을 계산하여 모델을 업데이트한다.

50 ③

마진이 가장 큰 초평면을 사용할 때 오분류가 가장 낮아진다.

51 ③

유클리드 거리
- 피타고라스 정리를 통해 측정하며 두 점 간의 거리로 두 점을 잇는 가장 짧은 거리를 측정한다.
- 두 점 간 차이 제곱해 더한 값의 제곱근이다.

52 ④

CART는 의사결정나무 알고리즘으로 불순도의 측도를 출력하며, 변수가 범주형일 경우 지니 지수를 이용하고 연속형인 경우 분산을 이용한 이진분리를 사용하는 알고리즘이다.

53 ④

향상도는 규칙이 우연히 일어날 경우 대비 얼마나 나은 효과를 보이는지에 대한 척도이다. 향상도가 1일 경우 서로 독립적인 관계를 갖는다.

54 ③

계층적 군집 분석 수행 시 중심연결법은 군집 내 편차들의 제곱합을 고려하여 군집 간 정보의 손실을 최소화하는 방향으로 군집을 형성하는 방법이다.

55 ①

자기 회귀 누적 이동평균모형(ARIMA 모형)은 비정상 시계열 모형이기 때문에 차분이나 변환을 통해 정상화 차수를 설명한다.

56 ④

시계열 분석의 구성성분은 불규칙성분, 추세성분, 계절성, 순환이다.

불규칙 성분 (irregular component)	시간과 무관하게 변화하는 변동 성분
추세 (Trend, Tt)	관측값이 시간에 따라 지속적으로 증가하거나 감소하는 현상
계절성 (Seasonality, St)	고정된 주기에 따라 자료가 변화하는 현상
순환(cycle, Ct)	경기변동 등 정치,경제적 상황에 의한 변화로 알려지지않은 주기를 가지고 자료가 변화하는 현상

57 ①

여러 가지 동일한 종류 또는 서로 상이한 모형들의 예측/분류 결과를 종합하여 최종적인 의사결정에 활용하는 기법은 앙상블 기법이다.

58 ③

상관관계가 있는 고차원 자료의 변동을 최대한 보존하는 저차원 자료로 변환하는 차원축소 방법이다.

59 ①

변수 간 독립성을 충족해야 한다.

장점	단점
• 대용량의 데이터 세트에도 적용이 가능하다. • 수행 속도가 빠르다. • 이산형 데이터에서 좋은 성능을 보인다.	변수 간 독립성을 충족해야 한다.

60 ②

① RNN 알고리즘(Recurrent Neural Network): 입력층과 출력층 사이에 여러 개의 은닉층이 있으며 은닉층에서 재귀적인 신경망을 갖는다.
② CNN 알고리즘(Convolutional Neural Network): 시각적 이미지를 분석하는 데 사용되는 심층 신경망으로 합성곱신경망이라고 한다. 필터 기능과 신경망을 결합해 성능을 발휘하도록 만든 구조이다.
③ DNN 알고리즘(Deep Neural Network): 은닉층을 심층 구성한 신경망으로 학습하는 알고리즘이다. 입력층, 다수의 은닉층, 출력층으로 구성되어 있다.
④ DBN 알고리즘(Deep Belief Network): 기계학습에서 사용되는 그래프 생성모형으로 계층 간에 연결은 있지만, 계층 내 유닛 간에는 연결이 없다.

4과목

61 ③

최종 모형을 선정할 때에는 테스트 데이터로 성능을 확인하는 과정이 필요하다.

62 ②

양성으로 판단한 것 중, 진짜 양성의 비율은 정밀도에 대한 설명이다.

63 ④

민감도(Sensitivity)에 대한 설명이다.

정확도 (Accuracy)	예측모형의 전체적인 정확도를 평가한다.
재현율 (Recall) =민감도 (Sensitivity)	• 실제 양성인 것들 중 올바르게 양성으로 판단한 비율로 양성 결과를 정확히 예측하는지 평가한다. • Recall, Hit Ratio, TP Rate로도 지칭된다.
정밀도 (Precision)	양성으로 판단한 것 중, 진짜 양성의 비율이다.
특이도 (Specificity)	실제로 부정인 것 중, 부정으로 올바르게 예측한 비율이다.
F1-Score	정밀도와 재현율의 조화평균으로 어느 한쪽으로 치우치지 않는 수치를 나타낼 때 F1-Score는 높은 값을 가진다.

64 ①

② $\frac{FP}{TN+FP}$: 거짓긍정률

③ $\frac{TP}{TP+FN}$: 민감도

④ $\frac{TP}{TP+FP}$: 정밀도

65 ④

정확도: (TN + TP)/(TN + TP + FN + FP)

66 ④

참조선(Reference Line) 위로 곡선이 형성될수록 좋은 성능을 가진다.

67 ④

주어진 데이터 집합에 부차적인 특성과 잡음이 있다는 점을 고려하여 그것의 특성을 덜 반영하도록 분석모형을 만들어 생기는 오류는 학습오류이다.

68 ②

SSE(Error Sum of Square)는 예측값과 실젯값과 차이인 오차 의 제곱의 합으로 계산되며, 회귀 모형의 평가에 많이 사용되는 평가 지표이다.

69 ②

① 독립성 검정: 두 범주형 변수가 독립적으로 분포하는지를 테스트하는 검정

③ 동질성 검정: 관측값들이 정해진 범주 내에서 서로 비슷하게 나타나고 있는지를 검정

④ 신뢰성 검정: 신뢰도 분석을 말하며, 측정항목의 타당성 검정을 통한 하나의 개념에 대해 응답자들이 다시 측정하였을 경우 시간이나 상황에 따라 영향을 받지 않고 유사한 결과를 나타내는 것

70 ②

AdaGrad (Adaptive gradient)

• 손실 함수 곡면의 변화에 따라 적응적으로 학습률을 정하는 알고리즘으로 손실 함수의 기울기가 큰 부분에서는 큰 폭으로 이동하면서 학습하다가, 최적점에 가까워질수록 학습률을 줄여 조금씩 적게 학습하는 방식이다.

• 개별 매개변수에 적응되는 학습률을 적용해 최적점을 향해 효율적으로 움직인다.

71 ③

히트맵은 비교시각화의 종류에 해당한다.

비교 시각화
• 히트맵
• 평행좌표 그래프
• 체르노프페이스
공간 시각화
• 등치선도(Isometric Map)
• 도트맵(Dot Map)
• 카토그램(Catogram)

72 ④

인포그래픽 유형
- 지도형
- 도표형
- 스토리텔링형
- 타임라인형
- 비교분석형

73 ③

눈은 높이와 너비를 사용한다.

74 ④

장애 발생 시 시스템을 원상태로 복원하는데 소요되는 시간이다.
- 총 소유 비용(TCO): 하나의 자산을 획득하려 할 때 주어진 기간 동안 모든 연관 비용을 고려 할 수 있도록 확인하기 위해 사용
- 투자 대비 효과(ROI): (누적순효과/총비용) × 100%
- 순현재가치(NP): 특정시점의 투자금액과 매출금액의 차이를 이자율을 고려하여 계산한 값
- 내부 수익률(IRR): 순현재가치를 0으로 만드는 할인율
- 투자 회수 기간(흑자전환시점)(PP): 누계 투자금액과 매출금액의 합이 같아지는 기간

75 ②

데이터베이스는 응용프로그램 주요 성능 측정항목이다.

응용 플랫폼 성능 측정 항목 및 주기
- 응답시간/트랜잭션 처리량: 실시간
- 대기 큐/대기시간: 실시간
- 프로세스 상태 및 개수: 실시간
- 세션 상태 및 개수: 실시간 및 정기
- 통신 큐, 채널 상태: 실시간 및 정기
- 자원 풀: 실시간 및 정기
- 오류 및 예외/부하와 분산: 실시간

76 ①

버블은 서로 겹칠 수 있다.

77 ②

사용률은 정보 시스템 자원의 일정 시간 동안 정상적으로 사용한 비율이다.
참고로 서비스 요청 시점부터 사용자 응답 시점까지 걸리는 시간은 응답시간이다.

78 ①

성능관리 도구의 주요 기능은 실시간 감시, 진단 및 조치, 사후분석, 성능튜닝이다.

79 ①

서브퀄 모형
- 확신성
- 신뢰성
- 반응성
- 공감성
- 유형성

80 ③

일·주단위 리모델링은 특수한 문제 발생 시 시행하는 것으로 최적화모델링은 분기, 반기, 연 단위로 리모델링 한다.

04 모의고사 제4회 해설

01	02	03	04	05	06	07	08	09	10
④	②	②	②	②	②	④	④	③	④
11	12	13	14	15	16	17	18	19	20
②	②	①	②	③	②	②	③	①	②
21	22	23	24	25	26	27	28	29	30
②	①	④	③	④	②	④	①	④	④
31	32	33	34	35	36	37	38	39	40
③	④	①	③	①	④	②	③	②	④
41	42	43	44	45	46	47	48	49	50
④	①	①	②	③	①	②	④	④	②
51	52	53	54	55	56	57	58	59	60
④	④	①	①	②	①	③	④	④	②
61	62	63	64	65	66	67	68	69	70
③	②	②	④	④	④	②	④	④	②
71	72	73	74	75	76	77	78	79	80
②	③	①	②	④	④	④	①	③	④

1과목

01 ④

정성적 데이터에 대한 설명이다.

02 ②

ETL에 대한 설명이다.

ETL	내용
추출	데이터 원천으로부터 데이터를 획득한다.
변환	조회 또는 분석을 목표로 하여 적절한 구조 및 형식으로 데이터를 변환한다.
적재	추출 및 변환된 데이터를 대상 시스템에 저장한다.

03 ②

반정형데이터에 대한 설명이다.

04 ②

클러스터링은 군집화로서 데이터 분석기술에 속한다.
- 크롤링: 다양한 웹 사이트에서 웹 문서 및 콘텐츠를 수집하는 기술이다.
- ETL: 데이터를 추출, 변환, 적재 하는 기술이다.
- Open API: 공개된 API를 이용해 실시간으로 데이터를 수집하는 기술이다.

05 ②

PYTHON은 데이터분석언어이다.

06 ②

혼합방식
- 중장기적 접근방식은 투자비용이 많이 들기에 이해관계자들의 동의를 얻기 위해 과제를 빠르게 해결해 가치를 조기에 체험시킨다.
- 문제 해결을 위한 단기적인 방법과 분석과제 정의를 위한 중장기적인 마스터플랜 접근방식을 혼합하여 사용하는 것이 권장된다.

07 ④

데이터 마스킹이란 개인 식별정보에 대해 전체 또는 부분적으로 대체값으로 변환하는 것을 말한다.

08 ④

데이터 권리 시대
- 데이터 권리를 원래 주인인 개인에게 돌려주어야 한다는 의미에서의 마이데이터가 등장하였다.
- 데이터의 경제적 자원화 가능성 대두되었다.

09 ③

k-익명성	특정인임을 추론할 수 있는지 검토한다.
l-다양성	특정인임을 추론이 불가하지만, 민감정보의 다양성을 높혀 추론 가능성을 낮춘다.
t-근접성	민감정보의 분포를 낮춰 추론 가능성을 낮춘다.

10 ④

EAI(Enterprise Application Integration)
- EAI는 기업에서 운영되는 서로 다른 기종의 시스템들 간의 정보전달 및 연동을 가능하게 해 주는 전사적 어플리케이션 통합환경이다.
- 비즈니스 프로세스가 자동화되어 효율성과 유연성을 향상시킨다.

방식	내용
Point to Point	미들웨어 없이 각 시스템 간에 직접 연결하는 방식이다.
Hub & Spoke	중앙집중형 방식으로 단일 접점인 허브 시스템을 이용해 데이터를 전송한다.

11 ②

잘 구현된 유즈케이스나 솔루션이 있다면 이를 최대한 활용하는 것이 유리하다.

12 ②

유형	내용
정형 데이터	• 사전에 정해진 형식과 구조에 따라 저장된 데이터이다. • 스키마구조로 DBMS에 저장이 가능하다. 예) CSV, Spreadsheet 등
반정형 데이터	• 구조에 따라 저장되지만 데이터의 형식과 구조가 변경될 수 있는 데이터이다. • 메타정보가 포함된 구조이다. 예) XML, HTML, JSON

비정형 데이터	• 사전에 정해진 구조가 없이 저장된 데이터이다. • 수집데이터 각각 데이터 객체로 구분된다. 예) 문자, 이메일, 영상 등

13 ①

상향식 접근 방법은 프로토타이핑 접근법을 사용하며 신속하게 해결책이나 모형을 제시함으로써 문제를 좀 더 명확하게 인식하고 필요한 데이터를 식별하여 구체화가 가능하다.

14 ②

데이터의 가치는 비즈니스 효과에 해당한다.

15 ③

수십 테라바이트 또는 페타바이트 이상의 대용량 파일을 분산된 서버에 저장하고, 그 저장된 데이터를 빠르게 처리할 수 있게 하는 파일시스템이다.
네임노드와 데이터노드로 구현되어 있다.

네임노드	파일시스템의 네임스페이스 관리 파일에 속한 모든 블록이 어느 데이터노드에 있는지 파악한다.
데이터 노드	클라이언트나 네임노드의 요청이 있을 때 블록을 저장하고 탐색하며, 저장하고 있는 블록의 목록을 주기적으로 네임노드에 보고한다.

16 ②

단계	도입단계	활용단계	확산단계	최적화단계
설명	데이터 분석을 시작하여 환경 및 시스템 구축하는 단계	분석결과를 실제 업무에 적용하는 단계	전사 차원에서 분석 관리 및 공유단계	분석을 진화시켜 혁신 및 성과 향상에 기여하는 단계
조직 역량 부문	• 일부 부서에서 수행 • 담당자 역량에 의존	• 담당 부서에서 수행 • 분석 기법 도입	• 전사 모든 부서 시행 • 분석 전문가 조직 운영 • 데이터 사이언티스트 확보	• 데이터 사이언스 그룹 • 경영진 분석 활용 및 전략연계

비즈니스 부문	• 실적분석 및 통계 • 정기보고	• 미래결과 예측 • 시뮬레이션	• 전사성과 실시간 분석 제공 • 분석규칙 및 이벤트 관리	• 외부 환경 분석 활용 • 최적화 업무 적용
IT 부문	• Data Warehouse • Data Mart • ETL/EAI • OLAP	• 실시간 대시보드 • 통계분석 환경	• 빅데이터 관리환경 • 시뮬레이션 최적화 • 비주얼 분석 • 분석전용 서버	• 분석 협업환경 • 분석 andbox

17 ②

품질 기준	설명
완전성	필수항목에 누락이 없으며, 칼럼 값이 항상 존재해야 한다.
유일성	데이터 항목은 유일해야 하며 중복되어서는 안 된다.
일관성	데이터의 구조, 값, 형태가 일관되게 정의되는 것으로 신뢰를 보장하는 척도이다.
정확성	• 현실에 존재하는 객체의 표현 값이 정확히 반영되어야 한다. • 사용 목적에 따라 데이터 정확성의 기준은 달라질 수 있다.
유효성	데이터는 정해진 데이터 유효범위 및 도메인을 충족해야 한다.

18 ③

① 데이터 마트에 대한 설명이다.
②④ 데이터 레이크에 대한 설명이다.
* 스키마(schema): 데이터베이스에서 자료 구조, 자료 표현방법, 자료 간 관계를 형식 언어로 정의한 구조

19 ①

• Master: GFS 전체를 관리하는 중앙서버 역할
• Chunk Server: 로컬디스크에 실제 입출력을 처리한다.
• Client: 파일을 읽고 쓰는 동작을 요청하는 어플리케이션이다.

20 ②

복잡한 Join 연산 기능을 제공하지 않는다.

2과목

21 ②

데이터 수집 후 원본데이터를 정제한 후 모델을 수립한다.

22 ①

변환	다양한 형태의 값을 일관된 형태로 변환
파싱	데이터를 정제 규칙을 적용하기 위한 유의미한 최소 단위로 분할하는 작업
보강	변환, 파싱, 수정, 표준화 등을 통한 추가 정보를 반영하는 작업

23 ④

단순대치법 중 단순확률대치법에 해당하는 내용이다.

핫덱 대체	무응답을 현재 진행 중인 연구에서 비슷한 성향을 가진 응답자료로 대체하는 방법
콜드덱 대체	무응답을 외부 또는 과거 자료에서의 응답자료로 대체하는 방법

24 ③

고의적인 이상값(Intentional Outlier)은 자기보고식 측정에서 발생하는 오류로 정확하게 기입하는 값이 이상값으로 보인다.

25 ④

로그기법에 대한 설명이다.

26 ②

정보가 손실되지 않는다는 장점이 있으나, 과적합을 초래할 수 있는 것은 과대 표집에 대한 설명이다.

27 ④

알고리즘의 성능은 높으나 검증의 성능은 나빠질 수 있다는 것은 오버샘플링의 특징이다.

28 ①

탐색적 데이터 분석(EPA)의 4가지 주제
- 저항성(Resistance): 수집된 자료의 일부가 손상되었을 때에도 영향을 적게 받는 성질을 의미
- 잔차해석(Residual): 관찰값들이 주경향으로 얼마나 벗어났는지를 의미하는 잔차를 구함
- 자료재표현(Re-expression): 데이터 분석과 해석을 단순화할 수 있도록 원래 변수를 적당한 척도 로그 변환, 제곱근 변환 역수 변환으로 바꾸는 것
- 자료의 현시성(Graphical Respresentation): 데이터의 구조를 쉽게 이해할 수 있도록 시각적으로 표현하고 전달하는 과정

29 ④

국가는 대표적인 명목형 변수이다.

30 ②

탐색적 데이터 분석(EDA: Exploratory Data Analysis)은 수집한 데이터를 분석하기 전에 그래프나 통계적인 방법을 이용하여 다양한 각도에서 데이터의 특징을 파악하고 자료를 직관적으로 바라보는 분석 방식이다.

31 ③

① 하루 24시간을 12시간으로 변환: 단위 변환
② 날짜로 요일 변환: 표현형식 변환
④ 고객별누적 방문 횟수 집계: 요약통계량 변환

32 ④

다차원 척도법은 유사한 개체를 분류하는 개체유도 방법에 해당한다.
① 정준상관분석: 두 변수 집단 간의 연관성을 각 변수들의 상관계수를 이용해 분석하는 방법이다.
② 요인분석: 다수 변수들의 상관관계를 분석해 공통차원으로 축약한다.
③ 주성분 분석: n개의 변수로부터 서로 독립인 주성분을 구해 원변수의 차원을 줄이는 방법이다.

33 ①

② 상관계수는 두 확률변수의 관계의 정도를 알아보는 것이다.
③ 상관계수가 음수라는 것은 X가 증가 또는 감소할수록 Y가 감소 또는 증가한다는 것이다.
④ -0. 4는 약한 음의 상관관계가 존재하는 것이다.

34 ③

범위는 산포도에 속한다.

35 ①

평균의 표준오차는 동일 분포로부터 선택한 표본 간에 발생할 수 있는 평균값의 차이에 대한 측도이다.

36 ④

점추정 조건은 불편성, 효율성, 일치성, 충족성 4가지이다.

37 ②

- t-분포: 모집단이 정규 분포라는 정도만 알고, 모 표준편차는 모를 때 사용한다.
- 카이제곱 분포: K개의 서로 독립적인 표준 정규 확률 변수를 제곱한 다음 합해서 얻어지는 분포
- F-분포: 표본 통계량이 두 독립 표본에서 계산된 표본 분산들의 비율일 때 표본분포

38 ③

신뢰구간의 길이는 표준오차에 비례하고 표본의 크기의 제곱근에 반비례한다.
표본의 크기를 1/4 감소시켰으므로 표본의 길이는 $\sqrt{4}$배 증가한다. 따라서 신뢰구간의 길이는 10 × 2 = 20이다.

39 ②

비모수적 기법은 순위와 부호에 기초한 방법 위주이므로 이상값의 영향이 작다.

40 ④

ㄱ: 옳은 결정

ㄴ: 제2종 오류 − 실젯값은 틀린데, 옳다고 예측한 경우
이다.

ㄷ: 제1종 오류 − 실제값은 옳은데, 틀리다고 예측한 경
우이다.

ㄹ: 옳은 결정

3과목

41 ④

모델의 성능을 결정하는 값은 파라미터이다.

42 ①

분석 모형 구축은 요건 정의 − 모델링 − 검증 및 테스트
− 적용 단계로 실행된다.

43 ①

별도의 모듈 연동이 필요하여 웹브라우저 사용이 불편
한 것은 R에 대한 설명이다.

44 ②

K−Fold 교차 검증은 데이터 집합을 무작위로 동일 크기
를 갖는 K개의 부분 집합으로 나누고, 그중 1개의 집합을
평가 데이터(Test Set)로 사용하고, 나머지 K−1개 집합을
훈련 데이터(Training Set)로 선정하는 방법이다.
참고로 홀드아웃과 배깅은 앙상블방법이다.

45 ③

평가용 데이터는 학습과정에서 사용되지 않는다.

46 ①

선형 회귀 모형은 종속변수가 연속형인 경우에 독립변수
가 종속변수에 미치는 영향을 추정할 수 있는 모형이다.
데이터가 어떤 그룹에 속하는지 예측하는 데 로지스틱
회귀 분석, 의사결정나무, 서포트 벡터 머신 등을 이용
해야 한다.

47 ②

잔차제곱합 (SST: Total Sum of Squares)	관측된 값과 평균과의 차이
회귀 제곱합 (SSR: Regression Sum of Squares)	회귀선에 의해 설명되는 변동
오차 제곱합 (SSE: Error Sum of Squares)	회귀선에 의해서 설명되지 않는 변동

48 ④

랜덤포레스트는 트리의 수가 많아지면 과대적합이 발
생하는 의사결정나무의 약점을 해결한 모형이다.

49 ④

- 민감도(sensitivity) = TP / TP + FN
  민감도는 실제값이 True인 경우 예측치가 적중한 정
  도를 나타낸다.
- 정확도(Precision) = TP / TP + FP
  정확도는 True로 예측한 관측치중 실제값이 True인
  정도를 나타내는 정확성 지표이다.
- 특이도(specificity) = TN / FP + TN
  특이도는 실제값이 False인 관측치 중 예측치가 적중
  한 정도를 나타낸다.

50 ②

시그모이드 함수(Sigmoid)

- 계단함수를 곡선의 형태로 변형시킨 형태의 시그모이
  드(sigmoid) 함수를 적용한다.
- 로지스틱 함수이다.

51 ④

CNN에 대한 설명이다.

52 ④

카이제곱 검정의 자유도는
[(범주1의 수 − 1) * (범주2의 수 − 1)
= (4−1) * (7−1)
=18

53 ①

① 자기회귀 모형(AR 모형)
- 현시점의 자료가 p 시점 전의 유한 개의 과거 자료로 설명되는 것이다. 즉, 변수의 과거 값의 선형 조합을 이용해 관심 있는 변수를 예측하는 방법이다.

② 이동평균모형(MA 모형)
- 고전적인 시계열 분해기법으로 추세–주기를 측정하기 위해 사용한다.
- 시간이 지날수록 관측치의 평균값이 지속적으로 증가하거나 감소하는 시계열모형이다.
- 항상 정상성을 만족한다.

③ 자기 회귀 누적 이동평균모형(ARIMA 모형)
- 다음 지표를 예측하거나 지표를 리뷰해 트렌드를 분석하는 기법이다.

비정상 시계열모형이기 때문에 차분이나 변환을 통해 정상화 차수를 설명한다.

54 ①

적합도 검정에서 자유도는 (범주의 수)–1이다.

55 ②

CPU가 아니라 GPU 그래픽연산 처리가 가능하다.

56 ①

개별 군집의 특성은 군집에 속한 개체들의 평균값으로 나타낸다.

57 ③

① 표준화거리 : 변수의 분산을 고려한 거리로, 해당 변수를 표본 편차로 표준화한 후 유클리드거리를 계산한다.
② 맨하탄거리 :실제 진행경로 기준으로 거리를 산출하며, 두 점 간 차의 절대값을 한 값이다.
④ 마할라노비스거리 : 두 변수의 상관관계를 고려한 거리로, 해당 변수를 표본 공분산으로 나눈 후 유클리드거리를 계산한다.

58 ④

항상도는 규칙이 우연히 일어날 경우 대비 얼마나 나은 효과를 보이는지에 대한 척도이다. 항상도가 1일 경우 서로 독립적인 관계를 갖는다.

59 ④

ReLU 딥러닝의 활성화함수의 종류이다.

60 ②

ARIMA(p, d, q)의 형태로 나타날 경우 하이퍼 파라미터 p, d, q는 다음과 같다.
(p: AR의 차수 / d: 차분 횟수 / q: MA의 차수)
- p: AR 모형과 관련
- q: MA 모형과 관련이 있는 차수
- d: ARIMA에서 ARMA로 정상화할 때 차분의 횟수

즉, ARIMA(3, 4, 5)라면 ARMA로 정상화할 때 4번 차분한다는 것이다.

4과목

61 ③

스타차트는 다수의 정보를 전체 공간에 표현하기 위해 하나의 변수마다 각 축에 대응시켜, 변수의 값을 중앙으로부터의 거리로 수치화하여 나타낸 그래프이다.

정확도 (Accuracy)	예측모형의 전체적인 정확도를 평가한다.
재현율 (Recall) =민감도 (Sensitivity)	• 실제 양성인 것들 중 올바르게 양성으로 판단한 비율로 양성 결과를 정확히 예측하는지 평가한다. • Recall, Hit Ratio, TP Rate로도 지칭된다.
정밀도 (Precision)	양성으로 판단한 것 중, 진짜 양성의 비율이다.
특이도	실제로 부정인 것 중, 부정으로 올바르게 예측한 비율이다.
F1-Score	정밀도와 재현율의 조화평균으로 어느 한쪽으로 치우치지 않는 수치를 나타낼 때 F1 Score는 높은 값을 가진다.

62 ②

모형에 유용한 변수들을 추가할수록 수정된 결정계수의 값은 증가한다.

63 ②

재현율에 대한 설명이다.

64 ④

민감도는 실제 참인 것 중 참으로 예측한 것이다.

$$\frac{TP}{TP+FN} = \frac{30}{30+40}$$
$$= \frac{3}{7}$$

65 ④

0.6 ~ 0.7: poor 불량으로 나타난다.

66 ④

추정값이 0이면 독립변수와 종속변수의 선형관계 자체가 없다는 뜻이므로 모형이 유의하지 않다.

67 ②

경사하강법은 학습모델과 실제 값의 차이를 최소화하는 매개변수를 찾는 방법이다.

68 ④

랜덤서브샘플링은 모집단에서 표본을 무작위로 추출한다. 각 샘플들을 학습 및 평가에 사용하는 기법이다.

69 ④

k번 반복을 수행하며 결과를 다수결 또는 평균으로 분석한다.

70 ②

다양한 통계적 방법이나 시각화 기법을 통해 자료에 대한 주요 특징을 이해하는 방법은 상향식 분석방법인 Design Thinking에 대한 방법이다.

71 ②

히스토그램은 관계시각화에 해당한다.

72 ③

색으로도 데이터의 계층을 파악할 수 있다는 것은 히트맵에 대한 설명이다.

73 ①

ROI = (누적순이익 / 총비용) × 100
(1,000,000,000/200,000,000) × 100
= 500%

74 ②

버블차트는 산점도에 변수를 하나 추가해 값의 크기를 시각화해 보여 준다.
산점도는 변수 간에 순서쌍을 한 점으로 표시하여 변수의 관계를 나타낸 그래프로서 관계 시각화 방법이다.

75 ④

스타 차트는 중심점이 최솟값을 의미하며, 가장 먼 끝점은 최댓값을 의미한다.

76 ④

지역의 값을 표현하기 위해 지리적 형상 크기를 조절하는 것은 카토그램이다.

77 ④

- 응답시간: 정보시스템 처리성능/네트워크 구간의 처리 용량/정보시스템 자원 용량
- 사용률: 네트워크 자원을 일정 시간 사용하는 정도
- 정확성: 잘못된 환경설정, 하드웨어 장애, 데이터 이상값

78 ①

임계치에 대한 설명이다.

79 ③

파일이나 dbms를 통해 간접적으로 전달받아서 활용하는 방법도 가능하다.

80 ④

데이터 전처리 및 변환은 분석모형 설계단계의 활동이다.

05 모의고사 제5회 해설

01	02	03	04	05	06	07	08	09	10
①	④	②	②	③	③	②	③	②	②
11	12	13	14	15	16	17	18	19	20
④	②	④	①	①	②	①	①	④	②
21	22	23	24	25	26	27	28	29	30
③	②	①	④	②	④	③	④	③	④
31	32	33	34	35	36	37	38	39	40
①	②	②	③	②	②	③	①	④	①
41	42	43	44	45	46	47	48	49	50
①	①	③	②	④	③	③	③	①	③
51	52	53	54	55	56	57	58	59	60
①	②	①	①	④	④	④	①	②	①
61	62	63	64	65	66	67	68	69	70
②	①	④	②	②	④	②	③	③	④
71	72	73	74	75	76	77	78	79	80
④	②	④	①	①	①	②	②	④	④

1과목

01 ①

형태	설명(예)
명목형 데이터	지역, 성별
순서형 데이터	음식점의 별점 1점부터 5점
이산형 데이터	판매 개수
연속형 데이터	키, 몸무게, 매출금액

02 ④

DIKW 피라미드의 정보에 대한 내용이다.

03 ②

① 정형 데이터: 스키마구조로 DBMS에 저장이 가능하다.
예) 관계형데이터베이스-oracle/mysql
② 비정형 데이터: 수집데이터 각각 데이터 객체로 구분한다.
③ 반정형 데이터: 메타정보가 포함된 구조로 값과 형식에서 일관성을 가지지 않는다.
예) XML, HTML, JSON

04 ②

Value는 4V에 해당하는 내용이다.

05 ③

모델	기능
k-익명성	특정인임을 추론할 수 있는지 검토한다.
l-다양성	특정인임을 추론이 불가하지만, 민감정보의 다양성을 높혀 추론 가능성을 낮춘다.
t-근접성	민감정보의 분포를 낮춰 추론 가능성을 낮춘다.

06 ③

• ETL: 수집 대상 데이터를 추출, 가공하여 데이터 웨어하우스 및 데이터 마트에 저장하는 기술
• DBToDB: 데이터베이스 시스템 간 데이터를 동기화하거나 전송하는 기능을 제공
• Rsync: 서버,클라이언트 방식으로 수집 대상 시스템과 1:1로 파일과 디렉터리를 동기화하는 응용프로그램 활용 기술

07 ②

비지도학습은 데이터에 대한 목표치, 즉 정답이 없는 상태에서 학습하는 것이다.

08 ③

Pig, Hive는 데이터 가공 기술이다.

09 ②

비식별화 방법에는 가명처리, 총계처리, 데이터 삭제, 범주화, 데이터 마스킹이다.

10 ②

분석의 대상(What)

	Known	Un-Known
Known	Optimization	Insight
Un-Known	Solution	Discovery

분석의 방법 (How)

11 ④

분석 마스터 플랜을 수립할 때 적용 범위 및 방식에 대한 고려요소로는 업무 내재화 적용 수준, 분석 데이터 적용 수준, 기술 적용 수준이 있다.

12 ②

분석 기획 단계의 세부 태스크는 비즈니스 이해 및 범위 설정, 프로젝트 정의 및 계획 수립, 프로젝트 위험계획 수립이 있으며, 모델 발전계획 수립 태스크는 평가 및 전개단계에 속한다.

13 ④

상향식 접근방식의 절차
- 프로세스 분류: 전사 업무 프로세스를 가치사슬, 메가 프로세스, 메이저 프로세스, 프로세스 단계로 구조화해 업무 프로세스 정의
- 프로세스 흐름 분석: 프로세스 맵을 통해 프로세스별로 업무 흐름을 상세히 표현
- 분석요건 식별: 각 프로세스 맵상의 주요 의사결정 포인트 식별
- 분석요건 정의: 각 의사결정 시점에 무엇을 알아야만 의사결정을 할 수 있는지 정의

14 ①

평활화	• 데이터의 노이즈를 제거하기 위한 기술 • 구간화 및 군집화 등 기법 사용
집계	• 대량의 데이터를 분석할 때 데이터를 그룹으로 나누어 다양한 차원으로 데이터 요약 • 표본 통합 및 변수변환 활용
일반화	• 데이터들의 복잡성을 줄이는 기술로 특정 구간에 분포하도록 값의 범위를 변화 • 범용적인 데이터에 적합한 모델을 만드는 것을 목표로 함
정규화	• 데이터의 스케일을 조정해 동일 기준으로 비교 가능하게 하는 기술 • 최소-최대 정규화, Z-정규화 등이 있음
속성 생성	• 기존 데이터에서 새로운 속성을 생성하는 방법 • 주어진 데이터들의 분포를 대표하는 새로운 속성을 활용함 예) 성별, 연령대 → 성별과 연령대 속성 생성

15 ①

내부 사용 목적이라고 하더라도 보안적 요소가 적용된다.

16 ②

품질 기준	설명
완전성	필수항목에 누락이 없으며, 칼럼 값이 항상 존재해야 한다.
유일성	데이터 항목은 유일해야 하며 중복되어서는 안 된다.
일관성	데이터의 할 구조, 값, 형태가 일관되게 정의되는 것으로 신뢰를 보장하는 척도이다.
정확성	• 현실에 존재하는 객체의 표현 값이 정확히 반영되어야 한다. • 사용목적에 따라 데이터 정확성의 기준은 달라질 수 있다.
유효성	데이터는 정해진 데이터 유효범위 및 도메인을 충족해야 한다.

17 ①

데이터 프로파일링 절차
- 메타데이터 수집 및 분석
- 대상 및 유형선정
- 프로파일링 수행
- 프로파일링 결과 리뷰
- 프로파일링 결과 종합

18 ①

데이터 웨어하우스 특징
- 주제 지향적(Subject Oriented)
- 통합성(Integrated)
- 시계열성(Time-variant)
- 비휘발성(Non-Volatile)

19 ④

빅데이터를 처리·분석할 수 있는 프로그램이다.

20 ②

하나의 마스터 서버와 다수의 청크 서버로 구성되어 있다.

2과목

21 ③

오류의 원인으로는 결측값, 노이즈, 이상값이 있다. ESD는 이상값을 측정하기 위한 기법이다.

22 ②

변환	다양한 형태의 값을 일관된 형태로 변환
파싱	데이터를 정제 규칙을 적용하기 위한 유의미한 최소 단위로 분할하는 작업
보강	변환, 파싱, 수정, 표준화 등을 통한 추가 정보를 반영하는 작업

23 ①

대치단계에서 만든 m개의 완전한 가상 자료 각각을 표준적 통계분석을 통하여 관심이 있는 추정량과 분산을 계산한다.

24 ④

LOF(Local Outlier Factor) 기법에 대한 설명이다.

25 ②

불균형 데이터 처리를 수행하면 정밀도를 향상시키는 것은 변수 변환기법이다.

26 ④

② 다중 대체: 누락된 값을 예측 모델에서 생성된 m개의 가능한 추정치 중 하나로 대체한다.
③ TOMI: 이상치를 결측치로 처리하는 방식이다.

27 ③

비율척도는 절대적 기준인 원점이 존재하고, 사칙연산이 가능하며 제일 많은 정보를 가진다.

28 ④

라쏘(Lasso) 기법은 임베디드 기법(Embedded Method)에 속한다.

29 ③

상위경계란 제3사분위에서 $1.5 \times$ IQR 상위 위치

30 ④

평균 = 중앙값 = 최빈값이다.

31 ①

베르누이 분포는 이산확률분포이다.

32 ②

회귀모형은 모수에 대해 선형인 모델이다.

33 ②

데이터를 오름차순으로 정렬하면 6, 7, 9, 13, 15, 15, 20, 45이다. 데이터가 홀수 개이면 중앙값이 중위수이나, 짝수 개이면 중앙 값이 두 개가 되므로 두 값의 평균을 중앙값으로 한다. 즉, 13과 15의 평균이 중위수이다. 정렬했을 때 4번째 데이터(13)와 5번째 데이터(15)의 평균은 14이다.

34 ③

Proportion of Variance이 각 주성분이 설명하는 분산의 비율을 나타내므로 PC2, 즉 두 번째 주성분은 약 26.03% 의 설명력을 가진다.

	PC1	PC2	PC3	PC4
Standard deviation	1.7117	1.1932	0.9887	0.6434
Proportion of Variance	0.5257	0.2603	0.1555	0.0585
Cumulative Proportion	0.5257	0.7860	0.9415	1.0000

35 ②

모집단의 크기가 커질수록 표준오차는 점점 줄어든다.

36 ②

유의확률은 p-value라고도 하며 귀무가설이 참일 때, 이를 기각할 확률이다.

37 ③

n=100

σ=1,000,000

$\frac{\sigma}{\sqrt{n}}$=100,000

90% 신뢰구간은

p(750,000 - 1. 645 × 100,000 $\leq \mu \leq$ 750,000 + 1. 645 × 100,000)

= 585,500 $\leq \mu \leq$ 914,500

38 ①

독립적인 두 카이제곱 분포가 있을 때, 두 확률변수의 비를 나타내는 확률분포는 F-분포이다.

39 ④

P-값은 주어진 표본데이터를 최소 또는 극한값으로 얻을 확률값이다.

40 ①

안경을 착용한 학생들에 대한 표본비율을 구한다.

$$\frac{40 + 30}{100 + 100} = \frac{7}{20} = 0.35$$

3과목

41 ①

회귀분석에서 잔차의 가정은 독립성, 등분산성, 정규성이다.

42 ①

성능 테스트 결과는 일단위로 공유해 모형의 적합성을 판단해야 한다.

43 ③

Python은 대화형 언어로, 실행속도가 느리다는 단점이 있다.

44 ②

평가데이터에 대한 설명이다.

45 ④

선형회귀분석의 기본가정 중 비상관성에 해당하는 내용으로 오차항들은 서로 독립적이며 그들의 공분산은 0이다.

46 ③

오즈는 임의의 이벤트가 어떤 요인에 의해 발생하지 않을 확률 대비 발생할 확률이다.

47 ③

연관규칙

- 대용량의 데이터 변수들 간의 관계를 탐색하여 수치화하는 기법이다.
- 비지도학습의 일종으로 변수들 간의 연관규칙을 찾는다.
- 일련의 거래 또는 사건들 간의 연관성에 대한 규칙을 발견하기 위해 마케팅 분야에서 활발하게 적용되며, 장바구니분석(market basket analysis)이라고도 부른다.

48 ③

결정경계	데이터의 분류기준
초평면	n차원 공간의 n−1차원 평면
마진	결정 경계에서 서포트 벡터까지의 거리로 이를 최대화할 때 가장 효율적
서포트 벡터	학습 데이터 중에서 결정경계와 가장 가까이 있는 데이터의 집합
슬랙변수	선형적으로 분류를 위해 허용된 오차를 위한 변수

49 ①

② 다른 방법보다 과대 적합의 가능성이 낮은 모델이다.
③ 선형으로 분리가 불가능한 분류 문제에는 고차원공간으로 매핑하여 적용 가능하다.
④ 훈련 시간이 상대적으로 느리지만 정확성이 뛰어나다.

50 ③

홀드아웃은 전체 데이터를 비복원추출 방법으로 이용하여 랜덤하게 훈련 데이터(Training Set), 평가 데이터(Test Set)로 나눠 검증하는 기법이다.

51 ①

지니지수의 값이 클수록 이질적(Diversity)이며 순수도(Purity)가 낮다고 볼 수 있다.

52 ②

부트스트랩	단순 복원 임의 추출법으로 크기가 동일한 여러 개의 표본자료를 생성한다.
배깅	한 가지 분류 모델을 여러 개 만들어서 서로 다른 학습 데이터로 학습시킨다.
부스팅	가중치를 활용해 약한 학습능력을 가진 모델을 강하게 만드는 것이다.

53 ①

선형회귀 모형은 종속변수가 연속형인 경우에 독립변수가 종속변수에 미치는 영향을 추정할 수 있는 모형이다. 고객의 구매 여부를 예측하기 위해서는 데이터가 분류기법인 로지스틱 회귀 분석 의사결정나무, 서포트 벡터 머신 등을 이용해야 한다.

54 ①

$$GINI(t) = 1 - \sum_j [p(j|t)]^2$$

$$Gini = 1 - (\frac{2}{4})^2 - (\frac{2}{4})^2$$
$$= \frac{8}{16} = \frac{1}{2}$$

55 ④

제3성분인 Comp. 3의 누적기여율인 Cumulative Proportion에서 확인할 수 있다.

56 ④

임의노드최적화 기법에 대한 설명이다.

57 ④

배깅기법의 주요 알고리즘은 메타코스트이다.

58 ①

정지 규칙은 더 이상 분리가 일어나지 않고, 현재 마디가 끝마디가 되도록 하는 규칙이다.

59 ②

계층적 군집은 군집의 개수를 미리 정하지 않고 유사한 개체를 묶어 나가는 과정을 반복하여 원하는 개수의 군집을 형성하는 방법이다. 반면 비계층적 군집은 미리 군집의 개수를 지정한다.

60 ①

객체의 좌표값이 존재하면 근접도 행렬을 계산 가능하다.

4과목

61 ②

스캐터 플랏(산점도)

• 각 점은 관측치를, 점의 위치는 관측값을 나타낸다.
• 각 데이터들의 상관성 여부를 파악하는 데 유용하다.

62 ①

0.5 ~ 0.6의 경우 판단기준은 실패이다.

0.6 ~ 0.7: 불량(Poor)

63 ④

홀드아웃 교차 검증에 대한 설명이다.

① 랜덤 서브 샘플링 : 모집단으로부터 조사의 대상이 되는 표본을 무작위로 추출하는 기법
② LOOCV : 단 하나의 샘플만 평가데이터에 사용하고 나머지는 학습 데이터로 사용한다.
③ K-fold Cross Vaildation : 데이터 집합을 무작위로 동일 크기를 갖는 K개의 부분 집합으로 나누고, 그 중 1개의 집합을 평가 데이터(Test Set)로 사용하고, 나머지 K-1개 집합을 훈련 데이터(TrainingSet)로 선정한다.

64 ②

ROC 곡선에서 거짓 긍정률(FP-rate)과 민감도(TP-Rate)는 트레이드 오프 관계이다.

65 ②

랜덤 서브샘플링기법에 대한 설명이다.

66 ④

K값이 증가하면 수행 시간과 계산량이 증가한다.

67 ②

L1 규제는 규제 가중치의 절대값을 손실함수에 더하여 가중치를 작게 만들어 과적합을 방지한다.

68 ③

LpOCV(Leave-p-Out Cross Validation}가 1개의 샘플이 아닌 p개의 샘플을 테스트에 사용한다.

LOOCV(Leave-One-Out Cross Validation)는 m번 반복하여 도출된 n개의 MSE를 평균하여 최종 MSE를 계산한다.

69 ③

더빈-왓슨 테스트(Durbin Watson Test)는 회귀분석 후 잔차의 독립성을 확인할 때 사용하는 테스트이다.

적합도 검정기법의 종류

• 카이제곱 검정
  – 관찰값이 기댓값과 유의미하게 다른지를 검증한다.
  – 주로 범주형 자료에 사용되며, 두 변수가 상관성이 있는지 혹은 독립관계인지 검증한다.
• 샤피로 윌크 검정(shapiro-wilk test)
  – 데이터가 정규분포를 따르는지 확인하기 위한 검정방법이다.
  – 귀무가설은 '표본은 정규분포를 따른다.'라는 가정이다.
• 콜모고로프-스미르노프 검정(kolmogorov Smirnov test)
  – 데이터가 어떤 특정한 분포와 일치하는지를 검정한다.
• Q-Q Plot(Quantile-Quantile Plot)
  – Q-Q Plot은 그래프를 이용하여 정규성 가정을 시각적으로 검정하는 방법이다.
  – 대각선 참조선을 따라서 값들이 분포하게 되면 정규성 가정을 만족한다고 할 수 있다.

70 ④

누적 히스토그램은 항상 오른쪽으로 치우쳐져 있다.

71 ④

관측된 데이터가 가정된 확률을 따르는지 확인하기 위하여 사용하는 적합도 검정 방법은 카이제곱 검정이다.

72 ②

모멘텀(momentum)

- 확률적 경사 하강법에 관성을 주어 기울기가 줄어들더라도 누적된 기울기 값으로 빠르게 최적점으로 수렴한다.
- 탐색 경로의 변위가 줄어들어 빠르게 최적점으로 수렴한다.
- X의 한 방향으로 일정하게 가속하고, y 축 방향의 속도는 일정하지 않다.

73 ④

주제지도학에 대한 설명이다.

74 ①

버블차트는 관계시각화기법이다.

75 ①

수치화된 데이터 값을 서로 다른 크기의 원형으로 표시하는 그래프는 버블 플롯맵이다.

76 ①

데이터 시각화는 수치정보뿐만 아니라 비정형 데이터의 표현도 가능하다.

77 ②

인포그래픽은 그래픽과 텍스트를 균형 있게 조합해 데이터 이해를 돕는 것으로 중요한 정보를 하나의 그래픽으로 표현한다. 데이터의 분포를 표현하기는 어렵다.

78 ②

RMSE은 회귀모델의 지표 중 하나이며, 평균 제곱근의 오차를 나타낸다.

79 ④

모니터링은 자동으로 하고 이상 시에만 확인하는 프로세스를 수립해야 한다.

80 ④

분석 모델의 비즈니스 기여도 평가는 분석모델의 사후평가이다.

memo

memo

더 멋진 내일(Tomorrow)을 위한 내일(My Career)

내 일 은 빅 데 이 터 분 석 기 사